生死存亡十二年

平定縣的抗戰、內戰與土改

THE ANTI-JAPANESE WAR, CIVIL WAR, AND LAND REFORM IN PINGDING COUNTY

TWELVE YEARS
OF
LIFE AND DEATH

郝志東——著

一幅抗戰、內戰與土改的慘烈畫卷，一個對其暴力機制的詳細分析，
一部圖文並茂、不忍卒讀卻又不得不讀的歷史社會學力作。

獻　詞

謹將本書獻給歷經磨難的山西父老鄉親

自序：我的學術研究心路歷程

在《生死存亡十二年：平定縣的抗戰、內戰與土改》一書即將出版之際，編輯要我寫一個自序。我覺得這也是總結自己多年來學術研究心路歷程的一個好機會，於是決定在這個自序裡介紹一下本書創作的背景，或者說我的學術背景，心路歷程，或許可以幫助讀者更好地理解這本書所表達的政治與社會的關懷。

我自己的學術研究大致可以分為三個階段，也代表著三個主要研究方向：知識分子政治社會學、澳門研究與兩岸四地政治與社會研究、中國尤其是農村的政治與社會發展。這三個不同的研究方向一旦形成，便成為我之後一直都在努力的研究目標，2017 年退休之後到現在也是如此。我的研究也體現了自己的專業旨趣與理念旨趣。

第一個階段、第一個方向：
知識分子政治角色的研究

第一個階段從 1988 年到 2003 年。1988 年我從河北師大外語系到紐約市立大學研究生院修讀英文專業的博士學位。但是一年之後，我轉到了社會學系。這裡有三個原因。第一是自己感到對修讀英語專業的博士學位興趣不是太大，自己更關心的是政治與社會。記得當年在河北師大剛看到寄來的研究生院各科課程設置時，就對政治學和社會學的課程很感興趣。所以在第一年就選修了政治學和社會學的課程。第二個原因是感到自己無論如何努力，也無法趕上那些從小就熟讀英美文學的、以英語為母語的學生。儘管我自己在 1975 年南開大學工農兵學員畢業之後，先在河北電建學校教英文，1980 年到河北師大教英文，1984 年又去華東師大讀了英語碩士課程，並在 1988 年拿到

碩士學位，自認英文還不錯，但是畢竟在語言和文學方面還是不如以英文為母語的博士生。所以感覺還是轉修另外一個學位更好。

從英語轉到社會學的第三個原因是 1989 年的所謂「風波」，再次激起了自己對政治研究的興趣。其實在文革時期，就一直被毛澤東的「你們要關心國家大事，要把文化大革命進行到底」的「最高指示」所激勵。儘管文革開始時我剛 14 歲，在上初中二年級（小學曾經跳過一個年級，所以比別人早一年上初中），但是毛澤東關於階級鬥爭的思想已經在大家的心中發芽，積極參加文革，批判牛鬼蛇神、鬥走資派、搞兩派鬥爭，都是必不可少的動作（關於這段歷史，請看我和朋友合著的《平定縣裡不平定：山西省平定縣文革史》）。

1970 年到河北電建當洋灰工後，已經感到理想和現實的差距之大，而 1972 年到南開大學上學之後，就更加感到國家發展的不正常狀態，儘管那時自己當然沒有什麼深入的認識，只是有一些疑問而已。比如當時有人說從 1949 年到 1966 年的 17 年教育路線是資產階級的、修正主義的，我便感到不能接受。那時還有對老師的批判，我也非常反感。

文革結束之後，在河北師大教書、在華東師大讀研期間的 1980 年代，知識分子被迫害的事實被大量揭露出來，我也開始讀了一些關於知識分子在反右和文革中的遭遇的書籍與文章，比如《歷史在這裡沉思》、《沉重的一九五七》等等。自己當時的第一個問題是這些知識分子當年積極參加革命，是革命的急先鋒。沒有他們的宣傳鼓動作用，比如他們所創作的文學作品、文藝演出等等所起的作用，革命或許無法成功。但是為什麼 1949 之後他們便一個一個地被打倒？他們自己對這些歷史悲劇應該負些什麼樣的責任？

1988 年我還和朋友翻譯並出版了林語堂的 *My Country and My People*（浙江人民出版社為其取名為《中國人》，後來由學林出版社再版並多次印刷發行）。這是當時我在華東師大讀英文碩士時孫梁老師推薦給我們閱讀的著作。我發現林語堂對中國政治與社會的分析入木三分，時間過去了 50 多年，但是中國人的「秉性」未改，於是我約中文系的一位朋友一起將該書翻譯為中文。該書成為 1990 年代一本最重要的認識自己的國家和民族的書籍之一，當時成為學林出版社的常銷書。這也使得自己更加關注中國的政治和社會問題。

　　而 1989 年的民主運動又把知識分子的作用這個問題提到了議事日程上來。於是我覺得或許應該去學政治學。我就去問政治學系的主任能否轉到政治學系，但是他說我沒有政治學的基礎，不能接受。我於是申請了紐約市立大學系統的 Baruch 學院的高等教育管理碩士學位課程並被接受。之後我去社會學系和一位教授說再見。我選修過他一門講美國文化的課，而且他是系主任。他說你為什麼不申請我們系。我說我怕你們和政治學系一樣，說我沒有社會學的基礎。他說沒有問題，你儘管申請。

　　於是，一次談話改變了我的學術歷程，我到了社會學系，開始修社會學博士學位，並一去不復返。

　　鑑於自己對知識分子研究的興趣，我把自己的博士論文題目定為知識分子的政治變遷，並在閱讀了大量研究著作之後，找到了一個知識分子角色類型學的視角，並出版了自己擴展版的博士論文 *Intellectuals at a Crossroads: The Changing Politics of China's Knowledge Workers*（2003），後來又出版了該書的中文譯本，《十字路口的知識分子：中國知識工作者的政治變遷》（2019）。在這期間，我還出版了研究海峽兩岸知識分子在國家認同中的作用的英文書，*Whither Taiwan and Mainland China: National Identity, the State, and Intellectuals*（2010，這是 2002 年到 2003 年在中央研究院做富布萊特訪問學者時的研究題目），後來又和幾位博士研究生共同出版了《知識分子與農村發展》（2016）。這可以說是知識分子政治角色研究的三部曲。

　　於是知識分子政治角色的研究就成為了我自己研究的一個主要方向。之後我還發表了中國知識分子如何影響了政府在台灣問題上的對美決策 "Between War and Peace: The Role of Nationalism in China's U.S. Policy Making with Regard to Taiwan"（2005）、台灣的民族主義與知識分子的倫理困境 "Between War and Peace: Ethical Dilemmas of Intellectuals and Nationalist Movements in Taiwan"（2005）、〈媒體的專業主義和新聞工作者的角色：以 2008 年海峽兩岸媒體對臺灣立法委員選舉的評論、報導為例〉（2009）、當代中國勞工運動中知識分子的角色 "The Role of Intellectuals in Contemporary China's Labor Movement: A Preliminary Exploration"（2014）等等文章。我和同事合編的討論東亞、美國和澳大利亞的大學學術自由面臨一系列困境的英文

著作 *Academic Freedom under Siege: Higher Education in East Asia, the U.S., and Australia*（2020），收集了三篇我已經發表過的論文，討論作為大學教授的知識分子的角色與其面臨的困境（下面會再提及）。

第二個階段、第二個方向：
澳門研究與兩岸四地政治與社會研究

我於 2003 年結束了在中央研究院的研究之後，應聘到澳門大學教社會學。於是澳門的政治與社會便自然成為了我研究的主要方向之一，這也是對自己賴以生存的本地社會應做的貢獻。由於澳門是「一國兩制」，對澳門的研究必然也會涉及到兩岸四地的政治與社會。所以在這期間，我出版了《澳門歷史與社會》*Macau History and Society* 書的第一版（2011）與第二版（2020）、編著《國家認同與兩岸未來》（2008）、文集《走向民主與和諧：澳門、台灣與大陸社會進步的艱難歷程》（2008）、編著《公民社會：中國大陸與港澳台》（2013）、文集《兩岸四地政治與社會剖析》（2014）等書及關於澳門研究的還未能夠收入文集的文章，比如從澳門的街道名稱看澳門的歷史與社會環境的文章 "The Historical Background and Social Environments of Macao"（2020）。

一些關於兩岸四地政治與社會發展的學術文章也繼續探討了政治和社會發展的模式問題，比如〈香港區議員選舉和太原市縣（區）人大代表選舉比較研究：兼論港澳政治發展模式對大陸政治發展模式的啓發〉（合著 2012）、〈珠三角與港澳的政制融合：以穗港澳民意代表選舉為例〉（合著 2014）。

即使是宗教社會學的研究，我關注的主要也是宗教的政治與社會作用，比如兩岸四城（上海、香港、澳門、台北）的天主教及其公共參與的文章 "Catholicism and Its Civic Engagement: Case Studies of the Catholic Church in Hong Kong, Macau, Taipei, and Shanghai"（合著 2014）、〈宗教的社會功能與中國宗教政策改革〉（2016）、從浙江強拆教會建築談到國家與宗教如何相互適應的問題 "Mutual Accommodation in Church-State Relationship in China? A Case Study of the Sanjiang Church Demolition in Zhejiang"（2018），以及兩

岸四地基督教會作為公民社會組織的對比研究 "The Christian Church as a Civil Society Organization: A Preliminary Survey of Mainland China, Hong Kong, Macau, and Taiwan"（2021）。

對澳門的博彩業問題的研究，我關注的也是政府和企業的社會責任，比如〈從企業社會責任的視角看負責任博彩：以澳門為例〉（2010）、澳門、拉斯維加斯、墨爾本三地賭場的負責任博彩對比研究 "In Search of Best Practices in Responsible Gaming (RG): A Comparative Study of RG among Macau, Las Vegas, and Melbourne Casinos"（合著2014）、〈負責任博彩：澳門博彩業中政府和運營商的角色〉（2019）。

關於兩岸四地高等教育的研究，在前述東亞、美國和澳大利亞高等教育中的學術自由危機 *Academic Freedom under Siege: Higher Education in East Asia, the U.S., and Australia*（2020）一書中，我寫的序言討論了全球高等教育的商業化和公司化如何影響學術自由的問題，還包括了我自己之前發表過的學術論文，比如大中華地區與美國高等教育的商業化與公司化及其對教授學術自由的影響問題 "Commercialization and Corporatization Versus Professorial Roles and Academic Freedom in the United States and Greater China"（2015）、澳門高等教育中教授角色的問題 "In Search of a Professional Identity: Higher Education in Macau and the Academic Role of Faculty"（2016），中國大陸大學教授作為知識分子的角色與認同問題 "Professors as Intellectuals in China: Political Identities and Roles in a Provincial University"（合著2016）。此外還發表過澳門的高等教育及其研究的文章 "What It Is Like and What Needs to Be Done: A Status Report on Higher Education in Macau and Its Research"（2018）、澳門的高等教育制度 "Higher Education Systems and Institutions, Macau"（2018發表在國際高等教育制度百科全書中）。

第三個階段、第三個方向：
中國大陸尤其是農村的政治與社會研究

我從美國回到澳門的原因之一，是因為澳門和大陸相連，做中國研究比較方便。結果的確如此。在澳門工作的 14 年間，我幾乎每年夏季和冬季放假都會回大陸做研究。由於我是從農村走出去的，對家鄉必然情有獨鍾，對農村的問題感觸也最深，研究起來熟門熟路，障礙較少，於是對中國大陸尤其是農村的政治與社會研究在這個階段就成為了自己另外一個主要方向。

在這期間，我出版了《兩岸鄉村治理比較》（合編 2008，這同時也是自己台灣研究的繼續）、《西郊村：一個華北農莊的歷史變遷》（合著 2009）、前述《知識分子與農村發展》（合著 2016）、前述《平定縣裡不平定：山西省平定縣文革史》（合著 2017）。於是我從一個鄉村的發展的研究擴大到了對一個縣的研究，尤其是文革是我自己經歷過的事情，不少當事人還健在，對於澄清那個瘋狂年代所發生的一些事情還有點可能，否則如果讓後人來寫這段歷史，因為史料的喪失和當事人的故去，可能謬誤就會更多。

在完成了村莊史和縣文革史之後，我覺得為了比較全面地理解這些歷史發展，我們還是有必要再往前追溯一下民國時期的抗戰、內戰與土改的歷史，尤其是當時還有一些 80 多與 90 多歲的人健在，還有人對那段歷史有比較清晰的記憶。於是我就決定做這個課題，並在訪談與檔案資料的基礎上，出版了這本《生死存亡十二年：平定縣的抗戰、內戰與土改》的書。

當然，一個農村、一個縣的發展離不開全國政治與社會的發展。所以在這本書裡，我也涉及到了全國抗戰、內戰與土改的情況。在另外一本書《遙望星空：中國政治體制改革的困境與出路》（編著，2017）裡，我討論了現行政治體制可以並且應該如何改革的問題；在一篇文章中討論了文革思維"Cultural Revolution Thinking in China: Its Development and Manifestation in Pingzhou County from Land Reform on" 的問題，都將歷史教訓與現行的政治與社會改革聯繫在一起。關於政改的編書還收入了在一個雜誌上發表的文章〈縣政現狀、問題與改革措施〉（2016 年載於《領導者》雜誌第 70 期，即被

關前的最後一期）。這就形成了自己對中國百年來歷史與現狀的由點到面的一個整體的思考。

專業與理念的旨趣：
對這三個階段與三個研究方向的一個總結

迄今為止，我發表了共 18 本書籍，包括獨著、合著、文集、獨編、合編、譯著（合譯）等。另外還發表了 70 多篇學術文章，包括同行評審過的雜誌文章、編書裡的文章、研究報告、書評等，還有 100 多篇普通報刊與時評雜誌文章（一些文章已經編在兩本文集中）。

這些書籍和文章有兩個特點。第一是盡可能客觀地描述現狀，比如知識分子平常扮演的是三個角色：專業、有機與批判，而不是只有最後一個角色，而且他們有能力的確也會在這些角色之間轉換。無論是從歷史還是現狀來看，無論是在民族國家的建構問題上，還是在農村發展的角色上，都是如此。這樣我們就避免了對知識分子的程式化看法，更清楚地看到了他們角色的多重性與能動性。澳門歷史也不是像有些人鼓吹的是中西文化融合的典範，是「一國兩制」的典範。歷史上中西文化既有合作又有衝突，澳門正在被大陸化，而不是堅守「一國兩制」的初衷，也是事實。中國大陸的革命史是充滿了暴力的，比如土改、文革等時期。這一點儘管被當權者盡量掩蓋，但是事實畢竟是事實。掩蓋事實的結果只能是讓人們無法吸取歷史教訓，讓政治與社會的發展盡量遠離現代文明，這並不是中國政治與社會之福。只有客觀地看待知識分子、看待歷史，社會才能正常發展。而客觀地看待歷史，客觀地描述現狀，正是我這些書籍和文章的第一個特點。

這些書籍和文章的第二個特點是政治與社會問題怎麼解決。比如對知識分子政治角色的了解，會幫助他們更好地了解別人的角色，更好地審視並檢查自己正在扮演的角色，看到這些角色背後的倫理困境，從而更理性地決定自己應該扮演何種角色。在澳門歷史與社會的研究中，我也指出了如何建構民主的政治認同、世界主義的文化與族群認同，以及負責任的經濟認同。在中國政治與社會的研究中，我們探討了各個領域可以怎樣進行民主政治體制

改革的問題，探討了國人應該並如何建立罪感的問題，為什麼需要對以前的歷史負責的問題。

上述第一個特點是一個專業的旨趣，即對事實的追求，對真相的追求，比如本書講的抗戰、內戰與土改的事實與真相是什麼。當然在學術研究中秉持客觀公正的原則，追求事實與真相，本來也是學術研究的倫理。這個對事實與真相的追求，也包括對事情發生的原因的探討，比如結構、文化與個人的因素對戰爭與土改暴力的影響等。這個專業的旨趣是沒有功利性的。比如對政改的研究，我當時和參與課題的同事們說明，達則兼濟天下，不達則獨善其身。也即如果我們的研究能對中國的政治體制改革有所影響，當然是求之不得的事情。但是如果對政治實踐沒有什麼影響，我們至少在專業上闡明了中國政治體制的運作模式及其可能的改革方向。這是專業的旨趣。

上述第二個特點是一個理念的旨趣，即對一個公正社會、民主政治的追求。人文與社科的學術研究自然完全可以「為學術而學術」，這也是我在知識分子角色中講的專業主義的角色。但是這些學術研究也可以有理念的旨趣，比如是為帝王做嫁衣裳，做國師。這也是我說的有機知識分子的角色。而我的理念旨趣則是追求社會公正、政治民主。這個理念旨趣在較大的程度上決定了我研究什麼問題，從哪個角度去研究這些問題，比如知識分子的角色不光是專業與有機，還可以有批判，中國可以建立一個什麼樣的民主政體，中國文化為什麼應該加強「罪感」等等。

這個理念的旨趣當然不是與生俱來的。我記得小時候的理想是「穿皮鞋、戴手錶」，這顯然是因為農村人生活的困苦帶給自己的想法。的確在我們小的時候，每年冬天手上和腳上都會長幾個凍瘡。可見小時候對社會不公就已經有些印象。文革時期，我們那一派是保守派，即認為應該擁護解放軍、為走資派辯護，認為過激的行為是不對的。離開學校到河北電建當洋灰工的時候，曾經認為讓我們去倒洋灰（即把洋灰倒到攪拌機裡）是派活不公而罷工兩天（我現在也奇怪後來為什麼約一年之後還放我去當工農兵學員，當時我們公司只有一個名額。後來聽說是鷸蚌相爭漁翁得利，當然實際情況不得而知）。到南開大學當工農兵學員時則認為批判老師是不對的。1985 年在華東師大讀研究生時為噪音擾民給英文的《中國日報》（*China Daily*）寫了一篇文

章，居然也給登了。（但是當時我捎帶著把華東師大的前身大夏大學、聖約翰大學等也大大地批判了一氣，後來了解了聖約翰大學的歷史之後追悔莫及，現在只能抱歉了。）1989 年我也認為鎮壓學生運動是非常不公的。

但是這些對社會不公的反應都是比較自然的、原始的，即知其然而不知其所以然，只有開始學習社會學才有了一些認知。社會學的基本思路是人的思想和行為之所以如此是因為受到了各種制度結構、文化和個人因素的影響。於是社會學首先要搞清楚到底發生了什麼，比如知識分子的思想和行為方式及其倫理困境、「一國兩制」實踐成功與失敗的基本情況、抗戰、內戰、土改、文革暴力的基本事實等等。除了描述這些事實之外，需要尋找事情之所以是這樣的原因。比如不同的知識分子選擇扮演不同的角色，或者是因為意識形態的、信仰的原因，也或許是因為個人利益的原因。「一國兩制」的成功與失敗既有中央政府的原因，也有地方政府的原因，央地關係不清楚是一個很重要的結構性因素。當然還有本地文化（比如澳門和香港的文化儘管飲食語言等相同，但是政治文化就很不相同）、社會運動的強弱以及策略等等原因。土改的暴力和意識形態、黨的文化、中國傳統的暴力文化、工作隊的領導、當地人的反應等等都有很大關係。在左右這些影響變革的因素中，或許結構因素最為重要。

換言之，或許因為我自己的個人經歷與性格的原因，我的研究的理念旨趣是社會公正與政治民主。如上所述，這或許確定了我選擇研究什麼問題，使用什麼樣的視角，甚至會得出什麼樣的結論。當然這個結論是建立在對事實的認定以及理論的思考等專業主義原則的基礎之上的，是吸收了其他學者的研究成果之後得出的結論。比如我在本書中關於人性的討論、罪感文化的建立、在政改書中提到的漸進改革最終實現民主政治的方案等等，都是建立在對事實的認定與理論的思考上面的，是建立在別人研究的基礎上的。

總之，我自己的研究著重於追求事實、追求真相，這是專業的旨趣。我的研究也追求對問題的解決，追求社會的公正與政治的民主，這是我的理念旨趣。如果用知識分子角色的分析來看我自己的話，我扮演的是主要是專業和批判的角色，而不是有機的角色，既不有機於政權、商業權力，也不有機

於社會運動。即使在少有的幾次為政府做研究（扮演一定程度的有機角色）時，我也堅持了社會公正、政治民主的立場。

今後努力的重點：公共社會學

我本來想繼續進行知識分子在民族問題研究與決策中的作用的課題，但是現在中國國內的大環境基本不允許做這樣的課題了。當然從迂迴的角度去研究還是有些可能的。還有一些大的項目，比如編寫一本大學社會科學英文寫作教材，一本從世界看中國的英文社會學概論等等。這兩本書都已經有初稿，是我教學時使用的自編教材。但是因為我的視角問題，在中國國內也找不到出版社。不過我還在和出版社探討翻譯出版我的澳門歷史與社會書以及兩岸知識分子在國家認同中的作用的書。

但是最重要的工作或許是公共社會學，即在報刊雜誌以及社會傳媒上發表自己關於各種問題的思考，把社會學的思考和普通讀者結合起來，也即公共社會學的工作。比如我在 2020 年就發表了 10 多篇對比中美兩國抗疫措施的文章，著重討論了制度問題、文化問題，以及領導者的責任問題等等。還發表了多篇如何理解中國自由派知識分子在挺川和反川問題上的分歧，討論了他們的極右傾向。這些方面的文章還在繼續撰寫與發表中。

不過無論撰寫、發表什麼樣的書籍或者文章，如上所述，我都是試圖作一些專業的分析，並探討如何建立一個公正的社會與民主的政治。

鳴　謝

我自己在即將寫完這個自序的時候發現這些年的確發表了不少書籍和文章。但是學術方面的書籍與文章大多經過同行的評審，即使小部分沒有經過評審的書籍與文章也經過編輯的審閱。所以說自己這些學術思考的積累，也是這些同行與編輯幫助的結果，也是他（她）們的成果，而不是我一個人的成果，況且很多著作本來就是合作的結果。

　　我應該特別感謝在我的學術之路上幫助過我的人。首先我要感謝南開大學的谷啟楠、李九明等老師為我打下了良好的英語基礎、中文系宋玉柱老師為我打下了良好的中文寫作基礎。我上大學時儘管還是文革時期，但是老師們卻個個都竭心盡力，為我們糾正一個一個的讀音、一個一個的語法錯誤、一個一個的標點符號。我自認自己的英語、漢語寫作基礎都還不錯，全是她（他）們的功勞，我要特別感謝。我在紐約市立大學的導師 Stanley Aronowitz 在 1960 年代時是民權人士、工運領袖，後來拿到學位進入學界之後也成果累累。他的經歷、專業旨趣和理念旨趣對我影響很大。加拿大英屬哥倫比亞大學的齊慕實（Timothy Cheek）教授，是研究知識分子的專家。在我對知識分子的研究問題上，無論是書籍還是文章，都得到過他的鼎力協助。沒有他的幫助，就沒有我後續的知識分子政治社會學的研究。這是一點都沒有誇張的。所以我應該特別感謝他。

　　另外如果我沒有到澳門大學，這些研究也沒有可能。當時在南加州的 Whittier 學院教書的時候，本來準備奉行一本書主義，即出版一本書以後就不再做什麼研究了，但是後來工作的變動使得這個想法也徹底改變了。

　　2003 年在台北中央研究院的富布萊特訪問學者研究結束之後，我本來是要應周曉虹教授的邀請去南京大學教書，但是澳門大學社會學專業的程惕潔教授給當時在美國的我打了一個多小時的長途電話，盛情邀約到澳大教書。國內的幾位朋友也勸我說自己可能無法適應國內的教學與研究環境。於是最終到了澳大。實踐證明的確如果不到澳大，我是不可能做這麼多這樣的研究、出版這麼多的成果的。所以我也要感謝程惕潔教授，同時也向周曉虹教授再次表達自己的歉意。

　　我還要感謝澳門大學的經費支持。前述大部分的研究與出版，包括這本書的研究與出版，都受到了澳門大學的資助。當然這些資助都是經過申請、評審與批准的。時任主管研究的副校長 Rui Martins 非常注重學術自由，我的任何研究都不會有政治上的障礙。所以我還要非常感謝他多年的支持。當然還有圖書館的副館長王國強老師，他當時是澳門大學出版中心的主任，很多本書都是在他的具體支持與指導下出版的，無論是在澳大出版，還是到其他出版社出版，都有他的支持。

最後，當然最重要的是要感謝我太太。她包攬了全部的家務，使得我可以有時間做研究、寫書、寫文章。沒有她的奉獻，這些學術成果也沒有可能。

人們常說 it takes a village to raise a child，即把一個孩子養大，需要全村人的努力。其實做學術研究又何嘗不是如此。任何一本書，任何一篇文章，都是很多人幫助的結果。就這本書來說，除了上面提到的很多人之外，還有幫助我搞調研的幾位博士研究生、在家鄉為我提供各種研究方便的朋友、同學、接受我們採訪的各位先生、女士們。著名中國革命史研究專家楊奎松先生、對土改和反右作了大量研究的譚松先生，特別是中國革命與知識分子的研究專家齊慕實（Timothy Cheek）教授等都撥冗通讀了書稿，指出了一些史實上的不確切之處以及觀點上的可深化之處，並提出了不少很好的修改建議。我對此都做了適當的改動或回應。

還有出版社的編輯們。沒有他/她們的幫助，也就沒有這本書。

希望我關於學術研究心路歷程的描述，可以幫助讀者更好地理解我研究與寫作的初衷，更好地理解本書所研究的課題，理解我研究的優點與缺點。

更希望大家喜歡這本書，並繼續一起探討書中提到的問題。

目　次

第一章
緒論：本書探討的基本問題及所用方法

一、開場白

　　檢視二十世紀的歷史，我們不能不被它的大起大落、血雨腥風所震撼。如果我們沒有從中學到些什麼，那就是我們的恥辱。本書所截取的二十世紀前五十年所發生的事情，尤其是 1937 年到 1949 年的 12 年間山西省平定縣的抗戰、內戰與土改的歷史，就可以給我們很多啟發。我們學習歷史，就是要學習它的經驗與教訓，以防止未來再重複以前的錯誤，也即 Learn from history to inoculate the future against mistakes of the past.[1] 當然歷史的教訓就是人們從來都不接受教訓，不過那或許是人們從來就沒有好好研究歷史的經驗、好好學習歷史的教訓的原因。所以，研究與學習還是非常重要的。

　　就本書來說，最重要的經驗和教訓或許是人在一定的條件下，是可以相互殘殺的，因為人性本身既有善良天使的一面，即善的一面，也有凶狠魔鬼的一面，即惡的一面（具體見結論一章的討論）。古今中外都是如此，只不過殺戮的範圍、程度與對象，由於結構和文化因素之異而不同而已。我們這裡討論的是日本人對中國普通老百姓的屠殺、中日戰爭雙方的殺戮（尤其是日軍對中國軍隊的殺戮）、國共內戰時閻錫山的軍隊和共產黨的軍隊之間的殺戮、土改時貧下中農對地主富農的殺戮。可以說二十世紀上半葉山西人民經歷了抗戰和內戰極為殘酷的歷史。當然在 1949 年到 1978 年的三十年間，山西人也經歷了另外一種形式的殘酷。這是我們在另外兩本書中描繪的事

---

[1]　見 Katrin Bennhold, "Germans Quietly Pass an Equinox of Unity, but the Walls Remain"，載於 2018 年 2 月 13 日的《紐約時報》。

件：《西郊村：一個華北農莊的歷史變遷》（郝志東、郝志剛著）與《平定縣裡不平定：山西省平定縣文革史》（郝志東、黎明著）。

這就不得不讓我們發問，這是為什麼？是人性的問題嗎？是中日文化中缺乏「罪感」的問題嗎？是中國的暴力文化的問題嗎？是中國人的歷史傳統問題嗎？即打天下坐天下、改朝換代必須經歷的殘酷、殺戮？是政治生態問題嗎？比如戰爭就是意味著屠殺。如果是的話，中國人有沒有可能改變人性、改變文化、改變政治與意識形態的結構、避免戰爭，再不要重複歷史悲劇？

改革開放 40 多年來，中國人的思想已經發生了很大變化，至少沒有發生像抗戰、內戰、土改、文革那樣殘酷的殺戮。但是儘管大的殺戮沒有發生，暴力的思維、文革的思維卻並沒有遠離我們，反而在政治與社會生活的方方面面都在顯露出來。小規模的暴力還是不斷發生，比如 2014 年發生在全國的大規模反日遊行，西安的一個暴徒用 U 型鎖將一位日系車主打殘。其他政治暴力、拆遷暴力、家庭暴力等等也時有發生。而且我們不敢保證類似內戰和文革那樣的暴力和殘酷不會再發生。[2]

這就需要我們對二十世紀上半葉發生的這些事情進行一番清理，看看到底發生了什麼，人性在這些歷史事件中是如何表現的，我們當代人如何理解歷史上這些人們的抉擇，包括是跟隨國民黨還是跟隨共產黨的選擇，甚至和日本人合作、背上漢奸的罵名的選擇，暴力土改的選擇。他們為什麼做這些選擇，人性、歷史、文化、制度對這些選擇起了一些怎樣的作用，討論這些問題對我們今天的選擇有什麼啟發，等等。人們或許可以為這些不同的選擇辯護，對作出不同選擇的人表示同情的理解，但是我們很難為暴力辯護，無論是戰爭的暴力、土改的暴力，還是其他什麼暴力──或許只有自衛的情況除外。當然人們還是可以為自己的暴力提出自己認為正當的理由，儘管暴力多年之後發展的最終結果其實是事與願違的。這些都是本書想探討的問題。

另外，二十世紀平定走過的大致歷程，其實也是中國走過的歷程，儘管山西有山西的特殊性，平定有平定的特殊性。中國發展的大歷史對山西發展

2　見 Zhidong Hao 關於文革思維的文章：“Cultural Revolution Thinking in China”，載於 *Journal of Contemporary China*, 2017 年，以及「對歷史選擇性的記憶與中國社會轉型」，載於 2019 年 1 月 7 日 FT 中文網，http://www.ftchinese.com/story/001080952?full=y#ccode=2G188002。

的歷史有絕對的影響，而每個小人物的命運也都受到中國大歷史的影響。所以我們這裡所講的山西省以及平定縣普通老百姓所經歷的事情，也是中國其他地方老百姓大致也經歷過的歷史。一個個的人在大的歷史的裏挾下的那種無助與無奈，生死一瞬間，讓人感到命運的無常，但又不是完全沒有規律可循。這本書以及剛才提到的兩本書，都試圖讓我們考慮個人的命運和國家的命運之間的關係，面對人性中惡的一面，我們可以做些什麼。

本書關於平定抗戰與土改的研究是在上述村史與文革史研究之後進行的。主要是我們感覺到在村史和文革史的基礎上，還需要深入探討和瞭解平定縣抗戰和土改的歷史，這樣才能更好地瞭解村史與文革史背後的大歷史，更全面地瞭解文革的起源。於是在澳門大學課題經費的支持下，我們開始了歷時多年的平定抗戰、內戰與土改的研究。

在這個緒論中，我們將首先介紹平定縣的基本情況，然後介紹一下我們的研究方法以及寫作的基本思路，最後會總結一下各章的內容。

二、平定概況

平定是山西省的一個縣，地處太行山中段西麓，山西省中部東側，東臨河北省的井陘縣，是晉東門戶，晉冀要衝，戰略位置十分重要，歷來為兵家必爭之地。春秋戰國，趙簡子築城平潭，中山國築長城於固關。漢大將韓信曾經駐軍榆關出兵擊趙，董卓於董寨築壘屯兵。唐朝修築承天軍城，宋朝設平定軍，明朝增築娘子關，固關。正太鐵路從東向西橫貫平定，平遼公路由北向南穿境而過，平定成為晉東的交通樞紐。無論是閻錫山出山西還是日本人進山西，平定都是必經之地之一。

平定也是山西有名的文化縣，歷史上有「文獻名邦」的美譽。這裡文化底蘊深厚，重視教育，歷代人材輩出。金代的趙秉文（今河北磁縣人）曾任平定刺史，後任禮部尚書等重要官職。清朝嘉慶年間，平定州官吳安祖在通城要道的南天門修築一座三門四柱的紅石牌坊，中門二柱鐫刻著一副對聯：「科名昆耀無雙地，冠蓋衡繁第一州」（見圖 1.1 幾個類似的牌坊）。平定歷來重視文化教育，捨得在育人上投資下功夫，並形成了一種刻苦讀書，勤奮

好學的風尚，所以在歷朝的科舉取士中，平定在山西曾一度名列前茅。同時，在這些讀書人中著書立說者多，有些著作在當時社會上有較大的影響。在讀書人中做官的多，一州一縣人才輩出，甚至代有人出，在山西並不多見。由此可見，平定文化的昌盛和影響之大。

圖 1.1　日本佔領時期平定城裡的「父子柱史」牌坊群 [3]

　　在這種歷史文化的浸淫中，這裡的讀書人，熱衷於功名，有著以天下為己任的情懷。在不同的歷史時期和社會變革中，也有捨生取義的愛國志士，有追隨新主逐鹿中原的義士，有寧為玉碎，不為瓦全的文膽。這些精英在不同的時代，各顯頭角，各領風騷，寫盡了文人的風流。

　　當然在這些輝煌的歷史中，也還是有很多暗流或者醜惡。圖 1.1 就是輝煌與暗流或者醜惡的一個特殊的結合。一個完整的歷史，肯定不是只有輝煌，

3　平定城學門街的「父子柱史坊」，為表彰平定白氏家族白宇與其子白士麟父子都曾任御史而立，毀於 1949 年之後。圖片來源：日文《支那事變畫報》第十輯，1937 年 11 月 21 日。

而是還有很多不輝煌。而且只有認識到這些不輝煌，克服這些暗流，社會才
能進步，人類才能進步。只有既看到人性中的善，也看到人性中的惡，我們
才能瞭解到人性的複雜，理解我們的先人曾經經歷過怎樣的事情，後人應該
吸取什麼樣的經驗與教訓，如何懲惡揚善，以達到真正的輝煌。這正是本書
調研與寫作的宗旨。

三、研究與寫作方法

我們的研究建立在訪談資料、檔案資料、回憶錄、學者研究的基礎之上。
我們盡可能將當時的情況復原，但是由於種種局限，又不可能將歷史全部復
原。不過在我們的研究中，讀者還是可以看到內戰、抗戰、國民黨特務案、
除奸反特和土改等主要事件的基本情況。下面我們來看一下研究方法與寫作
的基本思路。

（一）研究方法簡介

我們訪談了 30 多個村莊的共約 50 多人（見圖 1.2），歷時四年左右，即
從 2015 年到 2019 年。關於訪談資料方面，受訪者通常 80 多歲到 90 多歲，
最大 96 歲，只有少數幾位是 70 歲左右。換句話說，在抗戰和土改時期，多
數被訪者是 10 歲左右，不到 20。有些人的故事是聽來的，有些是親眼所見。
還有一些人本身就是當事人。聽來的故事肯定會有出入，即使親眼所見也有
見不到的地方，當事人的敘述也會有篩選，但是在總體上來看，應該沒有較
大的出入，況且不同來源的信息也可以相互印證。正如我們在山底村的一位
被訪者所說，或許具體的時間、地點、細節方面會有出入，但是這個事情肯
定是發生了，大致情節不會有太多出入。這也是我們的看法。

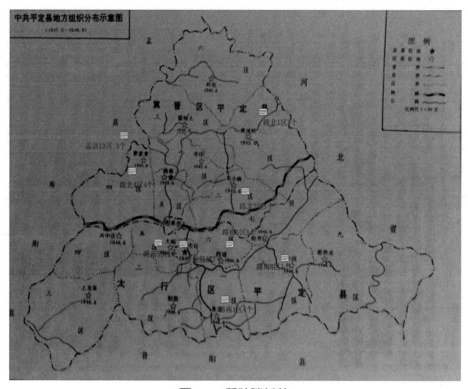

圖 1.2　所訪談村莊

　　我們的確也發現不同的村莊其實發生的事情都很相似。這也增加了被訪者所講故事的可信度。他們中的多數人都非常健談，記憶力超強。儘管如此，在具體數字與細節方面，仍然難免有誤，所以我們需要用批判性的眼光來看待我們的訪談資料，儘管可信度已經很高，尤其是我們還有檔案材料的佐證。

　　其實即使是我們所使用的官方資料，包括檔案資料、公開出版的回憶錄、歷史書等等，也需要採取批判的眼光，因為當時官方在收集並儲存材料時，個人在寫回憶錄時，專家在寫歷史書時，都是有所篩選的。但是如果我們將所有的資料都放在一起，對比分析，就能夠比較接近於歷史的真實。讀者對我們的介紹與分析，也需要有批判的眼光，因為我們在學識與見識方面也有自己的局限。

　　另外我們也盡量採取客觀、中立的態度來處理我們看到的和聽到的材料。比如我們會反映被訪者的看法，但是如果被訪者在缺乏證據的情況下，對人或事做了某種猜測，我們不會隨便採用這些猜測，而是僅僅把問題提出

來。比如平定名人周克昌被砸死，作為平定縣委書記的趙雨亭當時能否阻止，我們只是把問題提出來，並沒有確定趙能夠阻止或不能阻止，因為我們沒有任何證據。我們的基本原則是胡適先生講的，有幾分證據說幾分話，有七分證據不說八分話。

關於書中的人名，我們稱被訪者為張先生、李先生，因為在今天的大陸中國，土改仍然是個敏感問題，但是村莊用的是實名，村裡人的名字根據訪談時所聽到與記錄的情況，有的是用人名的音譯或者真名。有時候是小名，因為被訪者不知道該人的大名。

（二）寫作的基本思路

卜正民在研究戰時與敵人「合作」或者說「附敵」、「附逆」的現象時，指出有四個問題是我們在研究時要注意避免的，否則我們便看不到真實的歷史。第一是民族主義的判斷，第二是政治的判斷，第三是人道主義的判斷，第四是道德的判斷。[4]本人基本贊同卜正民的觀點。我們下面具體來看一下這些觀點的意涵以及我們在書中會如何體現這些觀點。

首先是要避免民族主義的判斷。抗日戰爭是中華民族歷史上的一次生死大搏鬥。在戰後書寫歷史的時候，人們通常看到的是中國人如何英勇抵抗日本人的故事，抗戰失利的情況很少看到。實際上，日本人在山西 105 個縣中的 70 多個縣建立了日偽政權，大量的人加入了偽軍。我們很少去研究這個現象，因為這會損害中國人民英勇抗日的形象，會給中華民族抹黑。但是如此一來，我們對歷史的理解就是片面的，我們對歷史教訓的吸收也是有欠缺的。本書會力圖體現佔領區的情況，包括附敵者的情況。當然由於我們掌握材料仍然不足，或許還不能完全展現這另外一面的故事，但是至少我們將問題提了出來，並盡我們所能將這平時看不到的故事講給大家聽。

第二，我們要避免政治判斷。抗戰後的話語通常是國共雙方都認為自己是真抗日，對方是假抗日。最著名的說法，也是我們在小時候受到的教育，是毛澤東說蔣介石在共產黨抗戰勝利後從峨眉山上跑下來摘（共產黨自己種

[4]　Timothy Brook（卜正民），*Collaboration: Japanese Agents and Local Elites in Wartime China*（合作：戰時中國的日本代理與地方精英）（Cambridge, Mass.: Harvard University Press, 2005），第 242-248 頁。

的勝利的）桃子。其實國民黨也認為共產黨是假抗日。事實是兩黨都是抗日的，只不過國民黨在主戰場上抗日，共產黨在敵後抗日。當然作為中國政府的代表，國民黨負了更多的責任，犧牲掉更多的人，而共產黨只是配合友軍作戰，即使是所謂的百團大戰也主要是以破襲敵人的據點，破壞鐵路與電線，而不是像國民黨那樣打了 22 次大會戰。事實是共產黨的主要工作是鞏固敵後根據地，壯大自己的力量，伺機襲擊一下敵人。它採取的是打得贏就打，打不贏就跑的基本政策。

卜正民說和日軍的合作和內部政治沒有關係。如果我們只看國共政治的話，這一點或許是對的。國共都抗日。但是就國民黨方面來說，其實汪精衛代表的是與日本求和的政治，蔣介石代表的是抗日的政治。所以在這個意義上講，還是有政治的因素的。

但是卜正民關於避免政治判斷這個觀點對我們理解內戰是有幫助的。共產黨對內戰的研究也通常只展現國民黨、閻錫山的腐敗，共產黨的廉潔，以及共產黨為人民謀解放、為人民服務的高尚品德，這是共產黨能夠戰勝國民黨的原因。這個政治判斷，可能也要避免。閻錫山在山西經營多年，也頗有成就，在民國時期將山西建成了一個全國的「模範省」。很難講他的工作不是為了山西人民的福祉。我們在下一章中可以看到民國時期山西省政建設的成就。從實證的材料來看，應該說雙方都是革命黨，我們無法說一方代表資產階級，另一方代表無產階級。這個政治判斷要避免。

第三，卜正民認為我們要避免人道主義的判斷。這個判斷認為日軍帶來的人道災難，和合作者或者附敵者的行為無法分開。人道主義的判斷也譴責戰後國共內戰帶給中國人民的悲劇。這些，附敵者都有責任。的確他們都有責任，但是這個責任有多大，並不是很清楚。我們也不能因為這個責任就看不到他們在暴力不是很嚴重的時候的是如何自處的。

同樣的道理，我們在理解土改的暴力時，也需要看到這個人道主義災難的背後那些人到底是怎麼想的，導致這個災難的各個因素是什麼，而不是簡單地說某某人有責任，就認為我們的歷史研究就成功了。這些人的行為，只是為我們開了一個頭，給我們提供了一個線索。實際情況遠比追究一兩人的責任要複雜的多。這正是我們在土改那幾章所討論的問題。

　　第四，我們要避免道德的判斷。誠然，我們對很多人在抗戰或者內戰時期的表現都深惡痛絕，但是，這個道德判斷並不能幫助我們理解為什麼有人附敵，人們為什麼會參加共產黨或者國民黨，為什麼有人會在土改的時候使用暴力，為什麼這個選擇對他們來說是最有利的。而這正是研究者更想知道的問題。和侵略者合作或許會造成對老百姓更多的傷害，暴力使很多人喪生。這些都是不道德的。但是研究者更加關注的是這當中的模糊形態，他們是在什麼樣的條件下做出這樣的選擇，而不是簡單地將這些人的行為歸納為叛變或者貪婪。很多附敵者是處在灰色地帶的，有時候辦壞事，有時候辦好事。

　　卜正民說在抗戰時期，多數的老百姓只不過是想過好自己的生活而已，至於是國民黨的統治還是日本人的統治，其實無所謂。老百姓已經習慣了被不同的政治集團所征服的歷史，包括外族的入侵。無論是共產黨，還是國民黨，還是日本人，都是從外部強加給他們的政權，只要不壓榨他們就是好政權。如果日本人不挑起太平洋戰爭，僅僅將征服中國的部分地方作為自己的目標，那麼人們會習慣於日本人的統治的。我自己關於臺灣民族主義的研究也說明，如果日本沒有在抗戰中失敗，也沒有其他大的歷史性變化的話，臺灣會一直是日本的一部分。被殖民統治五十多年後，臺灣已經皇民化了。這在大陸也是可能的。這些都不是用道德判斷可以解釋的。

　　即使在土改中，多數人對土改暴力並沒有奮起反抗。我們需要理解他們為什麼選擇服從，而不是譴責他們道德有愧。

　　卜正民的思路，也是本書寫作的基本思路。我們盡量不做上面所定義的民族主義的判斷、政治判斷、人道主義判斷和道德判斷，而是盡量客觀並全面地呈現歷史到底是怎麼走過來的，並盡力理解當時歷史發展的前因後果。

　　也正如楊奎松教授在給我的電郵中所指出的：

> 歷史學者的工作不在責備過去歷史的行為者，他們的責任是要努力還原特定的時間、地點及特定的觀念、文化及道德和法律背景下，歷史的當事人做了什麼，導致了什麼結果，以及他們為什麼會做這樣或那樣的選擇。換言之，歷史學工作者最主要的使命是應該努力對歷史各方行為者做換位思考，以理解其不得不如是之苦心孤詣，爭取盡可能

客觀、準確和全面地還原並重建歷史，而不能站在某種主義或政治的、民族的、國家的、階級的、政黨的立場上，去評判歷史當事人的是非對錯。這是歷史學者理應掌握的一個歷史研究的基本常識……。

但是，他說不對歷史當事人做道德評判，並不是意味著歷史學工作者就沒有自己的價值判斷。

特別是涉及到什麼善，什麼惡，涉及到歷史上嚴重違反人性、人道、人權的野蠻的和暴力的事件與現象時，歷史學工作者在嚴格遵循客觀還原歷史的學術前提下，還是必須有批判意識，亦即必須清楚地知道自己為什麼要研究它們，以及自己的研究是否會有益於加深今人對歷史的反思。

這也是本書在研究抗戰、內戰與土改的暴力時所遵循的原則。

最後，我們需要知道研究歷史並不是要尋求並發現絕對的真理或者真相。歷史研究是現在和過去的一種對話，是學者與學者、思想者與思想者之間一起努力試圖理解擺在他們面前的歷史資料的對話，這是一個改變、修正、批判的過程(History is not the uncovering of absolute truths. It is a dialogue between the present and the past, between communities of scholars and thinkers working to understand the record of what came before — it is always a process of change and revision and critique).[5] 所以即使有民族主義的、政治的、人道主義的、道德的判斷，會干擾我們對歷史真相的追求，這些干擾也是可以修正與批判的。而且這會是一個持續的過程。本書所使用的史料是可以被質疑的，結論是可以被修正的，當然這種質疑與修正是建立在更可靠的史料、更符合邏輯的基礎上的。只有經過這樣的反覆，我們才能更接近歷史，更接近一個符合邏輯的結論，更清楚地認識過去與現在，並尋求一個更好的未來。

---

[5] Jamelle Bouie, "Liberty and Slavery Have Always Been Wrapped up with Each Other. " *The New York Times*, August 24, 2019.

四、各章內容

　　我在書中一直突出個人的命運，個人的生死存亡，這也是書名的意思。
我想要說明的是，無論是地主、富農、中農還是貧下中農，無論是國民黨人
還是共產黨人，無論是中國人還是日本人，大家都是人。沒有人應該被捲入
戰爭，捲入殺戮。沒有人應該被迫選擇參加共產黨還是國民黨，或者因為參
加了某個黨而被殺。但是這些事情畢竟發生了。無論是在抗戰中，在國特案
中，還是在內戰與土改中，無論是日本人殺中國人，還是中國人殺中國人，
這些事情都發生了。那麼我們就應該瞭解到底發生了什麼，怎麼發生的，為
什麼發生。尤其是涉及其中的每一個人，他們面臨著什麼樣的命運，我們應
該如何理解以前發生的事情以免今後這樣的事情再發生？如前所述，這是本
書的宗旨。

第一章　緒論：本書探討的基本問題與所用方法

　　如上所述，這一章介紹了我想研究的基本問題以及基本研究方法與思
路。前者主要是指在抗戰、內戰與土改中發生的暴力以及發生這些暴力的原
因，包括結構的、文化的與個人的因素。在方法上面，我們主要使用的是訪
談與檔案材料，然後從材料當中理出來一些頭緒。不過我們會秉承胡適先生
有幾分證據說幾分話的原則，將結論建立在材料的基礎上，盡量避免政治的、
民族主義的、道德的判斷，而是比較客觀的、全面的，從當事人的角度去理
解問題。當然我們也借鑒了其他人的研究，或者回憶錄、日記等，從這些著
作中收集到更多的一手資料。我們也充分地吸收了別人的觀點，然後綜合了
所有的資料與現有研究成果，並在此基礎上，得出了自己的結論。

第二章　暴風驟雨：民國前後的山西與平定

　　第二章首先介紹了基督教在民國前後對山西以及平定教育和社會的貢
獻，以及義和團和清軍對基督徒的殺戮。然後介紹辛亥革命與閻錫山的省政
建設、閻錫山與共產黨與國民黨之間的內戰和聯合陣線。儘管這一段時間也
是充滿了暴風驟雨，但是畢竟山西正在逐漸走上發展的正途，並且成為全國

的模範省。西郊村當時的繁華即是一個很好的例子。如果不是日軍的入侵以及後來的國共內戰，山西本來是有可能相對和平地實現現代化的。宗教和國家的關係也會比現在更加和諧，宗教對社會發展的作用也會更加正面。但是悲劇還是發生了，而且接連不斷。

第三章　血的歷程：抗日戰爭時期的平定

　　這一章首先介紹抗日戰爭全面爆發前的平定的抗日活動與平定犧盟會的建立，然後介紹娘子關作戰、日軍入侵平定後的幾個大屠殺慘案，以及共產黨在平定三縣的敵後抗戰與鄉村根據地的建立。日軍的屠殺是非常殘酷的，這一點我們在最後一章討論人性的時候會舉更多的例子，尤其是《東史郎日記》中的例子。我們還會介紹日本人在政治、經濟以及教育方面對平定的殖民統治。我們還尤其討論了漢奸問題和偽軍問題。我們會看到很多並不是非黑即白的情況。正如我們對其他歷史問題需要客觀地認識一樣，對這個問題也需要實事求是。儘管我們只看到很少的歷史檔案，但是各種回憶錄與研究報告給了我們不少資料，讓我們可以大致看到當時日軍對平定和陽泉的統治的情況，和敵人合作者的情況，以及八路軍抗日根據地的建設以及對日游擊戰的情形。我們會看到很多人所面臨的倫理困境。

第四章　理想的破滅：整風運動和國民黨特務案

　　本章介紹了平東縣在抗戰時期延安整風的大背景下，在基層整風運動中發現的國民黨特務案。我們重點介紹了十個人的故事。從這些故事來看，或許他們和國民黨多少有些牽連，也有一些想放棄共產黨、投奔國民黨的意思。但是他們的組織並不像他們坦白的那樣嚴密，行動也主要僅限於和領導鬧鬧意見。所謂的一些破壞活動也僅限於鼓動青年人不要去參軍、給八路軍衲鞋底不要太上心，等等。即使是準備接應國民黨來的方式也主要限於準備個黑名單，放放黑槍等等。最重要的是，他們的坦白與交代在多大程度上是刑訊逼供的結果，多大程度上是真的，我們不得而知。但是從延安整風的歷史上看，這些所謂的特務，假的成分很大。但是很多這些當年投奔革命、投奔抗日的熱血青年、知識分子們，還是被處決了。理想破滅了，就像在延安的王實味們的理想破滅了一樣。這既是他們個人的悲劇，也是革命的悲劇：革命

吞噬掉了自己的孩子。而且由於這種非黑即白的階級鬥爭思維方式，使得共產黨在獲得政權之後的土改、鎮反、反右、文革中又製造了更多的悲劇。這是應該被吸取的教訓。

第五章　兄弟鬩牆：閻錫山和共產黨的內戰

共產黨和國民黨對政權的爭奪，最後只能用打仗、用相互殺戮來決定勝負。這就是我們在第五章所探討的問題。我們在這一章介紹了閻錫山的軍隊和共產黨的軍隊之間的廝殺，以及那個時代的人們那種既不怕自己犧牲，也不怕犧牲別人的精神。我們特別介紹了太原五百完人的故事。我們的重點放在平定縣閻錫山政府在日軍投降之後，如何重新建立起來自己的統治，但是這種統治又和共產黨已經在廣大的農村地區建立起來的政權與武裝發生了什麼樣的衝突。在抗戰之後共產黨已經建立起來自己完整的政權與武裝之後，顯然閻錫山政府在平定是無法恢復像以前那樣的統治的。共產黨動員了大量民兵參軍參戰，最後擊敗了閻軍，平定城於 1947 年被解放軍攻下，之後共產黨便進行了我們下面幾章要討論的土改與除奸反特。而這些運動又使得共產黨能夠發動更多的農民參加攻陷太原的戰役乃至南下作戰，進而「解放」了全中國。閻錫山與蔣介石的國民政府戰敗被迫遷到臺灣，希望有一天能夠反攻大陸。於是有了今天臺海兩岸的局面。

第六章　腥風血雨：三十村的階級狀況與土改鬥爭

閻錫山的軍隊在平定被消滅或者驅逐出去了，但是閻錫山在統治時期所依賴的仕紳階級及其家屬並沒有都能逃走。即使逃走了，他們的家產也不可能都帶走。再加上共產黨的意識形態就是要消滅地主階級，建立工農政權，所以土改就勢在必行了。這章首先介紹了土改前平定縣的基本經濟與政治情況，指出其實平定縣是十年九旱的貧困山區，年人均口糧本來就很少，青黃不接的時候窮人家是要餓肚子的。就是多數的富人家也並不富裕。但是即使如此，在矮子裡面拔將軍還是可以做到的。所以土改就轟轟烈烈地展開了。但是如果土改可以理解，那麼暴力土改就讓人費解了。所以從第六章到第九章，我們會先介紹暴力土改和除奸反特的情況，然後我們來嘗試解釋為什麼。

這一章除了介紹平定的經濟和政治狀況之外，我們利用口述史和回憶錄的材料，描述了三十個村莊、街道的減租減息以及土改暴力的大致情況。我們可以看到，中國人殺中國人而且殺自己的鄉親的時候，其殘酷性不亞於我們在第三章和最後一章所描述的日本人殺中國人時候的情況。

第七章　殺人立威：除奸反特

本章還是一村一村地介紹當時除奸反特的情況。如果說土改整肅的主要是地主階層，那麼除奸反特整肅的就是曾經在閻錫山政府與日本殖民政府裡面做過事的人。這裡的整肅其實就是屠殺。但是正如我們在第三章所描述的，和敵人合作的情況非常複雜，的確有漢奸，但是這些人很少。很多所謂的偽村長是白天為日本人服務，晚上為八路軍服務的。但是無論他們為共產黨、八路軍做過多少好事，只要為閻錫山、日本人做過事，就有漢奸或者特務的嫌疑，有嫌疑就可以被處死。在小橋鋪主持除奸反特的梁寶賢的口頭禪就是「你們這些人統統都是特務」。在村裡吃派飯，有一家沒有給他吃白麵條，主人就被當作特務殺死。就是刑訊逼供得來的口供，也可以作為理由來將人殺死。之前閻軍來村裡徵糧，有的人沒有按照共產黨政府的指示隨其他村民撤退。這些人便有通閻的嫌疑，於是也在被殺之列。路北的山底村打了 100 多個國特，殺了四個，據說也是冤案。被訪者說主要是私人恩怨。他們被殺的方式也和土改時期相同，也是非常殘酷的。折磨、酷刑、虐殺等不一而足。但是在城裡居住的曾經為閻錫山與日本人做過事的人倒是沒有被打死，儘管後來也被作為歷史反革命整肅過。

第八章　革命不是請客吃飯：全縣土改與除奸反特的過程

上面兩章資料主要來源於口述史而且是各村的情況。但是這些被訪者並不知道土改與除奸反特具體由誰來組織，如何組織，全縣的情況如何等等。這些問題只有從檔案中才能看到。所以這一章我們就是從檔案材料中來看全縣當時的農民是如何被發動起來的，當時領導土改的幹部是如何接受土改的事實，尤其是如果他們家也受到衝擊的話。當時大多數的幹部都是富人家出身，所以都面臨著是否以及如何接受自己家的人被鬥甚至被殺的問題。所有

的人都要明確土改就是要革地主階級的命。大家都必須認識到凡是反對土改的都沒有好下場。要破除命運、良心、面子、人道等等思想。黨的政策就是放手讓群眾去鎮壓地主。這些組織和發動都是非常成功的。我們這一章還介紹了土改的結果，總結了我們在檔案中和訪談中看到的一些數據，使我們也看到了土地與財物的再分配情況，也使得我們可以大概了解土改與除奸反特涉及到的死亡人數，包括平定三縣一些典型村子的被殺和自殺人數，以及逃跑人數。由此我們也可以看到革命真的不是請客吃飯，而是一個血腥的、導致很多人家破人亡的運動。我們也提到了對有問題的幹部的處理情況。對左的幹部，處理都是比較輕的，因為是自己人。對右的幹部就很難說了。

第九章　這是為什麼？如何理解土改與除奸反特的暴力

如果第八章給了我們一個平定縣的概括，那麼這一章給我們的是對全國暴力土改的概括或者說解釋。也就是說從中央層面看，土改到底應該怎麼搞。我們看到了中央對暴力土改的猶豫，對和平土改的嘗試，直到最後發現只有暴力土改才能夠真正將群眾發動起來，支援全國的「解放」戰爭。具體說來，我們討論了造成暴力土改與暴力除奸反特的三個主要因素。結構因素包括階級鬥爭的意識形態的因素、戰爭的因素，以及群眾運動本身的特點。應該說這些因素是主導因素。我們在下一章也會繼續討論這個因素，比如戰爭如何將人性中的惡調動了起來。文化因素包括傳統文化與黨的文化。傳統文化中並不缺乏暴力的因素，黨的文化也一直沒有擺脫暴力，總是左比右好。所以在結構給了人們暴力的可能之後，傳統的和黨的思維方式與做法便也很快被調動了起來以幫助人們實施暴力。個人因素是指所有參與暴力的決策與實施的個人所發揮的作用。這裡包括中央高層個人的作用，以及底層幹部和老百姓的作用等等。在這些條件都具備了之後，暴力就水到渠成了，悲劇就是不可避免的了。

第十章　結論：歷史的經驗與教訓

這一章討論的歷史的經驗與教訓主要包括人性問題與中國文化中應該建立罪感的概念等問題。這既是對全書的一個總結，也是對未來的一個期許。

這裡討論的仍然是制度、文化與個人的因素在歷史發展當中，在歷史悲劇的演繹當中的作用，只不過我們在這一章包括了不僅是像上一章所包括的土改與除奸反特，還包括了抗日戰爭與內戰。我們在這裡的討論會更加全面，更加深入。比如無論是中國人還是日本人，所有人的人性都是一樣的，但是戰爭這個結構性的因素使得人性中的惡發揮到了極致，而善只有很少的機會。本章給了更多的例子來說明這個問題。另外中日文化中都缺少罪感，也是導致本書所討論的罪惡的原因之一。要防止未來的悲劇，就需要加強罪感。我們討論了日本人如何在加強罪感這個問題上比中國做得要好。他們在戰後的反省已經使得多數人認識到日本要對二戰中的罪行負責任。但是中國大多數人至今沒有對土改進行反省，沒有人對那些暴力負責任。我們期望對歷史經驗和教訓的總結與吸收，能夠使我們減少將來發生這些悲劇的可能性。

五、小結

我在書中描述的是在大歷史中的個人命運，想從人的角度去看歷史，盡量根據我們所能掌握的材料，去客觀地描述發生過的事情。至於對錯、善良與邪惡等等價值判斷，我們想留給讀者自己去衡量，我們會盡量少做評論。

在調研與寫作過程中，曾有人問筆者在看到這麼多的悲劇時自己是否也變得很悲傷。其實到現在為止筆者有兩次在和別人講述南坳工作隊和村長的老父親阻止殺人的故事時感動到哽咽地說不出話來。其他時候或許因為聽的悲劇太多了而似乎失去了感覺。但我還是無法保證自己能夠口頭敘述這些故事而不感到悲傷而說不出話來。無論如何吧，還是希望本書能夠引起讀者的共鳴，一起來思考這些歷史上發生過的事情，並做一些努力去避免同樣或者類似的事情再次發生。這是本書調研與寫作最大的宗旨。

最後我想強調貫穿在本書中的一條主線是戰爭的殘酷與人性的脆弱。無論是日本人的侵華戰爭還是中國人的內戰，包括土改，都是慘絕人寰的、我們應該充分吸取教訓不應該讓它們再發生的事件。在這些事件中，我們既看到了人性中的惡，也看到了人性中的善，當然在很多情況下，善與惡同時存在於一個人身上。只是當時的政治與制度，比如戰爭、土改政策等給人們提

供了怎樣的環境，使得他們可以充分地展示自己的惡還是善的問題。無論是日本人還是中國人都應該從中吸取足夠的經驗與教訓：一個是如何改變政治與社會制度，使它不要給人們提供惡的機會，一個是如何能夠讓普通人學到即使是在政治與社會制度環境比較惡劣的情況下，也能夠盡量不作惡或者少作惡。這裡我想引述一下東史郎的故事。

東史郎是參加過侵華戰爭的日本兵。他在整理自己的日記時寫到：

> 我在這裡記下戰場上的真實。
>
> 要記錄戰場上的美與醜。
>
> 只以一個人的立場加以如實記錄。
>
> 戰爭是什麼？「戰爭」二字就是殘忍、悲慘、暴虐、放火、屠殺等等慘無人道的眾惡之極的概括性代名詞。
>
> 所謂戰爭，就是包括了一切非人道的罪惡無比的巨大的惡魔口袋，它荼毒生靈，破壞良田，摧毀房屋，恣意暴虐，毀滅文化，使人間變成地獄，導致無數生靈成了孤魂野鬼。
>
> 戰爭的真實情形，……似乎是最大的痛楚，又似乎是無盡的悲痛，還似乎是對永恆怨恨的吶喊的感傷。[6]

東史郎看到了戰爭的醜與惡。我們在討論國共內戰時，也會提到中共將領對戰爭殘酷的反思。在這種殘酷的環境下，人性的惡被充分地展現出來。但是人性中的善，正如我們在抗戰、內戰和土改中看到的那樣，有時候也能夠熠熠生輝，儘管這種人性中善的展現，遠遠比不上戰爭與土改暴力的惡。東史郎曾經私自放走五位即將被處決的中國婦女，[7]或許對整個戰爭的悲劇來

---

[6] 東史郎（著），《東史郎日記》，南京：江蘇鳳凰教育出版社，2014 年，第 2-3 頁。

[7] 上引《東史郎日記》，第 1-2 頁。不過從後面的敘述來看，好像只有 4 位婦女逃走，1 位婦女被強姦。東史郎沒有說她後來被殺，但是可能性較大。見第 141-43 頁。

說，是杯水車薪，但是對那幾位婦女來說，畢竟是生死存亡的大事情，就和土改時的情形一樣。正如俗語所說，勿以善小而不為，如果是大惡，就更應該深刻反省，避免發生了。

第二章
暴風驟雨：民國前後的山西與平定

一、開場白

　　從清朝末年到民國成立再到日本人 1937 年入侵的近 40 年間，山西人已經經歷了多次暴風驟雨的襲擊。這裡包括 1900 年義和團對傳教士與教民的殺戮以及後來義和團的被鎮壓，閻錫山響應辛亥革命，在山西武裝起義，後來又捲入蔣閻馮大戰等等。當然期間閻錫山也有 10 多年對山西基本無間斷的經營，並使山西省在政治、經濟、軍事、社會等方面都在全國名列前茅，被稱為「模範省」。可惜好景不長，日本人的入侵將中國現代化的步伐全部打亂，於是發生了我們在後面幾章要討論的問題。本章將先來看一下在日軍侵略山西之前的暴風驟雨以及山西的現代化發展，包括基督教在民國前後對山西教育與社會的貢獻和義和團與清軍對基督徒的殺戮、辛亥革命與閻錫山的省政建設，以及閻錫山與共產黨與國民黨之間的內戰與聯合陣線。

二、基督教在民國前後對山西以及平定教育與
　　社會的貢獻與義和團和清軍對基督徒的殺戮

　　1900 年 6 月，新任山西巡撫毓賢慫恿義和團與清軍一起在太原燒醫院、毀教堂、抓捕並殺害傳教士 46 人，包括他們的嬰兒。這些傳教士是在 1887 年山西大旱、災情嚴重、餓殍遍地時來山西賑災、建立學校、傳播基督教的人士。[1] 當時在忻州辦學校、診所的邸松牧師（赫伯特・狄克松）等八人（見

---

[1]　這裡的故事與數據見沈穎，「《忻州日記》：尋找沉默百年的逃亡日記」，《南方人物周刊》，2011 年 5 月 30 日。該文介紹了美國學者張海燕對該事件的調查與發現。

圖 2.2 和圖 2.3）聽說義和團與清軍在太原已經燒了醫院，殺了女傳教士愛蒂絲（Miss Edith A. Coombs，1862-1900，見圖 2.1），並在到處搜捕傳教士時，便迅速離開忻州城，走上了逃亡之路。

圖 2.1　Edith Anna Coombs

馬牧師太太　馬牧師
邸牧師太太　邸牧師
恩牧師太太　恩牧師
任教士　　　燕教士

圖 2.2　在忻州殉道的 8 位傳教士

圖 2.3　忻州傳教士紀念碑現狀

　　第二天他（她）們來到劉家山，被信教的村民藏在山洞裡二十多天，後被官兵發現押回忻州，7 月 15 日被義和團用亂刀砍死。其時忻州府共有 40 名中國基督徒被義和團殺害。山西成了義和團之亂的重災區，是全國仇殺外國傳教士和中國基督徒最多的省份：

> 據解放前曾任山西大学校长的教育家徐士瑚先生的《山西大學創辦人李提摩太傳略》考證，山西殉難的新教傳教士及其婦幼佔全外國殉難者 79.3%；而山西中國信徒和慕道友被殺害的，據山西壽陽宣教會英國傳教士葉守真醫生（Dr. E. H. Edwards）和陳守謙記載，有七八千人之多。[2]

　　在義和團運動中，全國（主要是華北的直隸、山西，內蒙和東北）共有 240 多名外國人（包括天主教與新教的傳教士及其子女，其中有兒童 53 人）殉難，2 萬多名華人基督徒遇難。山西的確是仇殺教會人士最多的省份。[3]

　　山西省地方志辦公室所編、2011 年出版的《民國山西史》承認「1900 年 5 月起，山西省以省城太原為中心，相繼有 50 個州縣掀起了反洋教浪潮，拆毀教堂七八十處」，但是沒有提及傳教士與中國教民被屠殺的事實，而且將義和團之變稱作「中國近代歷史上重要的反帝愛國活動」，並抱怨清政府「扶教抑民」，抱怨列強勒索賠款。[4] 另一方面，事後山西巡撫岑春煊在給光緒皇帝的關於山西大學堂事宜的奏摺中說山西「耶穌教被殺教士一百五十餘命，被毀教堂醫院七十餘所……」。[5]

　　可見在當代，有些歷史學家們還沒有能夠直面歷史，還在以民族主義的眼光、用政治的偏見來講述歷史。從列寧到毛澤東和周恩來都說義和團是偉大的愛國運動。但這只是用民族主義來看問題，是政治宣傳，是我們在第一

---

[2]　同上。

[3]　上述數字，也見維基百科關於義和團歷史的陳述。

[4]　山西省地方志辦公室（編），《民國山西史》（山西出版集團，山西人民出版社，2011），第 37 頁。

[5]　見 1902 年 7 月 16 日《申報》所登之「晉撫岑大中丞奏明中西合辦大學堂折」，載於郎永傑（主編）《歷史的見證：新聞媒體中的山西大學》（北京：中國社會出版社，2012），第 6 頁。

章討論過的應該避免的看問題的方法。而歷史學家如唐德剛等人，看到的則
是義和團的殘暴殺人與無辜的外國人與中國人的受害，是「扶清滅洋」的非
理性。梁啟超看到的是國人的「愚昧」，嚴復看到的是義和團的「愚妄憤戾」
與「野蠻」，孫中山看到的是「中國人對於歐美的新文化之反動」。[6] 儘管後
面這些人的看法也有人道主義和道德的判斷，至少他們還是在找問題的根源。

這種愚昧在 21 世紀的今天，仍然屢見不鮮。中國基督教三自愛國運動委
員會主席徐曉鴻在 2019 年 3 月的政協大會上，還在聲稱基督教是近代西方殖
民侵略的產物，中國基督教「必須肅清其內部的帝國主義影響與力量」，重
視境外滲透、私設聚會點、缺乏愛國愛教的教牧人才等等問題，才能實現「黨
和政府的殷切期望」，讓基督教中國化。這種思想看不到多少年來宗教對中
國社會的積極作用，只看到所謂海內外的敵對勢力，實際上和義和團並沒有
多大區別。如果徐曉鴻反映的是政府的思維方式，那就要檢討今天的中國和
清朝的區別、和文化大革命時期的中國的區別到底在哪裡。[7]

對山西教育和社會有特別貢獻的還應該提到李提摩太（Timothy Richard,
1845-1919），英國浸信會傳教士。他於 1869 年離開英國到中國山東等地傳教，
1877 年到山西賑災，並在太原傳教，在太原的杏花嶺和東夾巷一帶修建了教
堂、耶穌醫院以及小學和孤兒院。其時他還建議在山西修鐵路、創辦大學、
開礦設廠。1890 年李提摩太應李鴻章之邀去天津任《中國時報》中文版主筆，
常發表主張改革的社論。之後在上海主持上海廣學會（1891-1916），出版了
很多主張改革的書籍，對戊戌變法很有些影響。[8]

1900 年八國聯軍攻占北京，山西的長城嶺、娘子關先後失守。[9] 儘管聯
軍沒有西進，太原還是感到了威脅。山西巡撫岑春煊急電上海道臺，希望讓
李提摩太火速來晉負責解決晉省教案與商務問題。李提摩太於 1901 年 5 月由

---

[6] 見維基百科關於義和團歷史的陳述。

[7] 見「三自教會牧師兩會期間發言，中國教會除洋教烙印改姓『中』」，天亞社中文網，2019 年 3
月 13 日。關於基督教中國化的問題，也見郝志東，「宗教的社會功能與中國宗教政策改革」，《宗
教與法制》，2016 年夏季刊，總第 8 期。

[8] 以上見《維基百科：自由的百科全書》對李提摩太的介紹以及山西省地方志辦公室（編），《民國
山西史》，第 30 頁。

[9] 也有一說是聯軍只打到舊關，就撤兵了。

滬抵京，向主張議和的特命全權大臣李鴻章提出辦理山西教案的方案。其中
第三條提出：

> 共罰全省銀五十萬兩，每年交出銀五萬兩，以十年為止。但此罰款不
> 歸西人，亦不歸教民，專為開導晉人知識，設立學堂，教導有用之學，
> 使官紳庶子學習，不再受迷惑，選中、西有學問者各一人總管其事。

　　李鴻章贊同此議，並將開辦大學堂、延聘教習、安排課程、管理經費等
等事宜交由李提摩太全權負責。不料山西巡撫岑春煊認為讓外國人來負責中
國的大學有侵犯中國教育權的嫌疑。於是在李提摩太一行三人（其他兩人為
郭崇禮、新常富）從上海輾轉經過北京、塘沽、正定、獲鹿、平定等地於 1902
年 3 月 30 日到達太原時，岑春煊已經將晉陽和令德（張之洞創辦）兩所學院
合併成立了山西大學堂，正準備在 5 月開學。李提摩太等人抱怨山西當局保
守、狡猾，試圖把他們想辦的學校併入山西巡撫創辦的學校，受官府的控制。
雙方協商的結果是在山西大學堂裡設中學專齋和西學專齋。於是岑春煊和李
提摩太都成了山西大學的創始人。山西大學也被認為是當時亞洲最好的大學
之一。[10]
　　義和團運動被鎮壓之後，外國傳教士們又回到了山西。最早來到平定的
是基督教的「神召會」，由挪威國的達亞拿於 1902 年傳入並主持，發展到 200
多人，並在新城村成立了分會，但是在日軍入侵後解散，部分教徒歸屬了「友
愛會」。「友愛會」是基督新教浸禮宗教會之一，於 1907 年由美國牧師庫範
格傳入平定。他（她）們租賃了東關郭家塕劉老五的宅院，為不同年齡的學
童分班上課。住宿、吃穿、課本與文具的費用等全部由教會出資購買。1915
年，友愛會教堂在平定城內姑姑寺落成，稱「耶穌堂」，並建有教室樓與宿
舍，學生們也從東關遷來這裡上課。學校被命名為「新民學校」，且附設幼

---

[10] 此段內容，見行龍（著）《山大往事》（太原：山西人民出版社，2002），第 1-18 頁。也見前引
山西省地方志辦公室（編），《民國山西史》，第 29-31 頁。關於岑春煊認為將辦大學的事情交給
外國人有損「我教育之權」，見 1902 年 7 月 16 日《申報》所登之「晉撫岑大中丞奏聞中西合辦大
學堂折」，載於前引郎永傑（主編）《歷史的見證：新聞媒體中的山西大學》，第 6 頁。

稚園。這是平定縣學前教育最早的實踐。學校的教學方法靈活多樣，有集體
遊戲、滑板、壓板、擲球等體育活動、童歌、童謠、童話故事、手工、育花
等各種活動。

清末民初時，友愛教會還開辦過晉友中學，附設在新民學校內。但是由
於教員戒葉厚在校內傳播馬列主義，學校於 30 年代被美國校長查封。1941 年
珍珠港事件後，美日交惡，平定日偽政府奉命查封了耶穌堂，傳教士被驅逐，
新民學校與幼稚園停辦。[11] 另據商性齋老師（商老師曾經教過本人英語）介
紹，其實友愛教會辦過四個學校：新民小學（男校）、第二淑賢女校、第三
女子學道院、晉友中學。四個學校共有學生 200 多人。[12]

1915 年，友愛會的美籍牧師白萊特和美籍醫專博士王普霖大夫在縣城東
關碾子溝創辦了友愛醫院（見圖 2.4）。醫院有床位 50 張，醫務人員 50 人，
後來還從北京協和醫院、山東齊魯醫學院引進了一些醫生和護士。他們引入
了西醫療法，婦產科實行新法接生，對難產婦女施行剖腹產手術。

1920 年平定大旱且有瘟疫（轉筋霍亂、白喉、鼠疫），民不聊生，哀鴻
遍野，友愛醫院免費或半費給災民治病，友愛學校從災民中招生免費上學，
還用「以工代賑」的辦法修公路濟助災民。[13]

---

[11] 本節關於友愛教會辦學的情況，見山西省平定縣教育局教育誌編輯室(編)，《平定縣教育誌》，平
定縣教育局出版，1989，第 14，35 頁。也見中共平定縣委統戰部志編寫組「平定縣基督教的歷
史簡況」，中國人民政治協商會議平定縣委員會（編）《平定文史資料》，第一輯，1986，第 123-129
頁。

[12] 商性齋，「抗戰前平定教會學校的創辦」，載於中國人民政治協商會議平定縣委員會（編）《平定
文史資料》第八輯，1993 年，第 143-144 頁。

[13] 中共平定縣委統戰部史志編寫組「平定縣基督教的歷史簡況」，第 123，128 頁。

圖 2.4　平定友愛醫院[14]

　　1933 年美籍外科和五官科專家巴克與其做護士的的夫人帶著手術器械、
X 光機等先進醫療設備來到友愛醫院行醫。他們還對本縣的地區性骨軟化症做
過調查，並舉辦了四期護士培訓班。不少陽泉、昔陽、壽陽以及河北等地的
患者都慕名前來求醫。醫院於 1940 年關閉，但是 1946 年巴克夫婦又攜帶醫
療器械從美國重返平定，恢復友愛醫院。不過 1947 年平定「解放」以後，友
愛醫院還是停業了。[15] 友愛教會的教產，如教堂、分教堂、避暑樓等在平定
淪陷後被日軍佔領，1947 年之後被看作是日偽財產，在土改時分給了群眾。[16]

　　基督教從縣城擴展到鄉村，到日軍侵華時，已經有教徒約 800 人，涉及
到 11 個鄉鎮的十個街道、30 個村。[17]

---

[14] 見古州翰林書院，「友愛醫院的紅色往事」，網址：https://mp.weixin.qq.com/s/yBOdtQU5gAz
　　COuBjO0B25Q，上網日期 2019 年 7 月 31 日。

[15] 平定縣志編纂委員會（編）《平定縣志》（北京：社會科學文獻出版社，1992），第 452-493 頁。

[16] 見前引。中共平定縣委統戰部史志編寫組「平定縣基督教的歷史簡況」，第 126 頁。

[17] 同上，第 123，126-127 頁。

在抗日戰爭時期，平定友愛醫院收留了不少孤兒以及避難的婦女，還祕密為八路軍轉運藥品和醫療器械，甚至將八路軍的危重傷員秘密接到醫院來救治。他們還為八路軍醫護人員進行醫療技術的指導和培訓，有的員工甚至成了八路軍的秘密聯絡員、交通員。[18] 當然，所有這些，都沒有能夠讓友愛醫院逃避 1947 年平定「解放」之後被關掉的命運。

三、辛亥革命與閻錫山的省政建設

1911 年 10 月 10 日，湖北的革命黨人在武昌起義，辛亥革命爆發，駐太原的清軍舉義，殺了山西巡撫陸鍾琦。陸說自己「到山西，尚未滿月，並沒有做對不起山西人的事」，但他還是中彈身亡。隨即山西省軍政府成立，同盟會員閻錫山被推為山西都督，進而招兵買馬、操練部隊，準備收復全省。[19] 清廷決定鎮壓太原起義，10 月 30 日派駐防保定的吳祿貞進軍山西。但是吳祿貞反而與閻錫山聯手，決定成立燕晉聯軍。結果事情敗露，吳祿貞被刺（其墓現在石家莊的長安公園裡），清軍第三鎮盧永祥部的統制曹錕率兵由石家莊開往井陘，於 12 月 9 日到 12 日與山西軍隊在娘子關一帶的乏驢嶺、雪花山激戰，山西民軍大敗，死者 500 餘人，其餘退至陽泉駐紮。12 月 11 日，平定州與娘子關的鄉紳曾公舉代表兩人到清兵營要求停戰議和，被曹錕以「革匪細作」的罪名殺死。12 月 12 日娘子關失守後，山西民軍撤出太原，通電「北伐」，將綏遠與包頭作為活動的主要地點。[20]

從 1912 年清廷退位到 1916 年，經過幾輪的角逐之後，山西從北洋政府的嚴格控制下逐漸擺脫出來，1917 年山西督軍閻錫山被任命為山西省長（兼），閻錫山於是掌控了山西的軍政財經大權。[21]

1917 年閻錫山「編行村治，劃定村界」，實行村、閭、鄰三級管理。25 戶為一閭，5 戶為一鄰，設村長、閭長、鄰長。村上為區，每縣有三道六區。

---

18 同註 14。

19 同前山西省地方志辦公室（編），《民國山西史》第 52-54 頁。

20 同上，第 55-65 頁。

21 同上，第 86-87 頁。

1922 年開始推行「村治」，即村自治，要求把「政治放在民間」，期望人們「做好人，有飯吃」，主張「公道熱心愛群」，「村村無訟，家家有餘」。平定縣為試點的八個縣之一。「管理村範」的內容包括請「公道而有良心的好人」來勸導、管教、處罰抽大煙、賭博、鬥毆行凶、遊手好閒、家庭殘忍、忤逆不孝、失學兒童等等人群。山西隨即成為「模範省」，供全國其他省份仿效。[22] 與此同時，閻錫山政府還推行六政（水利、種樹、桑蠶、禁煙、剪髮、天足）三事（種棉、造林、畜牧），興利除弊；提振金融業，建立山西省銀行；實施厚生計劃，「使富強散在民間，文明普惠全省」，採煤、煉油、煉鋼、發展電氣、發展農業；推行「國民教育」，要求每個 9 到 13 歲的孩子必須接受至少 4 年的教育；設立師範學校，培養教育人才；設立普通中學以及專門學校；推行「白話課本」、「注音字母」；1919 年成立了全省第一座綜合性省立圖書館：「山西省教育圖書博物館」；要求各縣籌辦公園、保護古物；推動中醫藥學的研究，推廣西醫西藥，建立防疫機構等等。[23]

　　從 1932 年開始，閻錫山在經歷了一系列的和國民黨、共產黨之間的分分合合、打打停停（見下一小節）之後，開始了又一波的政治和經濟建設，包括整理晉鈔；修築同蒲鐵路（為了省錢，援引了正太鐵路的先例採取了法式窄軌）；創辦西北實業公司，包括兵工廠的建設；支持民營經濟；推動土貨運動，所謂「造產救國」，抵制外貨的傾銷；進一步發展教科文衛，派多批學生到日本、歐美留學，在民國年間僅日本與美國就有各 100 多人，提倡科學救國。[24] 在國防設施的建設方面，閻錫山於 1936 年 4 月成立了省防工事指揮部，並計劃在主陣地雁門關與娘子關等地修築大、中、小掩蔽部近 4,000 個，騾馬用掩蔽部 960 個，射擊用槍室 760 個，點炮用窖室 60 個。次年日軍入侵

22　同上，第 90-95 頁。

23　同上，第 104-140 頁。

24　同上，第 214-248 頁。

時，這些工程都已經完工，東部省境已經建立起來一道綿長的國防工事。[25] 在其後的抗日戰爭與國共內戰中，閻錫山的這些基本建設使得他有了一定的實力和自己的敵人對抗，當然自己的敵人也可以利用這些發展來為自己服務。比如鐵路，就是誰佔據誰就可以使用的。日本人統治時期，也盡量用從日本留學回來的中國人。

截至 1936 年，山西省已有初等教育機構 24,177 所，在校學生 936,456 人，教職員 34,034 人。到 1930 年，全省的中等學校有 51 所，在全國排名第 12 位；學生數 9,399 人，在全國排名第 14 位。1931 年全省有省立專科以上學校 6 所，在校人數、辦學質量與規模、經費投入均居全國前三名。[26]

當然那個時候有那個時候的問題。比如 1934 年 10 月 20 日，平定縣小學教員聯合會就發出通知，擬在縣城召開小學教師大會，討論諸如村裡拒絕接受小學教員、村中欠教員數年薪金、獎罰不明、民權不彰等等問題。[27] 顯然，即使省裡有了計劃，到村裡、區裡、縣里執行情況如何，還是個大問題。

不過到 1937 年，全平定已有初級小學 348 所，各類高、初兩級小學 15 所。從教育質量方面講，城內上城小學校要好一些，教員業務水平高，課堂教學方法好，課外活動豐富多彩，學生有自治會，文藝社等等。[28] 僅學生自治一點，就是連後來的學校都所不能及的。

民國時期平定的中學教育辦得也很穩妥。1903 年，官立平定中學堂成立，學制 4 年，無初高中之分，民國成立後的 1912 年改名為平定中學校，到 1937 年日軍侵占平定，平定中學被迫停辦。截至此時，平定中學已經辦學 30 多年，開設過 31 個班次，培養畢業生 1000 餘名。曾經當過省部級領導的平定人如王謙、周璧、池必卿、王庭棟等也都曾經是平定中學的學生。歷任校長中有

---

[25] 同上，第 281-282 頁。不過真到了打仗的時候，第二戰區副司令長官黃紹竑到了陣地上，發現娘子關的國防工程僅是在山上鑿了一些洞，「既不是砲兵的砲位，又不是步兵的戰壕」，而且在陣地上沒有通訊設備，只有太原通石家莊的一條長途電話線以及幾處鄉村電話線。初到的時候通訊聯絡只能借用這些電話。顯然抗戰準備還遠遠不夠。見黃紹竑，《黃紹竑回憶錄》，（南寧：廣西人民出版社，1991 年），第 346-347 頁。

[26] 楊茂林（主編）《山西抗戰紀事》第三卷（北京：商務印書館，2017），第 755-757 頁。

[27] 見前引山西省平定縣教育局教育誌編輯室，《平定縣教育誌》，第 91-92 頁。

[28] 前引平定縣志編纂委員會（編）《平定縣志》，第 454 頁。

周克昌和馮司直。周曾經擔任過民國的國民代表大會議員，馮擔任過山西省教育廳廳長，偽山西省省長。[29] 可見平定中學在清末與民國時期為山西、為中國培養了很多人才，儘管也有馮司直這樣和日人合作的有爭議的人物。我們在抗戰一章將再回來討論這個問題。

清末民初與日軍侵華之前的民國，山西的發展還的確是比較好的。我們在西郊村史一書中，描寫了平定縣西郊村的情況：[30]

清末民初，人口繁衍由嘉慶年間 900 多口人發展到 2,000 多口，開墾土地 4,600 多畝。其中 2,600 多畝土地由富戶佔有，中等戶 1,240 口人佔有土地 1,850 多畝，貧窮人口 400 口人佔有耕地 80 多畝，另外 110 口人，謂房無一間、地無一壟，過著走房檐，穿席片，為人打工、討乞要飯的流浪生活。富戶為發展家業，到北京、天津、山東等地開設染房、商行。貧窮人口為謀生，則外出打工。中等農戶，勞力多者戶，也抽調勞力外出打工經商為補貼家中生活，當時村裡勞力百分之三十為富戶扛長工，百分之二十勞力在本村開設店房、日貨雜店、糧油店、麵粉加工店、手工業加工廠。百分之二十的勞力耕種自己的土地，百分之三十的人外出打工。

西郊村街民國初期已成為平定縣主要商貿街之一。這和西郊人在外地的成功倒也交相輝映。大清康熙九年西郊村創建先師廟的碑記中說，「村東【這裡似應為「平定城東」】20 里許有一巨鎮名曰西郊鋪，西至晉省，東達燕京，千崖竟秀，崇崗岊立……二水交流……」。解放初期大街上的民宅建築 90% 都是板塔門鋪面的建築群體，三閣下鋪設的青石塊地面上過往車輛留下的轍痕都有 3 寸多深。街上有雜貨鋪、街東郝富新麵粉加工廠一座、酒房（燒鍋）一座、染房一座、鐵匠鋪一座、

---

[29] 前引山西省平定縣教育局教育誌編輯室，《平定縣教育誌》，第 32，35 頁。關於平定的教育，也見任瑞祥，「平定的塾館、書院及儒學」，載於中國人民政治協商會議平定縣委員會（編）《平定文史資料》第四輯，第 87-115 頁。

[30] 見郝志東、郝志剛（著），《西郊村：一個華北農莊的歷史變遷》（澳門大學出版，2008），第 44-46 頁。

銀匠樓一座、大當鋪一座、小當鋪一座、賃貨鋪兩座、藥店三座：「大慶祥藥店」、「慶源城藥店」、泰祥藥店（代診療）、趙讓診療所一處、製糖、做粉條的作坊、油匠鋪、畫匠樓、街西郭興來的「培善城」糧油店一座，還有小吃鋪、燒餅麻花油條鋪等多座。街上還開設車馬大店四座，街東頭有東店房，街西有「東城店」「同心店」和「同城店」，還有「駱駝店」一座，專供住宿駱駝運輸隊。除此之外，另有住宿小店三座：「東和店」、「郝明亮小店」、「畢二祥小店」。街中慶源城日雜商店為方圓 10 多里鄉村購物中心。鋪面生意五花八門，大街兩旁各商號字牌林立，街道上東來西往的車馬行人不斷，一片繁榮景象。

據趙樞忠、王明臣、郝雨海等老年人回憶，民國初期的西郊村街來自四方的客商雲集在村街與店鋪中，一條大街呈現著一片欣欣向榮的鬧市景象。村東頭的兩家碳店，有驢馱、車拉、人推小車來店裡賣煤炭的，也有驢馱人擔來買煤炭的四方客戶。東鄉山村如東回、馬山、前/裡徐峪溝等山村的農民趕著毛驢馱著糧食來西郊村（培善城）糧油店、狗蹄（郝君）糧店出售糧食，有的人又順便到鹽店買食鹽，或在慶源城買上日用品，或馱點煤炭捎回家中。其中也有一些人是專搞倒販的小商人。這些小商人是面向沒有牲口及人手短缺的農戶。西邊鄉村如貴石溝等人多地少的鄉村農民，靠本村地裡產下的糧食不夠吃，因為這些村的勞動力大都在外經商打工。小商小販們便趕著毛驢來西郊鎮糧油店馱上糧油，到這些缺糧村莊去出售。其中也有一些人趕著他人毛驢或是推著小車來購買自家食用糧。也有不少人是背著口袋來買糧，這些人是既缺糧又缺錢只能吃點買點。

西郊鋪也招徠了不少山東、河北等外省及本省外地的小商小販，有背著箱箱來賣紅綠顏色、縫衣針、頂針、刮虱篦的。也有背著包賣粗布的，也有小手工業加工者磨剪子、搶【磨】菜刀、張籮、絞籅其的，有的則是將自家出產或是加工的農用產品如窄筐【籮筐】、笆籃、麻皮、麻繩、鋤頭、鐵鍬、鐮刀、菜刀、扁擔等擺在大街上出售。鄰村

上下及方圓幾十里的村民如南上莊、南坪、榆樹院、甘井、東西白岸、
東郊、大石門等村的農民們背著梢碼【褙裙：中間開口兩頭裝東西】
或是挎著竹藍挑著筐藍來購買糧油及日用品的。南店出來北店進去，
人流中也夾雜著不少順便來銀匠樓打金銀首飾的村婦。大街上車馬人
流是源源不斷，一到傍晚大街上的小客店都住滿了過往行人及做買賣
的客商，大店裡擁擠著過往寄宿的車輛、牲畜及駱駝運輸隊。西郊村
的驛路街自然的形成了過路集鎮，承受著經濟、物質上的轉運功能。

　　閻錫山的村治在西郊村也卓有成效。我們在西郊村史書中做了如下描
述：[31]

李林書在任村長其間（民國十三年 ，即 1924 年）嚴懲村民賭博、抽
大煙，發現後有錢者罰款，投放村建工程；沒錢者罰工掃大街。他常
穿大街走小巷，發現如有兒童丟豹彈腦（贏者彎蜷手指，在輸者腦門
上彈擊作罰；杏仁製作的玩具，七個杏仁，每個一面塗紅色，一面塗
黑色。拋下去紅色面多為贏者，少為敗者），便說服制止。大廟中的
人行路、楊樹巷及各巷口坡路，都用罰款鋪設。大街常有受罰者清掃。
他還禁止牛羊過大街。時年治理村環境衛生受到廣大村民稱讚。

他也組織搞了一些宗教活動。每年農曆七月十五日，村民們敲鑼聚眾，
將山神廟內位牌、八臘廟內神像請回官房燒香上供，唱戲三天，禱告
求三神爺鎖住狼咀，不要吃人(三神爺是山中狼豹之神)。

縣長劉光榮認為李林書整理村範勤勞卓著，將其事蹟呈報省政府，省
長閻錫山獎給李林書銀色雙穗章一件。

時年任本村村長的李林書，在晉奉作戰期間為閻部隊徵集兵源，積極
交糧納差。閻政府獎李林書「急公好義」匾額一塊。

---

[31] 同上，第 52-53 頁。

省政府閻錫山的兩次授獎，成為日本佔領、反奸時期李林書被群眾運動鎮壓的導火線。這是後話。

關於西郊村大戶人家的遭遇以及李林書後來的故事，我們在土改與除奸反特的章節中再回來敘述。可以肯定的是，山西現代化的發展，或者說整個中國現代化的發展進程，被內戰和日軍侵華所打斷。我們下面就敘述抗戰前的內戰的故事，下一章我們再來敘述抗戰的故事。

四、閻錫山與共產黨、國民黨之間的內戰與聯合陣線

山西省共產黨的創始人是高君宇。高是平定籍人石評梅的戀人。兩人由於石在感情上受過傷害而決定終身不嫁而未能結為夫妻。我們在最後一章將再回到他們兩人的故事上來。高君宇早在 1921 年共產黨成立初期就回到山西，發展社會主義青年團。1924 年，中共太原支部成立。1926 年 12 月，根據中共三大的精神，山西的 60 餘名黨員與團員以個人身分加入國民黨，國共合作，成立了國民黨山西省黨部。在國共合作前後，共產黨在山西各地就已經組織了各種抗議活動，如反房稅、聲援「五卅」反帝愛國運動、榆次紗廠工人要求八小時工作制、陽泉三礦工人罷工要求礦方給付拖欠三個月的工資、離石縣成立了 30 多個農民協會，等等。共產黨一方面和閻錫山的政府鬥爭，另外一方面也在和國民黨右派爭奪國共合作後的國民黨的領導權。1926年，閻錫山在宣布參加國民革命軍的北伐之後，也開放了黨禁，對國民黨和共產黨的活動都不干預。1927 年山西宣布易幟，以青天白日滿地紅的中華民國旗幟代替五色旗，閻錫山就任南京授予的「國民革命軍北方總司令」職。[32]

但是閻錫山認為資本主義與共產主義是兩個極端之錯誤，於是也參加了國民黨 1927 年的清黨運動，將共產黨排除出國民黨，抓捕共產黨員、共青團員與赤色工人群眾。中共於是將黨員轉移到農村，在那裡發展黨組織。中共

---

[32] 前引山西省地方志辦公室（編），《民國山西史》，第 144-169 頁。

黨員王瀛被抓後以「擾亂地方治安」的名義被判處死刑，執行槍決，其他被判有期與無期徒刑。[33] 1928 年，中共山西省委準備全面武裝暴動奪取政權，結果機密洩露，導致全省 1,000 多名黨員中的 200 多人被捕，300 多人逃亡，500 多人下落不明。全省各地黨組織幾乎瓦解。[34]

不過 1930 年，閻錫山與馮玉祥又聯手對蔣介石宣戰，發動了南京國民政府歷史上規模最大的一次內戰：中原大戰，結果閻錫山的晉軍和馮玉祥的西北軍節節敗退。張學良通電呼籲各方停戰。晉軍撤回山西。經過 5 個月的廝殺，交戰雙方付出沉重的代價後，閻錫山「釋權歸田」，避居大連。[35]

1931 年九一八事變後，中日矛盾成為主要矛盾，閻錫山的國民黨黨籍得以恢復，閻錫山被國民黨中央政治會議推舉為國民政府軍事委員會委員，被蔣介石委任為太原綏靖公署主任，統帥晉綏兩省軍隊。閻錫山又開始了他的省政建設。[36] 看來蔣介石不像毛澤東那樣記仇，否則就不會如此重用他。

當時共產黨也同時在山西省發展，尤其是發動兵運，比如駐平定的高桂滋部即有 50 到 60 名黨員。1931 年 7 月 4 日，中共山西特委委員兼軍委書記谷雄一領導發動了平定兵變（見圖 2.5）。高部第 1 團 8 個連 1,200 餘人在平定城宣布起義，佔領縣政府後撤到盂縣，後到河北阜平，建立阜平蘇維埃。他們打出「中國工農紅軍第 24 軍」的旗號，以赫光為軍長，竇宗融為副軍長，谷雄一為政委。不過三人於 8 月就被張學良命令石友三部第 1 師師長沈克所誘捕。赫光犧牲，谷雄一（時年 26 歲）和竇宗融被押到北平處決。餘部撤出阜平，輾轉到了陝北。[37]

[33] 同上，第 170-172 頁。

[34] 同上，第 252 頁。

[35] 同上，第 194-203 頁。

[36] 同上，第 211-214 頁。

[37] 以上主要信息，見山西省地方志辦公室（編），《民國山西史》，第 255-257 頁。另一說是三人均被誘捕後遭殺害。見前引平定縣志編纂委員會（編）《平定縣志》，第 439 頁。關於平定兵變，也見載於中國人民政治協商會議平定縣委員會（編）《平定文史資料》第四輯，第 71-86 頁的三篇文章：婁凝光，「飄揚在華北的一面紅旗：記紅軍第二十四軍和阜平縣蘇維埃」；王之平，「憶一九三一年平定暴動」；光侗，「平定革命兵變見聞」。

圖 2.5　平定兵變集結地舊址（圖片來源：王世茂）

　　國共鬥爭的另一個案例是紅軍的東征。1935 年 10 月，經過長征到達陝北的紅軍聲稱一方面要鞏固和擴大根據地，一方面要東征抗日，於是往山西進發。閻錫山則認為紅軍是藉故向山西發展，希望能把紅軍阻擋在黃河以西。結果 1936 年 2 月紅軍東渡黃河，衝破了晉綏軍的河防工事，在山西攻城掠地，雙方在孝義、汾陽等地展開激戰，損失巨大。閻錫山原本不想讓中央軍入晉「協剿」共軍，想靠自己的力量保衛山西，但是後來迫不得已於 3 月 4 日電請蔣介石派兵援助，於是前後有 12 萬之多中央軍經由隴海路、正太路到晉，紅 28 軍軍長劉志丹 4 月 14 日在中陽縣遭襲擊負重傷犧牲。紅軍於 4 月底 5 月初撤回陝北。用中共中央的話說，撤出山西的原因是中共中央認為無論哪方犧牲，「都是中國國防力量的損失，而為日本帝國主義所稱快」。[38] 早知今日，何必當初呢？顯然紅軍是有別的目的的。東征紅軍「轉戰山西 50 餘縣。共殲滅晉綏軍 7 個團，俘虜 4,000 餘人，擴充紅軍 8,000 餘人，籌款 30 餘萬銀元，達到了預期目的」。[39]何智霖等人的研究也認為共產黨的目的是到山西解決糧食與兵源的需求。[40]

---

[38] 同上，第 261-266 頁。

[39] 同上，第 266 頁。關於紅軍東征與閻錫山及中央軍的應對，也見何智霖，「中央軍參與山西剿共之探討：兼論陳誠入晉指揮始末」，《國史館學術集刊》，2004 年第四期。

[40] 同上何智霖文第 81 頁。

　　不過楊奎松的研究指出，紅軍東征的主要目的是在山西建立根據地並挺進綏遠、打通中共與蘇聯的直接聯繫，以方便獲得其軍事等方面的支援。但是由於國民黨中央軍和閻錫山軍隊的幾路夾攻，紅軍不得不放棄初衷、撤回陝北。[41]

　　但是閻錫山和共產黨的聯合與鬥爭循環還沒有結束。1936 年 5 月 25 日毛澤東致函閻錫山要和閻聯手「抗日反蔣」，「除此中國人民之公敵」。[42]閻錫山迫於日本方面的威脅與對蔣的不信任（中央軍擊退紅軍之後並未離開山西，不過何智霖的研究認為是閻錫山因為綏遠局勢惡化而要求中央軍常駐山西），決定和中共談判合作抗日。[43] 在 1936 年 9 月 18 日成立的「山西犧牲救國同盟會」（犧盟會）問題上的合作應該是例子之一。

　　犧盟會的宗旨是剷除漢奸、武裝抗敵、犧牲救國。閻錫山請了共產黨員薄一波任常務秘書，楊獻珍作為領導成員主持實際工作。儘管閻錫山還是任會長，梁化之任總幹事，犧盟會的主要領導已經是共產黨人。閻錫山還將訓練三十萬武裝民眾的任務交給了薄一波，並準備發展 100 萬會員。山西掀起了一個抗日救亡的運動，全國各地的青年以及海外華僑青年都來參加軍政訓練班。[44]

　　1937 年七七事變，抗戰爆發，7 月 15 日中共向國民黨中央提交了國共合作宣言，願意立即取消蘇維埃政府，將紅軍改編為國民革命軍，接受國民政府軍事委員領導，開赴抗日前線。8 月 22 日，紅軍主力部隊被改編為國民革命軍第八路軍，朱德、彭德懷被任命為正、副總司令，下轄三個師，每師為

---

[41] 見楊奎松，《西安事變新探：張學良與中共關係之謎》（江蘇人民出版社，2006 年）第一、二章。

[42] 山西省地方志辦公室（編），《民國山西史》，第 266 頁。

[43] 同上，第 266-270 頁。

[44] 同上，第 273-280 頁。關於閻錫山和共產黨在犧盟會和新軍問題上更多的糾結，請看楊奎松文章，〈閻錫山與共產黨在山西農村的較力：側重於抗戰爆發前後雙方在晉東南關係變動的考察〉，《抗日戰爭研究》，2015 年第 1 期。楊認為閻錫山一開始與薄一波合作建立犧盟會時，並不清楚薄在發表了「反共啟事」，被北平反省院釋放之後，共產黨員的身份並沒有改變，並且一直是共產黨的要員。

15,000 人。9 月 11 日，按照全國統一戰鬥序列，八路軍改為第 18 集團軍。這時開赴山西抗日前線，建立根據地，進行游擊戰，便師出有名了。[45]

　　這之後才有了八路軍在平型關與娘子關的戰鬥中協同晉綏軍和中央軍對日作戰以及之後開展游擊戰的歷史。薄一波則利用犧盟會的便利，在閻錫山的指示下，開始創立新軍，稱之為山西青年抗敵決死隊。新軍或者說決死隊由閻錫山和梁化之直接領導，人事受閻、梁控制，班排長以上幹部多為舊軍人，不過基層政工幹部多為左翼青年。在閻、共關係的後續發展中，犧盟會和新軍中的共產黨人一度控制了山西半數左右的縣政權，儘管在決死隊的四個縱隊中，共產黨後來只保留住兩個縱隊及其和犧盟會所控制的縣區政權。[46] 1939 年冬，用何應欽的說法，新軍 10 餘團由薄一波、韓鈞、戎勝伍率領「叛變」，被賀龍部收編，破壞了二戰區擬發動的冬季攻勢。[47] 這是後話。1937 年 10 月日軍入侵山西，八路軍的 129 師的一部也進入壽陽、平定，配合友軍作戰，準備牽制西進的日軍。[48]

五、小結

　　本章講述了基督教對山西以及平定發展的貢獻，閻錫山的省政建設，以及閻錫山、國民黨、共產黨之間的內戰。儘管發生了義和團、閻錫山和蔣介石的內戰，以及紅軍東征等引發的內戰等威脅山西發展的事情，但是如果沒有日軍的入侵，這些曲折或許都不會對山西的發展有太大的影響。基督教也會繼續在中國發揮積極的作用。

　　當然歷史不能假設，已經發生的事情無法挽回。但是後來的人們至少應該知道事情本來是可以不這樣發展的。只有想到另外一種可能性，比如不打仗的可能性，既不要打內戰，也不要和外國人打仗；在宗教方面，要使現行

---

[45] 同上，第 299-302 頁。

[46] 見上引楊奎松，《閻錫山與共產黨在山西農村的較力》。

[47] 見何應欽，《日軍侵華八年抗戰史》（臺北：黎明文化事業股份有限公司，2014），第 449 頁。

[48] 上引山西省地方志辦公室（編），《民國山西史》，第 329 頁。

制度與宗教相互適應，而不是只要求宗教適應現行制度，[49] 只有這樣我們才能真正地吸收歷史的教訓，避免未來發生更多類似的災難。

　　正如我們在後面要敘述的，戰爭是殘酷的，戰爭之後國共進一步的內戰也是殘酷的，土改與除奸反特也是殘酷的。但是國內戰爭與土改等運動的結束，並沒有終止中國人的苦難，正如我們在西郊村史書與平定縣文革史中所描述的那樣。這些歷史的教訓，都需要一一認真吸取，才有可能避免更多的災難。

---

[49] 關於相互適應而不是單方面適應這個問題，見 Zhidong Hao and Yan Liu (2018), "Mutual Accommodation in Church-State Relationship in China? A Case Study of the Sanjiang Church Demolition in Zhejiang," *Review of Religion and Chinese Society.* No. 5, pp. 26-42.

第三章
血的歷程：抗日戰爭時期的平定

　　本章將首先討論日軍侵華前的抗日活動與平定犧盟會的建立、娘子關作戰、日軍在平定的幾個大屠殺慘案，以及共產黨在平定三縣的敵後抗戰與鄉村根據地政權的建立。然後我們將討論日本人在平定的統治，包括政治、經濟與教育方面以及漢奸問題。

一、抗日戰爭全面爆發前的抗日活動與平定犧盟會的建立

　　1937 年 7 月 7 日盧溝橋事變，抗日戰爭全面爆發，之後僅三個月時間，日軍便侵入了平定縣。[1]

　　不過，平定人的抗日活動，應該說是從 1931 年「九一八事變」就開始了。1931 年 12 月 18 日，平定中學學生許鴻楷、董士錫作為平定中學的請願代表，參加了山西學子在太原舉行的集會，要求南京政府出兵抗日。許鴻楷還在會上發表了抗日演說。該演說發表在當時的《山西日報》上。同一年末，平定中學學生梁立珍、趙明琦、余紹儀、張鶴峰等人發起，將平定中學自治會改名為「平定中學學生抗日救國會」，並選舉了梁立珍為會長，出版了《抗日救國月刊》。這個學生救國會還發起成立了「平定縣各屆抗日救國會」，會址設在上城的舊榆關試驗小學。

---

[1]　見李金田、王玉光、李明義、李愛國撰稿，平定縣史志辦公室、平定電視臺拍攝的《追尋抗戰中的平定：紀念抗日戰爭勝利六十周年專題片》（手稿），2005 年 8 月，第一集《犧盟播火》。下面內容來自於該電視片，既包括手稿的內容，也包括電視片上有但是手稿上沒有的內容。

1932 年在上海發生了「一二八事變」，也即 1932 年 1 月 28 日所發生的
淞滬戰爭。這些平定中學的學生組織了抗日義勇隊，「檢查抵制日貨，向社
會各界募捐支援前方抗日將士」。[2] 1932 年「九一八事變」周年，平中學生
抗日救國會，借西關河神廟廟會之際，發起召開了紀念集會，並揭發偷售日
貨的商人。1933 年，平中抗日救國會改組，甄秉侗擔任主席，甄秉昌、劉征
田、張儆等為宣傳骨幹。在該年的 9 月 18 日，他們和各屆救國會一起，在東
關的大校場，與駐軍西北軍張自忠部聯合舉行了抗日集會。在 1935 年的「一
二九運動」期間，平中抗日救國會在學生韓九齡、史秀清、王英、劉輔仁、
伍凱元等人的領導下，與女子師範、第一高小的學生在平中大操場集會聲援
北平的學生運動。[3]

1936 年，共產黨員孫竹庭從省城返回平定。在犧盟會成立時就已經成為
會員的王謙、唐世榮、康永貴等之後也回到平定發展犧盟會。[4] 到 1937 年 2
月，他們已經發展了 30 多個會員，並且在平定組織成立了「犧牲救國同盟會」
（犧盟會）的平定分會。總會設在太原。該會由閻錫山於 1936 年 9 月 18 日
成立，[5] 由共產黨員薄一波具體負責，正如我們在上一章所述。他們在第一高
小（聖廟）舉行了成立大會，400 多人參加了會議（這一數字紀錄片上沒有）。
平定一高高等班的學生當時也就是 12、13、14 歲，也都被吸收參加了犧盟會。
會上選出了智守信為平定分會秘書，孫竹庭、王謙、張慧如、張鶴峰等人為
分會委員。王謙為常務委員，負責日常事務。1937 年 4 月，犧盟會組建了「國
民兵軍官教導團」，5 月 1 日在縣營盤成立，平定被編為第五團，有約 1,000
多人。他們進行了募捐、軍事訓練、抗日大宣傳（聯合抗日，路線方針等），
在街頭上演了《放下你的鞭子》等節目。 1935、1936 年平定中學的學生敲鑼
打鼓到鎖簧宣傳抗日，開演講會、寫標語、發傳單、表演抗日戰爭的節目。

2　同上，李金田等。

3　同上，李金田等。

4　見上述專題片第一集《犧盟播火》中對原平定縣史志辦副主任陳桂芳的採訪。

5　同上，陳桂芳。本節關於犧盟會的討論也見該專題片對原前黃安村犧盟會聯絡員裴生（81 歲）、
　　東鎖簧村退休教師王永城（85 歲）、原平定一高學生董基會（81）、原平定女師學生李克卿（83
　　歲）、原平定新民小學學生田昌儒（82 歲）的訪談。

當時抗日救亡的氛圍特別濃厚，人們幾乎天天都在唱《義勇軍進行曲》、《救亡進行曲》、《犧牲已到最後關頭》，遊行時除了唱歌還喊口號「打倒日本帝國主義！」、「抵制日貨、提倡國貨、收復失地、誓死抗戰」！

　　「七七事變」爆發後，平定犧盟會在總會的部署下，開展募捐活動，支援國民黨第二十九軍北平的抗日。之後，犧盟會在平定設立中心區，統一領導平定、昔陽、壽陽、盂縣、和順五縣的工作。（山西共有五個類似的中心區。）辦公地址在縣城的鐘樓巷，何公軫、王書良先後擔任該中心的領導（見圖3.1）。兩位平定籍的青年學生、共產黨員池必卿和周璧也回到平定，以犧盟會員的身分公開活動。山西犧盟總會特派員毛鐸以及一位女工作者楊稚葳來到平定工作。平定犧盟會還組織起了抗日游擊隊，由第一高小的趙虎臣擔任隊長，共產黨平定工委書記孫竹庭擔任政治指導員，有30多人，有學生、知識分子、工人、農民，由 129 師派人來進行武裝培訓。與此同時，共產黨還在陽泉蔭營建立起了煤礦工人抗日游擊隊，在正太鐵路上組織起了正太鐵路工人游擊隊，青年學生也組織起了平定學生抗日游擊隊，以平定中學學生為主。前後總共有 700 多人拿起了槍桿。[6]

圖3.1　犧盟會平定中心區舊址（圖片來源：王世茂）

---

[6]　同上，李金田，陳桂芳。

　　1937 年 10 月，在日本人將要打入平定之前，犧盟會和平定工委在平定上城召集犧盟會員、游擊隊員及部分中共黨員的會議，根據上級指示，組織這部分人通過冶西、馬家莊、龍泉等地向和順石拐等地撤退。平定犧盟會使命完成。這個事情有點蹊蹺，為什麼以抗日名義組織起來的武裝在日軍到來之前先行撤退，或許中共另有安排？

二、娘子關作戰

　　1937 年 7 月 7 日事變之後，日軍開始了全面侵華。他們首先佔領平津，之後進攻上海與廣州。1937 年 8 月 31 日，日本組成華北方面軍，寺內壽一大將任司令官，統一指揮華北戰場的日軍。該方面軍下轄兩個軍，含 6 個師團、2 個直轄師團、一個混成旅團和 1 個航空團等，加上關東軍派來協助華北方面軍的、由東條英機率領的察哈爾兵團，總計兵力最多時約 22 萬人。東條英機的察哈爾兵團、板垣征四郎第五師團於 9 月中、下旬逼近忻口。同時，第一軍第 20 師團和第 109 師團主力，從河北進入山西，攻打平定娘子關、固關。[7]

　　中國方面，抗戰之初，國民黨軍事委員會將全國劃分為五個戰區。山西為第二戰區，任命閻錫山為第二戰區司令長官，轄晉綏軍第六集團軍和第七集團軍、中央第十四集團軍、中國共產黨領導的第十八集團軍，共約 26 萬人。8 月 8 日，閻錫山在娘子關、平型關、大同、天鎮、雁門關等重點地區集結兵力，進行軍事部署，實施守土抗戰。大戰開始以後蔣介石又增調滇軍、川軍、原西北軍一部入晉參戰。10 月 1 日前後，蔣介石任命當時因大同失守、山西危殆而曾派到山西視察的黃紹竑為副司令長官，協助分身乏術的閻錫山，負責娘子關作戰。具體部署為馮欽哉第 27 軍和趙壽山第 38 軍第 17 師防守娘子關以北至龍泉關一線；曾萬鐘第 3 軍守娘子關以南至九龍關、馬嶺關一線；孫連仲第 26 軍由石家莊調娘子關作為預備隊。何應欽說應該是趙壽山的第 38 軍第 17 師在娘子關正面迎敵（見圖 3.2，山西省地圖）。[8]

---

[7]　關於雙方的軍隊序列以及作戰情況，也見山西省地方志辦公室（編），《民國山西史》（山西出版集團，山西人民出版社，2011），第 292-295、331-335 頁。關於中方兵力的部署，見楊茂林（主編）《山西抗戰紀事》第一卷（北京：商務印書館，2017），第 174-177 頁。

[8]　見上引楊茂林（主編）《山西抗戰紀事》第一卷，第 174-175 頁，以及何應欽，《日軍侵華八年抗戰史》（臺北：黎明文化事業股份有限公司，2014），第 35、40 頁。

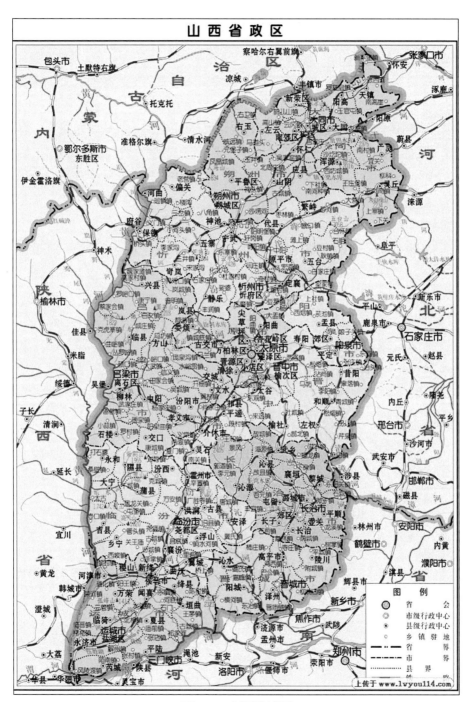

圖 3.2　山西省地圖

　　1937 年 10 月 12 日，娘子關戰鬥打響。日本侵略軍由第一軍的第 20 師團 (師團長川岸文三朗中將)、108 師團和 109 師團的一個旅團組成，共約 2 萬人，總指揮香月清司中將。中國守軍有孫連仲部、馮欽哉部、趙壽山部、曾萬鍾部、鄧錫侯部及晉綏軍共約 10 萬人，由二戰區副司令長官黃紹竑指揮。戰場東起雪花山（舊井陘城外），西至陽泉，縱深 50 公里；北起神靈臺，南到石門、七亙，寬約 40 公里。主要戰場有雪花山、乏驢嶺、舊關、關溝等。[9] 第 17 師的趙壽山部先後在雪花山、乏驢嶺、井陘等地苦戰了 9 個晝夜，一個師的人打得只剩下不到三個營。初出華北戰場時，該部有五個團 13,000 多人，這時打的只剩下 3,000 人。雪花山到處是中方戰士的屍體。[10]

　　舊關爭奪戰，農曆 9 月初一，河北的老百姓都往山西這邊逃，舊關的村民也於 9 月初八的晚上逃走到北山，初十上午開始打仗。日本人進來後佔了兩座山，韓信瑙和香槽，打得最激烈的時候是本月 15 和 16 日。中央軍打退日本人三次進攻。在舊關打仗時，日本人死了 60 多人，中方軍隊則死了很多人。[11] 在關溝則是從盂縣過來的教導團 3,000 多人，在這裡襲擊日軍，傷亡 500 到 600 人，[12] 之後教導團又通過激戰將舊關收回。雙方都有數百人傷亡。但是還是不敵日軍飛機和大炮，教導團有 1,000 多人犧牲。後溝的石窯都堆滿了國軍的屍體，穿著灰衣服，打著裹腿，穿著草鞋。[13] 當時中央軍和日軍拼刺刀。打了七天七夜。教導團最後打得只剩幾百人。第二戰區副司令長官黃

9　李金田、王玉光、李明義、李愛國撰稿、平定縣史志辦公室、平定電視臺拍攝的《追尋抗戰中的平定：幾年抗日戰爭勝利六十周年專題片》，2005 年 8 月，第二集《浴血娘子關》（上）。

10　見上述電視專題片《浴血娘子關》（上）對乏驢嶺村民李季春（87 歲）的採訪。也見上引楊茂林（主編）《山西抗戰紀事》第一卷，第 176 頁。

11　上述電視專題片《浴血娘子關》（上）對舊關村民帥榮（81 歲）等人的採訪。也見鄭養田整理，「『舊關戰場』見聞」，載於中國人民政治協商會議平定縣委員會（編）《平定文史資料》第四輯，第 14-17 頁。本書所引被訪者使用農曆的時候，這裡均無改動。

12　上述電視專題片第二集《浴血娘子關》（上）對關溝村民苗忠智（77 歲）的採訪。也見上引楊茂林（主編）《山西抗戰紀事》第一卷，第 176 頁。也見段瑞茂口述、段興雲整理，「憶日軍侵犯娘子關時『關溝—右溝』戰場」，載於中國人民政治協商會議平定縣委員會（編）《平定文史資料》第四輯，第 11-13 頁。

13　關於川軍的情況，也見郝志東、郝志剛（著）《西郊村：一個華北農莊的歷史變遷》（澳門大學，2009 年），關於抗日戰爭的第三章。

紹竑在他的回憶錄中說這個被當地人稱作教導團的是陝西綏靖公署的特務團，都是青年學生，裝備完善。團長李登西，「尤為勇敢」。黃說該團最後僅剩四五百人。李團長身受重傷。[14] 據說日本人處理自己人的屍體，是弄到關坡底下的大坑裡燒掉。[15] 這個問題我們在最後一章討論人性的時候還會提及。

　　我們在這裡引述了不少日軍侵略平定以及山西的照片。這些照片看起來都很平和。但是實際上這個過程是非常殘酷的。除了上面描述的這些戰爭之外，本章接下來對日軍在平定的大屠殺，以及最後一章我們在討論人性問題時，更多的關於殘酷戰爭的描寫，都可以更形象地告訴我們為什麼這是一場巨大的悲劇。當然由於這些都是日本隨軍記者所拍的照片，我們也不可能期望他們能夠完整地呈現這個悲劇。所以戰爭的悲劇性質只能從這一章和最後一章對事實的敘述與一些圖片中看到了。

---

[14] 黃紹竑，《黃紹竑回憶錄》，（南寧：廣西人民出版社，1991 年），第 347 頁。楊奎松在給我的電郵中指出，這裡應該是西安綏靖公署，不是陝西綏靖公署；該團原來也不是特務團，而是楊虎城的衛隊團；團長名叫李振西，不是李登西；該團原來的 3,000 多人最後只剩下 200 多人，不是 4、500 人；李團長在作戰中沒有負重傷，而是在關溝作戰前負的輕傷。這些情況李振西事後有回憶，儘管也還需要戰史資料證實。

[15] 上述電視專題片第三集《浴血娘子關》（下），對舊關村民趙玉章（72 歲）、趙樹智（72 歲）、李二喜（81 歲）等人的採訪。也見上述郝志東、郝志剛（著）《西郊村：一個華北農莊的歷史變遷》第三章。

圖 **3.3**　日軍侵入娘子關[16]

圖 **3.4** 侵入平定境內的日軍騎兵部隊[17]

---

[17] 圖片來源：日文《國際寫真新聞：支那事變特報》第九輯，1937 年 11 月 20 日。

圖 3.5　侵入舊關的鯉登、森本部隊[18]

18　圖片來源：日文《支那事變畫報》第十輯，1937 年 11 月 21 日。

此時八路軍的 129 師劉伯承部，也來到戰場，側面襲擊攻擊舊關之敵，在關下的長生口設伏，以極少的傷亡殺敵 50 多人，這是八路軍晉東游擊戰的第一仗。[19]

此時川軍打了西回阻擊戰，八路軍則打了七亘伏擊戰。川軍用了約一個月的時間，越巴山，翻秦嶺，日夜兼程，從風陵渡過了黃河，乘南同蒲鐵路的小火車北上，陰曆 9 月下旬，來到了山西前線娘子關戰場，和日本人在東回交火。日本人的機槍大炮在曹青岩的山上支著，往西回這邊打。川軍沒有作戰經驗，裝備極差，一個旅只有三四挺機槍，步槍是土造的，每人有三四顆手榴彈，有些部隊每人還配有一把砍刀。但是和配有完善的飛機、大砲、機關槍的日軍抗爭，他們顯然處於劣勢，在寺堖山、曹青岩山、小川村那邊的山上，死了一坡一坡的人，兩個營的戰士大部分戰死，老百姓回來以後才給挖坑埋掉。後來人們挖地時還能發現烈士的屍骨。他們在東回西回一帶狙擊敵人一天，使得娘子關方面的大部隊得以撤離，免被敵人包圍。[20]

川軍抗戰的第二條路線是石門口和西郊一帶的山川地段。郝永生在往地裡給他爸爸送飯時，在上周家峪坡時碰到穿黑衣和灰衣的士兵，都戴紅帽花。穿黑衣服的人穿草鞋，穿灰衣服的人穿什麼鞋沒有注意。他們背著灰包包，背著草帽，背著竹簍，裡面有點衣物、鋪蓋。攜帶長步槍的人少，帶紅纓槍、砍刀的人多。18 歲或者更小，到 20 多三十來歲。20 歲不到的居多。他被告知要趕快回家，有情況。[21]

在日軍大部隊開進西郊村時，埋伏在峰臺嶺上、白家堖上的川軍在敵軍飛機的掃射下，無法接近日軍，便向東溝方向撤退。部隊撤到石堖頂上時，因目標明顯，遭日軍飛機的強烈掃射，200 多名川軍戰士，犧牲在石堖坡頂上。在東溝路段川軍的傷亡更為慘重，屍體布及道邊。

[19] 上述電視專題片第三集《浴血娘子關》（下）。

[20] 上述電視專題片第三集《浴血娘子關》（下），對西回村民耿寶祿（72 歲）、田富生（86 歲）、耿金財（86 歲）、耿樹仁的採訪。

[21] 上述電視專題片第三集《浴血娘子關》（下），對西郊村郝永生（78 歲）、郝志剛的採訪。

圖 3.6　川軍抗戰（圖片來源：建川抗戰博物館）

圖 3.7　日軍鯉登、森本兩部隊進入西郊村後在韓信廟試劍峰上[22]

---

[22] 圖片來源：日文《支那事變畫報》第十輯，1937 年 11 月 21 日。

　　石垴坡上烈士的遺體，屍骨遍野，狼狗成群結隊在撕吃，老鷹也飛滿石垴頂上空。外逃的村民回村後，將烈士遺體在滿滿溝地裏挖深坑掩埋。石垴頂上日寇製造的侵華暴行，使回憶往事的老年村民至今說起來都嘆息掉淚。[23]

圖3.8　日軍在韓信廟下面[24]

圖3.9　日隨軍記者在西郊村埋鍋造飯[25]

---

[23]　見前引郝志東、郝志剛（著）《西郊村：一個華北農莊的歷史變遷》第61頁。

[24]　圖片來源：日文《國際寫真新聞：支那事變特報》第九輯，1937年11月20日。

圖 3.10   侵入平定的鯉登部隊長[26]

　　當時八路軍在太行山的部隊有 115 師、120 師與 129 師。在平定東面活動
的是劉伯承的 129 師。他們於 1937 年 10 月 26 日和 12 月 28 日兩次在這裡的
七亘村伏擊了日軍第 20 師團的輜重隊。第一次殲滅敵人 300 多，自己傷亡 10
多人，繳獲馬匹 300 多，以及堆積如山的各種彈藥，400 多戰士和村民搬運了
一天一夜。第二次七亘伏擊，日軍 1,500 人到 1,600 人，包括正規部隊和輜重
部隊；八路軍 1,000 多人。從上午九點多打倒黃昏才結束戰鬥結果殲敵 160 多，
消滅 100 多軍馬，自己犧牲 30 多人，又繳獲大量騾馬與物資，包括幾百枝步
槍，十幾挺機槍。[27] 黃紹竑在回憶中說，劉伯承不願意擔任固定任務，只肯

---

[25] 圖片來源：日文《支那事變畫報》第十輯，1937 年 11 月 21 日。

[26] 圖片來源同上。

[27] 上述電視專題片第四集《七亘巧伏敵》，尤其是片中對退休老幹部董書田的採訪。董是七亘村人，
      對七亘伏擊戰有所研究，出版過關於該伏擊戰的書籍《浴血晉東》。也見李慶祥，《「七亘大捷」
      記詳》，載於中國人民政治協商會議平定縣委員會（編）《平定文史資料》第四輯，第 1-10 頁。
      關於八路軍作戰情況，包括數據等，來自大陸正史，還未能參照當年的戰鬥詳報等戰史資料來修正，
      比如友軍以及日軍的戰史資料，故不太可能準確，僅供參考。

進出敵人的側翼。他只好「任其如此」。黃說劉部「的確打了一兩次相當激烈的仗，將敵人滯止了相當時候，但是敵人以一部與他支持，主力仍向平定前進。而且他們打游擊打慣了，遇到這種頑強的敵人，也就無可如何而任其通過，從此也就不知道他們游到什麼地方去了」。[28]

苦戰多日的中國守軍最後還是無法抵擋敵軍的攻勢，紛紛後撤。黃紹竑回憶說，他隨主力撤到壽陽之後，朱德、周恩來、彭德懷到他所住的半月村會面，告知十八集團軍的主力將與劉伯承的部隊會合到昔陽與和順縣之間作戰，全力阻止敵人向太原進發。但是三四天過去了，沒有他們一點消息。黃認為他們沒有踐行自己的諾言。現在想起來，可能他們是要脫離晉西北的戰場，脫離整個山西會戰的場合，轉移到晉東南，去建立單獨的活動基地。[29] 後來發展的事實也確實如此。

日軍最後於 10 月 29 日佔領了平定，30 日佔領了陽泉，11 月 2 日佔領了壽陽，11 月 8 日，太原的守城部隊經過兩日的激戰，5 萬人僅剩 2,000 餘人，不得不撤出，太原淪陷。娘子關作戰與忻口戰役、太原保衛戰一起被統稱為太原會戰。「在整個會戰中，日軍參戰兵力約 4 個半師團共 14 萬人，傷亡近 3 萬人；中國軍隊參戰總兵力 6 個集團軍，計 52 個師（旅）共 28 萬人，傷亡 10 萬人以上」。[30]

---

[28] 黃紹竑，《黃紹竑回憶錄》，（南寧：廣西人民出版社，1991 年），第 349 頁。

[29] 同上，第 350 頁。

[30] 見上引楊茂林（主編）《山西抗戰紀事》第一卷，第 176 -180 頁。引述部分見第 179-180 頁。但是這些數字都需要重新核實。

圖 **3.11** 侵入平定城的森本部隊[31]

圖 **3.12**　日軍侵入平定城[32]

圖 **3.13**　日軍侵入平定城[33]

---

[32]　圖片來源：日文《支那事變畫報》第十輯，1937 年 11 月 21 日。

三、日軍在平定的大屠殺慘案錄

日本人入侵平定，除了造成中國士兵的大量死亡之外，還有對平民的屠殺。這裡記述了一些發生在平定的幾個日軍大屠殺的慘案。另外還有一些零星的殺戮，都是日軍無視戰爭不應該傷害平民的原則的例子。日軍造成的這些悲劇，以及後來的日本政府沒有能夠完全正視這些歷史的責任（這一點我們會在結論一章再來討論），是多數中國人仍然對日本人心存芥蒂的主要原因之一。

固驛鋪慘案（1937 年 9 月 27 日）：路過的日軍殘殺村民 30 餘人，包括槍殺，強姦後殺害，刺刀捅死等，包括年齡從不到三個月的孩子到 80 歲的老漢，受害村民有李六東、李的妻子李花妮及其剛滿三個月的女孩、李開太一家五口、劉香妮、李臭巴、李三太等人。[34]

前小川慘案（1937 年 10 月 25 日）：日軍在一天一夜共害村民 92 人，包括李法醫、李全福、李福行、李元蛋、李桑鎖的四個叔伯兄弟（強姦了他們的妻子）、李六斤、李二成的妻子與女兒均跳井自殺。李二禿和李三孩在一個窯洞裡被日軍用煙火燻，李二禿跳出來和日軍搏鬥被打死，李三孩得以活命。另外 17 名村民被發現藏在土洞裡，然後被綁架到龍王廟溝用刺刀捅死。日軍又從另外幾個村子搜捕了 43 名村民，綁架到龍王廟溝活埋。[35] 該村位於平定東南 75 里處。地處偏僻，消息閉塞。根據慘案倖存者李德勝的回憶，在慘案發生前，老百姓並不知道日本人來了會怎麼樣。有人認為日本人會殺人，有人說不會的，只是國家與國家在爭奪江山而已。人們不聽從河北井陘逃難來的人關於日軍殘酷的說法，好像還是要迎接日本人的樣子。全村被殺與自殺共 92 人。李德勝自己家 12 口人死了 9 口。李當年 12 歲，母親、姐姐們、

---

[33] 圖片來源：日文《支那事變畫報》第十輯，1937 年 11 月 21 日。

[34] 劉玉壘、劉春明，〈平定固驛鋪慘案〉，載於李秉新、徐俊元、石玉新（主編）《侵華日軍暴行總錄》（河北人民出版社，1995 年出版），第 342-343。也見平定縣志編纂委員會（編）《平定縣志》（北京：社會科學文獻出版社，1992），第 443-446 頁。

[35] 見吳利，〈平定前小川慘案〉，載於李秉新、徐俊元、石玉新（主編）《侵華日軍暴行總錄》，第 349-50 頁。

媳婦們都跳井自殺了。男人們要麼被殺，要麼被抓住。李自己(和妹妹？)跑到了山上，之後跟著一個大娘（伯母）過，直到父親回來。[36] 村民們有被槍殺的、砍死的、刺刀捅死的。婦女有被強姦的，有 23 名婦女怕被強姦跳井自殺。

東溝慘案（1937 年 10 月 26 日）：81 位村民被殺，5 人受傷，6 人被抓後杳無音訊。被殺者包括石德祿、石德禎及其侄兒、劉永盛等村民被發現出逃被殺、劉福盛腰繫皮帶被認為是中國軍人被殺、鎖簧村村長穿制服綁腿帶回村探親被認為是中國軍人被殺。被殺的還有閆寶山、閆瑞、寶宏斌剛滿一歲的小孩、劉三巴登 26 名村民。宋拉小、單長庚、和富新被拉去帶路，下落不明。[37]

橋頭村慘案（1937 年 10 月 27 日）：日軍途經橋頭村，屠殺了四天，殺死村民 117 人，擄去村民 5 人，下落不明。被害者包括劉富科、趙光、劉仁、耿小旦及其四個孩子。耿某某女兒被輪姦，耿一頭撞向日軍，被用刀劈死。日軍找到 200 名藏起來的村民，把其中的婦女拉出來，脫光衣服拍照。村民忍無可忍，一起撲向日軍，但還是被抓起來，其中 37 名青年，包括女青年 11人，被砍死在石橋下。日軍還燒毀房窯 170 餘處，強徵牲糧食等無數。[38]

新關慘案（1937 年 10 月 29 日）：日軍侵佔新關，殺死 10 人。李成羅、李繼羅、李來青（這裡是父子三人）、王四周、王新周（兄弟兩人）、帥會寶、劉貴牛、楊六文、楊保太。困死了 80 多歲的王纏來之母和蘇瑗之祖母。[39]

槐樹鋪慘案（1937 年 10 月—具體日子不詳）：舊關失守後，槐樹坡村民紛紛向附近村莊避難，未逃得及的村民被殺，包括張趙鎖、史成年、董大白、趙四大、李小白、王自成、董所棟、董楞小、李進才、董匡連、趙四怪、王張保、王科小。也有逃到外村還是被殺的，包括趙中秋、趙雙喜、趙仲堂、李和尚、趙千棟、趙文父子（被用軍刀砍死）。另外燒毀沿街店鋪、民房 400到 500 間，很多住房的門窗、傢俱被砸爛作劈柴取暖。[40]

---

[36] 見上述電視專題片第七集《血淚古州地》，及對前小川慘案倖存者李德勝（80 歲）的採訪。

[37] 廉思璐，〈平定東溝慘案〉，載於李秉新、徐俊元、石玉新（主編）《侵華日軍暴行總錄》，第350-51 頁。

[38] 張庭政，出處同上，第 351 頁。

[39] 郭銳，出處同上，第 346 頁。

[40] 王身舉、董鐵鎖、趙省清，出處同上，第 352 頁。

上白泉慘案（1937年10月底）：日軍將全村青年綁架到村公所門前的地坪，強令伸出手來，雙手少許白淨些的就認為是讀書人、可疑分子、抗日幹部。20名青年被用刺刀捅死。[41]

岳家山慘案（1939年4月21日）：日偽軍包圍了岳家山村，漢奸郭拉元、郭五小引著「皇協軍」按照漢奸岳有明開出的名單抓人，包括犧盟會負責人岳小巴、岳中小、岳萬義和村民岳潤堂、岳啟芳。嚴刑拷打之後，於第三天這五個人被七個日本兵逼著挖了一個沙土坑，然後被日本兵每人刺一刀後推下坑內活埋掉。[42]

白石頭村慘案（1939年9月30日）：日軍在井陘的松樹嶺燒死10人之後，來到白石頭村。由於段圮來的姐姐段金孩從松樹嶺逃回來報信，大部分村民轉移。但是還是有9人被敵人用刺刀刺死後推到坡下，包括段生銀、段生金、段金、段長來、許金堂、李香祖、梁萬和、趙長來、段生萬。其中段生萬老人在村民收屍時被發現還活著，於是被救了回來。他是唯一的倖存者。[43]

馬家莊慘案(1940年9月13日)：馬家莊位於平定西，當時是平西政府駐地。日本人殺死219人，包括這次屠殺中涉及的其他村莊的村民，被害者總共312人（能回憶起姓名的290人，無名死者22人）。當天有兩股日軍，共約800餘人，由漢奸帶路，一股從陽泉獅腦山來，一股從平定城方向來。平定來的一夥燒了小南莊，殺死55人；炮轟、殺死大南莊村民38人；然後來到馬家莊，佈滿了崗哨，河川上設置了機槍、大炮。孟兆祥當時是個15歲的姑娘，她跑到了一個離村不遠的窯洞裡。裡面已經藏了10幾個人。日本人是午後來到馬家莊的，她當時在窯洞裡聽到村裡婦女們哭喊聲，孩子們喊爹喊娘的聲音。後來她聽一個倖存的姑姑說是日本人用煙頭燒婦女的頭，用開水燙她們的腳。後來到黃昏的時候，聽到燒火和人們哭喊的聲音。到天快黑的時候，聽不到聲音了。他們也沒有敢出來，在窯洞裡面躲了一晚上。第二天

---

[41] 吳利，出處同上，第352頁。

[42] 嶽廣山，出處同上，第417頁。

[43] 趙守珠，出處同上，第423頁。

回來，村裡一個人看不到，都被燒死在羊圈那邊了。孟兆祥家被燒死 14 口人。其實馬家莊慘案發生前兩天，日本人就來這一帶掃蕩，如果人跑掉，就燒房，否則不燒，也不殺。於是人們以為這次也不會有問題，大部分人就沒有走，只有 60 多人外逃。

馬家莊當天被打死、燒死的人有張增才（張增厚被槍擊中，重傷未死）、郝維春（因為和敵人拼命被刺死）、張才田（被刺死）、四個小姑娘（被刺死）、王秀英（19 歲，乳房被割掉、刺死）、郝廷妮母女、一個三歲的小女孩被撕成兩半、張慶湖、唐千林（被刺死，第二天人們發現其兩歲的嬰兒李自祥還趴在媽媽身上吸奶）。張慶深家的水窖裡打撈起 20 多具屍體，這些人是被日軍殺死後扔到井裡的。該村有五戶被殺絕。

後來，馬家莊的一位教書先生將馬家莊慘案記錄了下來，並用《長工調》譜曲，教給他的學生，讓他們世代傳唱。其中唱到：

一九四○年呀八月十二日
從陽泉平定來了鬼子兵
鬼子進了村
到處亂抓人
有男哪也有女
老少二百多口人
趕在圈羊房
放火燒他們
哭叫聲響連天
黑煙冒半空
火燒還不算
還用榴彈轟
機槍聲砰砰響
霎時都犧牲
可憐的父老們
苦難的姐妹們

　　既無仇又無罪

　　死在了敵手中[44]

　　陽泉大西莊慘案（1945 年 6 月 15 日）：日偽軍 100 餘人，由盂縣的日偽警備隊二中隊隊長彭天柱、警備隊班長高志中、副班長崔四毛帶領，包圍了大西莊村，意圖報復不向日軍交小麥、送情報的村民。崔四毛指引日軍找到村民躲藏的地道口，向裡喊話，無人回應。於是日軍命偽軍在洞口點燃麥秸、柴草，用扇車往地道裡面扇煙，裡面的 55 人全部遇難，包括大西莊村 45 人，來探親的 10 人。[45]

　　西郊村先後被害的老百姓：其實日軍在其他村莊也有殺人，只不過一次性的規模較小而已。比如西郊村，八年期間西郊村遭日軍殺害的老百姓達 53 人。[46]

　　當時在日軍進入西郊村時（10 月 26 日），也有村民未離家避難。村民郝聯珠爲照顧病中的弟弟聯捷，未逃，結果被日本兵從家中拉至村北池邊槍殺。其弟聯捷在屋中頂門不出，日本兵踢不開門便從視窗射擊打死聯捷。毓泰城家郝崇修之女（有癡呆病）未逃走，在大街上站著，也被日本兵開槍打死，時年 20 歲。村民趙殿林在豬圈窩內躲藏，被日軍搜見拉出被害，活不見人，死不見屍。趙相森夫婦在逃跑時被日軍發現，開槍打死在下荊灘往南上莊出逃的路上。村民李積厚、郝寶來被鬼子抓住，要求帶路。行自西河口時，李積厚指給鬼子向西去路，便往滿滿溝方向跑，被鬼子開槍打死。郝寶來見李被打死也往南跑，被鬼子開槍打死在西寨地。

──────────

[44] 上述電視專題片第七集《血淚古州地》，及對馬家莊慘案受害人家屬陸汝祥、慘案倖存者孟兆祥（87歲）的採訪。也見劉玉璽、劉春明，〈平定馬家莊慘案〉，載於李秉新、徐俊元、石玉新（主編）《侵華日軍暴行總錄》，第 436-437 頁。

[45] 曹慶雲，〈陽泉大西莊慘案〉，載於李秉新、徐俊元、石玉新（主編）《侵華日軍暴行總錄》，第522-523 頁。

[46] 這裡關於西郊村的情況，轉引自郝志東、郝志剛（著）《西郊村：一個華北農莊的歷史變遷》第三章。

28 日，逃至東白岸村的村民郝居聖，郝繼忠、郝寶賢等 6 人，回村探聽情況。在從南峪溝行到東南坪地時，被流竄在穀垛坪地一帶的日軍發現開槍射擊。郝繼忠、郝寶賢當場被打死，其他幾人也負傷，逃至南峪溝深處。村民郝小鎖，耳朵被打穿滿臉濺血昏了過去，日兵以爲被打死，才幸得生存。村民郝玉山同十幾個行走不便的老、弱、殘鄉親在後峪掌土山洞裏躲藏。半響時分後出洞去探望一下，看日本兵是否撤走。郝玉山出洞後，站在高處瞭望。日本兵瞧見後便開槍射擊。郝玉山大腿多處中彈受傷，因流血過多而死亡。

同月 29 日，村民郝欽福、李璋、李瑄、李珏、李珸等九個老人在小南院後邊土山洞裏躲藏，被日軍發現後拉至小南院門前廣場上屠殺。有的老人的頭被砍下，拋到豬圈坑裏，腸被刺刀挑出，胳膊、腿被砍下。小南院門前屍橫遍地，血肉模糊，血染黃土。在文革時期村委會組織社員在小南院門前開了一次全體社員憶苦思甜大會。會上有糠麵窩窩頭供大夥品嘗。李珸兒子李增泰在大會上講述當時慘景時失聲痛哭，大聲哀呼悲慘。九個人沒一個是圓圓屍首。其他被日軍殺害的老人的後代在大會上講到了他們父親被害的慘景也都是淚流滿面，涕不成聲，哽咽地講述當時他們洗面認屍的悲慘場景。日軍在佔領西郊村期間，多次向周邊村發射炮彈進行襲擊。逃到甘井村躲難的村民李增恒回憶說：日本兵曾向甘井村一帶發射多枚炮彈。飛機投放的炸彈落在民居土窯洞上、前墙都有炸彈坑洞，幸好沒有造成人畜傷亡。他們不得不又轉移他村。

村民郝居海，在村東武學房院內開設豆腐房，爲牽掛廠房，躲在大廟後爺爺窖裏。躲在爺爺窖裏的還有其他老弱村民 6 人。他們被日本兵搜出後，也被用刺刀挑死。在日軍佔據西郊期間，村民宅院的大門、家門、門板、傢具、衣櫃、家俱、桌椅、板凳、窗戶大都被用來燒火做飯，灶具被搗毀，不少衣物糧食，被搜出搶走，村民未帶走的牛羊雞狗全部被殺掉吃光。在日軍撤離西郊，進取縣城後，西郊村一片狼狽不堪，景象淒涼。他們在撤走的時候，將村民郝生福、李郭讓、李

躍榮、郝貴和抓去帶路。李郭讓、李躍榮、郝貴和行至離石借機逃回。郝生福在西進路中（四川）被害。（郝永生、李廷弼講述。）

1938 年春，日軍駕著汽車，從大街駛過，放學回家的兒童白年小，在街邊行走，殘忍的日軍，開著汽車，衝白年小身上壓過。（郝雨海敘述。）

日寇把中國人民當作動物，可以自由射擊，獵取。村民李中慶、郝長亨在路邊地裏幹活，被過往日軍當活靶射擊打死在地頭。村民郝夢花，在白家墕的地裏刨花生，日軍瞄中郝夢華的足部射擊，將郝夢華懶筋打斷。郝傷重不治而死。

在一次突擊掃蕩時，躲藏在後峪掌窖裏的趙祥來、趙恒來、穆富國等10 幾人，被敵人搜出後，有的被用槍打死，有的被刺刀挑死。日軍對被搜到的青年婦女施以獸行的事情也常發生。

董懷慶先生在他的回憶裡，提到日本兵進平定後，他家住胡家莊的小姨被輪姦，姥娘被砸昏死過去，二舅被擄走為日本人幹活，三叔被當作八路軍的奸細被殺，大奶奶聽到後上吊自殺，姑姑一家五口在東溝慘案中被殺的歷史。[47]
關於平定縣在戰爭期間遭受的損失，前述電視專題片報導說：

據不完全統計，從 1937 年 10 月日軍入侵平定到 1945 年 8 日軍投降，僅平定三縣被屠殺 13,913 人，被抓捕刑訊 7,624 人，因經濟封鎖、搶掠、強征糧食造成死亡 10,529 人，敵人製造無人區、火焚區 100 餘村，致使失蹤 8,138 人，致使逃亡 20,000 人，被毀壞民房、窯洞共 10,000 間（孔），被搶糧食 126 萬石，約合 1 億公斤，被搶耕牛 36,051 頭，被搶家畜家禽無法計數。[48]

---

[47] 董懷慶，《陽泉記憶》（陽泉：陽泉市圖書館，2015），第 2-10 頁。
[48] 上述電視專題片第七集，《血淚古州地》。

四、共產黨在平定三縣敵後的抗戰與鄉村根據地的政權建設

　　1937 年 10 月 29 日，日軍佔領了平定和陽泉，娘子關作戰結束。省府太原也很快淪入敵手。閻錫山的第二戰區司令長官部也隨山西省政府遷往臨汾，幾次戰鬥後臨汾、長治失守之後撤往吉縣。晉綏軍撤到晉西和晉西北，中央軍撤往南同蒲沿線與晉東南地區，後到中條山地區。日軍的部分兵力也轉移到其他戰場，山西戰場進入相持階段。[49] 與此同時，八路軍在建立晉察冀根據地、晉西北根據地、晉冀豫根據地，[50] 八路軍的總司令部即先後設在晉東南的武鄉縣、潞城縣、遼縣等地。遼縣即現在的左權縣，現歸晉中市，和平定縣之間僅隔兩縣，和順和昔陽（見圖 3.2 山西省地圖）。

　　日軍佔領的地方都是城鎮，而不是廣大的農村。由於戰線拉得很長，兵力無法顧及廣袤的農村。閻錫山與國民黨的力量也退出了這些地區，這就為共產黨八路軍創造了建立敵後抗日根據地、進行敵後抗戰的機遇。

　　於是共產黨在平定建立了三個縣級政權：正太鐵路南面，以平遼公路（平定到遼縣的公路）分隔開來的平西縣政府和平東縣政府以及正太鐵路北面的平定縣路北政府。平西縣政府控制著平定縣的冶西以及其與壽陽縣及昔陽縣交界的一大片地區。他們在抗戰的同時也進行了鄉村的政權建設。

敵後根據地的抗戰

平西縣

　　日軍的戰略是佔據交通線與重點村鎮，交通線主要是正太鐵路與平遼公路。平西縣被劃為十幾個格子，分路清剿抗日力量，對平西縣進行「報復掃蕩」（趙雨亭原話）。前述馬家莊慘案就是報復性掃蕩的一個例子。他們還在平西和壽陽的交界處叫冀家堖的地方以及昔陽的玷尚各建築了一個碉堡，以隔斷平西和壽陽以及平西和昔陽的聯繫。在和順縣的馬坊，日軍也築了碉

---

[49] 山西省地方志辦公室（編），《民國山西史》，第 342-345 頁。

[50] 同上，第 347-353 頁。

堡，住了兵，隔斷平西與和順的聯繫。同時，日軍還在嶺上的一區和二區四個村子裡修築了碉堡（苗家莊、上龍泉、下龍泉、郭村），並駐了軍。在嶺下的三區和四區，也住上了敵人（南陽勝、上冶頭、下冶頭、冶西鎮）。趙雨亭說當時敵人在那裡的碉堡有 20 多個，平西縣被分為十幾個格子網。

趙雨亭當時曾經擔任過平西縣的縣委書記、縣游擊大隊政委，建國後曾任山西省委書記。劉自雙為縣游擊大隊副大隊長。劉自雙 1964 年升任少將，1970 年任福州軍區副司令員。縣政府駐地是長安村，游擊隊員 50 人，和各村的游擊小組配合作戰。劉自雙說，日本人往和順運糧食用的是毛驢，30-40 頭毛驢運送從老百姓那裡搶來的糧食。我們一打，幫助運糧的老百姓就跑了，毛驢也跑了。他們來追我們，我們就上山跑了。在冶西據點就殲滅了敵人 160 多名。[51]馬家莊的民兵隊長張獻靈，晚上帶領民兵到陽泉狼峪車站，即賽魚，去拔電（話）線，把電（話）線杆拉倒，一晚上要拔十多根。連夜再返回來。[52]

在 1940 年共產黨組織的百團大戰中，平西縣發動了 2,500 名民兵參戰。在縣長兼縣大隊長杜禎祥、縣委組織部長趙雨亭的帶領下，他們破鐵路、割電（話）線、騷擾敵人、攔截敵人的運輸隊、圍攻據點。百團大戰（1940 年 8 月 20 日到 1941 年 1 月 24 日，歷時 5 個月）第一階段在平定進行了 9 次大的戰鬥。在 8 月 20 日的戰鬥中，八路軍和地方自衛隊就攻下了西峪、桑掌、坡頭、賽魚、燕子溝、狼峪、張淨等據點與車站，並搶佔了獅堖山制高點。據趙雨亭講，縣委組織了自衛隊 2,500 人，配合正規軍去打狼峪車站。八路軍在前面走，自衛隊在後面跟，爬了兩座大山才來到狼峪車站。期間 2,500 人遭受襲擊後跑了 500 人。剩下的 2,000 人就開始破路。帶的工具是鑊頭、鐵鍬。用這樣的工具，結果鐵軌怎麼也挖不起來。後來才到車站找了四根鐵棍，來挖鐵路。然後把枕木堆起來，把鐵軌放上去，把枕木點著，鐵軌也就被燒彎，不能用了。這樣幹了整整七天，從桑掌大橋到壽陽的芹泉車站這一段，破路

---

[51] 時間不詳。另外這個具體數字需要再考證。在正規戰爭中殲滅這麼些人有可能，在游擊戰中日偽軍這麼大規模的死亡可能性不大。不過這可能是下面趙雨亭講的百團大戰中的故事，不過趙雨亭沒有講人數。

[52] 關於平西縣的抗日鬥爭，見上述電視專題片第五集《根據地的人們》（上），以及片中對馬家莊村原黨支部書記陸汝祥以及時任平西縣委書記趙雨亭（89 歲）、劉自雙（91 歲）的採訪。

20 公里。桑掌大橋也給炸了。他們還配合主力部隊攻下了冶西據點。[53]

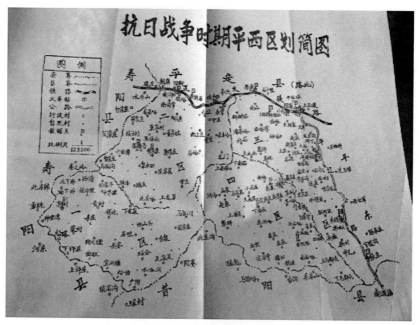

圖 3.14 平西縣管轄地區[54]

　　游擊隊和日軍進行著襲擊與反襲擊、伏擊與反伏擊的戰鬥。縣委駐地長安村也受到襲擊。與此同時，共產黨在各地開始建立黨組織。所以農村表面上看有維持會支應日本人，但是暗裡有共產黨游擊隊的運作。這樣在格子網裡的戰鬥進行了三年。劉自雙認為共產黨游擊隊能夠生存下來，能與敵人周旋，打游擊，是由於老百姓的支持。他說平西的老百姓非常好，部隊走到哪裡就吃住在哪裡。半夜去敲門，老百姓也給開門，需要住宿，老百姓給讓床，睡得熱騰騰的被窩，老百姓都讓給你住。他們三年沒有睡過一個整夜，而是上半夜在一個地方住，下半夜在另外一個地方住。趙雨亭也說一晚上要轉移三個村子。有時候是邊行軍邊睡覺，打盹兒。那麼平定其他兩個縣的情況如何呢？

---

[53] 見上述電視專題片第八集，《壯士百戰歸》，講百團大戰，以及對趙雨亭的採訪。關於百團大戰的總體介紹，也見山西省地方志辦公室（編），《民國山西史》，第 412-422 頁。

[54] 圖片來源：中共平定縣委黨史研究室，《平定縣抗日鬥爭史：1937-1945》（平西），1985，總 17。插頁。

平東縣

　　1937 年 11 月上旬，平東縣抗日政府在測魚村壽聖寺大院召開了成立大會，有來自測魚、沿莊、南蒿亭、北蒿亭、朱會、南寺掌、七亘、石門等村的群眾代表 100 餘人參加（每村 3 到 5 人）。昔東（昔陽東）中心縣委周璧宣布成立，並宣讀了高九成任縣長的任命書。高九成是平東測魚鎮（現屬河北省）人，山西犧盟會員，沿莊中心村（包括沿莊、白城、郭家口、董家、王家掌、紅土咀）村長。之後各村又成立了戰地總動員委員會，組織了平東縣游擊隊，近三百人，郭福全任隊長，以及縣特務隊，隊長李連登。但是游擊隊出師不利，隊長被刺死，高九成打著抗日旗號搜刮民財，抗日政府成立後三個月便名存實亡。於是晉東特委便派了昔東中心縣委周璧等到平東建立中共黨的地方工委，並調唐世榮任平東縣政府縣長，調高九成到後方學校。高九成則在唐世榮到職後的第三天帶著游擊隊的一中隊星夜出逃，投靠了在河北西部和平東地區活動的國民黨侯如墉的十三支隊。[55]

　　根據孫竹庭、王紀英、王慶榮、周子明的回憶，[56] 高九成在一個月後帶著部隊（多時達 600 多人）回來，打著抗日的旗號，和共產黨的政府爭地盤，搞起了摩擦。但是共產黨的平東政府這時也從一開始只有唐世榮、趙瑞雲、張信、侯致遠、周子明、潘素貞等八、九個人和一匹馬、一支槍，倒很快就發展起了自己的武裝，健全了政府組織，成立了中共平東縣縣委，王謙當了書記，多數村裡也都建立了黨支部。到 1938 年秋天，正太沿線游擊隊已經發展到 400 多人，裝備了美造輕機槍一挺，每人有步槍一支，子彈 100 發，手榴彈 4 枚。1939 年冬，十三支隊被分化、瓦解，其隊伍也加入了抗日武裝行列，高九成在黃安自殺。與此同時，平東還建立起了六個區公所。

　　不過唐世榮很快也叛變投敵。1940 年 7 月，唐世榮調遼西工作，但隨後即回到平定城投敵叛變。隨後投敵的還有縣警衛隊隊長王文富、公安局長王

---

[55] 見中共平定縣委黨史研究室，《平定縣抗日鬥爭史：1937-1945》（平東），1985 年，第 16 卷，第 11-13，15-17 頁。

[56] 孫竹庭、王紀英、王慶榮、周子明，〈平定縣（平東）抗日戰爭回憶〉，載於中共陽泉市委黨史研究室（編）《抗日戰爭中的陽泉》（回憶錄），下冊，第 411-427 頁。也見中共平定縣委黨史研究室，《平定縣抗日鬥爭史：1937-1945》，第 16-20，23-26 頁。

道三、自衛隊總指揮張振寰、司法科長霍世凱、二區區委員兼農會主席史俊明，以及李萬福、郗駱駝。這些人叛變後寫信給抗日幹部家屬，勸他們叫兒子、丈夫脫離抗日政府，離間抗日幹部的直接關係等。這使得當時的抗日根據地縮小到只有石門等十幾個村莊，幹部和武裝部隊減少了許多。霍世凱、史俊明等人由於和敵人合作，使得不少抗日村民被捕，結果他們都被中共抗日政府處決。[57]

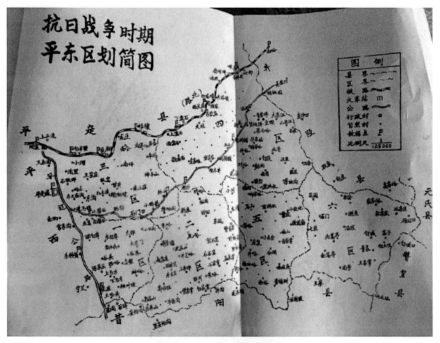

圖 3.15　平東縣簡圖[58]

　　平東縣北臨正太鐵路，南靠昔陽冶頭，西貼平遼公路，東傍平漢鐵路。縣政府所在地後來是七亘村，再後來是娘娘廟村。池必卿（1980 年代改革開放時曾任貴州省委書記）和王謙（建國後曾任山西省委書記）都擔任過平東縣的領導職務。王謙說他在的時候，建立了三個區：一區西古貝，二區測魚，

---

[57] 見中共平定縣委黨史研究室，《平定縣抗日鬥爭史：1937-1945》，第 34-35，45 頁；也見趙瑞雲，《憶平東抗日》，載於中國人民政治協商會議平定縣委員會文史資料委員會（編）《平定文史資料第十二輯：紀念平定解放五十週年》1997 年，第 177 頁。

[58] 見中共平定縣委黨史研究室，《平定縣抗日鬥爭史：1937-1945》（平東），插頁。

三區營莊。孫竹庭是三區的區長，另外兩個區的區長是當地人。每個村都建立了工、農、青、婦組織，縣裡也建立了工農青婦組織。為了擴大部隊，搞了自衛隊，那時還不叫「民兵」。在谷洞的一個老財家搞了一個培訓班。[59]

在百團大戰中，他們也是炸鐵路、搬鐵軌、割電線、攻佔村莊以及娘子關車站。1940 年 8 月 20 日夜，八路軍攻打娘子關，太行一分區幹部池必卿和二區區委書記李希泰率領二區民兵 400 多人在橋頭村一帶炸毀公路，以阻止平定和陽泉的敵人來增援娘子關。8 月 21 日夜，平東縣縣委書記程平和縣長范文彩率領民兵炸毀娘子關至亂流車站的鐵路橋梁 9 座，搬走 100 多根鐵軌，割掉 2,000 多斤電線，使該鐵路長時間癱瘓。[60]

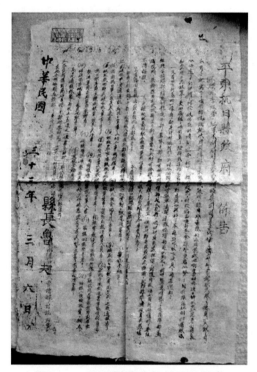

圖 3.16　平東縣政府的抗日佈告[61]

---

[59] 見上述電視專題片第五集《根據地的人們》（下），以及片中對七亘村老婦聯主任董保和（81 歲）、七亘村民董鎖成（79 歲）、曾經在平東呆過十個月並擔任過平東縣委書記的王謙（89 歲）的採訪。

[60] 見上述電視專題片第八集，《壯士百戰歸》，講百團大戰。

[61] 圖片來源：平定縣檔案館。

平定路北縣

　　平定路北抗日民主政府位於正太鐵路的北面，歸晉察冀邊區統轄。我們在討論土改的時候還會提到，但是從圖 3.17 也可以看到，路北是平定三縣中最大者，人口也最多。所以通常稱路北為平定縣。或者在之後加一個括號，內寫路北，即平定縣（路北）。路北政權組織由民主選舉產生，擁有縣抗日游擊大隊、武工隊、基幹游擊隊等抗日武裝。截至 1940 年的百團大戰時期，平定（路北）縣全縣黨員人數已達 600 多人。[62] 張布克（建國後曾任中國對外經濟貿易部辦公廳副主任、中國駐巴基斯坦、丹麥大使館商務參贊）、劉松青（1984 年任中共山西省紀委副書記）都擔任過縣委領導。縣政府所在地為郝家莊。他們大搞地雷戰、麻雀戰、圍困戰等。所謂圍困戰就是實行堅壁清野，撤離居民，封鎖或毀壞水源，把敵人困在據點裡，讓他們沒有生活來源，迫使他們撤離該地。[63] 但是在 1938 年縣佐公署在郝家莊成立不到兩個月，日軍便對該村進行了一次大掃蕩，殺死村民 20 人，燒毀房屋數百間，臨走時還在牆上寫到：「再來史星三，大火燒個乾」。[64] 史星三是縣佐（相當於路北平定縣的縣長）。顯然這正是趙雨亭之前所談的「報復性掃蕩」。

　　據時任一區區長的李旭明介紹，日軍從陽泉到巨城每隔一天有一個巡邏隊，有 20-30 人，其中 5 到 6 人是日軍，20 人左右是偽軍，他們穿不同的衣服。漢奸穿的是黑衣服，【偽軍身著黑色制服，小腿上綁著白色裹腿】。摸到他們的巡邏規律後，我們想裝扮成他們的模樣，於是組織黨員家屬做類似的衣服。據當時的縣大隊隊長譚珠生介紹，等日本人出發去鄉里掃蕩，他們就換上日軍服裝，打著日本旗子，到碉堡裡去，搞了他們一些子彈、糧食，燒了他們的炮樓，他們剩下的兩三個人也都跑了，我們沒有捉住他們。岔口村駐有日軍，我們就在村口埋地雷，把敵人圍困在據點裡。據原二區書記劉松青介紹，岔口被圍困了八個月；三區則是空村對敵，將群眾拉出來。

---

[62] 中共平定縣委黨史研究室，《平定縣抗日鬥爭史 1937-1945》（路北），1985 年 8 月，第 19 頁。

[63] 關於平定路北縣的情況，見上述電視專題片第六集《根據地的人們》（下），以及片中對時任平定路北縣一區區長的李煦明（88 歲）、擔任過縣婦救會主席的程玉珍（79 歲）、縣大隊大隊長譚珠生（89 歲）、原二區書記劉松青（83 歲）、曾任縣二區書記張布克（83 歲）、岔口村民王元孩（78 歲）的採訪。

[64] 前引中共平定縣委黨史研究室，《平定縣抗日鬥爭史 1937-1945》（路北），第 11-13 頁。

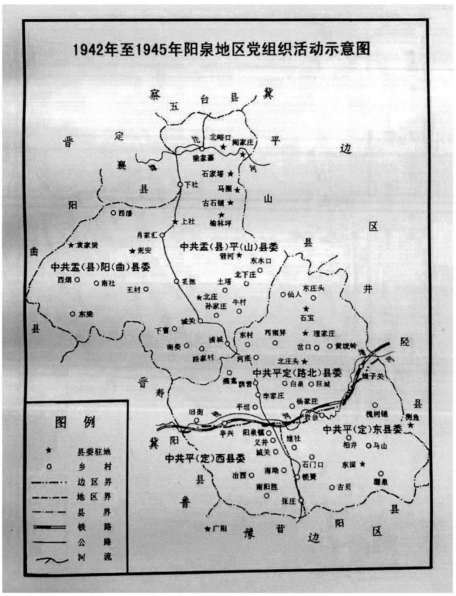

圖 3.17　平定三縣行政區劃[65]

[65] 陽泉市委黨史研究室、陽泉市檔案室（編著）《中國共產黨陽泉歷史》（上），北京：紅旗出版社，
2005 年，插圖。圖中上方為盂縣，下是平定三縣。現在平定和盂縣都歸陽泉統管，故圖名為陽泉
地區，其實陽泉當時只是平定縣裡的一個大鎮。現在的陽泉是地級市。

　　原二區書記張布克(後來任平定路北縣委書記)介紹說，岔口人走的時候，把糧食都埋在地下了，叫堅壁清野，電話線也給割斷，把水井也弄壞。岔口村民王元孩說人們在走的時候把苦草、「死孩、死貓、死狗」都往水井裡扔。張布克說當時西南峪、巨城都有敵人的據點，我們把他們的電話線割斷，他們就聯繫不了了，不知道外面發生了什麼情況，也沒有糧食吃，沒有水喝，就撤走了。再加上地雷戰，他們如果想到郝家莊、西頭嶺、東峪搶糧食，怕被地雷炸，不敢出來了。晚上我們又打槍打炮讓他睡不著覺，他們一點辦法都沒有，堅持了八個半月以後，就跑回巨城了。我們的岔口鬥爭到1944年取得了徹底的勝利。

　　在這個鬥爭中，老百姓也承受了巨大的犧牲。岔口村幾百口人背井離鄉，寄居別村長達八個半月，千辛萬苦修築的水窖也被穢物破壞，被磚石填塞。岔口、理家莊、郝家莊、岳家莊的不少民兵，在地雷戰、襲擊戰、伏擊戰、阻擊戰中犧牲。岔口的空村圍困戰是慘烈的。

　　平定路北縣的游擊隊也參與了1940年8月的百團大戰。在路北縣委書記郭一平和縣長梁晉平的率領下，他們把破襲所獲的鐵軌，運到後方八路軍的兵工廠，作為製造槍炮子彈的原材料。據劉松青講，他們當時的口號是「不留一根鐵軌、不留一根枕木、

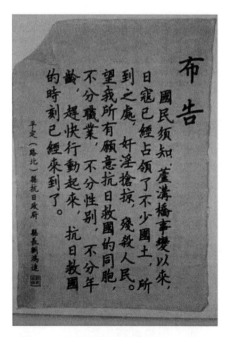

圖 3.18　路北縣政府的抗日佈告[66]

不留一座橋、不留一個火車站，取得完全勝利」。他們也是燒枕木，燒鐵軌，不讓敵人再用。後來他們也找到挖鐵軌的竅門，就是先把石子耙開，然後喊一二三，將一長條鐵軌抬起來，鐵道就翻了身了。李煦明說他們是跟著部隊，

---

[66] 圖片來源：平定縣檔案館。

到白羊墅、亂流、高堖莊、陸家山，接受一區的慰勞品，並率領民兵破壞交通、割電線、挖鐵道。[67] 1940 年 9 月 12 日，平定縣路北政府在所在地郝家莊召開了慶祝百團大戰勝利的大會。然後，日軍就對根據地進行了瘋狂的報復性掃蕩，抗日根據地的老百姓遭受了慘重的生命和財產的損失。他們抓不到共產黨的幹部就拿老百姓出氣。1940 年 9 月下旬日軍將大王梁後的艮東掌 7 戶 27 口人中的 18 個人用刺刀捅死。另外 7 人在村外勞動。同一天，娘子關一帶的日偽軍將白石頭村的梁有和、杜先貴等 9 人捉住殺害。1941 年日偽軍又在北頭嶺村以東的 13 到 14 個村搞「無人區」，將人們遷走，不走的就被殺掉了，糧食、牛羊等都被搶光，房子都被燒毀。這次掃蕩共毀滅了路北 57 個村莊。僅在黃統嶺以東的溝裡 13 個村，就殺害了 170 餘人，搶走牲口羊只等 1,600 頭，糧食 190 多萬斤（當時抗日政府的公糧在這一帶儲藏），75%的房子被燒毀。[68]八路軍游擊隊投入了艱苦卓絕的反掃蕩，反封鎖、反蠶食的鬥爭，抗戰進入相持階段。[69]

共產黨在鄉村建立根據地的三個主要方面[70]

中共根據地的建立是中共最後獲得中國政權的基礎。抗日戰爭給了中共一個「千載難逢」的機會。中共的根據地建設主要有三個方面，即中共黨組織的建設、軍隊建設與政權建設。我們現在分別來看一下這個方面的發展。

我們首先來看中共黨組織的建設。政黨是國家政權爭奪中的基礎力量。任何時候的政權更迭，都是以政黨的力量的強弱決定。政黨是社會發展中必然的產物，它以奪取國家政權為最高目標。它在一定的條件下，對國家政權的正常存在，造成了非常大的威脅。中國共產黨作為在野黨，只有在抗日戰爭時期才取得了合法的地位。中國共產黨在和國民黨的長期鬥爭中，從合作

---

[67] 見上述電視專題片第八集，《壯士百戰歸》，講百團大戰，以及對時任平定路北縣二區書記的劉松青（83 歲）、時任平定路北縣一區區長李照明（88 歲）的採訪。也見前引中共平定縣委黨史研究室，《平定縣抗日鬥爭史 1937-1945》，第 21-23 頁。

[68] 前引中共平定縣委黨史研究室，《平定縣抗日鬥爭史 1937-1945》，第 24-26 頁。

[69] 同上，第 27-28 頁。

[70] 該節的主要部分轉引自白寶忠撰寫的關於根據地建設的文章。

到分裂，從政治鬥爭到武裝鬥爭，一步一步的從弱到強，從小到大，在採取多種形式的鬥爭中，用自己的獨特手段，完成了在抗日根據地中的組織建設，真正掌握了抗日根據地的政權。

黨的建設的首要任務當然是發展黨員，使黨員的隊伍迅速擴大，然後再由這些人去建立各種組織。1938 年到 1940 年，是抗日根據地中共黨員的大發展時期。為了能在抗日根據地真正的扎根，中國共產黨提出了積極發展黨員，壯大黨的力量，把統一戰線的領導權牢牢掌握在中共手中的口號。他們特別是在青年學生、農民、鄉村知識分子中大力發展黨員。到 1940 年平定三個縣的黨員發展到 1,500 多人，這些黨員幹部作為根據地的新生力量，主導和影響農村的政治、經濟、文化等各個方面。在對日鬥爭中，他們領導著根據地的農民，成了這些農民唯一的依靠力量。在發展黨員的過程中，他們先將積極分子集中培訓，培訓後介紹加入中國共產黨，然後回到農村去發展黨員。他們用這種滾雪球的方法，推動了根據地中共黨員的大發展。每個村都成立了黨支部，這些村裡的領導權，都真正地掌握在了黨支部的手中。

在村的上面他們又設置了區，一個區大約都轄十至二十個村，區設置了中共的區委員會。區委員會在縣委員會的領導下工作。委員會實行書記領導下的分工負責制。縣、區、村三級委員會，保證了抗日根據地建設層層有人管理，中間沒有空隙。三級緊密聯繫的組織機構，為中共的直接領導，打下了堅實的組織基礎。根據地的黨員主體是農民，村支部的成員主要是村裡的貧農，區裡的領導主要是農村的教員、青年學生和其它抗日人員，縣的組織機構中大部是在抗日救國活動中「七七事變」前的中共黨員。抗日根據地中共黨員的大發展，為中共黨組織的壯大奠定了紮實的基礎。[71]

下面我們來看中共的軍隊建設。從根據地的開闢，到根據地的鞏固，都離不開軍隊的支撐。沒有武裝力量的保證，就沒有根據地的存在，也就沒有黨的建設。中共的武裝力量由主力部隊、地方武裝、民兵和自衛隊組成。主力部隊由八路軍總部、軍分區直接指揮，因戰鬥需要隨時變動。地方武裝由縣委和軍分區雙重領導。民兵和自衛隊直接由區和村的黨委和村支部領導。

---

[71] 這段話由白寶忠撰寫。

同時這種武裝部隊會發生一種互換配合作用，主力部隊縮編，充實到縣、區的地方武裝中，組成縣的獨立營、大隊和區的中隊、小隊。當主力部隊需要擴大時，縣區的武裝力量馬上補充到主力部隊上。這種互動式的辦法有效地促進了中共武裝力量的壯大。在這種形式下，地方武裝的政治水準和軍事訓練水準不斷加強。根據地的地方武裝採取了機動靈活的游擊戰、麻雀戰、地雷戰、破襲戰、聯防戰、圍困戰等戰術，有效保證了抗日根據地建設。

最後我們看中共的政權建設。政權建設是抗日根據地建設的首要任務和根本問題之一。在日軍入侵、國民黨退出的情況下，中共劃片組織縣級抗日政府，打破了舊的行政區域，在日軍到不了的地方，成立了縣縣聯合的政權，有時出現了六個縣聯合的機構，隨著政權的逐步形成，慢慢的才又實現了戰前的行政區域。其次是政權堅持「三三制」的原則。「三三制」，就是在政權機構的組成人員中，中共黨員、黨外進步勢力、中間勢力各佔三分之一。但實際上，真正的權力都控制在中共黨組織的手中。第三在行政上有縣、區兩級政府，村裡設村公所。這種縣、區、村的三級政權，成了抗日根據地的權力機關，從根本上領導著根據地的政治運行、經濟建設、文化教育等各項工作。

在根據地的建設中，這三者的關係是，政黨建設是核心，政權建設是基礎，軍隊建設是保證。三者缺一不可，它們相互依賴，密不可分。在根據地的發展過程中，中共逐漸培養出了自己的一批突出的黨務、行政、軍事幹部，為第三次國內戰爭奠定了基礎，集聚了戰勝國民黨的力量。

總之，抗日戰爭的確給了共產黨一個發展、壯大的機會，使其成功地進行了黨的建設、軍隊建設以及政權建設。中國共產黨當時在西郊村除了成立黨支部之外，還成立了各種抗日組織。[72] 平定縣（路北）也組織了兒童團、除奸團、青抗先、模範隊、基幹隊、婦女自衛隊等民兵組織。[73] 現在將西郊村三大建設的情況簡單介紹如下。

---

[72] 見郝志東、郝志剛（著）《西郊村：一個華北農莊的歷史變遷》第三章。

[73] 前引中共平定縣委黨史研究室，《平定縣抗日鬥爭史 1937-1945》，第 20 頁。

村黨小組、支部：1942 年春天本村青年郝桂新被六區公安員李有生介紹加入共產黨，是西郊村第一個黨員。到 1943 年，黨員已有 10 多名。郝貴庭成為第一任黨支部書記。

青抗先（青年抗日先鋒隊）：年齡在 15-16 歲，曾參與百團大戰，襲擊白羊墅火車站。

武委會（抗日武裝委員會）：1942 年成立的青抗先在 1945 年改為武委會，主任郝貴庭，指導員郝步升。隊員全部是西郊民兵，直接受（平）東縣政府的武委會領導。

兒童團：站崗放哨查路條。

農會（農民委員會）：成立于 1944 年，領導減租減息。一開始是二五減租，即佃戶交 75% 的租佃費，後來是三七五減租，佃戶交 37.5% 的租佃費。

工會：1945 年成立的貧雇農組織，領導長工、雇工和地主、富農算帳，討要被剝削的工作、租錢、租糧等。

村新政權：1945 年春成立，村長趙廷瑞，財政趙占斌，公安員郝自新，文書郝希湯，民政宋來福。任務是維護與發展抗戰與減租減息成果。

從時間順序來看，首先是發展秘密黨員，成立黨支部。然後是建立民兵武裝、農會、工會。村政權的建立便水到渠成了。

從下一章的國民黨特務案來看，中共在八年抗戰中，將主要精力放在了根據地的建設上面。下一章討論國特案，但是在討論案例的時候，我們會發現至少在平東縣，1942 年到 1945 年中共主要在搞整風，肅清黨內的異己分子，而不是抗日。我們也會看到人們日常在做什麼。

五、日本人的統治

在中國共產黨建立農村根據地的同時，日軍也在城鎮和鐵路、公路沿線建立了殖民政府，在大陸通常被稱為偽政府，或者日偽政府，並推行治安強化等等鞏固統治的措施。在抗日戰爭的敘事中，通常人們會注重對抗戰的描述以及日軍罪行的描述，正如我們在上面所做的一樣，而不注重描述日本人如何在佔領區鞏固自己的殖民統治，尤其是不注重描述和日軍合作的被稱為

漢奸或者偽軍的那些人。在這個問題上，我們有一些檔案與口述資料，但是還不足以為我們描繪一個完整的圖像。所以我們下面的描述，只能建立在已知的材料基礎之上，還不能說是一個全面的描述。

日本人在佔領了一個地方之後，便會試圖建立起自己的殖民統治，這裡包括政治、經濟、社會與文化方面的統治。下面我們來逐一看一下日軍在這些方面的統治情況，尤其是在平定的統治情況。

政治統治

日本人每佔領一個地方，首先做的工作是建立政治統治。政治統治包括意識形態的宣傳和政權的建立。當然，這些努力很難成功。在侵略戰爭以及大屠殺造成的大量軍民的死亡之後，在國共兩黨堅持抗日的努力下，日本人的宣傳與他們建立的政權很難獲得老百姓的認可。人們不得不服從日本人的統治，則是另外一個問題了。當然，從理論上講如果日本人不挑起太平洋戰爭，迫使美國參戰，最後用原子彈迫使日本投降，中國人的抗戰還會持續很長時間。甲午戰爭後臺灣被割讓給日本。臺灣人，尤其是原住民，進行了 20 多年的抗戰，但是最終臺灣基本上還是被皇民化了。如果不是第二次世界大戰日本戰敗，被迫將臺灣交還中國，那麼臺灣現在就是日本的一部分了。中國大陸的情況會如何，我們不得而知。但是如果沒有美國參戰，可以想像至少部分中國變成日本殖民地的可能是有的。現在我們來看一下日本人如果試圖建立自己統治的合法性。

意識形態的宣傳

意識形態的宣傳主要是建立統治的正當性。關於華北日偽政權的研究告訴我們，當政者意識形態宣傳的主要內容包括「新民史觀」，「王道政治」，宣傳中日兩國「同文同種」，他們的政權是北洋政權的延續，中國人應該像服從歷史上少數民族的政權那樣服從日本人的統治。[74] 日本人在娘子關附近

---

[74] 張同樂，《華北淪陷區日偽政權研究》（北京：生活、讀書、新知三聯書店，2012），前言第 11 頁。

收集的兩則日軍宣傳材料可以告訴我們日軍宣傳的要點。一則是以白川義則
的名義所發布的佈告，另一則是以大日本軍司令官名義所發布的佈告（見圖
3.19 和 3.20）。[75]

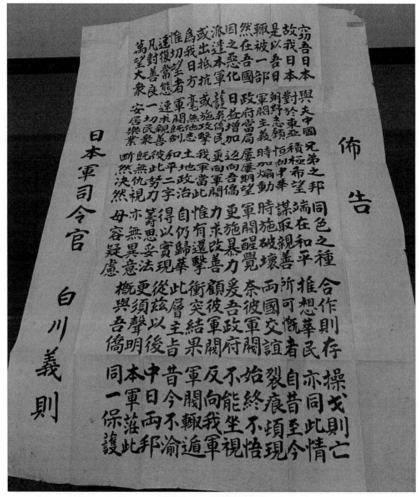

圖 3.19　日軍佈告

[75] 資料來源：日偽娘子關警備隊所收集的《於山西省石太線娘子關附近：中共軍的宣傳文書類》，日
本防衛研修所戰史室藏。白川義則（1869-1932）為日本陸軍將領，曾任關東軍司令官、陸軍大臣、
軍事參議官、上海派遣軍司令官（1932），在上海時被韓國人尹奉吉刺殺身亡。該資料顯然是白川
義則被刺前的佈告，而不是日軍侵入山西後的佈告，但是所宣傳的內容和 1937 年之後是一貫的。
見下面一張佈告。

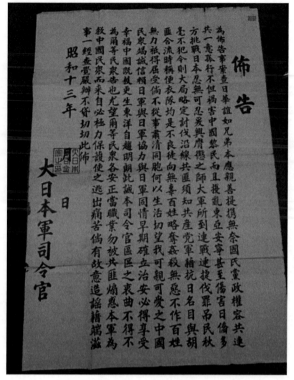

圖 3.20　日軍佈告

　　這兩則佈告的內容可以總結為以下幾點：中日兩國為「兄弟之邦，同色之種，合作則存，操戈則亡」。「國民黨政權容共連共，一意孤行，不但禍害中國黎民，而且擾亂東亞安寧，甚至傷害日僑，多方挑戰日本」。所以日軍才出動大軍征討。希望民眾與日軍協力，確立治安，享受幸福中國，各安正當職業，勿被「共匪煽惑」。「藉端滋事」者「一經察覺嚴辦不貸」。宣傳歸宣傳，應該沒有多少人會相信。但是對與日軍合作的人來說，這或許可以作為自我安慰吧。

　　這個意識形態的宣傳是和奴化教育聯繫在一起的。奴化教育的主要內容也是「中日親善」，共建「大東亞新秩序」。華北偽中華民國臨時政府的《新公民教科書》也大力宣傳一個新中國、新中國政府、新人民黨的誕生。[76] 我們在奴化教育一節將再回來討論這個問題。

---

[76] 上引張同樂，《華北淪陷區日偽政權研究》，第 319 頁。

與此同時，中國人也進行了自己的抗日宣傳，也即反宣傳（見圖 3.21 和 3.22）

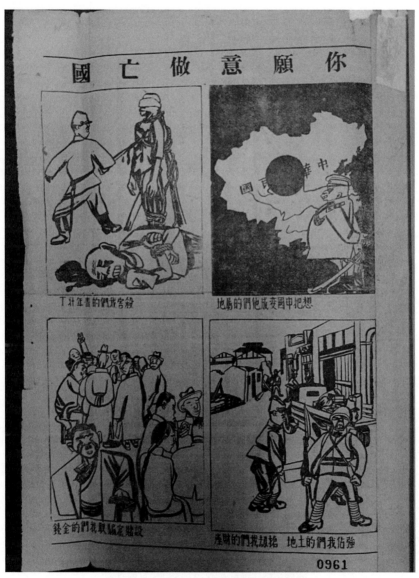

圖 3.21　中國人的抗日宣傳漫畫 1[77]

[77] 圖片來源：【日】娘子關警備隊入手，《於山西省石太線娘子關附近：中共軍的宣傳文書類》，東京：日本防衛研修所戰史室。

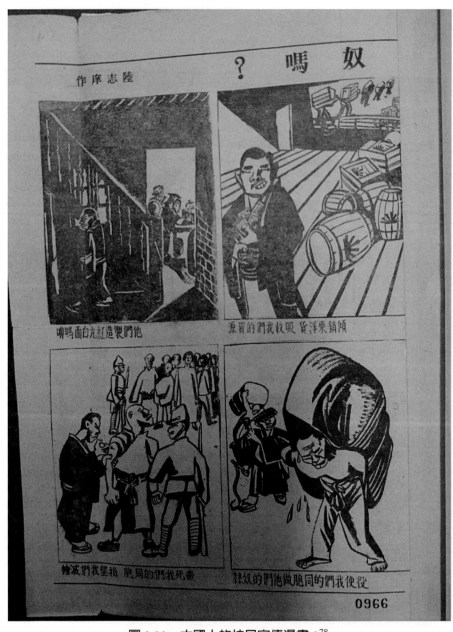

圖 3.22　中國人的抗日宣傳漫畫 2[78]

---
[78] 圖片來源同上。

殖民政權的建立

　　日本人通過戰爭和大屠殺佔據了一個地方之後，必須考慮如何建立政權並鞏固其殖民統治。他們做的第一件事情是建立隨軍的「宣撫班」。這些人的工作就是宣傳與安撫。即通過演說、唱歌、演劇、發傳單等手段宣傳「日華提攜」、「共同防共」。1940 年 2 月，宣撫班解散，人員歸入新成立的「新民會」。宣撫班由日本人所構成，但是新民會則主要是中國人，由日本人在背後操縱。新民會從中央到地方都有設立，在正式的政權成立之前，似乎代行政府的職責，包括發展農村組織及農村合作社，成立少年團、青年團、婦女會、自衛團等，並且組織群眾，動員參戰。各種民間團體，包括職業、學術、文化、宗教、慈善、公益等組織都要在新民會登記。1941 年華北的新民會已經建立了 3,548 個分會，正式會員 148,352 人，青年團 367,777 人，自衛團員 183 萬多人。[79]

　　與此同時，日本人還在各地建立了維持會。1937 年 7 月 29 日，中華民國軍隊從北平撤走之後，日本人便組織了「北平地方維持會」，代行政府職能。隨後日本人在天津也建立了維持會。日軍並於 1938 年 1 月 1 日成立了「中華民國臨時政府」。隨後的 1938 年 3 月 28 日，南京「中華民國維新政府」成立。[80] 兩個政府於 1938 年 9 月 22 日成立了「中華民國政府聯合委員會」，試圖盡快建立一個新的中華民國，使蔣介石的政府淪為一個地方政府。他們在 1938 年 11 月 3 日的第二次宣言中稱「非反共不能救國，非討蔣不能清共，非實行反共討蔣，則不能恢復和平，和平不實現，則無由救全國人民於死亡」。[81]

---

[79] 關於以上這些宣撫班和新民會的數據等見上引張同樂，《華北淪陷區日偽政權研究》，第 90-93 頁。

[80] 同上，第 20-26 頁。

[81] 同上，第 40 頁。

**圖 3.23　日偽華北臨時政府成立二週年（1939 年 12 月 14 日），
王揖唐在北京太和殿舉行的民眾大會上致辭[82]**

　　下面討論日本人在平定的駐軍與憲兵隊、平定的宣撫班、新民會、維持
會、縣公署、縣公署情報室、縣警察局的情況。日軍在平定駐紮人數前後不
一，但是在 1941 年所駐的吉田中隊共有日軍 230 餘名，分三個小隊，每小隊
又分三個班，分別駐紮在平定縣城、昔陽縣城、白泉鎮桑掌大橋、測石車站、
曹家掌炮樓。1944 年又在中隊部下面設立了便衣隊，有特務十多名。日本投
降後，日軍由閻錫山接受，改編為五大隊，駐守原地。[83]

　　日軍駐陽泉憲兵中隊是日本人在陽泉地區推行殖民統治的軍事警察機
關，負責蒐集情報、招降納叛、逮捕殺害抗日人士。中隊長先後為日本人申
啟、受太、渡邊以及漢奸王店成，翻譯官徐 xx（朝鮮人），情報班（特高班）
一個，班長劉嵐峰。1942 年便衣隊擴充為兩個分隊，一分隊駐平定城，分隊
長魏興和；二分隊駐鎖簧，分隊長弓雙根。1943 年擴充為四個分隊，分別駐

[82] 圖片來源：日本京都大學博物館，網址：http://codh.rois.ac.jp/north-china-railway/。王揖唐是華北政
　　務委員會委員長，抗戰勝利後被槍決。

[83] 李慶祥，《日軍佔領下的陽泉鎮與平定城》，中國人民政治協商會議平定縣委員會文史資料委員會
　　（編）《平定文史資料》第七輯，第 40-41 頁。

紮在娘子關、測石、白泉、蔭營等地。便衣隊人數約 60 人。另外還有陽泉陸軍特務機關。[84]

　　從上面的敘述中我們可以看到日軍人數其實不多，顯然我們通常稱作偽軍或者皇協軍的中國人在做日軍的軍事補充力量。1938 年秋，平定縣公署在農村抽調壯丁、組建了自衛團，團長武銘勳，隊員 120 多人，步槍 20 多支，主要任務是配合日軍行動，守衛平定縣城。1941 年改稱平定縣警備隊，大隊長由縣知事翟國璋兼任，武銘勳為副大隊長，配步槍 100 多支，輕機槍一挺。1943 年改稱保安隊，共 500 多人。日本投降後被閻錫山接收，改編為省防第三軍第七師二十一團。[85]

　　如前所述，宣撫班的主要任務是宣傳與安撫。比如日軍佔領陽泉鎮之後，就先由宣撫班在街面上宣傳、管理。之後才成立了治安維持會。先後駐平定城、陽泉鎮的的宣撫班為：

　　第二十二宣撫班：駐平定上城，1937 年 1 月-12 月
　　第三十七宣撫班：1937 年 12 月-1938 年 2 月
　　第四十八宣撫班：駐平定城十字街，1939 年 2 月-4 月
　　第二十宣撫班：駐陽泉橋北街，1939 年 4 月-1940 年 5 月
　　班內設班長（日軍官）一人，下面是宣撫員和情報員，由日本人或東北人擔任，負責總務、組織、宣傳、情報等工作。1940 年 5 月，第二十宣撫班改組為新民會平定縣總會。[86]

---

[84] 同上，第 41-42 頁。

[85] 同上，第 46-47 頁。

[86] 同上，第 43，49 頁。

一九四〇年三月三十一日，八路軍在阳泉俘虏之日本宣抚官
補田正雄（日本人）与彭锡春（台湾人）。

李庆祥　供　稿

圖 3.24　日本宣撫官[87]

圖 3.25　日軍的宣撫班在宣讀治安佈告（具體地址不詳）[88]

---

[87] 同上，插頁。

[88] 圖片來源：日文《國際寫真新聞：支那事變特報》第九輯，1937 年 11 月 20 日。

圖 3.26 日軍在平定推行「東亞新秩序」[89]

新民會的情況如下：平定縣的新民會總部設在縣公署（今平定師範），縣公署知事兼任總會長，所以第一屆會長為王蔭椿。總會內設事務局，局長由總會次長（後改稱總參事、顧問）兼任，是日本人津田次三郎，可見日本人是主事者。下轄總務系、教化系、厚生系、訓練系和陽泉辦事處。[90] 1941 年 6 月新民會總會遷至平定城學門街，總會次長改為另一個日本人野崎清，並兼事務局長。1942 年 4 月，總會遷至陽泉橋北街，日本人西島任總參事兼事務部長，並在平定城、娘子關、張莊、測石建立了四個分會，在機關、團體、學校、廠礦、街道、農村等組建了基層組織，職員也多由中國人充當。[91]

1937 年日軍佔領平定縣城之後，組織了縣治安維持會。其實在日本人侵占平定之前，友愛教會就已經出面召集了紳士宋汝梅（逸仙）、張之材、周恆義（俊青）、郭少甫、戎彥柱等七八人組成了維持會，以維持地方治安。日軍入侵後，維持會 11 月在平定上城正式成立，會長宋汝梅，之後會長為曾經留學日本的陸耕禮（硯農）。維持會的主要任務是派伕、派糧、索款，他們還成立了難民收容所，收容了城關附近的婦女、兒童多人。[92]

---

89 圖片來源：中共山西省委黨史辦公室（編）《抗日戰爭時期山西人口傷亡和財產損失課題調研成果》，太原：山西出版集團，山西人民出版社，2010 年，插圖。

90 同前引李慶祥，《日軍佔領下的陽泉鎮與平定城》，第 49 頁。

91 同上，第 50 頁。

92 同上，第 43 頁。宋汝梅是平定縣人，曾任中華民國臨時參議院議員（1912）。

在抗戰期間，日本人將山西省劃分為雁門、冀寧、上黨、河東四個道公署。平定縣和榆次、陽曲、忻縣、代縣、埠縣、太原、盂縣、壽陽、五臺、寧武、昔陽、定襄等 22 個縣同為雁門道。在山西省的 105 個縣裡，建立了日偽縣級政權 74 個。[93] 平定縣公署於 1938 年 2 月於平定上城建立。縣公署知事共有 4 任，第一任知事為陸耕禮（1938，平定人，原維持會長），秘書郭少甫；之後為王蔭椿（1939，黑龍江人），孔文瑞（1942，山西運城人），翟國璋（1944，東北人）。縣公署設六科：總務科（負責人事，並委任各區區長、村長，督促學校的奴化教育）、財務科、建設科、承審處（司法機構）、徵用局（徵用勞役等）、庶務股（頒發文具、紙張等）。縣公署下設五個區公所，一區公所為「陽泉辦事處」，二區公所在柏井，三區公所在測石，四區公所在蔭營，五區公所在娘子關。[94]

縣公署情報室建立於 1938 年 6 月，下設總務、情報、宣傳三個股和一個「建平導報社」。主要工作是蒐集抗日組織的活動情況。1943 年 3 月，該機構工作中心轉變，以宣傳為主，於是名字也改為宣傳室。情報由各村的情報聯絡員每日定期報送，或通過警察所、憲兵隊、保安隊等組織蒐集，或派便衣偵查，或通過叛變的幹部和群眾來了解。之後通過分析、編輯報送到有關部門如警察所、憲兵隊及偽省署、專署情報處等。建平導報社則編輯地方小報，如平定縣公署機關報，後改為「民聲報」，編輯一人，發行員一人，每 10 日或半月出一期，每期發行數百份。[95]

日本人的平定縣公安局與縣公署同時成立於 1938 年初，在上城原縣政府舊址。（見圖 3.27。）局長為武銘勳。1938 年 7 月，公安局改稱警務局，編制 70 餘人，首任平定縣警務局長張士彥，二任曹植，三任田西成。1940 年 8 月，平定、陽泉警務局合併為平定縣警察所，人員共 160 餘名，歷任局長楊九涉、關鏡如、胡貴芳、石輯五、步凱、童耀武。該警察所不僅從事一般的地方治安管理，還監察報刊書籍的出版與銷售，推行保甲制度等，限制人們的言論與行動自由。二戰結束後改編為平定縣警察局。[96]

[93] 見上引楊茂林（主編）《山西抗戰紀事》第一卷，第 93 頁。

[94] 前引李慶祥，《日軍佔領下的陽泉鎮與平定城》，第 44-45 頁。

[95] 同上，第 51 頁。

[96] 同上，第 45-46 頁。

圖 3.27　日軍佔據平定縣政府[97]

　　城門口有日軍站崗，由漢奸（頭戴禮帽，穿白紡綢中式上衣，黑紡綢褲，口叼紙煙）來搜查行人。關於進城的景象，平定評說的創始人都富根有一段評說，描述比較形象：[98]

　　　　日本人臉難看
　　　　皇協軍瞪著眼
　　　　吃必門（平定話：扇耳光）家常飯
　　　　城門好似鬼門關

　　的確有到城裡賣菜的農民因為籃子裡有撿來的子彈殼或者百團大戰時八路軍扒鐵路後留下的道釘（董先生的三叔的故事）去賣而被認為是犯禁而被殺的情況。警察局的情況是：

---

[97]　圖片來源：日文《支那事變畫報》第十輯，1937 年 11 月 21 日。

[98]　前引董懷慶，《陽泉記憶》，第 7，19，28 頁。

警察局活地獄

誰進去誰倒霉

老虎凳辣椒水

不死也要脫層皮

圖 3.28　平定城門[99]

　　從平定到陽泉之間，也有哨卡。董先生一次去陽泉的時候，看到在油簍
溝和義井交界處的崗哨，有一個穿米黃色軍服，頭戴鋼盔的日本兵，帶著上
著刺刀的槍；一個身著黑色制服，小腿上綁著白色裹腿的中國人，是皇協軍；
還有一個是穿一身白色紡綢中裝的翻譯官。[100] 也有日本人和中國人套近乎的
案例。看下面的圖片。人們經常聽到日本人給小孩子糖吃的故事。

　　全縣被劃分為治安區（日軍佔領區）、準治安區（游擊區）和非治安區
（抗日根據地）。日本人在治安區裡搞「清鄉」、「強化保甲」、「愛護村」、
「模範村」，對準治安區和非治安區則實行掃蕩和摧毀的政策。[101]

---

[99] 圖片來源：日文《支那事變畫報》第十輯，1937 年 11 月 21 日。

[100] 前引董懷慶，《陽泉記憶》，第 13-15，18 頁。

[101] 平定縣志編纂委員會（編）《平定縣志》（北京：社會科學文獻出版社，1992），第 373 頁。

圖 3.29　日本兵和中國女孩（1939 年，運城）[102]

　　下面我們以西郊村為例。西郊村雖然是在從娘子關到太原的公路邊上，但是應該算是準治安區，也成立了維持會。之後又實行保甲制，10 家為一牌，10 牌為一甲，10 甲為一保。保長也就是村長。西郊村的維持會長或村長都是由各大戶人家出人輪流擔任。日軍在公路兩邊也抓丁拉夫，修築碉堡、公路等。西郊村前的公路也將原來的土路拓寬，並加固成為比較硬的路面。維持會長或村長白天需要維持日本人，晚上需要維持八路軍游擊隊。如在後面的除奸反特一章裡描述的，這也成了他們的罪狀，有的因此被鎮壓。下面是我們在村史書裡的關於抗戰時期西郊村這段歷史的描述。[103]

　　　　在日軍攻破平定之東大門之後數月裏，後面還常有侵略軍陸續西行，宿營西郊村，騷害西郊村民。過兵數日，間接有騎兵、炮兵。用三匹騾拉一門大炮。（王明成講述。）西郊村街此後也常有日軍士兵往返於平定城和柏井駐地之間。據郝永生老人回憶日本兵到柏井換防部隊中有不少人是在侵華路上招募的俄國人。

---

[102] 圖片來自日本京都大學博物館，網址：http://codh.rois.ac.jp/north-china-railway/

[103] 下面關於西郊村的情況，轉引自郝志東、郝志剛（著）《西郊村：一個華北農莊的歷史變遷》第三章。

而駐平定城日軍，在平定縣內組織維持會活動，日本縣城維持會人員到沿路各村強迫成立維持會。西郊村外逃返回的村民被強制加入。這時期被強迫擔任維持會會長的趙占瑞帶領郝寶、趙君等人，在日軍路經西郊村街時，手舉小黃旗（上有太陽的日本國旗）到街上去歡迎。這種活動只延續了一個多月便廢止。

民國二十六年冬至二十七年春（1937—1938），駐縣城日軍為了鞏固在平定縣城的戰略地位，加緊對縣城外圍反日武裝的防禦。在南北磨石至柏井交通要道，平定城周，拉派民工，修築碉堡。當時駐守碉堡的侵略軍，大部份是日軍侵華時雇傭、強抓的白俄人及朝鮮族人。郝永生目睹換防日軍時常出沒於西郊村街頭。

民國二十九年（1940）三月，日本帝國主義扶持汪精衛，在南京成立了汪偽國民政府。五月，平定日軍也組織了平定縣的漢奸、特務，編制了憲兵隊（偽軍），成立偽政府，大搞「清鄉」和治安強化運動。每村還設有偽村長，推行保甲制度和連坐法。日本憲兵隊常活動在西郊村，鎮壓牽制西郊人民的反抗運動。西郊村 10 家為一牌，10 牌為一甲，10 甲為一保，戶與戶，甲與甲互保親日，互監反日言行。對不參與黨派、團體的村民發放良民證，隨身攜帶。保甲制也就成了維持會的替身，在老百姓心中仍然是日本維持會的主要運作方式。

　　圖 3.30-3.33 是發給外國人和中國人的良民證。給中國人的良民證是一張紙片，上面是有照片的。圖 3.31 是鄭先生小時候的良民證上的照片。圖 3.32 和 3.33 是網上能夠搜到的另外兩張良民證，即平定縣公署所頒發的甘桃驛村的良民證。兩者蓋章的地方相同，「平」字也基本清晰。

圖 3.30 發給美國人牧師的良民證[104]

圖 3.31 良民證

圖 3.32 平定縣良民證 1（網載）

圖 3.33 平定縣良民證 2（網載）

---

[104] 白慕慈（J. Homer Bright 美國人）爲平定縣基督教友愛會、友愛醫院的牧師，工作人員。原件爲別在身上的白布條，保存在耶魯大學神學院圖書館。對耶魯大學神學院圖書館工作人員的協助，作者在此表示衷心的感謝。圖 3.32 裡的鄭玉祥先生是離蔭營不遠的東落菇崖村人，1929 年生人，採訪於 2019 年 5 月。感謝鄭先生接受我們的採訪。

下面我們繼續看西郊村抗日時期的情況。

甲長牌長如發現反日綫索，直接報與保長。保長負責監督呈報僞縣政
府。村裏如出現反日活動，保長知情不報，便犯有不效忠皇軍的殺頭
之罪。當年，西郊村五大家族輪換推選村長。保長輪到大郝氏家族時，
大郝氏家族公推本族郝崇孝爲村長，成爲平定縣日軍實行治安強化的
第一個保長（也稱僞村長）。當時日僞對民用洋油（燈油）、食鹽等
控制使用，保長負責執行發放、監管。除此之外，保長還負責向日僞
政府交糧納差，徵集民工服徭役兵役等。（日軍佔領平定第一年沒有
向村民徵集糧草，只徵集民工及納差。）

西郊村在日本侵佔時期，白天日僞軍來騷擾，強迫村民交糧納差，晚
間共產黨平東縣政府領導群眾進行反日活動。當時保長的任期不穩
定。有的人擔任一至兩年，有的只擔任幾個月就被撤換。作爲保長既
受東縣政府、共產黨的監控，也受西縣政府、日本漢奸皇協軍的嚴密
控制。後者時常來村騷擾百姓，要吃的要花的。每次下鄉討要，保長
都得到民間斂收（各商鋪和農戶）。保長們如果不能滿足皇協軍的要
求，會被懷疑，或強加給他們私通八路的罪名，動輒遭到拳打腳踢，
有的被撤銷職務。當然老百姓在這種環境下，對保長也常是冷眼相看。
所以無論是富人當保長或是窮人當保長，一樣都感到很窩囊，通常找藉
口逃脫不幹。日本侵佔時期曾擔任過維持會長及保長的有青年村民趙占
瑞、趙讓、郝崇孝、郝崇傑、郝維新、郝占雲、白君、郝繼賢等人。

1941 年開始，日僞軍對敵後抗日根據地的軍事進攻瘋狂到了極點，由
迅速的鯨吞政策，轉變爲長期的反覆的掃蕩蠶食和清鄉政策。

民國 27 年後（1938-1941 年），駐縣城日軍徵集上千名民工，一邊加
強修築防禦工事碉堡，一邊修築暢通巡防公路。1939 年，在東西河道
中修整的公路，改在沿山根，橫過河道。村外修河壩築水漫。修路期
間，共產黨地下組織領導自衛團員，發動民工怠工、破壞。白天修起，

晚上搗毀。本村郝永富，築路施工員，也是民工放哨員，日軍監工出
現後，招呼鄉民，佯作幹活。日軍監工走後，叫民工坐地休息，他站
著放哨。後有漢奸報密，說郝永富是八路自衛團員，準備抓捕。地下
組織獲得消息後，通知郝永富躲至外地。（郝永生回憶）

　　正如我們前面提到的，日偽平定縣公署的警察局於 1938 年 1 月建立。警
察局住址上城，由日本本部控制，人稱「紅部」。1943 年 10 月遷至陽泉橋北
街，與陽泉警察局合署。陽泉礦區設有礦警大隊，娘子關車站、測石車站、
河底鎮、巨城鎮設四個警察分局。[105]

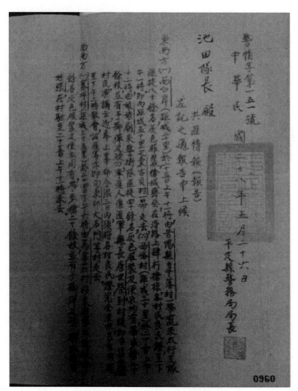

圖 3.34　「匪情」通報[106]

---

[105] 見前引平定縣志編纂委員會（編）《平定縣志》，第 412 頁。

[106] 圖片來源：【日】娘子關警備隊入手，《於山西省石太線娘子關附近：中共軍的宣傳文書類》，東
京：日本防衛研修所戰史室。

日偽警察局對共產黨游擊隊的活動也有所掌握。圖 3.34 是 1939 年 5 月
26 日平定縣警務局（即警察局）的一個關於共產黨游擊隊活動的報告。報告
說 5 月 25 日 80 餘名身著灰色服裝的持槍的太行支隊「匪徒」在西白岸一帶
「搶掠」各村村民的良民證。5 月 23 日「匪軍縣長唐世榮帶領 40 餘名」匪
徒「到西峪村召集村民演講，限期將良民證沒收，稱另有用途。5 月 26 日下午
張姓「匪首」帶 50 餘人從馬家莊到寨坪村，住到 25 日，還未有離去等等。[107]

圖 3.35　日軍在山東淄川的討伐行動（1938 年 8 月）[108]

對經濟的掠奪與對工人的壓榨和剝削

1937 年日本人佔領平定後，保晉公司平定分公司被日本興中公司強行接
管，對煤礦進行掠奪性開採。原來保晉公司最高年產為 29.2 萬噸，從成立到
1937 年的 29 年期間總共產煤不到 380 萬噸。日本人在八年期間就採煤 480 萬
噸，平均年產 60 萬噸，而回採率僅 17%，約有 2,300 萬噸煤炭資源遭丟棄。
到 1942 年，陽泉煤礦有工人 8,000 左右，不少應該是由山西以及河南、河北、
山東等省以「剿匪」、「清共」等名義抓來的壯丁。[109]

---

[107] 前引日偽娘子關警備隊所收集的《於山西省石太線娘子關附近：中共軍的宣傳文書類》。

[108] 圖片來源：日本京都大學博物館，網址：http://codh.rois.ac.jp/north-china-railway/。平定日軍在外出
討伐時情況也應該類似。

[109] 見前引平定縣志編纂委員會（編）《平定縣志》，第 154 頁；前引山西省地方志辦公室（編），《民
國山西史》，第 384 頁。

圖 3.36　陽泉鐵廠的日軍管理人員[110]

1939 年，陽泉煤碳總產量為 349,750 噸，其中運往日本 297,287 噸，佔總產量的 85%；銷往各地 1,399 噸，佔 0.4%，日軍自用 52,112 噸，佔 14.9%。在 8 年期間生產的 480 萬噸煤炭，共運往日本的有 200 萬噸，佔 41.6%，其餘銷往各地如北京、天津、保定、濟南、石家莊以及東北與華南，少量碎煤銷往太原。[111]

煤礦工人們平均每天要在井下勞作 12 個小時，住的是三十多人擠在一起的大炕。生產事故頻發，僅在 1942 年，大同、陽泉、富家灘煤礦就接連發生了 3 次冒頂和透水事故，死亡 300 餘人。陽泉煤礦這幾年來發生過 4 次瓦斯爆炸，礦工傷亡慘重。工人通常要麼是被欺騙來的，或者通過日偽政權向農村攤派來的，或者是到農村搶抓來的，也或者是強迫戰俘和囚犯來做工的。童工佔礦工總數的 30% 以上。[112] 董懷慶談到他們在陽泉二礦看到的礦工，赤身露體，骨瘦如柴，通體漆黑，低頭彎腰在做苦工。瓦斯爆炸後日本人把坑口封死，燒死的人還在裡面。[113]

---

[110] 圖片來源：中共山西省委黨史辦公室（編）《抗日戰爭時期山西人口傷亡和財產損失課題調研成果》，太原：山西出版集團，山西人民出版社，2010 年，插圖。

[111] 上引楊茂林（主編）《山西抗戰紀事》第三卷，916 頁。

[112] 上引楊茂林（主編）《山西抗戰紀事》第三卷，919-923 頁。

[113] 前引董懷慶，《陽泉記憶》，第 22-23 頁。

圖 3.37　大同煤礦的工人　　　　圖 3.38　在娘子關附近拍攝的正在開
（1940 年 5 月）[114]　　　　　　　　往前線的中國勞工（1939 年
　　　　　　　　　　　　　　　　　5 月）[115]

奴化教育 vs. 抗日高小

　　所謂奴化教育，就是灌輸我們在前面討論過的殖民主義意識形態，比如「中日親善」，「大東亞新秩序」等等。這就包括修訂課本、教授日語等等。[116] 日本中國派遣軍總司令岡村寧次說，「小學教師是向農民灌輸東亞解放思想的中心力量」。[117] 顯然他們認為自己是解放軍。他們要打亂中國人固有的意識結構，把中國傳統的倫理道德和日本人所謂的「東方文化」、「大和文化」結合在一起。[118]

　　在日本佔領時期，各類學校都被迫停辦了，包括平定中學。[119] 日偽政府在平定縣城的上城設立了第一新民學校，陽泉站設立了第二新民學校。課本

[114] 圖片來自日本京都大學博物館，網址：http://codh.rois.ac.jp/north-china-railway/
[115] 圖片來源同上。
[116] 前引張同樂，《華北淪陷區日偽政權研究》，第 319-331 頁。也見上引楊茂林（主編）《山西抗戰紀事》第三卷，837-842，845-851 頁。
[117] 前引張同樂，《華北淪陷區日偽政權研究》，第 321 頁。
[118] 同上，第 330 頁。
[119] 山西省平定縣教育局教育誌編輯室，《平定縣教育誌》（平定縣教育局，1989），第 23，32 頁。

採用北平偽教育總署編撰、新民印書館獨家印刷的教科書。一年級開始就設
日語課，教日本國歌，講授新民主義，宣傳「中日同文同種」、「親仁善鄰」、
「密切軍隊與民眾接觸、掌握民心」、「大力發展新中國意識」等等思想。[120]
「新民小學由平定縣公署領導，受陸軍特務機關文化班監督，校長由偽公署
委任，聘任教師需由維持會、新民會會員出保方能任用，日語教師由日本人
擔任。稱『日語』為『興亞語』」。[121] 另外在白泉、蔭營、河底等村也相繼
開辦了新民小學。平定縣友愛會的學校恰巧也叫新民學校，不過人家是 1915
年就開辦起來了。但是如前所述，該學校於 1941 年因為日美關係受到太平洋
戰爭的影響而被迫停辦。[122] 1941 年，日偽在教育相對落後的晉西北也大量建
起了新民學校。到 1942 年，全省已有新民學校 457 所，學員 22,980 人。[123]

平定中學在 1942 年恢復開辦，不過這時叫做「山西省雁門道平定縣中學
校」，校址初設於下城聖廟，後來日偽政權機關遷往陽泉站後回到了上城原
舊制中學校址。最初招收了 2 個班 72 人，第二年 3 個班（其中第 5 班是女生
班），第三年 2 個班，第四年（1945 年）3 個班。課程除了一般普通中學的
科目外，還有新民主義和日語兩科。[124]

與此同時，抗日政府也辦了自己的抗日高小。平定（路北）抗日高小籌
建於 1940 年，歷任校長有李敬仁、蘇寧、石平等。平東抗日高小創立於 1940
年，首任校長白銘，1942 年遷到測魚村時，教員增加了高繼武與李秀民。孔
友（原名孔繁濤）是第二任校長，1942 年到任，當時學校還在郭家口。孔友
回憶說白銘「因為有問題」，被調出學校，不過還是經常回到郭家口，因為
他愛人還在那裡教初小。他說白銘回來以後還是經常和抗高學生接觸，「散
佈對抗日政府和現行政策不滿的言論」。當時學校有兩個班級，學生 70 到 89
名，60%以上出身於地富家庭。孔友說自己當時加強了政治思想教育，抓教學
工作，抓生產勞動。課程設置有國語、算術、政治、歷史、地理、音樂、繪

---

[120] 同上，第 21 頁。也見下引李慶祥文章，第 51 頁。

[121] 見李慶祥，《日軍佔領下的陽泉鎮與平定城》，《平定文史資料》第七輯，第 51-52 頁。

[122] 同上引山西省平定縣教育局教育誌編輯室，《平定縣教育誌》，第 14 頁。

[123] 上引楊茂林（主編）《山西抗戰紀事》第三卷，847、851 頁。

[124] 同上引山西省平定縣教育局教育誌編輯室，《平定縣教育誌》，第 36 頁。

畫、常識等。大部分學生住校。[125]平西抗日高小創建於 1939 年，校長余子宜。[126]我們特別要提到白銘與李秀民，因為他們是我們將要在後面一章所討論的國特案的當事人，抑或說是受害人。孔友也提到李秀民。我們將在國特案一章引述。與此同時，抗日高小還辦了幹部訓練班。[127]

　　日本人還組織了新民會，利用這個組織進行奴化教育。新民會是「與政府表裡一體之民眾組織」。是一個使「民意上達、政令下傳」的代表民意的組織。[128] 用現在的話來說，就是「官辦民間組織」。「新民會山西省總會」成立於 1938 年 6 月，各縣設縣新民總會。山西民間的順口溜說：「宣撫班，憲兵隊，後面跟著新民會」。學校老師也都被半強制地加入了新民會。新民會成員年輕人多，穿短小精幹的新民服，口中哼著流行歌曲，還說幾句磕磕絆絆的日語。學校盛行講授「新民主義」、穿「新民服」、看「新民報」、做「新民操」等等。[129]

---

[125] 任瑞祥，《平東抗高三位校長回憶錄》，載於中國人民政治協商會議平定縣委員會文史資料委員會（編）《平定文史資料》第七輯，第 93-101 頁。關於平東抗高的情況，也見本文中另外兩位校長的回憶。

[126] 同上引山西省平定縣教育局教育誌編輯室，《平定縣教育誌》，第 23 頁。

[127] 見高海亮口述，任瑞祥整理，「平東抗日高小幹部訓練班的回憶」，載於中國人民政治協商會議平定縣委員會（編）《平定文史資料》第四輯，第 124-129 頁。

[128] 上引楊茂林（主編）《山西抗戰紀事》第三卷，843-844 頁。

[129] 同上，第 844-845 頁。

圖 3.39 臨晉縣防共少年團（1940 年 10 月）[130]

六、漢奸問題

漢奸問題其實是一個比較複雜的問題。在當前中國的話語環境中，這都是些十惡不赦的人，都是壞人，只有共產黨八路軍才是好人。但是人們對這些人的認識只限於電影裡、電視劇裡以及其他宣傳品裡的那些形象。漢奸到底是些什麼樣的人，他們為什麼當了漢奸，他們到底做了些什麼，人們並不完全清楚。

我們在前面曾經提到，日本人在巡邏時，通常只有五到六個日軍，其餘約 20 人為偽軍，以及警察局的人。這些偽軍和警局的人都是為日本人做事的中國人，通常被中國人稱為漢奸。平定的幾個大屠殺慘案發生時，也常有偽軍參與，漢奸帶路。張同樂的研究也發現，在華北的眾多慘案中，通常都有偽軍與漢奸充當幫兇，他們是眾多重大慘案的參與者與製造者，他們的狡詐、兇殘不亞於侵華日軍。[131] 但是其實被稱作漢奸甚至當作漢奸被鎮壓的人遠比

---

[130] 圖片來自日本京都大學博物館，網址：http://codh.rois.ac.jp/north-china-railway/

[131] 張同樂，《華北淪陷區日偽政權研究》（北京：生活、讀書、新知三聯書店，2012），第 331-335 頁。

這些人要複雜得多，比如日本統治時期在政府做事的小職員，當然還有政府官員等等各種各樣的人物。

本節將首先簡單介紹一下學界對這個問題的看法。然後介紹平定縣以及其他地方的一些例子以及這個問題的複雜性。最後看我們到底應該如何解釋這個現象。希望本節的探討能夠對這個問題的認識提供一些幫助。

合作者／附敵者／漢奸及其倫理困境

卜正民在他的《合作：戰時中國的日本代理與地方精英》一書中討論了這個稱呼問題。[132] 首先他的書名並沒有用「漢奸」一詞，儘管他所研究的的確是被中國人稱為漢奸的這樣一個群體。卜正民在第一章裡討論了名詞的使用問題。他說在研究二戰中法國被德國佔領時期和德軍合作的人時所使用的詞是「合作者」，那個「合作」是有貶義的。在中文中，「合作」或者「合作者」是中性的。英文中的「合作」也是中性的。但是和敵人合作，在所有的文化中都被認為是不道德的，所以這個「合作」是有貶義的，不過沒有像「漢奸」那樣非黑即白。或許對卜正民的「合作」的更好的翻譯應該意譯為「附敵」，這樣解決了「合作」通常沒有貶義的問題，也比較形象地描繪了「合作」的真實情況。

我在這裡會將兩者混用，但是我們需要注意這其中的複雜情形。卜正民認為合作者或者附敵者的情況是千差萬別的。的確有人是助紂為虐的，而另外一些人的合作則是由於形勢所迫，為了養家糊口，需要一個工作。[133]正如我們在下面要討論的，還有一些人合作的原因可能也的確是想減輕侵略者對中國人的傷害。至少可以說在實際「合作」的過程中，他們也是做了一些好事的。

---

[132] Timothy Brook（卜正民），*Collaboration: Japanese Agents and Local Elites in Wartime China*（合作：戰時中國的日本代理與地方精英）（Cambridge, Mass.: Harvard University Press, 2005）。本書有兩個譯本。一是潘敏翻譯的，名字為《秩序的淪陷：抗戰時期的江南五城》（商務印書館，2015），這個書名完全迴避了本書所研究的主要問題。二是林添貴翻譯的，名字為《通敵：二戰中國的日本特務與地方菁英》（臺灣：遠流出版事業股份有限公司，2015）。書名儘管沒有迴避問題，但是「通敵」與「特務」的譯法都值得商榷，因為前者口氣太重了，後者有些誤導：「代理人」和「特務」是兩個概念。潘敏的翻譯因為是在大陸出版的原因，刪掉了一些敏感內容，翻譯中也有很多不應該有的錯誤。

[133] 同上，第172頁。

　　卜正民研究的是江南五城：嘉定、鎮江、南京、上海、崇明，而且主要是地方精英。其實平定的情況也很相似。由於敵偽檔案現在沒有開放，我們只能根據有限的書面資料，比如回憶錄的材料，以及訪談得到的材料對這個問題做一個基本的認識。我們至少可以問與卜正民的研究所問的同樣的問題。我們雖然仍稱他們為漢奸、偽軍，或者更確切的說是「附敵者」，但是我們知道這其中的情況的卻是千差萬別的。

　　最後，我想說一下合作者或者附敵者所面臨的倫理困境。在國共內戰時期，大批國民黨官員和軍隊人員向解放軍投降，比如傅作義帶領五十五萬大軍向解放軍投降或者叫做起義。站在共產黨的角度，這是合作。站在國民黨的角度，這是附敵，只不過這裡的合作或者附敵的對象是中國人對中國人，而不是中國人對日本人。但是如果不考慮民族主義的因素的話，合作的本質是一樣的。這種合作或者附敵，使得北京免遭屠城，雙方戰士免遭殺戮，但是不良後果也是嚴重的。這裡很難說對錯。

　　而且這種「合作」或者「附敵」是一種通常在所有人類史上都有的、不得不服從當時的政治權力的社會行為，[134] 不應像在中國語境中都被稱作漢奸、叛徒、賣國賊那樣，實際情況是非常複雜的。歷史學家、社會學家們應該設法描述這種複雜性，而不是簡單地歸納為非黑即白，不是好人就是壞人。

　　在內戰之後，不是很多知識分子都選擇了和政權合作嗎？就是在當代社會，情況不也是一樣嗎？但是在合作的具體方式上，是助紂為虐呢，還是試圖通過合作來減少對國家、對老百姓的傷害，無論是有意的還是無意的還是被迫的。傅作義的合作被看作是為了避免大規模的殺戮及保護文化古城。在第六章我們討論的共產黨和閻錫山的太原戰役中，徐向前也勸梁敦厚等投降，閻錫山甚至勸梁敦厚等如果實在不行就投降。投降儘管可以看作是「附敵」，但是也可以被看作是一種善，而不是惡，因為所設想的結果是好的。至少在當時減少了人命的喪失。當然之後的實際情況如何是另外一個問題。

　　其實早在 1000 多年以前，當過平定刺史的金代人趙秉文（1159-1234）已經就類似問題發表過一番言論並有自己的實踐。他說生在一個被外族統治的

---

[134] 同上，第 1 頁。卜正民引述的是 Henrik Dethlefsen 對丹麥在二戰時期的「合作者」的稱呼的研究。

時代，人們只能接受權力，你別無選擇。第二，文人學士們為了減少壞人對社會所造成的傷害而與壞人合作，那是合乎道義的。第三，文人學士們只要堅持道統（普遍價值與個人德行）和文統（精通文史哲詩歌書法等）的統一，能夠找到自我，是可以和權力合作的。明末清初的洪承疇（1593-1665）降清的時候也是做著同樣的考量。類似洪承疇這樣的人被稱作「貳臣」。

那麼抗戰時期的合作者呢？不是也會有同樣的情形嗎？所以稱「合作者」可以涵蓋古往今來的各種與政權合作的人，不管這個政權是漢族還是其他民族的政權。[135] 當然將他們稱作「附敵」者也未嘗不可，至少沒有漢奸、偽軍、偽警察那樣黑白分明。

附敵者：平定等地的例子

從我們能夠得到的資料來看，平定等地的附敵者至少有以下幾種情況。
1. 底層「漢奸」，幫助日軍到村裡掃蕩並指認抗日人士使後者遭到殺害的人。我們還是將他們稱作「漢奸」，但是加了引號，因為我們不知道他們到底是一些什麼樣的人。當然還有很多更加面目不清的人。　2. 參加了似乎是和日本人合作又似乎是抗日的部隊，如國民黨 13 支隊的人。　3. 被俘的八路軍等。4. 類似「兩面村長」那樣的人，白天維持日本人，晚上服務八路軍。　5. 是有一定職位的附敵者，如縣長、省長等。下面我們具體來看一下這五種情況。

1. 底層「漢奸」或者「偽軍」

1941 年 12 月 3 日，日軍突襲辛莊村，平定路北四區的區長岳勇（原名張步瀛）被漢奸指認被捕。漢奸中有一人是河底村的魏雲華與籍貫不詳的楊冒

---

[135] 關於趙秉文和洪承疇的討論，見郝志東（著譯）《十字路口的知識分子：中國知識工作者的政治變遷》（臺北：致知學術出版社，2020），第 91-93 頁。我在這裡也討論了責任倫理與道德倫理的困境問題。

忠。[136] 岳勇出身於岳家莊的殷實人家，之前是村裡的小學教師。1937 年參加了山西省國民兵教導團，加入了犧盟會。1937 年 4 月或 5 月參加共產黨，1938 年他創建了中共岳家莊支部，擔任了支部書記，後又任四區區長，組織了各種抗日活動，包括破襲敵人交通、通訊等。岳勇被捕後在萬子足村被敵人灌辣椒水、壓槓子、拿繩子吊到樹上燒、灌涼水，什麼刑法都受了。敵人要他投降，但是他寧死不屈。敵人把他的老父親、老婆、孩子都叫來，但是岳勇說不認識。結果他的四肢被用釘子釘在門板上，他還在喊「打倒日本帝國主義」！敵人最後用錘子砸在腦袋上把他打死。在此之前，岳勇等人曾經用菜刀、鐵鍬等打死四名漢奸。岳勇已經在被通緝中。我們後面會再提到。

　　我們在前面已經提到，1940 年 7 月，平東縣抗日政府的縣長唐世榮調遼西工作，但隨後即回到平定城投敵叛變。一起投敵的還有縣各級領導幹部，包括警衛隊隊長王文富、公安局長王道三、自衛隊總指揮張振寰、司法科長霍世凱、二區區委員兼農會主席史俊明，以及李萬福、郗駱駝。這些人的主要罪狀是寫信給抗日幹部家屬，勸他們叫兒子、丈夫脫離抗日政府，使得當時的抗日根據地縮小到只有十幾個村莊，幹部和武裝部隊也大量減員。霍世凱、史俊明等人和敵人合作，也使得不少抗日村民被捕，結果他們都被中共抗日政府處決。[137]

---

[136] 張布克認為他是劉胡蘭式的英雄，是平定烈士中最堅強者。見李金田、王玉光、李明義、李愛國撰稿、平定縣史志辦公室、平定電視臺拍攝的《追尋抗戰中的平定：紀念抗日戰爭勝利六十周年專題片》，2005 年 8 月，第九集，《他們永遠活著》（上），以及片中對岳家莊村民馬富忠（86 歲）、時任中共平定路北縣二區書記張布克（83 歲）、萬子足村民郝成福的採訪。關於岳勇以及其他一些人在抗戰中不畏犧牲的例子，也見中共平定縣委黨史研究室，《平定縣抗日鬥爭史 1937-1945》（路北），1985 年 8 月，第 46-48 頁。

[137] 同上，中共平定縣委黨史研究室，《平定縣抗日鬥爭史：1937-1945》，第 34-35，45 頁；也見趙瑞雲，《憶平東抗日》，載於中國人民政治協商會議平定縣委員會文史資料委員會（編）《平定文史資料第十二輯：紀念平定解放五十週年》1997 年，第 177 頁。關於霍世凱、史俊明等人被處決的具體情況，見趙瑞雲文章第 185-192 頁。趙瑞雲（趙祥）是組織處決這些人的領導，是平東抗日縣政府前方辦事處主任，手下有武裝隊員 5 人左右（第 179 頁）。上引中共平定縣委黨史研究室，《平定縣抗日鬥爭史：1937-1945》第 45 頁說是 7 人。趙瑞雲曾任縣民政科長，人民武裝自衛總隊的副隊長。看後面西郊村人對當時鎮壓霍世凱的描述。

原平東縣司法科科長霍世凱曾經帶領日偽軍到農村為非作歹。我們在西郊村史書中這樣寫到：[138]

> 1938 年五月，八路軍 129 師工作團到平東幫助整頓黨的組織，開闢抗日根據地。中共平東工委改稱縣委，機關駐娘娘廟村，設秘書、組織部、宣傳部。當時西郊村王廷貴應徵在平東縣委當通訊員。1940 年 5 月，以唐世榮縣長為首的平東縣政府一部分成員，經不住艱苦抗戰的考驗，叛變共產黨投靠日軍，甘當漢奸。在縣政府當通訊員的王廷貴也隨唐一夥投敵。投靠日軍充當漢奸的還有本村的郝龍、李萬福、李萬榮、劉全奎。

> 郝長財、趙玉堂多次出其不意地捕獲王廷貴等投敵漢奸，收繳漢奸槍支彈藥，補充縣武委會武裝設備。他們還警告這些漢奸多做有益抗日的事情，如死心塌地效勞日寇，決無好下場。

> 原平東縣政府司法科科長霍世凱投敵後任日偽軍保安隊大隊長，時常帶領日偽軍下鄉，搶劫糧食，搜刮民財，魚肉百姓，民憤極大。平東武委會為打擊敵人實行三光政策的囂張氣焰，決定對死心塌地效勞日軍的霍世凱進行鎮壓。

具體鎮壓的情況我們後面再講。而參加了皇協軍或者偽軍的人則多數為農家子弟，很多人身在曹營心在漢，有的甚至是暗地裡在為八路軍做事的。我們在書中寫到：

> 1943 年，日偽軍抓鄉村青年編制日偽軍 19 團（年齡都是十九虛歲，十八周歲者），增強實行三光政策的力量。西郊村青年郝慶田（當時已加入抗日隊伍）、郝守中、郝希堯、王明成等 4 人被征入十九團（時稱皇協軍）。十九團大部份為農民子弟，身在曹營心在漢。不少青年

---

[138] 轉引自郝志東、郝志剛（著）《西郊村：一個華北農莊的歷史變遷》（澳門大學，2009 年），第三章。

在集訓中逃跑。王明成被徵集後第三天逃回家中，到天津染房打工。郝慶田受地下黨組織的委派，一直在 19 團任班長，其兄郝舜田當時已經參加皇協軍并任要職，居住在平定城。郝慶田借此關係探得敵人內部情報，常以執行公務之機，回村通風報信，并暗地爲八路軍倒買子彈（敵軍內部有人偷賣子彈）。

解放後郝慶田曾任石家莊市第二監獄監獄長。文革時期被打爲漢奸特務進行批鬥，并撤銷其黨內外一切職務。1967 年西郊村四隊社員郝玉寶等人在拆除郝進田院前一座小場院門樓時（當時大門被賣與集體修飼養場做大門用），在門樓叢棚內發現一張紙，上面有秦司令秦基偉之印章和平東縣政府敵工科科長周良善之印章。紙張上書寫的內容是派遣郝慶田打入敵人內部去的命令文字。當時郝慶田把此證拿回家後交與其嫂嫂，其嫂將此證藏在大門外的場院門樓的叢棚內。

郝慶田鄰居趙玉堂抗戰時期是平東縣政府武工隊隊員。他看後將此證給郝慶田寄去。郝慶田把此證交給文革組織。文革組織見此證後，經鑒別爲實證，免除了對郝慶田的批鬥，并恢復其工作。文革批鬥時郝慶田有口難辯，沒有此證，想說清楚，那是一萬個不可能的。其嫂早已去世。她在世時郝慶田也未曾問嫂嫂此證放於何處。住房也早已更換他人居住。尋見此證真是大海撈針，這也真是無巧不成書。

由此可見當時附敵者的複雜情況。不過西郊村的郝占祥則是被附近村莊洗馬堰的一個漢奸出賣之後被捕殺害的。

郝占祥在青年時期，即 1935—1937 年日本入侵中國前，曾在閻錫山政權統治下，在平定縣作馬警，負責平定東暫石村至柏井沿路稅收征費事務。因每日騎馬外出收稅，故稱馬警。

在日本侵佔平定後，郝回村在自家門前大街東開了一座小吃鋪。1938 至 1940 年曾利用職務之便，暗地給東縣政府收買槍枝彈藥。當時在日

本手下幹事的皇協軍暗中偷賣子彈者也不少。也有在日本侵佔平定時，中央軍遭日本侵略軍飛機轟炸後犧牲在西郊至東溝一帶的士兵留下的槍支及子彈。有人在埋葬屍體時，偷偷把槍彈保存下來（多者是埋藏在野地空墓裏）。西郊青年郝步升等人多次去縣城裏瞅准機會殺死放哨敵軍，奪得槍支，幷通過郝占祥所聯繫的地下工作者，將槍支送往東縣政府。當時東縣政府的槍枝彈藥是非常缺乏的。抗日隊員有時使用的是木製手槍，在關鍵時刻用來嚇唬敵人。在這種艱苦抗戰的條件下，東縣政府利用各種管道來收集槍枝彈藥。

如前所述，1940 年 5 月，平東縣政府縣長唐世榮叛變革命，縣政府一些成員也隨之投敵日本。郝占祥倒賣子彈的事也被投敵漢奸告密。洗馬堰村的小老虎（小名），日本人入侵前曾在西郊村村東糖廠打過工，熟悉西郊村地形幷認識西郊村不少人。在東縣政府活動時，他常去郝占祥飯鋪作客。受日本人之命，他帶領四名漢奸將郝占祥騙出家中，說有事找他商量。走出村外，郝便被五花大綁押回平定。之後一直活不見人、死不見屍。

郝占祥 1939 年把 13 歲的兒子郝福勝送到東縣政府當通訊員。郝福勝1941 年參加了秦基偉部隊，養子姚世忠 1947 年參軍，犧牲在臨汾戰役中。解放後，郝占祥的家屬是一個軍屬、烈屬家庭。而郝占祥卻是一直被村人另眼看待的閻錫山馬警。郝占祥本人在活著的時候也爲抗戰出過力，但不能名正言順地被承認。在人們心目中，他是一個賺錢的商人。

在皇協軍這次抓捕中，村民郝永瑞（小名貴生）也被抓。此人能說會道，是一位有文化、有素質的知識分子。他爲人厚道，在鄉鄰中說大事了小事，大事能化小、小事能化了。他和在日本紅部當便衣隊隊長的吳明雄是知己之交，要好的朋友。當時村裏人認爲貴生有這樣得力的朋友在敵人內部，肯定有救。但遺憾的是，沒過多久便傳來噩耗，貴生和郝占祥一同被日寇裝入麻袋燒死在陽泉油蔞溝。究竟貴生犯了

皇軍哪一條法規，在人們心中一直是個疑團。也有人懷疑同郝占祥案件有關，或者是知己朋友吳明雄知底告密，還是另有其它反日嫌疑。總之，貴生之死成爲疑案至今。

　　無論如何，從平定縣來看，所謂「附敵」的底層老百姓的情況的確很不相同，既有助紂爲虐的，也有暗中爲共產黨八路軍服務的。作爲一個群體，他們的黑白並不總是那麼分明。

2. 國民黨的 13 支隊

　　國民黨的 13 支隊到底是一種什麼樣的隊伍，至今仍然不是非常清楚。不過從一些資料來看，他們本來是抗日民族統一戰線的一個部分，只是後來國共反目，被八路軍消滅掉了。1938 年 6 月 3 日，八路軍第 129 師政委鄧小平和冀西游擊隊司令楊秀峰，在河北的元氏縣，與國民黨第 13 支隊（也即冀察游擊第四縱隊，河北民軍的一個部分）司令侯如墉和河北民軍第二民軍區司令喬明禮舉行了冀西聯席會議，就制止摩擦、共同抗日在組織、後勤、軍事行動等方面達成三項協議。同年底，他們共同策劃並實施了一次正太路和平漢線的破襲戰。這被認爲是國共等各團體緊密合作、聯合抗日的一段佳話。[139]
　　也正是在這個時候，平東縣縣長高九成叛變了共產黨，參加了 13 支隊。我們在西郊村史書中也談到了這個事件：[140]

　　　　民國二十七年（1938 年）平東縣縣長高九成，帶領政府及游擊隊中部
　　　　分骨幹分子投靠國民黨 13 支隊，抗日游擊隊被迫解體。西郊村青年李
　　　　文玉是平東縣游擊隊骨幹隊員（文書兼指導員）也隨高加入國民黨便
　　　　衣特務隊。當時國民黨十三支隊已暗地投靠日本，是一支效忠日本的
　　　　漢奸隊伍。日軍一次突擊行動中，十三支隊的幾個隊員曾帶領日軍到
　　　　神峪村抓捕了九名村裏抗日骨幹領導、積極分子。其中兩名骨幹分子

---

[139] 李蓉，《抗日民族統一戰線史》（北京：團結出版社，2015 年），電子書，無頁碼，但該段信息載於第三章最後兩頁。

[140] 見前引郝志東、郝志剛（著）《西郊村：一個華北農莊的歷史變遷》第三章。

被捕後被打死。（郝玉寶敘述父親講的故事。）國民黨十三支隊多次秘密幫助日寇鎮壓抗日力量。投靠國民黨十三支隊的部分隊員逐步認清十三支隊明是抗日、暗是親日。這一次突擊行動後，李文玉便回村隱藏，從此沒有參加任何組織。

　　高九成等脫離共產黨加入國民黨的 13 支隊，是在國共合作、共同抗日的時候的事情，似乎也無可厚非，因為共產黨國民黨都是抗日的。不過後來國民黨和共產黨為了爭奪地盤，而兄弟反目，最後 13 支隊在 1940 年被劉鄧的 129 師消滅，則是一個歷史的悲劇。[141]我們上面村民的回憶也談到 13 支隊有投靠日本人的行為。不過這個問題我們暫時無法考證真偽。或許實際是國共的摩擦也說不定。

　　趙瑞雲在回憶平東抗日時說，高九成拉著武裝部隊投靠了 13 支隊，被編為特務團，高任團長，在平定與井陘接壤的地方，以抗日為名，搶掠、綁票、逼糧、逼款、逼鞋。共產黨的抗日政府多次試圖與其團結抗日，無果之後，於 1939 年將其殲滅。高九成被俘後者黃安村自殺。[142]趙瑞雲提到的主要是摩擦問題。

　　綜上所述，13 支隊的性質很難確定，也許前期與後期不同，也許本質上就很模糊。總之看來是一個矛盾的集合體。

3. 被俘的八路軍等

　　李裕琦是昔陽人，八路軍文工團成員，在 1941 年 8 月的百團大戰中，在卷峪溝與其他演員一起被俘。由於李裕琦有藝術天賦，日本人讓他在陽泉組織起來一個隸屬於新民會的和平劇團，自任編劇、導演、演員。他編的第一個劇是由日本著名童話改編的「活人形」。劇團有演員 50-60 人，包括當時山西著名演員筱桂花、南玉英等人。該劇轟動一時，除了在陽泉、平定演出外，

---

[141] 見姜克夫，《民國軍事史3》（臺北：崧博出版事業有限公司，2009 年），電子書，第八節「八路軍消滅張蔭梧、喬明禮河北民軍之戰」第一部分「八路軍反張蔭梧、喬明禮頑軍始末」。

[142] 見前引趙瑞雲，「憶平東抗日」，第 174-76 頁。

還到石家莊、榆次、太原等地巡迴演出。劇團在 1943 年因經費等問題自行解
散。[143]

　　這裡還有一起被俘的八路軍文工團的女兵張玉芝的故事。她也參加了這
個劇團，並和劇團裡的日軍宣撫班的成員發生了戀愛關係。當時這個劇團雖
然隸屬於新民會，但是直屬於宣撫班管轄。當時犬飼光男和田村太次郎都是
這個宣撫班的成員，犬飼則是直接管理和指導這個劇團的領導。戰後他們都
寫了小說，描寫了在陽泉發生的這些故事。他們都說小說是建立的真實事件
的基礎上的，只不過張玉芝在故事中的名字叫張澤民。

　　田村的小說《肉體的惡魔》（1946 年）描寫了「『我』從被俘的張的充
滿輕蔑和敵意的眼神中讀懂了那是『作為人對戰爭本身的根源性罪惡的否定』
的表現，感受到『像命運般的嚴肅的衝擊』，暗戀上了她」。[144] 但是張一直
採取反抗的態度。這時候犬飼（在小說裡叫猿江）也喜歡張，於是田村和犬
飼就成了情敵。結果一次犬飼因為一件小事打了張，田村便乘虛而，和張發
生了親密的關係，乃至肉體關係。這個故事，犬飼的小說《被破壞的女人》
中也有描述。[145] 根據田村的描寫，

　　　　張苦惱於自己和侵略軍的士兵談戀愛，而「我」卻對於因為自己讓張
　　　　苦惱感到無上的喜悅並沉溺於這種關係。張曾經有一次打算逃亡，
　　　　「我」將槍口對準了想要逃亡的張，她察覺到後又返回了，哭著向「我」
　　　　道歉。[146]

　　當然這是文學故事，儘管是建立在真實的故事基礎之上的。但是我們在
這個故事中還是看到了張的無奈，不屈服，但是人性使她畢竟還是和宣撫班
的日軍發生了戀愛關係。

---

[143] 李裕琦的故事載於李慶祥（著）《日軍佔領下的陽泉鎮與平定城》，《平定文史資料》第七輯，第
　　　52 頁。李慶祥的被訪者之一是李裕琦的妻子，顯然這個故事在很大程度上是李的妻子講述的。

[144] 見池田惠理子，《田村太次郎描寫的戰場上的性：山西省日軍支配下的買春和強姦》，載於石田米
　　　子、內田知行（主編），趙金貴（譯）《發生在黃土村莊裡的日軍性暴力：大娘們的戰爭尚未結束》
　　　（北京：社會科學文獻出版社，2008 年），第 259 頁。

[145] 同上，第 260 頁。

[146] 同上，第 260 頁。

犬飼在他的回憶錄中提到宣撫班活動的範圍包括娘子關、太谷、遼縣、盂縣等地。這個由多名原八路軍文工團的成員參加的劇團（叫和平劇團）賣票演出的地點是太原、榆次、陽泉，巡迴公演在平定、昔陽、遼縣、盂縣。[147]但是無論是李裕琦還是張玉芝，儘管他/她們在為日本人服務，後者還和日本人談了戀愛，但是他/她們是漢奸嗎？好像不能一概而論。

4. 兩面村長等

平定縣兩面村長的情況也很普遍。不過我們先來看平定的鄰縣盂縣的情況。到 1942 年 6 月，盂縣的行政村中有親日政權 282 個，抗日政權 236 個，有親日、抗日雙重政權的村莊達到 202 個。[148] 村民們認為雙重政權是必要的。「因為日軍不加區別地燒毀村裡的財產、殺害村民，所以還需要保護村民的傀儡政權」。[149] 這兩套人馬白天對付日軍，晚上對付共產黨。通常白天的村長和晚上的村長商量著如何對付雙方的要求。除此之外沒有別的辦法。[150] 南二僕受到日軍的性暴力而後逃跑，但是日軍將她只有 10 歲的弟弟的雙手拴在馬鞍上，拖著他跑，拖得渾身是血。結果是在南頭村維持會長南存年的求情下，弟弟才倖免於難。[151] 楊時珍的哥哥楊時通就是為了從日軍手中保護村民的生活才不得不擔任了維持會的會計。但是他（後來的）妻子及其妹妹就被闖到家中的日本鬼子強姦或者拉到砲臺強姦。就是他們自己也經常被漢奸打，因為不是總能滿足日軍的要求。[152]

[147] 同上，第 261 頁。

[148] 見堀井弘一郎，《山西省日軍特務機關和傀儡政權機構：聯繫盂縣發生的性暴力》，轉載於前引石田米子、內田知行（主編），趙金貴（譯）《發生在黃土村莊裡的日軍性暴力》，第 310 頁。

[149] 同上，第 309 頁。

[150] 山西省查明會，《發生在山西省盂縣農村的日軍性暴力受害者的證言記錄》，載於前引石田米子、內田知行（主編），趙金貴（譯）《發生在黃土村莊裡的日軍性暴力》，第 60，81，85 頁。

[151] 同上，第 48，66 頁。

[152] 同上，第 41，51，52-53 頁。

有的時候是村長副村長一套人馬，白天維持日本人，晚上維持八路軍。他們被稱為「兩面村長」。但是這些人的結果不一。河東村的村長李春富後來平安無事，但是副村長冀光連則被當作漢奸處死了。[153]

而且這種情況在平定的農村也很常見。西郊村的村長郝崇孝就是既要服務日本人又要服務八路軍，結果在除奸反特時被處死（見本書第七章）。盂縣的楊時通抗戰之後先是參加了八路軍，後來又參加了閻錫山的軍隊，1949年之後在太原當工人，在揭發反革命運動時逃到內蒙，結果被人告發，判了反革命，坐了五年牢房。1968 年回到河東村，被當作五類分子監督勞動改造，一直到改革開放後才能安心生活。[154]他的情況很像西郊村的王廷貴。我們在第七章還有更多的例子。

其實不少人是既做壞事也做好事的。盂縣進圭社的高成遠，一方面為日軍找女人，一方面又將其中一個救了出來。[155] 有一次萬愛花和幾個男人一起被拉出來，要殺死。結果親日村長高銀鎖的父親跪求日軍，說，「別殺她，她還是個孩子，放過她吧！」她當時只有 13 歲。翻譯將此話翻譯給日軍隊長聽，然後他才收起刀來。萬愛花說高大爺和翻譯是她的救命恩人。[156]

上面這些人包括那些兩面村長是漢奸嗎？恐怕也不能一概而論。

5. 日偽政權的官員

馮司直（1884-1952）當了山西省的偽省長。[157] 馮是平定南坳村人，清光緒 29 年（1903 年）舉人，山西大學堂西學專齋畢業，後赴日入明治大學政治科，讀法治與教育專業。清光緒 33 年（1907 年）歸國返鄉，任平定勸學所所長，後任平定中學堂教師、教務主任，於 1913 年周克昌離任平定中學校長、

---

[153] 同上，前引堀井弘一郎，《山西省日軍特務機關和傀儡政權機構》，第 309 頁。也見上引山西省查明會，《發生在山西省盂縣農村的日軍性暴力受害者的證言記錄》，第 60，81 頁。

[154] 同上，山西省查明會，《發生在山西省盂縣農村的日軍性暴力受害者的證言記錄》，第 65 頁.

[155] 同上，第 85-86 頁。

[156] 同上，第 88 頁。

[157] 見《平定一中校志》編撰委員會編，《平定一中校志》（北京：方志出版社，2003），第 11，47，400 頁。

赴任國會議員之後任平定縣中學校長。民國 7 年任山西省公署教育科長、山西省教育會長、民國 17 年任天津市政府秘書長兼社會局長，後任山西省教育廳廳長兼國民師範學校校長。日本佔領時期曾任山西省長。1949 年被政府關押，1952 年死於獄中。

1939 年，馮司直響應汪精衛「和平救國」的號召，接受山西省公署的邀請組織成立山西省和平促進會。該會會長由高時臻（原山西大學校長）為委員長，馮司直為副委員長。馮司直還兼任山西新民報社社長，屬省署宣傳處領導。1943 年原省長蘇體仁轉任北京特別市市長，馮司直任山西省省長。任瑞祥的文章提到的馮司直的主要罪行是「掠奪」敵戰區糧食 24 萬噸，「為全省年產量總數的四分之一」。[158] 另外馮司直還擔任了由日偽山西省公署警備處擴大改組成立的山西省保安隊司令部司令，組織成立了山西省「剿共」委員會並兼任該委員會主任委員。

但是與此同時，馮司直也和閻錫山合作，在五臺、浮山、安澤、交城、沁縣安排了閻錫山派來的人當縣長，並和他們的上司、相關的幾個道尹說對這些縣要網開一面，道裡給各縣的公事可以照發，但不催辦。另外這幾個縣的保安隊長和警察所長也都要換作閻錫山的人。馮司直還囑咐道尹們「不要向外亂說」。[159] 這不正是與虎謀皮、曲線救國嗎？當然我們還沒有看到馮司直自己對這段歷史的說明，所以上述判斷只能說是根據已發生事實的一種猜測。或許正是因為如此，閻錫山才沒有將為日本人做事的中國人處以極刑，並說無論是留下的還是出去的，都是愛國的。閻錫山並為此受到蔣介石的批評，說他懲治漢奸不力。

馮司直的前任蘇體仁似乎也是同樣的策略。蘇體仁曾經在東京高等工業學校（現在的東京工業大學）留學，1938 年 6 月山西省公署成立時為委員長/省長，直到 1943 年馮司直接任。一次在和日本記者的訪談中，他說「希望也給省政府、縣政府稍微一點自由的行政權」，「希望由支那的巡警擔任部落的治安」，「希望真正地別將日支共榮僅僅掛在口頭，而是要付諸現實」，

---

[158] 任瑞祥，《馮司直投日輯略》，載於中國人民政治協商會議平定縣委員會文史資料委員會（編）《平定文史資料》第八輯，1993 年，第 7-9 頁。

[159] 同上，第 7-9 頁。

「希望在運城的制鹽上不要奪走地方人士的個人事業」，「不要奪走人們的職業，而是愛撫他們」，等等。青江舜二郎說，在蘇身上「有山西人特有的頑固，即使是日本方面的要求，只要自己不滿意就明確拒絕。軍閥對他的評價是『很難打交道，真是沒招』」。[160] 毫無疑問，這是與虎謀皮。我們還沒有看到蘇體仁幹了什麼壞事的資料，但是對他的評價不能一概而論則是肯定的。

在日偽政權內部也有不少暗中抗日或者和日方摩擦的人士。山西省警務廳長官趙廷英等和警務廳顧問河村勝一摩擦頗多，結果在 1942 年被以懷疑持有大煙以及「反滿抗日」而被判入監五年。繼而日本憲兵隊還在太原政府機構內逮捕 100 餘人，其中 10 人被拷打致死。[161]

周克昌於 1943 年曾經積極籌措平定中學復校，並任學校董事會的董事長。[162]一個紀實文學描寫了當時的縣長陸耕禮（燕京大學土木系畢業），說他身在曹營心在漢，所作所為不出格，較受平定民眾的愛戴。在一次南關外的流杯池的日語培訓班開學典禮上，他說，「日語大家一定得學好，不管怎麼說，學點知識不是壞事。不懂日語，日本兵打了你，你連一點罵他反抗他的話也不會說。那不是白吃虧了嗎？那不是和挨打一樣嗎？」當時主席臺上坐著的一個日本軍官，是個中國通，對此說表示不滿，向陸提出了抗議。幾次摩擦之後，陸心灰意冷，幾次提出辭呈，但未獲批准。只能在家裝瘋賣傻，連馮司直來拜訪希望請他出任山西大學西齋學校校長，他都還在裝瘋，馮也只能悻悻而去。[163]

平定縣宋家莊三槐堂的王家族人王象復當時也曾為日本人服務，做過公安局長、縣長等，也的確做了些好事：

> 當時日本的戰線拉得很長，兵力緊張，希望招降閻錫山。閻錫山和日本人祕密談判，日本人給閻錫山槍炮，讓出一些县城給閻錫山，並讓閻錫山派一批幹部到日占區的幾個縣城。在閻錫山鼓吹的曲線救國的

---

[160] 見上引堀井弘一郎，《山西省日軍特務機關和傀儡政權機構》，第 294 頁。

[161] 同上，第 295 頁。

[162] 前引《平定一中校志》編撰委員會編，《平定一中校志》，第 400 頁。

[163] 邵樹亭、孫祥棟，《州城日月》（北京：中國文聯出版社，2008 年），第 20，27 頁。

蠱惑派遣下，王象復到文水，交城兩縣，先後任日偽縣政府秘書、公安局長、縣長。自己認為是在曲線救國，並且也努力保護百姓。一次抓壯丁，一個老婆婆找到王象復，說自己的兒子被抓來了，是獨生子，求他幫忙。他設法把她的兒子放回去。抗日戰爭勝利後，他被當成日偽人員。共產黨審查他時，沒有發現他的惡行，找到那個老婆婆還為他說了不少好話。王象復最終沒有受到嚴屬的懲罰。[164]

　　這裡的回憶和上面任瑞祥對馮司直的回憶是一致的。顯然閻錫山也試圖曲線救國，馮司直、王象復都是閻錫山佈置的棋子。和上面我們描述的其他情況一樣，很難說他們是非黑即白的漢奸。

6. 附敵者問題的複雜性

　　在上面這些例子中，除了盂縣的幾個例子之外，平定路北河底村的魏雲華與楊冒忠是什麼人？平東縣長高九成、唐世榮、司法科長霍世凱為什麼叛變投敵？國民黨的 13 支隊也抗日了，但是他們主要的問題是和八路軍搞摩擦，還是和日本人相勾結？隨著唐世榮投敵的西郊村人王廷貴、郝龍、李萬福、李萬榮、劉全奎被武工隊警告要多做好事，不要做壞事。那麼，他們幹壞事了嗎？幹好事了嗎？正如我們在本書第七章將看到的，郝龍和李萬榮在1947 年的除奸反特中被刀剮死，名義上是因為漢奸的原因。但是實際控訴郝龍的內容是家庭暴力，至少這是被訪者所記得的內容。王廷貴因為在平定解放時逃到太原，逃過一死；但是多年後回鄉，在文革時被批鬥，除了被指控背叛貧農的出身、叛變投敵之外，他還被指控曾參與馬家莊的大屠殺。無論如何，文革中他又逃過一劫。[165] 郝慶田如果沒有那一紙證明就變成了特務。郝占祥到底是閻錫山的馬警還是共產黨的功臣？這些問題並不總是黑白分明。

　　還有，李裕琦是叛徒、漢奸嗎？還是一個用自己的才能在日本人統治時期混碗飯吃的普通人而已呢？當然李裕琦後來的命運我們還不得而知，但是如果是在農村，是有很大的可能被以漢奸殺死，如果在城市僥倖活下來，也

---

[164] 《三槐堂興衰記》，第 45 頁。

[165] 見前引郝志東、郝志剛（著）《西郊村：一個華北農莊的歷史變遷》第 167-168 頁。

很難活過之後的各項政治運動。還有張玉芝。她是漢奸嗎？是叛徒嗎？後人有權利苛責張嗎？

趙瑞雲在他的回憶中談到漢奸岳成科（二區東古貝村人，原來在平東抗日政府工作，後投敵當了漢奸）派人給他送信，告知霍世凱的西郊過廟的情況。霍世凱被打死後第二天，岳成科隨敵人去西郊，從霍世凱身上取走一個記錄抗日民眾的黑名單。該筆記本又被張振寰（原平東縣叛變人員之一）追回，岳成科也被日本人槍殺。[166]那麼岳成科是好人還是壞人呢？

因為霍世凱在西郊村的李林書家吃飯，[167]結果李林書就因為窩藏漢奸所以也是漢奸而後來被砸死。西郊的郝崇孝的確是第一任偽村長，但是他是明裡為日本人服務，暗裡為共產黨八路軍服務，既為日本人徵差納糧，也為東縣政府募糧捐款啊。結果在除奸反特時他和李林書雙雙被用石頭砸死。

到底誰是漢奸，誰不是漢奸，他們到底是些什麼樣的人，都做了些什麼，這些問題並不總是很清楚的。就像李林書和郝崇孝那樣，他們的角色有時候是很模糊的。像上面所述的平定（路北）縣的幾個被鎮壓的漢奸，罪名是魚肉百姓、聯合「防共」、見死不救，這些都有些牽強。上面這些例子僅僅是我們所知道的例子。全縣有 300 多個村子，即使不是所有的村子都像西郊村這樣首當其衝，類似的情況也應該至少成百上千。

但是對淪陷區的研究並不多見，所以對這些人的研究遠遠不如對抗日英雄們的研究。正如卜正民（Timothy Brook）所說，對日本人佔領時期的情況，尤其是對被他稱作「合作者」的情況的研究，在中國還是一個很少人接觸的、研究得還不深不透的問題。[168]下面我們來全面討論一下這些人與敵人合作的原因。

與敵人合作的原因

第一，上面我們已經提到了合作的一個原因，即合作者認為自己和敵人合作是為了減少壞人所帶來的苦難。這也是汪精衛們的想法。曾參加汪精衛

---

[166] 前引趙瑞雲，「憶平東抗日」，第 181，189 頁。

[167] 我們在後面會談到，趙瑞雲回憶霍世凱其實是在春來糧店躲藏不是在李林書家吃飯時被刺的。

[168] 前引 Timothy Brook, *Collaboration*, p. 6.。

政權的朱子家（金雄白）著書《汪政權的開場與收場》，回憶自己參加汪政權的經歷，並為汪精衛、陳公博、周佛海等人辯護。[169] 金雄白曾出任汪政權中央政治委員會法制專門委員會的副主委，戰後因漢奸罪被判刑兩年半，出獄後移居香港。汪精衛在去世前一個月口授「最後之心情」，由其夫人陳璧君謄正。汪說自己的所作所為自信是為了拯救國家，組織政府是欲與虎謀皮。朱子家認為汪為保全國家命脈，不惜犧牲自己 40 多年的光榮革命歷史，是「大仁大勇」，儘管他說也不能否認汪有領袖欲，且與蔣介石有矛盾，離蔣也有意氣之爭的成分。[170] 他認為汪精衛所為只不過是遵循國民黨抗戰前中央的決策，即「和平非至絕望時刻，決不放棄和平；犧牲非至最後關頭，決不輕言犧牲」。[171]只不過這個時候抗戰已經開始，但是汪精衛認為還有和平的可能。當然這也是一廂情願了。汪氏拒絕了日本人要求他派自己的軍隊和日軍協同對重慶作戰，陳公博和周佛海與重慶暗通款曲，[172] 恐怕也是他們能夠做到的很少的事情之一了。

　　汪精衛的太太陳璧君在為汪精衛辯護時在蘇州高等法院法庭上問檢察官，

　　　　說汪先生賣國，重慶治下的地區，由不得汪先生去賣；汪政權治下的
　　　　地區，是中國的淪陷區，也即是日軍的佔領區，並無一寸之土，是由
　　　　汪先生斷送的。在淪陷區是淪陷了的土地，只有從敵人手中爭回權利，
　　　　還有什麼國可賣？日軍攻粵，廣州高級長官聞風先逃，幾曾盡過守土
　　　　之責？我們赤手把淪陷區收回，而又以赤手治理之，……若說為了國
　　　　家的利益，不得不與他國出之以盟好的手段，這樣而就被認為漢奸。
　　　　那末，中國的漢奸應該不止親日的汪先生一人。[173]

---

[169] 朱子家（金雄白），《汪政權的開場與收場》（香港：春秋雜誌社，1961 年第 5 版）。

[170] 同上，第 5 冊第 154 頁，第 4 冊 178。

[171] 同上，第 2 冊，56 頁。

[172] 同上，第 2 冊，第 181 頁。

[173] 同上，第 4 冊，第 90 頁。

當然陳璧君對「賣國」的定義，和通常人們所想的定義不同。不過汪精衛與虎謀皮卻是真實的想法，儘管他在多數情況下也是無能為力的，畢竟他的政權只是日本人的傀儡政權而已。周佛海在法庭上也為自己做了類似的辯護，說自己是「希望與日本直接談和，以挽救危亡」，並且問法庭的聽眾，在汪政權治下的南京的物價與治安，較之勝利後的南京的情況如何？「全庭報以一片掌聲」。[174]

周作人在談到他為什麼附敵做了偽華北政權的教育督辦時，說「我和一些老朋友也要生活」。「那是不得已的事情」。「因為自己相信比較可靠，對於教育可以比別人出來，少一點反動的行為也」。[175] 另外他還認為中國亡於日本是無可避免的事情，歸順是早晚的事情。況且他對秦檜的認識，也代表了他自己的選擇哲學：「秦檜主和，保留得半壁江山，總比做金人的奴皇帝的劉豫張邦昌為佳……」。[176] 顯然他的附敵，一方面是為生活計，一方面是對形勢的估計，還有一方面是自己曲線救國的哲學。

周作人也的確利用他的權力，辦了一些好事。比如他掩護過李大釗的兒子李葆華，多次幫助過李大釗的女兒李炎華和她的丈夫侯輔廷，還給了李大釗的兩個孩子李星華和李光華兩個月的薪水做去延安的路費，給他們辦理了出北平必須的良民證。臨走還囑咐他們向毛澤東問好：五四時期，毛曾經到他家登門拜訪。[177] 所以即使是像周作人這樣的大「漢奸」，黑白也不是那麼分明的。

基層政權的附敵者也有類似的情況。卜正民研究中的崇明縣自治會會長、後來的知事（即縣長）黃稚卿便說他當時決定參與日偽政權是為了讓人們的生活變得更好一點。[178] 柳肇慶在擔任鎮江自治會會長的時候，也想做點事情，救民於水火。他想自己能夠阻止日軍的一些過火行為。[179]

[174] 同上，第 4 冊，第 106，121 頁。

[175] 耿傳明，《亂世與文學的汙點證人：晚年周作人》（北京：中國出版集團現代出版社，2013 年），第 21 頁。

[176] 同上，第 29，95 頁。

[177] 同上，第 32 頁。

[178] 同前引， Timothy Brook, *Collaboration*，第 207 頁。

[179] 同上，第 101-102 頁。

　　我們上面討論的馮司直、蘇體仁等人的情況似乎也類似，他們也想做點好事，減少日本人對中國人的傷害。當然由於資料的缺乏，我們無法全面準確地判斷。不過從我們引述的文獻來看，這樣的判斷應該是大致不錯的。如上所述，當然他們能否做到讓人們的生活更好一點，是另外一個問題。通常是很難的，因為他們畢竟是日本人的傀儡政權。比如鎮江的市長郭志誠戰前擁有一家電廠。日軍入侵之後，將電廠收走。他的弟弟向日本人建議應該被賠償 30,000 元，但是卻因此被抓。他哥哥是市長，卻無能為力。他在市長任上，人們也沒有發現他做了哪些救民於水火的事情。柳肇慶的問題也相同。[180]

　　但是南京自治會的顧問王承典，在日本人入侵南京時非但沒有逃走，反而決定留下來做些事情。作為自治會的顧問，王為南京國際安全區的難民爭取到他們賴以生存的大米、麵粉、煤炭。王甚至敢對日本兵說，如果你們不喜歡我，現在就可以把我殺掉。不過，王承典還是被放到了蔣介石官方的漢奸名單上。與此同時，和王一起做救濟難民工作的西方人卻被看作是英雄。[181]

　　敢於在異族統治下做些他們認為是對國家和人民好的事情，趙秉文、洪承疇也是做到了的。這些人或許也可以被看作是「兩面人」，表面上是在和日本人合作，實際上卻也在為老百姓服務。[182] 當然有一些人本來就是共產黨員做偽村長、偽自衛團長等，搞地下工作。[183] 就我們所知的情況來看，平定也是如此。

　　第二，張同樂和卜正民在他們各自的研究中都總結了當漢奸的另外一個原因是升官發財。[184] 張同樂的例子是華北日偽政權的王克敏、王揖唐、齊燮元、王蔭泰等。原來的頭面人物在日本人進來之前都已離開，日本人急於找一些地方的頭面人物來組織維持會、自治會以及後來的政府。所以一些低層的沒有離開的官員便有了晉升的機會。崇明商會的會長就被指控為利用職務

---

[180] 同上引，第 102，121-122 頁。

[181] 同上，第 139-140，147，157 頁

[182] 同上，第 81 頁。

[183] 前引中共平定縣委黨史研究室，《平定縣抗日鬥爭史 1937-1945》，第 19 頁。

[184] 前引張同樂，《華北淪陷區日偽政權研究》，第 217，230 頁；上引 Brook, *Collaboration,* 第 75，220。

之便中飽私囊達五年之久而被抓了起來。趁機升個官發點財也是一個重要動機。平定和日本人合作的那些人，是否也有這個心理呢？

張同樂還討論了其他幾個心態，比如悲觀絕望（周佛海），投機心理（汪精衛、龐炳勳、石友三、孫良誠等），苟且偷生（周作人、張資平等）。但是這些可能會和其他因素重疊較多，我們就不專門討論了。當然各種心理常常是重疊的，正如我們上面對周作人的描述一樣。曲線救國和升官發財就可以是重疊的。

第三，張同樂討論到的這些人，多數都是精英分子。他認為下層附敵者如小漢奸、偽軍警、下層偽職員的心態主要是「有奶便是娘」。其實無論是精英分子還是下層附敵者，多數人在日偽政權做事，比如小職員，只能是說為了生活而已。

不過，還是有一些在下層作惡多端的漢奸，這些人可以被看作是第三類附敵者。這樣的人應該不少。除了我們在上面附敵者一節所討論的例子之外，下面這些人可以看作是這個類型：1938 年在路北蔭營村的維持會長，出賣了抗日村長史夢梅使其被日軍折磨殘害；1939 年給日軍告密使得縣公安局指導員、四區區長陳秉禮等四人在蔡家峪被圍、被俘後犧牲的漢奸。[185] 還有在盂縣那些幫助日軍找女人的人。[186] 不過即使這一類人，也不是千部一腔，千人一面。有的人有人命在身，有的人則是為敵人「例行公務」，混飯吃而已。如果追究起責任來，還是應該有所區別的，儘管後來的發展並不是這樣。這是我們在下面要討論的問題。

與敵人合作的代價

與敵人合作的代價是很大的。在戰爭時期，漢奸們是被抗日武裝追殺的對象。籍貫為平東縣政府所在地娘娘廟村的民兵英雄李旦孩就曾經在昔陽縣東冶頭的南莊村抓捕了漢奸竇拽科，在平定的青楊樹村抓捕了漢奸耿四和（電

---

[185] 前引中共平定縣委黨史研究室，《平定縣抗日鬥爭史 1937-1945》，第 15 頁。

[186] 前引，山西省查明會，《發生在山西省盂縣農村的日軍性暴力受害者的證言記錄》，第 66 頁

視片沒有講這兩人的結局）。[187] 平定路北縣在 1941 年的除奸運動中就處死漢奸 50 多名。其中包括 4 名從陽泉到巨城一帶的岳家莊等地「搞魚肉百姓」活動的「特別工作隊」特務組織人員（1941 年 9 月中），被岳勇、史一輪等人用菜刀、鐵鍬等打死（岳勇被漢奸指認後被害與這個以及其他岳勇參與的除奸反特活動有關。這些活動之後，岳勇已經是被懸賞緝拿的對象）。還有麥家岩的李萬全、肖成元，因為刁難外來逃難群眾，見死不救，而被當作漢奸處決。還有組織 5 村聯合「防共」並向郝家莊日軍「紅部」送禮的馬上固的翟雙元、白窯的仇雙全等也遭槍決。[188] 看來所謂漢奸也是千差萬別的，對他們的處決有時候也是不問青紅皂白的。

我們在前面提到的在西郊村對霍世凱的鎮壓，大致情況如下。

1942 年陰曆三月二十八日晚，偵察員郝長財、趙玉堂探得霍世凱帶著 10 幾個便衣隊到西郊村趕廟會，觀看漢奸李萬榮的三義堂戲班演出。偽村長郝占雲探得霍潛伏李林書鋪房吃喝抽大煙。縣武委會隊長陳玉山、平東縣政府秘書長趙祥、六區區長趙福田帶領武委會隊員對霍世凱進行圍捕。[189] 在戲臺周圍都設好崗哨後，部分隊員將李林書鋪院包圍。趙福田、陳玉山、趙祥扒牆進入院內。正在吃喝玩樂的霍世凱，忽聽有跳牆聲，奪門而逃，被趙當場擊斃。戲臺底看戲的偽軍，聽得槍聲，知有情況，忙沖出人群去營救霍世凱。此時埋伏戲臺周圍的武工隊員，將舞臺上用來照明的煤油燈打滅。這時現場一片混亂，偽軍一時難以走出人群，武工隊員得以安全撤離西郊。[190]

---

[187] 前引見李金田等撰稿、平定縣史志辦公室、平定電視臺拍攝的《追尋抗戰中的平定》第九集，《他們永遠活著》（上），以及對娘娘廟村民董成孩（81 歲）、王所小（77 歲）的採訪。

[188] 見前引中共平定縣委黨史研究室，《平定縣抗日鬥爭史 1937-1945》，第 29-30 頁。

[189] 趙福田—神峪村人。鎮壓霍世凱後回村同鄉鄰郝登榮提到去西郊村打死了霍世凱。郝登榮當年逃難居住在神峪村未回。解放後郝登榮常把此事傳與兒子郝玉寶聽。

[190] 但是據當時組織刺殺霍世凱的趙瑞雲（趙祥）回憶，霍世凱是在春來糧店被殺的。春來糧店（見圖 3.40）是西古貝村的李世華開的。趙祥在回憶中並沒有提到西郊村人的參與，而是只有他們一行五人，也沒有提到在戲臺下面的一幕。在趙祥的回憶文章中，郝占雲被寫作郝占榮（在平定話中兩字音同字不同）。詳細過程見趙瑞雲，《憶平東抗日》，載於中國人民政治協商會議平定縣委員會文史資料委員會（編）《平定文史資料第十二輯：紀念平定解放五十週年》1997 年，第 185-189 頁。

圖 3.40　春來糧店[191]

　　先後曾任偽華北政務委員會委員長的王克敏 1945 年末被捕入獄，瘐死獄中，王揖唐被槍決，王蔭泰被處無期徒刑，華北政務委員會內政總署督辦、汪精衛政府的軍事委員會常委齊燮元被槍決，新民會副會長、汪精衛政府立法院副院長繆斌被槍決，教育總署督辦、北京大學文學院院長周作人被判 10年徒刑，山西省長王驤被判無期徒刑，1953 年被中共執行死刑；原山西省長馮司直被判死刑未執行，1952 年死在獄中。原省長蘇體仁後來到北平任政務委員會委員兼總務廳長，日本投降後被閻錫山留任，後來在臺灣去世。[192] 這些都是身處高位的漢奸。他們在被判刑時通常也有酌情處理的情況，不一定是一概而論的，和我們在上面提到過的農村對底層漢奸的處理是很不相同的。

　　截至 1947 年 7 月 23 日，全國漢奸案件結案 400,954 件，未結者 8,261 件，包括軍事機關在內處死刑者 2,720 人，無期徒刑 2,300 人。[193] 但是如上所述，類似平定未經審判在抗戰和內戰期間就被處死的附敵者，應該有成百上千，只是他們的位階較低，有的僅僅是類似地痞流氓類的漢奸。當然，很多這些

---

[191] 圖片來源：陽泉快訊，【陽泉最美鄉村】之西郊村，https://mp.weixin.qq.com/s/RdZ-_Xp-vDBSxtk1HtEJUQ，上網日期 2019 年 8 月 24 日。

[192] 前引張同樂，《華北淪陷區日偽政權研究》，第 413-417 頁。

[193] 前引朱子家（金雄白），《汪政權的開場與收場》，第 4 冊，第 114-115 頁。

在基層被鎮壓的所謂漢奸，其實不一定真的是漢奸。有的還是做了很多好事，甚至是對抗戰有功的。

小結

朱子家（金雄白）在他書的餘言裡寫到，陳公博和周佛海都說過，抗戰是對的，是為了救國，和平是不得已，也是為了救國。他寫書的目的是告訴所有的炎黃子孫，那些被指為漢奸的人，不是像宣傳中、想像中那樣醜惡。[194] 公平地說，即使是漢奸，他們的情況的確是各種各樣的。有像汪精衛、陳公博、周佛海那樣與虎謀皮，想做點好事的，也有想升官發財的，也有像地痞流氓那樣為虎作倀、為非作歹的。

無論如何，當然對所有真正的附敵者來說，無論出於什麼樣的原因，他們在附敵的時候，或許沒有想到抗日戰爭會勝利，日本人會失敗。正如汪精衛太太陳璧君戰後在蘇州高等法院法庭上為自己辯護時所說，「假如『一二八』日本之炸彈，不投於珍珠港而投於西伯利亞，試問今日又將是何等局面？」[195] 他們更不會想到在共產黨掌權之後，會將他們一路追殺到文化大革命，使他們無所遁形，如果能存活下來，像西郊村的王廷貴，則是非常罕見的。所以對他們來說，當時附敵也是一個理性的選擇。即使是地痞流氓的選擇也是一種理性的選擇，更不要說那些附敵精英們的選擇了。

當然無論如何選擇，都有其倫理困境：和敵人合作是不道德的，但是不合作導致的後果難道是道德的嗎？在百團大戰的時候，八路軍給敵人造成的損失是電話線被割斷、電話線桿子被拉倒、鐵路路軌被拔掉、公路被破壞掉。即使打敵偽軍據點的時候可能有日偽軍被消滅，但是那是軍隊對軍隊，武裝對武裝。但是敵人的報復性掃蕩造成的是路北縣和平西縣多個村子被燒掉，幾百個老百姓被殺掉。這裡的確有個倫理的困境：合作不對，抗戰卻有比合作更加嚴重的後果。那麼到底是抗戰還是不要抗戰呢？抑或是應該以什麼方式抗戰呢？

---

[194] 同上，第四冊，〈餘言〉。

[195] 同上，第4冊，第179頁。

類似的情況在其他地方也存在。上海崇明島上的游擊隊 1940 年在豎河附近的公路上埋了地雷，成功炸死了一車 26 個日本士兵。結果日軍聚集了幾千名日偽軍開始對崇明島進行掃蕩。他們把公路旁邊一個村子的約 200 名村民聚集在城隍廟，要他們說出游擊隊員的藏身之地。不說，或者說不知道就用刺刀捅死，後來除了約 30 位帶了良民證的農民被放走之外，其餘的均被機槍殺死、放火燒死。出事路段周圍 300 米的村莊房子均被燒毀。整個夏天的掃蕩導致 3,000 人死亡，1 萬個人因為房屋被燒毀而流離失所。[196]那麼是這幾個日本兵的命值錢呢，還是這幾千中國人的命值錢？但是難道抗日不對嗎？這裡顯然有一個倫理的困境。

管惟炎在談到他的家鄉江蘇省如皋縣的抗戰時也提到了他們的縣長也是國民黨抗日游擊隊的隊長所講的故事。這位縣長說當時的地主們請他不要再和日本人來回拉鋸了，否則自己的房子、家產會被燒掉。[197] 當時那裡的新四軍也常常襲擊日本人，殺日本人，結果日本人報復，就殺老百姓。[198] 盂縣一個村裡的農民說他們痛恨日本人，因為他們拆農家的房門與院牆，拿了去修砲臺。他們對八路軍也不滿，因為他們和日軍展開戰鬥，村裡人也被牽連受害。[199]

如上所述，抗日戰爭充滿了這樣的倫理困境。所以我們在理解這段歷史的時候，需要站在當事人的角度上看他們的選擇。日軍殘殺中國老百姓，中國人起而反抗，自然無可非議，這裡的倫理比較清楚。但是除了正面戰爭之外，如何抗日才能導致最少的犧牲，卻是很難拿捏的事情。和敵人勾結一起殘害老百姓，自然是清楚的漢奸行為。但是和敵人合作，或許可以減少中國人的犧牲，但是在倫理上卻又是個問題。一個人可以同時是好人也是壞人嗎？或許是的。但是現實並不總是那麼清晰，需要一個一個地梳理。難度之大，可想而知。

---

[196] 前引 Timothy Brook, *Collaboration*，第 217-18 頁。

[197] 李雅明主編、何淑鈴整理，《管惟炎口述歷史回憶錄》（新竹：國立清華大學出版社，2004 年），第 5 頁。

[198] 同上，第 7 頁。

[199] 前引，山西省查明會，〈發生在山西省盂縣農村的日軍性暴力受害者的證言記錄〉，第 60 頁

七、本章小結

　　本章討論了平定抗日戰爭時期的政治、軍事、經濟與社會狀況。抗戰爆發前平定已經有各種抗日活動，平定犧盟會也已成立。日軍入侵娘子關，閻錫山的晉綏軍以及蔣介石的中央軍竭力抵抗，付出了巨大犧牲，中共軍隊也適當參與了娘子關作戰。日軍入侵後對平定老百姓的大屠殺，以及在農村進行的、對八路軍百團大戰的報復性掃蕩，造成了無盡的人間慘劇。在抗戰的相持階段，中共在平定三縣建立了農村抗日根據地，黨的建設、軍隊建設、政權建設，都非常成功。類似的發展在中共戰後和國民黨爭奪政權而打內戰時起了決定性的作用。可以說沒有抗日戰爭時期中共的這些發展，就沒有中共的未來。與此同時，日軍也在平定力圖通過意識形態的宣傳、殖民政權的建立、採礦業的發展、奴化教育等鞏固自己的統治。本章最後討論了附敵者即俗稱漢奸的各種類型以及他們面臨的倫理困境。無論如何，時代發展中的一粒沙子，如果落在一個人的頭上，的確就是一塊巨石，或者是一座山，會造成家破人亡的慘劇。而且這些悲劇在不同的時代會屢屢重演。下一章我們討論抗戰時期中共根據地國民黨特務案的悲劇。後面幾章討論土改和除奸反特的悲劇。

第四章
理想的破滅：整風運動和國民黨特務案

　　我們在上一章提到了在抗戰時期黨的建設、軍隊建設與政權建設是根據地建設非常重要的三個方面。黨的建設的重要性從其於 1921 年成立到現在百年中就沒有下降過，建設的方法也大同小異，包括批評與自我批評、殘酷鬥爭無情打擊等等。這一點從 1930 年代蘇區整肅殺戮所謂的 AB 團分子，到 1940 年代初的延安整風，再到共產黨獲得大陸政權後的反右、文革等等，都能夠看得很清楚。其實黨的建設和政權建設都是革命的重要組成部分，是恆常的舉動。我們需要了解的是這些舉動的方式及其內在的邏輯。

　　本章討論的是平東縣在延安整風時期發生的國民黨特務案。案件涉及到幾百人乃至上千人，最後被處決 9 人（包括被砸死的一人）。其他的人刑罰不等。我們希望理解案件發生的原因、經過與結果。但是由於我們只有十位主要涉案人員似乎是部分的自白書、交代書、審訊記錄以及判決書，所以我們的了解還是不全面的，不過也可以了解到一個大概。在這個案件中，我們需要考慮的問題是 1）這些人為什麼要參加革命後來卻又參加國民黨；2）共產黨和國民黨之間鬥爭的殘酷性；3）知識分子能否適應中國革命，以及 4）這種矛盾鬥爭的結果。下面我們先看整風運動與根據地建設的大局勢，然後再看十位「國民黨特務」的案例：白銘、崔堅、李秀民、侯同仁、李有年、趙淑珍、李海洋、李維賢、高六蘭、高樹信。最後在結論中我們探討對上述四個問題的思考。

　　我們這一章的討論也是對下一章關於兄弟鬩牆的討論的一個鋪墊。其實國共鬥爭的悲劇就是兄弟鬩牆的悲劇。所以我們這裡的討論，既是對國共鬥爭的一個深一步的了解，也是對知識分子對革命的適應性的了解。這對 1949

年後歷次政治運動中知識分子的作用和命運，都有十分重要的啟示。這裡所說的理想的破滅，既有參加共產黨的人的理想的破滅，也有參加國民黨的人的理想的破滅。在討論中我們會遵循第一章緒論中所說的四個原則，盡量避免民族主義的、政治的、道德的與人道主義的判斷，而是更多的從人性的角度，從當事人的角度，從環境因素的角度去看問題。

一、整風運動和根據地的建設

1942 年到 1945 年期間的延安整風，實際是一個對知識分子進行思想改造、讓他們統一到毛澤東的旗幟下的運動。當時毛澤東為了鞏固自己的統治，需要和張國燾的軍事路線、劉志丹的地方勢力、王明所代表的意識形態以及王實味所代表的知識分子思維方式來鬥爭。理論上講是反對主觀主義、宗派主義、黨八股。這是一個全黨的思想、組織、作風整頓和重建的運動。在組織整頓方面，這個整風過程很像閻錫山對鐵軍的訓練。閻錫山要他們找出來並交代、檢討和共產黨的關係。「沒有關係找關係，找了關係沒關係」。延安整風也是這樣，人們要找和國民黨的關係。於是好多人被打成了國民黨特務。鬥爭是非常殘酷的。薄一波在他的回憶錄中說，他母親在延安的窯洞裡天天聽到人們被整得鬼哭狼嚎。

整風運動在平定是對抗日根據地知識分子的一次大清洗，主要對象集中在根據地的教職工中。當時的教員大都出生在富裕人家，在階級路線的指引下，自然成了這次運動的重點對象。這次運動是對人們思想的一次徹底的洗滌，是對黨內一些非無產階級出身的黨員的大清除。在運動進入反奸反特時，出現了大規模的「逼、供、信」，造成了至少成百上千的冤、假、錯案，形成了反特鬥爭的擴大化。1945 年夏天，對錯劃的黨內的嫌疑分子進行了甄別。但是對教職工中的擴大化問題沒有解決，一些根據地的黨內領導仍然堅持當時的結論不變，始終保持左的觀念，將一些案子封為鐵案，許多人含冤至今，不能平反。有些人為此付出了一生的代價，這些人的後代受了不公正的待遇。我們在這一章討論的是那些沒有得到甄別的人的案例，也即成為「鐵案」的案例，而且僅限於平東縣。

平定地區的整風運動開始於 1942 年。由於日寇正在進行大規模的掃蕩行動，平定三個縣的整風運動開始進行的時間不統一。晉、冀、豫地區的平東縣抗日根據地是在 1942 年 3 月下旬開始的。晉、察、冀的平定縣（路北）抗日根據地是在 1942 年 12 月開始的。整個運動前後時間是 1942 年到 1945 年三年。

大體階段分為：1.學習文件階段；2.個人反省階段；3.組織整頓和幹部審查階段；4.除奸反特階段。在整個運動的過程中，有時交替重複，有時按中央的指示停動。三個縣的時間進度有所不同，但步驟、方法前後基本一樣。

具體情況是，1942 年 3 月下旬，中共平東縣委在全縣召開黨員大會，由縣委書記宋子傑、組織部長冀有新傳達中共晉、冀、豫一地委開展整風的精神，會議決定將全縣劃分為 13 個小組，以組為單位學文件，開展整風運動。根據北岳區學習委員會的要求，中共平定縣（路北）在 1942 年 12 月分區舉辦整風訓練班，對區委和村支部書記集中培訓，然後回區委和村進行整風活動。1943 年 4-5 月之後，中共平定的三個縣委的整風進入審幹的階段。1944 年中共中央發出了《加強整風工作的決定》，三個縣又重新進入了全面自我反省的階段。審幹的運動，僅平定路北一個縣被審查的黨員 588 名，其中 34 名被認定為不稱職或階級異己分子，並分別給予撤銷職務和開除出黨的處分。下面我們來看這幾個階段的具體情況。

學習階段：（1）集中培訓，層層辦班。地委將路北縣委，平東和平西兩縣區的幹部都集中回太行分局黨校參加整風學習班。第一期是縣委委員、縣長、各界救國會主席和公安局長統一集中培訓。隨後各區的領導幹部又分別參加了太行區黨校開辦的縣級幹部整風班，地委黨校舉辦了區級幹部整風班。平定（路北）縣根據北岳區的要求，將區委書記以上的黨員幹部分批分期集中回地委進行了整風。縣對區、區對村，層層進行了集中培訓。有的地方建立了傳授站、辦了流動訓練班。（2）認真學習文件，深刻領會精神。主要文件是毛澤東的三篇文章《改造我們的學習》、《整頓黨的作風》、《反對黨八股》。反對主觀主義以整頓學風，反對宗派主義以整頓黨風，反對黨八股以整頓文風。通過學習文件，提高認識，統一思想。

　　個人反省階段性：這是一個特殊的階段，它要求每一個黨員聯繫自己個人的思想和工作進行反省。先進行自我批評，然後大家再進行批評。重點是批判個人非無產階級思想，解決立場問題、作風問題、幹群關係問題，克服宗派主義、自由主義、本位主義。這個階段為下一階段打下了很重要的基礎。

　　組織整頓和幹部審查階段：組織整頓的重點是中共黨政班子調整，特別是農村黨支部的整頓和健全，對黨政一把手的人事調整。幹部審查重點是對幹部隊伍進行大清洗，採取人人過關，講清楚問題，嚴格按紀律處理。平東縣委在整頓中要求堅決清除投敵叛變者，對長期不做工作的黨員予以除名，對意志薄弱者要求退黨、解除其組織關係，對遭受嚴重破壞的支部通過考察後，重新組建。幹部審查的工作，採取各種措施，用不同辦法，進行了徹底清理。平東縣提出三條標準確定「搶救」對象：1、地主、富農、資本家剝削階級家庭出身的幹部；2、抗戰前在國民黨統治區工作和學習的幹部；3、對領導散佈不滿言論的人。

　　平東縣用了三種辦法。一是召開搶救大會，號召坦白交待。在莊頭村召開搶救失足分子大會，號召上當受騙的失足者當場報名坦白交待。會後全縣展開了反國民黨特務的活動。二是通過寫自傳審查，發現有問題的幹部。寫自傳的人，要反覆寫。在自傳中找出問題，只要前後不一致，就對其翻來覆去地逼供，直到承認自己的問題為止。三是通過受審詢問，確定國民黨特務。在審問中，採用車輪戰，不讓睡覺，使受審者精神狀態長時間處於恍惚之中，感到生不如死，只好按審問者的意圖編造供詞。

　　除奸反特階段：幹部審查最終是發現了一大批所謂的漢奸和國民黨特務，在平東出現了一個建制完整的國民黨組織機構，最後處死 9 人。但是正如我們在下面看到的，這個組織中的很多成員僅僅是稀里糊塗地參與進來的，其組織活動也非常有限。另外平定（路北）處死 3 人（張守誠、王俊才、張毅民）。[1]

　　下面我們來看平東的十個典型的故事。這些故事建立在他們的自傳、坦白書、審訊記錄、罪狀報告、判決書等上面。由於原始文件篇幅太長，我們

---

[1]　中共平定縣委黨史研究室，《平定縣抗日鬥爭史：1937-1945》（路北），1985 年，總 15，第 45 頁。

這裡只能簡要敘述他們的故事。下面內容的選取、段落安排、分析，以及小標題，均是本書作者自己確定的。

二、白銘的故事

白銘，男，生於民國七年（1918 年）陰曆十二月初一，被處死時年僅 27歲。乳名，小將、肉孩。筆名，雲生、耘森、一舟。下面是他自己寫的小傳、坦白書、反省書以及對他的審判記錄的部分摘錄。但是由於篇幅太大而有所刪節，不清楚的地方用省略號代替。段落與標點符號、別字等也略有修正，需要說明的地方放在括號【】中。以方便閱讀。其他人的故事也用同樣原則處理。

白銘的家庭背景

白銘出身於平定的一家書香門第。他說，

> 我的家是平定城裡一家所謂典型的破落的詩書門弟。曾祖父白植是秀才，詳情我不瞭解。祖父白象賢是道光進士，【曾】擔任福建主考，後任知縣，為人樸素耿直，表面看像一個極窮的秀才。他在任上很清廉，當時平定城裡有句諷刺民謠說：「你家坐進白象賢，不如老子的腳後跟。」我三祖父象三，我伯父晉福，在福建相隨當師爺，兩人花天酒地，暗中賄賣了一個重案，我祖父發覺後畏罪吞金而死。

從上下文看，其祖父應該不是「畏罪」自殺，而是因失察內疚而自殺。

> 我的家在明朝時是大地主，都是做官的，當時的民謠說：「白家的官用斗量，白家的銀數不清」。到清時就衰落了。但到我的祖父時還有頃把地【一頃地等於 100 畝】。但除我祖父外，其餘家中十一條煙袋，不分長幼，抽得一塌糊塗，先典地，後押物品傢俱，吃了個叮叮噹當連旗杆都賣了。

我伯父是平定有名的刀筆吏白康，抽大煙發煙癮死的。我父親自小是好的，他是清末平定【中學】第一屆學生，當時我伯母刻薄他，同時他反對抽大煙，一家人不喜歡他，他便賭氣離家住到他姑姑家。當時，學校每人有月例銀一兩，同時他又⋯⋯攬著刻字鋪工作，求學費用，完全自給還有餘。中學畢業後，他到山西大學預科，專門學測繪學，他精於數理。民國二、三年時，山西省政府設立軍事測繪局，測繪全省地勢，他便到局擔任測繪主任科員及代理科長，每月薪大概是二三百元。外頭分散著許多測繪員，他人要三月下鄉檢查一次工作，因而積勞成疾於民國七年秋，回家祭祖害心臟病而死！他的名字是白同福。

我母親十五歲時與父親結婚於太原，因小時念過書，便在太原住女師，很聰明。十七歲那一年就寡居了，以後她把一生的幸福拋掉不改嫁，而把一生的希望寄託在我這個墓生子上，為了我她的青春時代太可悲了。

我是在民國七年陰曆十二月一日生的（差不多是我父親死後的百日）。生我時正是我母親與我大伯父等人紛爭的時候。因為我父親死後，我母親領得撫恤金二千元，當時我父親還有私蓄數千元。我伯父一方面想霸產，一方面想賣年青寡婦，因此多方慫恿母親改嫁，均遭嚴詞拒絕。後來老羞成怒，說白家不安我們了的話來威脅，我母也答以各不相管。趕我三歲時秋天，我母親感覺天長日久，如盡在太原居住，消耗太大，勢必坐吃山空，遂決定遷回平定本鄉住，回家後我伯父等，不讓我母親回老院住，於是買院一所，獨立過活。從此，我二祖父及大伯父多方散佈流言，破壞我母親的名譽。從此，對之更甚。同時，因為一家人就再三欺侮，更雇傭無賴、流氓極盡凌辱之能事，我母親在這種情況之下，孤立無援，四面楚歌，痛苦之狀，不可言喻。但她受了很深的舊禮教的毒，以三娘教子自居，打算教子成名，名垂青史。我的母親很美，在太原孀居時，曾有許多縣長以上的人物求婚，但她終未改嫁。

以上說的母親的遭遇。當時自己是不懂的，既不能為母親分憂，相反
的用母親對自己溺愛、驕養，一直到養成桀驁任性，同時因生活富裕，
養成了驕奢，一直到九歲末上學，在家中由母親教認字，趕到九歲時
我就看開《西遊記》等書，當時母親對自己的教育是長大做大事，揚
名顯親。

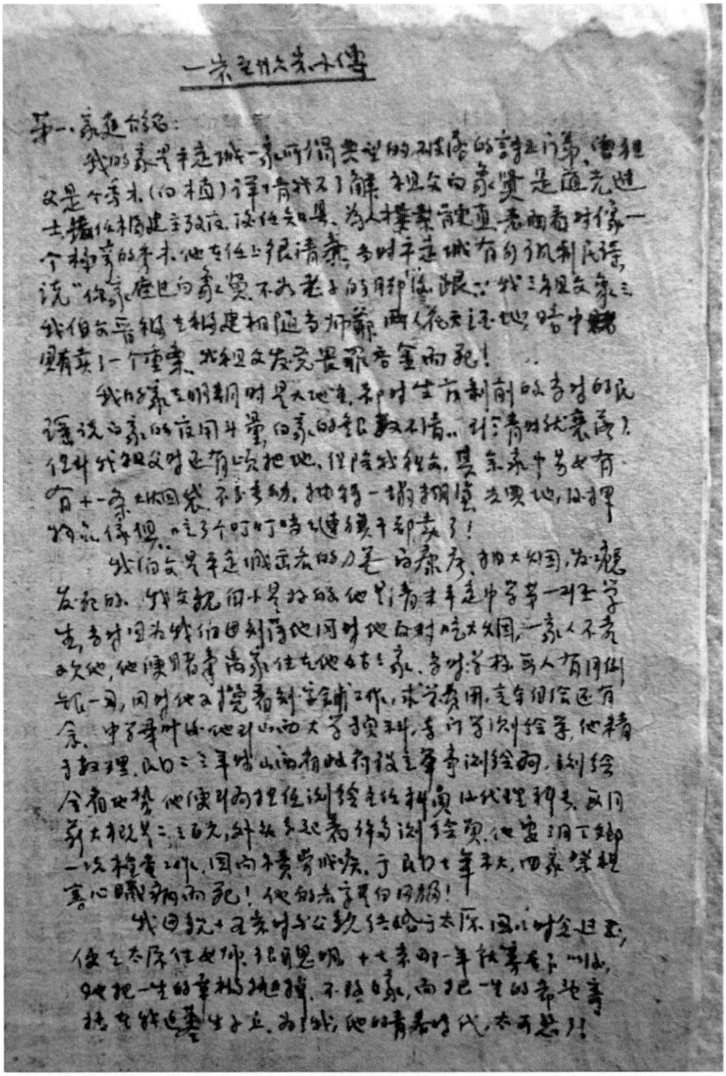

圖 4.1　白銘的小傳片段

我們可以設想，他母親十七歲時就守寡，只有他這一個兒子，本來希望自己的兒子長大之後可以頂門立戶，光宗耀祖。中年喪子，這對她來說，是多麼悲痛的事情。這對母親對兒子都是無以言說的悲劇。但是革命不是請客吃飯，不能講人性，這正是中國文化與政治需要深刻反省的事情。

白銘的學生時代

九歲【1927 年】時入初小，因在家有基礎，各科成績歷次總是第一名，得到學校獎勵，母親常在人前誇耀自己，但當時在社會上是被歧視的。自己幼小的心靈，受著社會上與同學中的許多刺激，形成當時的思想是不願多見人，避免衝突，息事寧人，自己好好念書。十三歲的秋天，升入平定中學附【屬】高小，自己的思想還很單純，一心努力學習，當一個好學生，社會上一般親友，對自己的評說很好。但由於年歲大了，外界給予自己的刺激更刻毒，而自己的領悟亦愈痛心。學校比其它高小，管理上比較鬆懈，而家庭以為自己大了，管理便不嚴了，這時開始培養成自由任性。這一時期正是晉幣跌價的時期，同時因為經營不善，入不敷出，因此家庭存款虧折一半。這時候因歲數大了，看著家中放錢得利，買地吃租，對自己剝削意識的養成關係很大。

十五歲【1933 年】秋季考入本縣中學。這時平定【基督教】友愛會建立了一個圖書館。我因自小愛看小說，趕高小畢業時，已把舊小說差不多全部看了。有了圖書館後我便成了圖書館的常客，在學校課餘，自己一定要去借書看。從此，我便熱看了新文學。同時同學中（梁生天）也有幾個愛好新文學的，我們便很快熟識了。後來由梁生天介紹，我們幾個人都加入了孫竹庭【共產黨員】創辦的文藝研究社。

這一個時期，因看到許多左派文學作品，從自己的感情出發，從個人的遭遇出發，覺得社會黑暗，人壓迫人，應該當個文學家給窮人鳴不平。因此自己以秋心和耘生的筆名，寫了一本詩和一些雜文。自己的讀書觀【理想】是將來一不當教員，二不當書吏，自己要專長一門。

因此，在學校每日是研究文學，從各地買了許多小說和文藝理論【書】，但不喜歡數理。這時自己從小說中感到共產黨組織鈔廠工人暴動，很壯烈偉大，非常同情。以後在文藝研究社，搞過幾次社會活動，組織過兒童講演競爭活動。當時我們貼的口號都非常新，而且積極，因此很引起社會上一些人士的注意，覺得我們的行動特殊，並說怕人利用，流言紛紛。

看來白銘在上平定中學時就接受了左派文學作品的影響，接受到了共產黨的影響，並傾向革命，只是由於下面所講母親怕事，才決定退出那些社會活動。後來參加抗日政府，也和孫竹庭有關係。

這時母親說：你穩穩的住學校才好，什也不要管。同時自己起小養成怕事非，鬥爭性不大，因此就退出文藝社。從這時起自己就開始滿足於現狀，只是自己能提高知識就好，在人生觀上現在想來是偷生的。因此社會上的一切活動，自己都不參加。母親常常教誨自己說，什【麼】也不要管，咱和別人不一樣，主要念書。

1936 年秋十八歲，平中畢業後，考入山西太原第一中學【上高中】。這個學校在山西說，無論建設，還是師資都是第一流的學校，學校對學生的管理辦法是功課要求高，三年功課二年講完。要把學生培養成埋頭讀書的人，這時我除了看好文學外，其它功課都注意了。因為不注意不行，而且成績在前五名要免學費，並有津貼的。自己當時的意志是讓家裡少花幾個錢，事後那一年我的成績是第一名的。

這個學校是有名的省立學校，山西官僚軍閥的子弟都在這個中學校，他們每天到校都是車來車往，上課以後便離開學校，和在學校住的一般同學毫無來往。自己當時深感他們太實在冷酷無情。同時那一時期正是全國經濟大危機，學生畢業就是失業，毫無出路。自己深為前途彷徨。後來自己看到山西郵管局召考郵務員，（高中程度長於英文就行）待遇很好，而且一輩子的事，不會失業，因此當時的思想是好好

學習，同時要特別學習文學與英語，將來做郵政工作。同時當個文學家，又清高又穩當。

白銘在平定中學時受到的左翼思想的影響，或許也是他看不慣太原的官僚與軍閥子弟做法的原因之一。也正是那個影響，使得他將來還是參加了革命。不過，如下所述，在參加革命之前，還是有個參加國民黨的經歷，結果成了他足以致命的歷史問題。

> 這一個時期，思想不進步的主要標誌是民國二十五年山西反共高潮，當時形勢非常惡化，對學生橫加逮捕，毫無保障，因自己好買好看新書，非常著怕，那時就把許多進步書報雜誌，以及同學等人的照片用火焚掉。但這仍然不安心，因為在太原搞公民證，有得力的人出具鋪保，才能領到有保障的公民證。最低限度也得兩人保。

> 自己在太原人地生疏，觸目驚心，心中害怕，不能安心讀書了，便假借母病為名，請假回到家中。回家後是比較安心了，但聽說當局對從前文藝社的幾個人非常注意（孫竹庭）並派人監視，自己便又提心吊膽，覺得沒有得力保證，母親也為此事心神不安，後來我父親的一個同學老友（姓轟）說入了國民黨就不怕了，我便由李子雲介紹入了國民黨，但在那時切實沒被分配什麼任務，也沒有發什麼證章。因為那時只有一個通訊處，沒有經常的正式的黨組織與生活。至於入黨的動機，確實是怕捉了我共產黨而參加的。這是自己思想的頹廢時期，這時母親再三教育自己，說「咱不比人家，咱們是孤兒寡居，好【不】容易到高中，將來快畢業了，做個事，咱娘兒們過一份安生光景，才能做人上人，在學校什麼事也不要管。」

正如後面要討論的崔堅一樣，只要參加過國民黨，就永遠也說不清楚了。我們後面討論的李秀民沒有參加過國民黨空軍，僅僅是別人曾經向他建議過，結果也被當成真的參加了來處理。所以白銘這個歷史中的小插曲，成了

他一個致命的問題，儘管他當時參加國民黨是為了安全，並沒有參與任何運作。而且這次參加國民黨，是後來恢復國民黨的關係的直接原因。

> 因此在學校沒有參加過什麼組織與活動，就參加過一九三六年冬太原市學生十二月運動。這時，因為我是高中生了，在本縣一般人，對母親比以前不同了，特別是白家，他們主動的和母親和我去接近。至於學校都是外縣人，彼此各不相知，對我人也沒有什麼異樣。一九三七年前半年沒有上什麼時候課，因為那時都實行全國學生訓練，在四月十日到七月十日整三個月，在那三個月中，每天上十個鐘頭軍事操，每日疲乏異常，無許可述。

白家的親戚顯然是勢利眼，很難說白銘出事之後，他們會善待他的母親。

參加革命（1938 年 7 月）

> 事變後【平定失守，我們到】鄉間賃物蟄居，（我們一家都不敢回城）。又是恐懼，因為是學生，怕逮捕，又是難過，因為國亡家亡，自己當時認為中國決不會亡，但沒有什麼根據。自己準備學習古人，埋名隱姓，等待祖國的光復。……事變後，家中的一切財物全部喪失，而為無人照管，同時鄰居欺負，甚至將房子拆毀。因為這是她一生經營，我母親為這很傷心；當時在鄉下生活，只要節儉，是可以維持的。我們逃出時帶了幾百元錢，同時我母親還攜帶了一兩黃金。另外在那裡我們還有十五畝半地。為了長期生活，第二年春天，我們零用短工，自種了七畝地。亡國生活，度日如年，悶倦非常，自己常以唐詩杜牧亡國恨篇朗讀以消愁！

> 三月時，勃如【白銘的同學】得到了我的消息，我們便取上聯繫，並相約【給平東和平西縣政府寫信，希望到】到平東或平西參加工作。後七月接到平東來信，我便同勃如到平東參加了。母親是很有民族意識的，她完全同意的，而且鼓勵我的參加抗日，臨別時她說：「你走

吧，好好注意身體，不要記掛我們，也不要寫信。」以後她含著兩眼淚，凝視著我消失在遠方。

母親哪裡會想到，這是一次死亡之旅。這次參加革命仍然與他在平定中學的經歷有關，他到了介紹自己認識共產黨的孫竹庭那裡去工作了。

因當時二區初建，人手短少，同時又是孫竹庭當區長，他瞭解我們，因此縣政府便把我們介紹到二區工作。到二區後我便認識到了，政府是共產黨領導的，自己這時的想法是，在學校時，自己曾憧憬進步革命事業，【現在】自己應該要求入黨，但自己不談，又不提出，想法是他們視我是為知己，懂得我，應該主動來和我談。結果事與願違，自己情緒上很不愉快。同時在工作中自己也不負什麼責任，自己感覺工作中沒有知己，鬱鬱不樂。

等著共產黨主動來找他，發展他入黨，這顯然是知識分子的高傲，也會是他在革命過程中的絆腳石。不過他後來還是入了共產黨，並擔任了二區區長，工作十分愉快，並和趙淑珍結了婚。

一九三九年二月孫竹庭到後方去，臨走時給勃如留信說：「雲生應使之走入正確方向。」這時我才領悟到他們仍然是關心我的。以後自己就各方面自己的工作主動的、積極的負責，經過自己和鄉書幾次談話，我於五月經縣委批准正式入黨。現在想來入黨的動機是不對的。只是覺得這是進步，這樣才能吃得開。

此後精神十分愉快，趕七月，我就擔任了二區區長。擔任二區區長後自己心滿意足，工作是負責任的。自己認為這是組織上的決議，應該每條保證執行，執行下錯的沒事。忠於組織，就是忠於革命。但當時的官僚主義是相當嚴重，行政命令為主，動不動就犯了態度，各村群眾都怕自己。

當時瓦村的行政和經濟都是半獨立的，自己享樂上是有些額外情況，這都是由公家開支，有唯我獨尊的小天下作風，但是極其公開的，在經濟上是沒有任何馬虎的。一九三九春天，小趙同志從後方受訓回來，她和我於事變後，曾在鄉間會面一次，當時我對她的印象很深，到平東後，她聽說我在二區，便經常到二區工作，不斷從交接中、工作中向我透露愛情。起初我是不大注意的。因為我嫌她文化程度低，但日久天長終為情動，而相期建立的革命愛情。九月份經組織上批准訂婚，十月份宣佈結婚。

一九四○年五月，因為在營莊領導幹部及群眾，鬥了一個破鞋婦女，同時鼓動群眾把她打了。當時恰遇自己與分委王鳳州意見不合，後來就以這件事報告到上級，以違犯保障人權法令，調換我的工作。

領導鬥爭並打了一位有作風問題的婦女，這件事情成了他生命的轉折點。

開始走下坡路（1940 年後到 1943 年）

我調換工作以後，就到平東幹部訓練班（訓練第一次簡政後的多餘幹部）當教務主任，歸縣委宣傳部直接領導，我當時對工作是滿意的。因為在區時都做了工作，沒有鍛鍊過組織生活，這樣可以加強這一方面。但是卻結果相反，原因是縣委機關對我執行了紀律，因為營莊問題。我對這到現在一直不同意，我認為他們是聽了王鳳州一人的話，並沒有向群眾調查，而該玉茭【那位被鬥婦女的外號】確實是群眾所痛恨的，當然我的方式不一定好，但我的出發點還是好的。這樣不實事求是的處理，我始終不滿意。因此工作消極，情緒低落。

白銘認為自己受到了不公正的對待，所以對領導有了看法，工作消極，這就使問題越來越嚴重。這和李秀民的情況相似。對領導不滿，就會得罪領導，後果不堪設想。

以後組織上決定讓我到縣委學校受訓，沒有實行。又讓我參加六區分委會，做測魚支部工作，實驗測魚村工作。我對工作是同意的，但我總是不滿意上級。在這個時期自己對工作是負責的。動機是讓上級看看自己用行政命令把測魚工作搞的盛極一時，但完全是表面的。以後組織上認為我不決心轉變，一面調我到縣政府當教育科員，一面又對我執行紀律。這時我感覺自己滿心眼委屈無處伸訴。同時調回縣委後，一般同志冷嘲熱諷，議論自己，自己覺得威信降低，覺得上級埋沒了自己，這時發展了等級觀念與自由主義，牢騷滿腹，對上級處理埋怨，詆毀上級威信，這是十一月的事。

但工作不久，便腦病發作，疥瘡大熾，上級對自己的病，既不體貼，也不關懷【後面的判決書否認領導不關心他這一個問題】，結果造成自己對領導上的對立！當時自己想整個革命陣營中，領導是正確的，但平東的領導是成問題的，他們和自己是有成見的，不管怎麼自己在平東是跳不出人家的手心的。自己想合則留，不合則去，不必儘管【平定話，老是】這樣討沒趣。

因此一九四一年一月時，便要求調換工作，決意離開平東。這一要求上級並未接收，二月份上級讓自己到區黨委黨校受短訓，並允許受訓回來後回縣解決一切問題。自己當時就接受了這一任務，想法是能增加自己的政治認識，同時區黨委徵求意見時，自己可以提出控訴，因此便欣然去了。

在受訓期間我體會黨的政策是真實的。以前認為是黨內一套，黨外一套，那時打破了這個觀念。同時解決了中國革命的性質和任務的問題。

受訓完後，一方面倉促完課，上級沒有徵求意見，同時我在路上，覺得要是人地生疏，格外不便，因此原先計畫的意見便沒有提。回縣後仍然在教育科擔任幹部訓練工作，當時環境惡化，自己帶病支撐到訓練工作最後，才停止工作，專事休養。

但一病三個月，領導上並無任何照顧。但當病勢好轉，領導上便馬上寫信叫恢復工作，我覺得這真是剝削階級意識，用著靠前，用不著靠後的派頭。病時無人一理，好了便不是工作就是任務，同時自己不同意工作崗位，計較等級，覺得自己無用武之地。做工作完全是替人作嫁妝。因此與領導鬧意見，結果又遭到組織上紀律處分，這是八月間的事。這時我有想法是不拘恁吧，我就不在共產黨也要革命，從此我抱定有什麼意見再不向組織上報告了，報告一次紀律一次，平東的組織說不出真理來，從此工作便成了應付態度了。

白銘顯然非常重感情，而且要講道理，反對剝削階級意識，就像王實味當年在延安反對等級觀念、差別對待一樣。問題是在革命年代，這些都不是被看重的東西。只有服從命令，任勞任怨，才是生存之道。他不會這些，於是，他被開除出黨了。

一九四三年三月，從高小調我回縣工作，接著組織上通知我開除出黨，自己覺得兩頭脫了一頭了，這時對自己的前途感覺茫然了。但還沒有促起反省決心，相反的，到縣政府後對領導上常常暗中在一般幹部前編排缺點，破壞領導威信。六月份被扣，首先宋政委、趙局長和我談話，要我坦白是國民黨，自己想這一下完了，承認不承認，對革命叛徒，怎也不饒，最後決心不承認，同時覺得他們可能不的確，恐怕是懷疑。後來就到了督察處，當時自己的思想是，起先覺得他們是猜疑自己，沒有的確事實，後來知道上級是的確的，不說不行，但又覺得說了怕死，仍然不說，以後上級保證自己無事，並誠懇的提出說：「這是自己轉變的關鍵。」自己千思萬想，想通了是吃了國民黨的虧，儘管自己怎樣不進步，不要墜入特務坑，自己的歷史不會像今天的可恥。因此決心說出，但內心的感愧，使自己十分羞愧，以後經上級領導一再表示，自己才認清了自己的假國民黨復仇，坦白以後做反特工作是極其光榮的。這以後自己就坦白了一切，並進行了平東的獄內偵察工作，決心為爭取光明前途，洗滌注入國民黨給自己污染的汙血而鬥爭。

以後在一九四四年一月十五日恢復了自己的工作，自己以新生的恣態，為這一新生的紀念日子寄予了無限的希望將來的遠景！

或許上級原來就知道他曾經參加過國民黨，所以才揪著他一直不放。他決定坦白交代，並往自己身上潑髒水，並戴罪立功，於是再被啟用，但是這些能救得了他嗎？他說，

> 我是一個糊糊塗塗的過了二十六年的對不起國家民族，對不起自己多年孀居的母親的人，自己受盡了舊社會的冷酷無情，使自己膽怯心寒，不敢正視社會，但自己又在舊社會中學得了階級的意識，不是改革社會，而是要在舊社會中偷生，而是企圖在舊社會中喝統治者的殘湯剩羹，而自鳴得意的阿【Q】式的可憐蟲。抗戰後參加革命，走上了人生的平坦大道，但自己不能嚴格克己，不能真正以身許國，學得了反動派的個人英雄主義色彩。把眼光縮到了鼠目寸光，使自己在革命的培養中走了一條彎路，在歷史上注入了可恥的而一生愧煞的一頁。二十六年的回顧中的自己已是僵【屍】，自己要為創造二十七年後的一生光榮而決心，為隨著革命洪流動向前，今後自己的方向，是共產主義的革命方向。而自己的意志是屈躬盡瘁，死而後已，從二十六的回顧中，指明了我的路，就是革命隊伍的，向舊社會復仇的路！而在自我修養上，就是嚴格克己，真正建立客觀的意識形態！總之，今後再不能重複過去的教訓，要在新時代中，創造新的自己！

在一份題為「一九四四年的自我反省」（1945 年 2 月 10 日）的文件中，白銘交代了自己一年來的反省和新的政治認識，即「共產主義是世界上最優良、最先進的社會制度」。「過去對共產黨具有廣大人民群眾所擁護的無限潛在力量是沒有真切認識的」。現在認識到過去幾千年來老百姓的抗爭，就是因為沒有共產黨的領導，所以才受了欺騙，流了血，結果只是把新的統治者扶上了寶座。所以只有共產黨才能救中國。中國共產黨的軍事、政治、經濟各方面的政策是新中國的方向。而國民黨代表的是舊民主主義，有濃厚的

封建和法西斯的色彩，「必然像秋風掃落葉一樣為人民力量所淹沒」。當然這些話有多少是真心的我們不清楚。其實他自己抱怨的東西已經是封建的法西斯的經驗的體現了。如果他能夠活下來的話，也會一次次地體驗種種「封建的與法西斯的色彩」。

這時的白銘，已經很失望。他在這個「自我反省」中寫到，雖然恢復了工作，「但恐怕不會重用自己，自己在革命隊伍中，不會再有什麼地位了」。不過最後還是「想通了，只要自己一樣的鍛煉革命品質，無限忠誠於革命事業，上級是不會埋沒自己的，自己還要受到革命的培養與撫育，自己還可能爭取成為布爾什維克，而得來的前途是不可限量的」。不過他在後面還是寫到自己不被尊重、不被重用的諸多事例。之後，他說，

> 因為有時感到人看不起自己，不重視自己，所以有時牢騷非常，顯出不好的態度，同時自己又想，就這樣不長不短、不上不下，真是平凡極了，見了老朋友覺得慚愧，見了自己的女人和小孩覺得慚愧，特別是覺得無法在將來勝利後，見到自己倍受人生之苦的母親，霎時刻感到生意斷絕，曾幾次想自殺，見到井時，想跳井死吧！見到槍時，又想到對準腦門槍殺自己吧！而兩次絕路，自己在思想上，都是抱定必死決心，自己覺得這樣可以表示出自己的心腸來給上級看！

> 總括自己的幾個糊塗思想，內中貫串一個東西是個人英雄主義在作怪，但這些思想是經常處在內心的鬥爭中，因此並不是一成不變的想下去，而是在一定情況下，觸景生情時，便曇花一現。……自己從事實中深深體驗到，在革命工作中，不論到什麼等級，到什麼崗位，都是革命工作的一逐步形成組成環節，在工作的貢獻上和重要上，有同等光榮的，同等的價值，但英雄色彩存在，自己不能嚴格克己，所以在實際工作中，便表示了冷熱無常，同時，在對待人上，不會照顧周全。

　　我們在抗戰一章和結論一章都討論了戰爭的殘酷。其實在根據地的這種思想鬥爭也可以把人逼瘋，也是非常殘酷的。即使不自殺也會被殺，正如發生在白銘身上的事情一樣。

　　白銘後來又檢討了自己在群眾立場、群眾觀點上的錯誤，享樂主義、不吃苦耐勞（疲勞了便想休息，生病了便想減少工作）、學習不經常不鑽研（比如好高騖遠喜新厭舊）、自由主義、官僚主義、形式主義（比如「自己喜歡唱歌，對記表冊填寫統計，力求整潔，好像是專為人聽，專為人看一樣」）的錯誤，喜歡「孤僻自靜」的錯誤，認為應該減少知識分子的農業勞動的錯誤，行政觀點不強的錯誤。其實這些也正是毛澤東在延安文藝座談會上批判的知識分子的那些錯誤。這都是革命所不能容忍的。後來學會了看領導眼色行事，只有認為領導和自己意見一致時才發表自己的看法，但是隨後又檢討這是「僱傭觀點」，沒有積極地去發現問題，找尋工作。他一再地檢討自己，一再地表決心，「一定要努力革命到底」，「自己今年一定要努力學習，忠心和積極，毫不講價錢的做革命工作」。

　　在思想上，他還認為蘇、英、美「將是團結的與互相讓步的」，共產黨用人民的力量，必然勝利是肯定的，但是「國民黨仍有相當力量與國際地位，為達到國內和平，兩黨間必須團結讓步」。至少暫時是這樣的，儘管英、美與國民黨將來必然垮臺。這些思想自然也是不合時宜的。白銘對此也做了檢討。

　　不過最重要的檢討是關於自己和平東縣的「國民黨特務」的關係。他說平東有個特務組織，他自己是主要負責人。

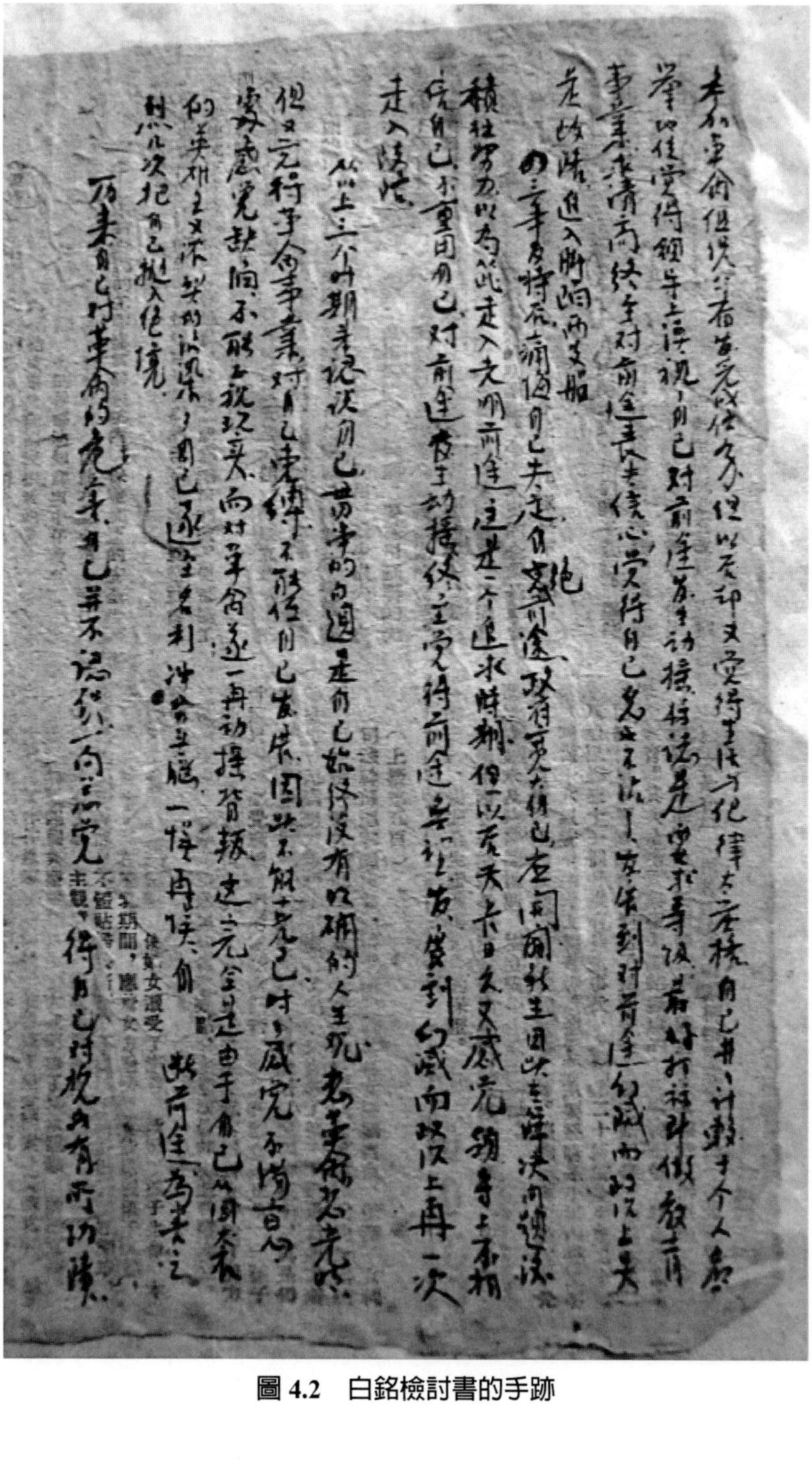

圖 4.2　白銘檢討書的手跡

白銘恢復了和國民黨的關係

　　白銘說1943年反特後他們這些人有一段時間的沉寂，但是「思想工作並沒有打通，同時由於家庭利益受到損失，對政府的成見很深」。後來由反特轉入大生產後，他們有了再起的意圖，認為政府並不是真的寬大了他們，而是為怕國民黨而給自己留後路。他們現在的任務是暫不擴大自己的組織，而是蒐集情報，了解村中民兵的內部情況，對幹部群眾民兵等進行「感情拉攏，建立密切聯繫」。上述組織是逐步形成的。那麼白銘是怎麼樣又和國民黨接上關係的呢？白銘說，

> 自己思想的動搖與對前途的悲觀，在四三年解決問題後，並沒有解決了。這時主要是感覺自己怎麼也不如人，怎麼也不光榮了，因此為前途而經常苦惱著，特別是今年大調動幹部，自己的工作久懸不決，這時極端苦悶，也極端動搖。幾度想到自殺，後悔自己不該念了幾天書，又後悔不該出來參加工作，這時雖是如此，但還沒有想到依靠國民黨，認為那條路不通，結果要失敗。同時又想著四三年首先悔過坦白，暴露一切，國民黨方面是對自己懷恨的，因此當時還沒有引起足踏兩只船的思想，只是在極其淡得信心上做著一種等待思想。

> 自陳治本與平定城裡取得聯繫後，平東四三年反特所逮捕的人，以及釋放的人，及各人的具體情況，他是給歸集過材料反映的，他對我的情況雖未直接瞭解，但他從側面是知道些的。他們從歷來的經驗，也看透了我的名利地位思想，因此在今年三月曾由陳治本轉高樹信，把李子榮、馮子文、李隆太三人署名的信給了我（七旦開幹部會時在生產處門外給的）。

> 當時不知是什麼，他也含糊說是一個不知名的趕牲口人給的，沿路拆開一看，心裡非常著怕，欲要向政府報告，怕政府不相信自己，同時高某不承認，反而害了自己。同時感覺高樹信一向對自己很尊重奉承，所以便沒有聲張，只是告訴他以後這樣可不行，千萬不可再胡鬧。

但自己對這封信很感動，因信的內容是好像一封純粹友誼性的信，他們說的話多是帶些激動性，大意是「聽說你現在仍然不得志，我們很同情你，並說你離開家久長，你的家庭很困難，我們準備盡力照顧，盡朋友之誼，希勿念。最後說，美國軍隊準備在日本和中國沿海登陸，中央軍陸續北開，希望我和他們取得聯繫」。

這一封信對我很有些震動，因為和當時情況相合，特別是家庭問題，如果對他們不太好了，家庭會跟著受危害，因此就沒聲張，但從此心懷鬼胎，也就更苦惱了。但這樣他們卻認為我是認了，便進一步在四月份捎來一封信，內容是希特勒敗降了，日本馬上要投降，中央軍馬上要開來，平定城縣黨部馬上要整頓好，他們都希望我參加縣黨部的工作，現在可在就地以平定縣黨部常務委員的資格與平東縣聯絡部聯繫，就地協助工作。

我接到這封信後，心中左思右想，覺得這事幹不得，但按形勢看，他們確有可能來，又想政府是不相信自己，哪裡是自己的出路？心中便猶豫起來。以後教員在七旦開會，陳治本便持信找我接了頭，我覺得怎也沒有前途，就這樣混幾天吧！這時我寫簡信一封告他們說，工作可以進行，但我得隱閉面目，要求不能高了。

　　在無論如何都不能得到共產黨信任與重用的情況下，白銘得到了國民黨方面人士的同情與支持。尤其是對方對他家庭的關心，是他在共產黨內沒有感覺到的。於是他猶猶豫豫地接受了這種聯繫，認為或許這是一條出路。在這麼大的社會變動時期，在抗戰結束後是共產黨還是國民黨贏得天下並不明朗的情況下，腳踩兩隻船，或者離開一條船，到另外一條船上，也是人之常情。但這卻是生死存亡的大事情，也是很難預測的事情。

白銘交代的國民黨組織在平東的活動

　　我們首先看白銘交代的「目前平東國民黨特務組織的分工與破壞活動」的情況，然後看白銘自己的活動。下面是平東縣國民黨組織機構與分工以及交通聯絡的安排：

縣聯絡部設在馬山，主任陳治本，組織李有年，宣傳李海祥，武裝除奸李進賢，情報聯絡高福，三青【團】長郭鴻德，副團長翟盛林、陳務本，聯絡員是高樹信、李益三、張三星、岳如田、田庫、崔堅、李秀民（此二人是原先在國民黨服務，今年春情緒落，悲觀失望，被郭鴻德勾引接上關係的）。聯絡員的責任是反映情況，代表縣連絡部協助各村工作。區分部，六區主任郭鴻德，宣傳高樹信，組織陳務本，武裝除奸李維賢，情報聯絡高福（因為高福在區聯社，測魚又是中心，容易連絡）；五區主任李海祥，宣傳許國禎，組織董風林，除奸崔萬和，情報聯絡張元海；四區是主任李海祥，宣傳翟連玉，組織張三星，除奸岳如田，連絡翟連貴；二區主任崔盛林；各區幹部大多由縣黨部人擔任，這樣少用人少暴露，各區自行組織社區和村一級的支部，四三年的人員都是隱蔽在社區和村機構內。平東領導區域已包括二、四、五區，一、三區歸平定城關黨部領導，七區歸正太線黨部，現在李之榮、段禮廷都在太原，平定城是李熾庭負責，正太線是馮子文負責。

縣連絡部在馬山，從此走西行，東回是交通站由穆益三、田庫、朱德仁組織，以穆益三藥鋪為主體，可西通瓦嶺，通到城內並通三區。從馬山往東行七旦、測魚是交通站……，測魚站由高福、高正祥、高維華組成。從馬山往北交岳如田，往南交李海祥，交通連絡多得用趕集做買賣進行。

這些組織是很健全的。高樹信的交代裡還有村裡的具體負責人的名字。不過為了節省篇幅，我們就不再詳列了。另外「特務」之間相互揭發，事實不一定準確。李秀民是沒有為國民黨服務過的，但是白銘以為他為國民黨幹過，所以就這樣揭發了，共產黨也真的是按照他莫須有的所謂當過國民黨空軍的罪名來處死他的。不過即使是當過國民黨的空軍，也是抗日的空軍。他們處死的會是一位抗日英雄。但是在那種情況下，是沒有道理可講的。

關於該時期的「工作方針」，白銘交代說：

這一時期特務活動據平定城的指示，是形勢快要勝得了，美國要在中國登陸，中央軍要大批北開，要讓共產黨退出山西、河北，現在的工作是擴大力量爭取群眾，對積極幹部，進步群眾與民兵，要積極感情團結，建立密切的朋友關係，慢慢進行分化，對於受到政府打擊的知識分子、小商人、退休人員和落後群眾要告給他們中央軍快來了，建立友好關係，並慢慢的吸收到組織中，一定要抓住一批村幹部和群眾，對於去年經過群眾運動受到損害的人，要抓住他們的不滿情緒，進行團結與吸收。但這個時期非常注意隱蔽組織，活動方法一般都是找合法，開會多在政府集中開會時進行，如縣連絡部集中開會就是在開教員會時進行，轉送信件多是在信面上寫所在工作村村名，派專人送，這樣如遇檢查能忽略過去，如給陳治本寫信只寫轉馬山村，往城裡寫則寫交第三區。

下面是該時期的破壞活動計劃：

在勝利前，主要是暗中宣傳中央軍到了河南，美國要在中國幫助中國打日本，想打走日本還得靠美國和中央軍。另外則暗中宣傳，美國和中央軍下令讓八路軍退出河北山西。如不退就要打，得用落後群眾害怕內戰的心理，使群眾情緒低落。在勝利以後，大肆宣傳日本投降了中央軍，日落紅散，共產黨他得趕快退上走，對積極幹部和民兵向他們威脅說：「不要光往梯子上爬，看掉下來。」在擴勝利軍時，主要造謠說：「這次擴兵出去，就要打仗，這一下可成了，九女守一男，再擴就輪著女人當兵了。」造成對擴兵的恐慌情況，使當兵的本人和他的家人都認成一被擴走便是去送命，另外則宣傳中央給山西老百姓發下賑災糧，閻錫山不遠要到各地放糧，無論窮富都能領。另外是組織暗殺團，由武裝除奸挑選和政府有成見的特務分子組織，特別是吸收民兵中的特務分子，專門在有軍政機關的地方，沒武器砸石頭，有武器（指民兵的武器）的打黑槍，故意走火，造成群眾的恐慌情緒。另外這一時期最主要的任務是瞭解情況，主要是村中幹部情形、民兵

情形，人口、地畝、產糧、公糧和縣區組織機構人員情形，會交縣連絡部轉報平定城。暗殺團在組織工作時，要宣傳中央軍來了，要每人給武器一件，並要提拔到中央軍去當軍官，同時宣傳中央軍已經四面圍了解放區，八路軍不退就要打，要積極組織暗殺團配合。另外抓緊參戰參軍在前線受傷掛彩的家屬宣傳，八路軍武器不好，想攻打城池必須像中央軍有大炮飛機，現在的出擊和攻城都是瞎誤工、白送死。

白銘說「六月份到現在陳治本利用小學教員開會，用個別接頭方式，舉行了縣連絡部會，佈置工作共三次」。那麼這些行動計劃有沒有在下面得到具體實施呢？白銘交代了自己在這一時期的「破壞活動」：

這一時期八月中旬以前在公安局工作，因心懷鬼胎，這一時期在工作中更不安心，不敢多與在一塊工作的同志接談，但卻積極的表現工作。這時所接近的是耿明志、白琰山，因他們一則過去是上當分子，二對工作前途有些暗淡。我和他們常談。白琰山因病覺得公家對他的照顧不妥……，心裡滿是牢騷。耿明志也是覺得公家對他不妥。……我和他說，現在非共產黨員吃不開，特別是上當分子，這是一輩子也擦抹不乾淨的汙點。我說你們不看常有一部份人領導上叫去開會，那是共產黨員，咱們這些人都是陪伴，我隨時鼓動他們向領導上提意見。

這時我告訴他們說，勝利快來了，打走日本，中央軍要來華北，國民黨還有贏的前途，我已經和國民黨接上頭，這時便把他倆說服的也建立了關係。這時我們便成立了小組，並根據平定城指示，前後計畫了三件事：第一件事是由耿明志填造一份公安局人員幹部登記表和武器登記表，並說明誰們是否共產黨員，這在七月份填好交得連絡部。第二件事是由白琰山、耿明志二人留神注意，負責幹部到一塊說些什麼，……同時對一些非共產黨員如萬鎖、福鎖、寶銀福等……計畫讓白琰山、耿明志二人和他們接近拉好關係，然後慢慢的發展了他們。第三件事是準備將來國民黨回來的話，進行配合，辦法是帶上槍往過跑，打黑槍。

這些事情我都寫信告過平定城。以後八月中旬就調到政府工作，只因
對政府內部工作人員不熟悉瞭解，只是在小口頭【村名】和尚金林、
王連田說過咱們這些人怎麼也吃不開，當時是因為住房子，他們提出
了些意見不頂事，他們忿忿說咱這說話不頂事。當時我也是同樣感覺，
當時便說了那兩句話，但還不是有計劃的。

另外就是在馬山時間教員會，我和陳治本，他又和李秀民共同討論佈
置過工作，主要是宣傳擴兵要造成九女一男，說這次擴兵出去，馬上
就要打仗，這是拿上新兵送死，造成大家對擴兵的恐慌情緒，來破壞
擴兵。另外宣傳抗戰大勝利了，要想攻打城池是中央軍，有飛機大炮，
像八路軍民兵武器不堅，只能打游擊，不能攻城池，是白耗工，白送性
命。再了就是宣傳中央軍正往華北開，蔣介石、閻錫山給老百姓放糧。

在開會以後我們把這些報平定城，以後我和陳治本又分開寫過信，我
是給高樹信、李有年、董自福（縣連絡部連絡員）、張三星去信，內
容主要是所宣傳的東西，一定要打通群眾思想，根據各階層不同的思
想，不同的反映，具體進行。要找出當前群眾是想發展的規律。目前
教員集訓，交通連絡陷於停頓，準備在教員集訓後，陳治本等人爭取
調到前面，這樣離城裡更近，聯繫更方便，可以發展前邊的教員，建
立新的機構，這是陳治本在小口頭和我談的。

在另一份文件中，白銘還談到另外的組織發展活動：

去年冬天在七亘住，耿明科去看守班，他不滿意於工作，打算去念書，
心裡很沉悶，那時我和他說：「咱們這些上當分子，怎麼也不沾，人
家總也不相信，有天大的才能人家不用，有啥辦法？」後來我又告訴
他平東又恢復了組織，國民黨當時吃不開，日後總還是要來，他也有
這樣的思想，認為美國也還邊就蔣介石，所以便恢復了他的關係。

他去測魚便與李秀民發生了關係，以後過了陽曆年搬到大東岔，我便
和他共同進行恢復白琰山的關係。當時和他談的也是和耿明科一樣。

當時他正害病（長瘡）疼的不能行動，他情緒很低，便在陰曆年前，便也恢復了他的關係。和這同時，我因長瘡常到事務處和耿明志找棉花，有時便談些話，我和他說起上當分子沒有前途，領導上歧視，另眼看待，他是同病相憐。我告他說恢復了組織，他表示無可無不可，便也恢復了組織。

耿四保他哥給李隆太家做工，給了他東西財產很多。四二年反特時李益三和他哥有關係，以後李益三和他哥說服耿四保參加組織。去年冬天在七旦住時，李益三將關係告給趙述真，以後趙述真陽曆年到七旦便告了我，當時四保不在七旦，趕到大東岔我和他談，便接上關係。當時給他們也沒有什麼佈置，主要是要積極工作，不要暴露了。

另外主要是挑撥其它隊員與余正的關係，說余正不民主，不接受別人意見，就是會在上級跟前耍馬前蹄，……說余正不應該當英雄，上級辦事不公道，埋怨上級。陰曆年後耿明志願意念書，我也同意，我便把他的關係（在七旦開會時他走的）介紹給李秀民，介紹信是由高樹信寫的，由李秀民介紹抗中。

以後在四月機關挪到七旦……公安局內就有五個人，這以後接著就是幹部大調動，自己對這次調動非常失望，當時耿明志深深感覺到上級對他沒有培養的意思，只是注意培養李慎春，當時白琰山害病，他痛感上級病中待他遠差於二保。

這時平定城的信到是說德國打垮了，美國馬上要在華北登陸，中央軍要開始收復失地，各地要積極配合，因此在這時便有進一步的工作，造成進一步的罪惡！六月初白琰山、耿明志、耿四保、元桂四人，我利用中午午睡時間和他們分別在七旦政公所接了頭，指定白琰山當組長，組織暗殺團，以白琰山為團長，準備將來配合中央軍來根據地。辦法是拿自己的槍，打黑槍或假裝走火，主要是對付縣級負責幹部，然後帶上槍往過跑。

這時我給白琰山、耿明志佈置過發展的事情，主要是李萬鎖、李福鎖、豆銀春三人，因這三人情緒不高、浮化，政治認識簡單。便計畫由白琰山發展李萬鎖和李福鎖，耿明志和我發展豆銀春，主要是暗中鼓動說現在非是共產黨員吃不開，咱們這些人，領導上認為成分不好，思想不好，是不重用的，不看領導上常常把那一部份人叫去開會訓練，把咱們扔在一邊嗎？咱們這才是陪伴，這些話這幾個人都同情。

因些在改道廟時，曾由白琰山、耿明志二人領導向領導提意見，萬鎖、福鎖、豆銀春等對白琰山的話表示同情。我曾又佈置他們，向他們試探的提出參加國民黨和將來不參加的利害。這是我在七旦病時給他二人談的。因此當時我病，心中不快，感覺調養不好，當時豆銀春正病，也為調養牢騷滿腹，常在一塊拉話，說起不是共產黨員吃不開，……，我說勸他參加國民黨，他也願意。

當時我……，沒有做更多的談話與佈置。萬鎖、福鎖的情況也是一樣，白琰山都把話說了，但沒有與我談過話，等待慢慢再進一步進行。……。這是七月底的事情。

在六、七月中我還佈置過白琰山、耿明志注意上級到一塊的談話，聽聽對我們有何議論，同時佈置白琰山等人找指導員和劉記的毛病，在檢討會上提，打擊他們的威信，並在隊員中翻小話，搬弄是非，使隊員們陷入無原則糾紛，不團結。另外就由耿明志寫一份人員武器調查表這是交聯絡部的。

然後在八月份，我就調到政府工作，事情一開始暴露以後和他們沒什麼聯繫。此外就是韓栻，他原是老國民黨員，去年在七旦開會，和他閒談起來，我問他以前參加國民黨沒有，他不承認，不敢說。後來我給他說還是國民黨有勢力，不過現在在根據地吃不開，後來他問我說：「你是不是國民黨？」我說以前參加過，現在不是。這時他才說他以前參加過，這樣我便告訴他說平東還有國民黨的組織，你可以接關係，現在什麼也不用幹，又不危險，將來國民黨來了可不劣。這樣便接上

關係，趕他當教員時，我便給陳治本、趙述真、高樹信寫信介紹他加
入組織。

陳登州四三年反特時坦白過，以後沒什麼，今年春趙述真在杜家莊當
教員，為了聯繫方便，回家時由趙述真恢復了他的關係，以後我和他
談主要是將來國民黨會來，我給他沒有佈置過什麼，原計劃讓他給聯
絡，但沒說明，沒有成就，陳治本在崔家峪當教員時與他有關係。

　　上面白銘的問題主要是拉關係，讓人家和國民黨恢復關係。另外在「問
訊錄」中，白銘還坦白了下面這些活動：

還有就是在隊員中間進行挑撥，是我故意翻小話，甚至製造小話，使
大家陷於無原則糾紛與不團結，以形成進一步插足工作的條件。……
平定城曾指示過偷武器、偷文件、挑撥分化三大工作，我佈置的主要
是挑撥分化一項，其它偷武器、偷文件沒有作過佈置，至於上述的工
作主要是耿明志的人員，武器調查表完成了。

　　看來主要是在做思想工作，拉攏人，白銘沒有做過偷武器、偷文件的工
作。在問訊中，白銘承認了自己重新填寫了入國民黨的自願書：

重新恢復組織的手續是填寫重新入黨自願書，主要是說明過去何時入
黨、何時被捕自首，今後入黨後一定保守秘密，服從紀律到底。至於
年齡、姓名、職業等由縣連絡部登記。新參加的手續還和以前一樣。

關於組織暗殺的問題，白銘在另外一份文件中說，

縣暗殺由李維賢負責，在南萬亭組織暗殺對付十團，由郭占元、趙富
發、趙富喜等人組成。除對付十團外，主要是就地工作的縣區幹部和
與十團有事的縣區負責幹部。其餘在政府內部組織暗殺，崔堅與高奎

林、汝成組成，主要是對付候秘書及梁科長。李秀民在抗高與陳固本組織暗殺，主要是對付馮校長與趙紹德。其餘各村都有暗殺團，主要是對付村中政治主任、武委主任、指導員、委員、農會主席、村長，暗殺的辦法主要是看情況，自行計畫。武器主要是刀棒等。

另一方面是組織……特務打黑槍。……具體情形由除奸部掌握。四區西溝出擊時打死民兵幹部就是四區除奸岳如田和李有年組織的。……製造恐慌情況，同時要準備接中央軍與山西軍來。一方面謠言大量發散，一方面就是打黑槍擾亂開會（黑夜扔石頭），抓機會進行暗殺。

縣政府中除崔堅外，尚奎林、王連田、巽汝成、康永貞是在四四年春夏以後恢復的關係，吳春昌、韓向南都是測魚與李秀民、郭鴻德、高福恢復的關係。趙佑、米杵也是與崔堅、王連田恢復的關係。交通局田根小與東回田庫一家是在東回時參加的。

縣政府內是個分部組織，主任是崔堅，高奎林組織兼暗殺，王連田宣傳、吳春昌的連絡。今年夏天王連田組織工作會計協會，各村合作社書記、會計、倉庫、財糧都參加。崔堅、向奎林等在會計協會內有活動。因為參加會計協會的人員內有許多是特務分子。蘇三星、白存保都是特務分子。去年崔堅發展的陳錦文事變前和高九成等一塊受訓時就參加了，以後在六區當區長與高准明、高武文、高福、張崇華等人有關係。後來在政府內部與王連田、高奎林、韓向南有關係，另外交通與郭存明、李秀民、耿華庭有關係。

教員中的特務分子有張蘇升、張壽山、張元耕、李海祥、耿華庭、郭存愛、陳三明、陳景芳、高林芳、陳喜福、李益三、李功裕、李志賢、王涉敏、閻涉蘭（現與陳治本、高樹信有關係）、李智、王玉林、張世華、馮丙寅等人一共有五十餘人。

崔家峪、馬山、郭家山、南蒿亭、白灰、各高級班同有三青團組織。崔家峪由耿華庭、趙述真領導、郭家山有陳務本領導，南蒿亭有李功

裕領導、白灰有李有年領導、馬山有陳治本領導。各村教員都與所在村特務組織有關係。通過學區會議來領導，在學區會議上不僅有教員參加，有時還有教育委員與義務教員，在教育委員與義務教員中有些都是特務分子，與教員有關係。

如此看來，似乎國民黨在共產黨統治地區的組織甚至比共產黨都嚴密，有點匪夷所思。讓人懷疑是否有刑訊逼供後瞎編的成分。而且暗殺了多少個人，也不清楚，只是說四區打死民兵幹部是他們的人幹的。正如白銘在另外一個交代文件中所說，「主要是隱藏力量，公開的活動雖少，暗中的醞釀很多」。所謂破壞活動，主要是宣傳「日落紅散」，有日本人就有八路軍，日本人失敗了，八路軍就要完了。說八路軍擴軍參加了就是送死。中央軍馬上要來了，出頭的日子到了。

事情暴露之後，他們中的十幾個人被抓了起來。白銘給陳治本寫信，勸他認罪悔過，交出文件：

治本：

我們一誤再誤，雖然又一次進行反動，但抗日政府對我們是盡了最大的力量挽救我們。因此，咱們的問題，（？）上級一再與我談話，現在就要立即解決，很快讓咱們恢復自由，從今後的改造中與實際工作中去彌補以往給予人民的損失與罪惡。

但是解決問題的前提是請你把咱們寄存的文件，趕快把保藏地點說明，以便取出。如果在這一方面拖延，就會延遲我們問題的解決。現在據上級與我談，你對於文件的保存，橫加推諉，始終不肯說清楚，我想這是非常不必要與不應該的。我們如果已經認清過去的罪惡並決心革面，真正回頭的話，那為什麼不把這些汙穢東西—文件—趕快交出來呢？我想把這些交出來，不是說我們的責任大，而會更好的說明我們的決心—前進的決心。同時上級保證把這些交出來，不單認為是坦白，而更會給我們以政策上的保獲。總之，只有拿出這些東西，才能使我們做到真正清白，否則一切都是空的！

特別是你的想推諉是非常不應該的。你想從工作崗位上，地理人情上，你能推脫嗎？希望你趕快放棄現在的錯誤態度，為了你自己，為了在這裡一塊拘禁的十幾個人，為了咱們的早日走上光明，應該立即的、毫不猶豫的拿出來才對，否則你將受到這十幾人與大眾的攻擊。

現在正是萬事俱備，只欠東風。我希望你這東風趕快答覆大家的要求。這是一件迫切的要求，希能之予圓滿答覆。

致

敬禮！

白雲生

11、10 晚

　　白銘顯然還是太天真了。從他的小傳、自白書、交代書、審訊記錄等文件來看，他其實並不是一個很有主見的人，包括一開始參加國民黨，後來加入平東縣政府，後來又恢復國民黨的關係，都不是特別堅定，而且反省、坦白、交代的也很徹底，所謂的破壞活動也就是煽風點火發牢騷，頂多說國民黨要來了，共產黨呆不下去了，等等。他認為坦白了，就可以重新獲得共產黨的信任，重新工作了。但是他之前坦白過，不是也沒有得到信任嗎？為什麼這次就會得到信任呢？顯然他還是太天真了。

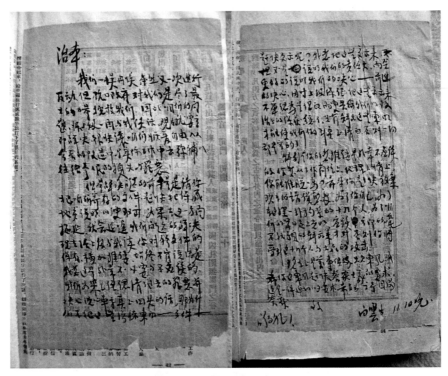

圖 4.3　白銘給陳治本的信

1944 年上半年縣承審處司法工作總結說，

1、由於去年（1943 年）反國特運動中，群眾擠特務、戴帽子或報私仇
的結果，政府處理了大批的特務案件。又因群眾要求對國特案的處理
「不殺，也不要放」的過火思想，致使承審處積累了去年的內管案件
達到九十多人。內國特案佔 65%，敵特案佔 20%，其它佔 15%。

2、我們從去年反國特運動中體驗到實際經驗，瞭解了國特的群眾性及
硬擠國特的偏向，並分析了國特內部階層的複雜性。即根據寬大政策
的基本精神，徹底改造國特分子思想的教育工作。除了一月份對國特
個別審訊外，在二月份進行了整月的突擊訓練。訓練組織的情形是：
1）、集中所有自新人員編為一個大隊，兩個分隊，下設小組 14 個，
（內設坦白組、模範組）。並動員附近村莊的國特或嫌特分子旁聽。2）、

制度與普通訓練班同。3）、課目是以當地材料結合五大文件要點。著
重於當地實例。4）、十天一小結，著重個別談話測驗。二十天一大結。
在訓練期內不限天數發動遞坦白悔過書。

　　根據這個政府文件的說法，可以大致確定白銘以及其他人的坦白有很多
是「硬擠」出來的，他是受到公報私仇的壓力的。不過看來，政府也是有意
挽救多數被打成國特的人的，國特的群眾性顯然是有問題的。

　　突擊訓練班後，發現下列總問題：1）、上當分子百分之八十以上的都
寫了悔過書。2）、在審中不說實話的也坦白了。3）、有的案件是群
眾和公安部門只知道是敵特的，也承認是國特而遞了悔過書。敵國特
合流。4）、有的雖遞了悔過書，仍是投機取巧假坦白。5）、有的對
寬大政策懷疑仍不敢說實話。

　　3、總結了二月份突擊訓練的經驗後，將徹底坦白的國特分子即刻釋
放。（有判刑釋放的）被釋放的自新人員，對政府很好，在全體自新
人員歡送會上，選出代表發表意見，表示感謝。隨將這種經驗傳播到
各區，推動教育廣大人民群眾開始認識對國特的說服教育工作，並開
始打通了國特分子對寬大政策的懷疑心理。同時將所有的半坦白分子
以及已經了的扣類型案件人員分別組織以下工作：1）、組織自新人員
修渠隊 35 人，半年自新人員出工 1640 個，有人成了打釺能手，別人
一天打五寸，自新人打了八尺。2）、組織了開荒隊和商業生產。3）、
讓在所被關的自新人員編成數個小組打衣、紡棉花、打柴、推磨。4）、
對被關人員分散、勞作生活不集中的，提出游擊教育，實行教育與勞
作結合。

　　4、半年來除了清理去年舊管案件外，共新收刑事案 46 件，內國特案
佔百分之二十，敵特佔百分之三十，其它佔百分之五十。槍決敵特八
名，判刑的漢奸犯二十八名。

在這被槍決的敵特中便有白銘。顯然，政府並不認為白銘的坦白是真誠的。1946 年 5 月 4 日，晉冀魯豫邊區太行第一行政督察專員公署的專員武旋聲和副專員宋群笠在給平東縣長關於「判處漢奸犯白銘等八名死刑準備案」的指令中說，

> 核該漢奸犯侯同仁、白銘、崔堅、韓玉、翟思恭、岳有明、劉醜、李聯祥等八名潛伏我抗日陣營，大肆組織敵特投毒，報告抗日軍情，捕殺抗日軍民，並組織暴動等行為，實屬惡極，你縣處死刑與法尚無不合，准予備案。此令。

那麼平東縣政府於 1946 年 4 月 6 日送呈馬專員的法字第 135 號文件是怎麼說的呢？該文件的標題是「呈通敵特務奸細主犯白銘判處死刑」。這裡是「通敵特務奸細」，不是上面所說的漢奸，也不是國民黨特務。看來他們到底如何給白銘定案也並不是很清楚。

> 馬專員：
> 本縣通敵特務奸細主犯白銘，藉抗日名義潛伏我抗日政府，做內奸特務工作。發展特務，進行破壞活動與投毒暗殺我幹部外，並有計劃的組織暴動，接頑軍殺害群眾。現將其罪惡分列於下：

從上面白銘的自白看，白銘到平東縣，並不是想潛伏下來，破壞抗日。至少這一點無法證實。而且從上面的各種文件看來，白銘也沒有參與暗殺活動。殺害群眾的事情也沒有發生。

> 1、民國廿九年春天與特務首犯高維明、李隆太、侯同仁等打通特務關係後，即趁我抗日行政區劃或該等領導的特務區，在測魚高維明家開特務會，組織起平東特務機構，特務總機關、並大肆活動、擴大特務勢力與陽泉馮墨田來往通信，向敵報我抗日根據地一切軍政情況。

2、於年正月派測魚特務二人，從井陘坐車到陽泉平定城與馮墨田送
信，勾通敵人掃蕩平東，大肆燒殺。將五、六區燒毀民房二百七八十
間，捕殺群眾及抗日幹部二十餘人，搶去步槍卅十餘枝，燒壞公糧、
民物、農具甚多。從此將營莊、馬山、洪水、娘娘廟、西溝治成無人
區。該犯之陰謀主張將根據地變成敵佔區，驅使特務各地活動，組織
全縣大維持。

　我們看到的文件中並沒有「勾通敵人掃蕩平東」的事實。高樹信在交代
中說曾經試圖和敵軍配合掃蕩，但是敵軍沒有來，他們的計劃也沒有成功。
這一點很讓人懷疑是欲加之罪。

3、卅一年該犯在平東抗日高小任校長，李隆太任教員共同組織三青
團，該犯任平東三青團總團長，【將】無知青年拉入歧途，參加特務
三青團即達到四五十名。

4、卅二年六月，該犯特務事實被揭穿後，即押送專署，該犯即用假坦
白欺騙上級。至十月回平東在教育所大肆活動，串供把七十個特務普
遍的來了一個做假坦白，該犯利用……現知已爭取的特務向外傳達消
息，佈置特務工作，嚴令特務暴露個人，不暴露組織，以奠定將來恢
復特務之基礎。

5、在民國卅三年一月份，本府本著寬大政策這精神，將該犯不但釋放，
而又分配工作，不料該犯頭腦已經特務化了。在張家鋪莊特務監訓
時……又組織了一批特務，分路回村，進行破壞生產活動，更在重新
組織特務機構。

6、民國卅二年十二月份，又與平定城特務機關取得聯繫，卅三年李太
庭等給該犯來信，任平定特務常委，指導平東特務活動。該犯在公安
局和自新人訓練班內組織發展特務，將候同仁、杜冠群、韓玉等特務
分子十一名都組織起來，待機暴動。至十月間在測魚趁開勞英大會又

與崔堅、李秀民等特務分子開會進行健全特務縣級機構，破壞勞動英雄展覽大會。

7、卅四年二月份，指揮平東特務首犯，在七亘村高樹信學校又召開全縣特務大會，佈置破壞生產，開展二區特務工作。七月份該犯一聞蔣介石發動內戰，即積極佈置全縣大暴動，準備迎接頑軍，並親自領導自新人訓練班特務劉華、候同仁等十一名，準備裡應外合與進行暴動迎接頑軍，至八月份把粉紅與白色兩種毒藥交付公安局特務分子待機投毒，以便毒死抗日幹部。

但是顯然沒有毒死抗日幹部，否則這裡會有名字的。

8、同年九月份，敵寇投降，在馬山召集特務開會，又一次佈置全縣大暴動，登記武器，準備搶奪民兵槍枝。馬山為特務大集合的重點，迎接頑軍，大肆掃蕩平東，殘殺平東群眾。

該犯在患疥疾之時，除聘請醫生診治外，本府幹部每日慰問二、三次，不願吸火煙，親送煙，該犯病間之苦悶，但有良心之人是會深刻領會這種精神的。豈知該犯思想已特務化了，不但不思悔過，反而組織全縣及教育所受訓特務作裡應外合之大暴動，殘殺抗日幹部與群眾。查該犯所作之事實，罪惡滔天，而無爭取之餘地，因此依據懲治漢奸條例第七、八、十一、十二四款，及刑法三十七條，第一項各規定判處死刑，褫奪公權終身。

看來白銘的坦白並沒有救了他，他給陳治本的信，也沒有救了他。他對自己的問題有交代，並勸說陳治本將文件交出來。他的罪行，多是組織與言論罪，並沒有真正實施破壞活動。但是白銘仍然被認為「思想已特務化了」，「不思悔改」，「罪惡滔天，而無爭取之餘地」，所以一定要被處死。而且是以子虛烏有的漢奸名義處死。政府想到的是如何純潔革命隊伍，無論以什麼名義，而不會想到白銘的老母親還在等他回家。這種革命隊伍一定要純而

又純的思路，也是導致此後各種運動中所產生的悲劇的原因。一條條鮮活的、本來有遠大理想的年輕生命就這樣沒有了，一個個父母永遠也看不到自己的孩子，一個個家庭的孩子也就永遠看不到自己的父母了。

　　下面我們簡單總結一下我們手頭有檔案資料的其他 9 位涉及到國特案裡面的人物。

三、崔堅的故事

　　崔堅是平定縣國特案的「主犯」。他於 1946 年 1 月 29 日 32 歲時在測魚村被槍決。崔堅出生於河北省高陽縣，家庭成分貧農，家裡有人七口，地二畝半。他 8 歲上學，15 歲上高小，18 歲入鄉村師範，19 歲（1933 年）兼任初小教員。1935 年到南京，1936 年當兵，1937 年當了中央軍的庶務長，1938 年當了排長，1939 年 1 月到延安抗大學習，1940 年 6 月由晉察冀邊區八路軍總部分配工作到總部砲兵團當軍事教員，4 月份到第一分區司令部武裝部任幹事。1940 年到一專署內丘縣任高小校長兼高小教員，1942 年 8 月調任內丘縣民政科科員，1943 年調到專署後又分配到平東縣民政科任科員。

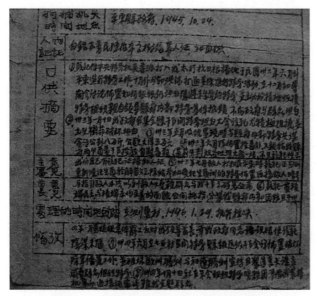

圖 4.4　崔堅的罪狀以及被槍決的判詞

崔堅的罪狀

上面圖 4.4 的「口供摘要」列舉了崔堅的罪狀，但是我們不知道這些口供多少是刑訊逼供的結果。無論如何，我們先來看一下其中的內容，然後再來判斷。

1. 由中央特務機關委派打入太行根據地進行特務活動。【哪個中央特務機關，軍統，中統？語焉不詳就已經是問題了。】組織假坦白，隱蔽未發現的特務，領導特務集體抵賴，不坦白。
2. 1944 年 1 月 10 日在特務坦白大會上阻撓別人坦白。
3. 1944 年 5 月與縣府內部其他特務共貪汙公糧 800 斤，公款 500 大洋。
4. 1944 年佈置投毒，自製毒藥，使兩個幹部上吐下瀉。
5. 1944 年 7 月佈置暗號，準備迎接敵人來燒殺我群眾與幹部。
6. 1945 年 1 月組織集體罷工反對首長未遂，以平均主義的面貌出現，試圖分裂縣政府。
7. 1945 年 6 月召開特務的縣級、區級幹部會議，佈置破壞防旱備荒工作，破壞勝利宣傳，製造變天謠言。
8. 1945 年 10 月 10 日在朱會（村）組織暗殺團，準備武裝，迎接頑軍殘殺我縣群眾。

以上圖 4.4 的案件總結，既沒有主審意見，也沒有首長意見，也沒有備考，只有處理的時間地點與方法。我們也不知道這些材料的可靠性如何。比如幾個人聚會，就可以認為是在開會，幹部上吐下瀉，不一定是崔堅投毒所致。所謂口供，是否屈打成招？這些問題在那個年代是司空見慣的，我們在後面的土改與除奸反特運動中還會看到很多。

另外幾個文件（似乎是揭發材料）還列了崔堅的其他罪狀。這些也都不像是一個國民黨特務應該做的事情，而是一個不「安分守己」的人可能做的事情：

1. 挑撥離間，說侯秘書做事不民主，賞罰不明，不了解幹部，不重用幹部。

2. 抬高自己，打擊別人。說陳錦文管理不了伙食，有官僚架子。鼓動村幹部不要幫助于德江家的生產，因為他不在政府了。

3. 鼓動財糧科的人罷免司務長，趕走伙夫，否則罷工。背後訓事務人員，使其大哭兩次。

4. 和特務分子李文美有男女關係，和唐喜文商定結婚。

5. 在測魚村工作時，強迫老百姓賣小羊羔皮，否則訓斥人家。

6. 在測魚村工作時，大罵平東政委。

7. 佈置人在開會時搞亂，讓人不相信領導。

8. 讓人在野地裡開會，佈置特務組織。

9. 在財糧科一邊打牌，一邊開會，動員人民向上級做鬥爭，並計劃鬥爭的方面與對象。

10. 動員的口號是政府與領導不民主，政府生活不改善，所以幹部情緒低落。

11. 他認為自己真心擁護共產黨，但是共產黨對他不信任。自己工作積極能幹，但是領導不相信。

12. 他願意參加共產黨，但是沒有被允許。並說自己死了也許才能參加共產黨。

13. 他向別人說他是中央軍裡來的，因為不是共產黨，所以吃不開。

14. 他在會上提出擁護共產黨，但是又說自己有特務思想，但不是特務。說自己有流氓性，有破壞性。

15. 到營莊村時不住民教科給號的房，要自己找房。

16. 像王實味，「利用腐化享樂思想來團結大家」，打擊領導。

　　說穿了，這就是一個放蕩不羈、愛批評領導、愛搞自己的小團伙的人而已。哪裡有特務自稱有特務思想的。這樣的人，領導不喜歡，正好碰上運動，於是就被當作特務抓起來了。平東縣政府縣長王衝崗以法字第 139 號文件的形式呈向馬專員，題目為「呈通敵特務內奸主犯崔堅」，列舉了上述罪名，通報了處理結果。文件最後說，

以上事實罪惡，即該鎮壓以刷恨。但政府仍誠以寬大為懷，送公安局以禮相待，感化教育，動員反者不扣押，希望該犯悔過自新。不料該犯雖經四十五天的教育爭取，結果回府仍未稍轉，依然領導特務破壞我工作與暴動，該犯雖經政府兩個月的教育，卻堅不坦白，尚捏辭抵賴，在公安局坦白會上尤識法破壞，至眾人坦白證明後，該犯思勢不對，承認應付。該犯以上事實，是罪惡滔天，又是死心塌地的堅決首要特務，實無法爭取，乃依修正懲治漢奸條列二條、七、八、第十一、第十二兩項各規定，判以極刑。

　　於是，如前所述，32 歲的崔堅於 1946 年 1 月 29 日在測魚村被槍斃了。崔堅真的是這樣一個十惡不赦的人嗎？上面的罪狀有多少條是「罪惡滔天」的呢？有哪一條是漢奸罪呢？一個莫須有的罪名就可將人置於死地。我們最後看一下他自己的陳述。

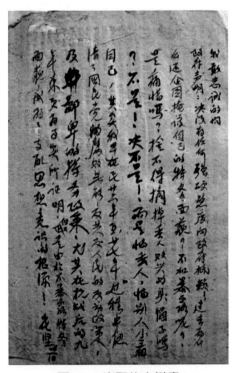

圖 4.5　崔堅的自辯書

　　圖 4.5 應該是崔堅在 1945 年 10 月 28 日寫的自辯書，或者說聲明書。書中聲明自己「決沒有任何強硬態度，向政府抵賴」！他說自己之前之所以「掩護自己的特務面貌」是因為「怕丟人」，「怕別人小看自己」。他說自己早在民國 22 年到 27 年時就「認清了國民黨的腐敗無能、反共反人民的反動政策及鄙卑的特務政策」，但是又不想暴露自己的特務面貌。這是自己問題的根源。但是這些辯解，都被認為是抵賴。我們不知道他在寫那幾個加重的毛筆字時心裡會有多麼痛苦。崔堅最後還是被槍斃了。或許這就是殺雞給猴看，讓人們警惕自己，不要給領導提意見，不要搞自己的小團伙，否則會有殺身之禍。或許曾經當過國民黨兵才是他的主要罪狀。

　　我們下面所講的李秀民，也被認定為是曾經當過國民黨的空軍，而且這是主要問題之一。看來，所謂的整風，其實就是整肅異己，無論是從出身方面來講，還是從行為方面來講。李秀民被殺時，陪綁的有十幾個人，主事者說砸死李秀民就是給別人看的，是對別人的一個警告。意即大家必須服從領導聽指揮，否則會有不測。這也是後面的歷史所證明了的。

四、李秀民的故事

　　李秀民在被殺時年僅 24 歲。他有著更加特殊的經歷。他是來自泰國的歸國華僑，滿懷激情，欲奔赴全國抗日青年響往的革命聖地延安，結果被安排在晉東南抗大分校學習，畢業後參加了八路軍，精兵整編中下放到平東政府。這種情況在當時的縣級抗日政府中是為數不多的。其次，作為一個進步青年，在思想上反對蔣介石的獨裁統治，積極追求民主自由，不怕流血犧牲，代表了時代青年的特徵。三是他在工作上有熱情，主持公正，業務水準高，在群眾中有一定的基礎。

　　然而，又是什麼原因，使他涉嫌國民黨特務，而慘遭殺害呢？主要原因三條：一是在一些主持地方整風工作的中共黨員領導的思維中，始終認為類似李秀民這樣的人之所以要到解放區來，不是投機革命，就是國民黨派來的特務。所以從國民黨統治區，特別是從重慶到解放區，沒有中共白區領導人的介紹，他自然就不容易說清楚，到底為什麼要來抗日根據地。二是家庭出

身商業資本家，屬於剝削階級家庭，參加革命的動機就一定有問題。其實我們在上面討論的白銘，因為曾經當過國民黨員，儘管當時是權宜之計，也沒有參加過什麼活動，但是還是懷疑對象。崔堅之所以不被信任，也與他曾經在中央軍當過兵有關係。所以白銘、崔堅和李秀民的歷史背景都不清白。三是知識分子固有的個性，恃才傲物，認為工農幹部看不起自己。他們在教員隊伍中特別容易起到領頭羊的作用。這些因素導致了李秀民的悲劇。其實這也是白銘、崔堅等知識分子通常的「問題」。由於出身背景的問題，再加上一些小組織活動，也或許真的對國民黨還抱有一線希望（這當然也可以理解），最後導致了他們的悲劇。當然這些所謂問題，都不應該是被處死的原因。下面的內容摘自李秀民自己的自述與審訊記錄稿中他的回應。

家庭背景與對共產黨的同情與好奇

從李秀民對自己家庭背景的敘述來看，他從小就很有志氣，要當兵為家裡人爭光，但是家裡人非常反對，認為好人不當兵。

> 我出生在暹羅的北欖坡，七歲時回廣東臺山讀書，高小畢業後就轉到香港讀書。十四歲參加新文字研究會，深入工廠教工人識字。「事變」之後參加了青年會的歌詠隊，整天東奔西跑搞宣傳。後又返回廣東臺山縣組織本鄉的青年抗日先鋒隊。廣州失守後，北上抗日。

> 我的家庭是希望我長大成人興家立業。但是家裡的希望並不是我將來的出路。我小時叔叔家的小孩經常為興家立業打算，被我家裡認為這樣的小孩才是好小孩，但對我則認為是壞家風的頑皮小孩。在這小孩時代的我，曾有許多幻想，好比我李家祖宗下兩個兒子，大兒子就是我家的祖祠，曾受二兒家祖祠家的族人欺負，這樣就啟發我一種幻想，就是將來要為本家人爭光。當時看到當兵的人吃得開，就幻想將來當兵。但家裡人一聽說長大當兵，大罵一頓，認為敗家之子，失掉家風。因為我家幾輩子也沒有一個人當兵，認為當兵是壞人。但我認為當兵好好為國家，又不是壞事，不見得不好。總之我對於這種種家庭教育是不滿的，總認為長大能多學些東西，東跑西跑，到處見世面才好。

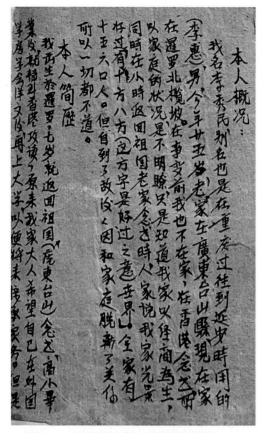

圖 4.6　李秀民自傳／陳述書的第一頁

　　在小學上學時，他就觀察到國民黨沒有積極抗日，從而對國民黨產生了不滿。

　　我在 1928 年七歲的時候，才回到祖國。在從小學至高小畢業的六年中，對於反共教育好像沒有大量宣傳，只是禁止抗日。只是飛機上散過傳單，平時關於共產黨的很少談到。因為在臺山縣的農村比較封閉。我念到三年級時，發生「九一八」事變，當時打倒日本帝國主義的宣傳到處都是，我們全鎮的小學和高小的學生都參加了宣傳，搜查日貨等。學校購買了很多關於東北義勇軍抗日的圖書和馬占山在東北抗日救國的掛圖。這些對啟發我們的抗日熱情有很大的作用。

第二年情形就有些變化，上海抗戰時，我們還同樣作宣傳，但越往後越不同。「九一八」國難日也不讓宣傳了，校方說：「這是政府的命令，禁止遊行，好好讀書救國。」這引起了全校師生的不滿。國慶日也改為紀念孔子誕辰了。總之，我心裡非常不滿，認為日本欺負咱們中國，咱們還不該來宣傳打它嗎？

這樣引起了我對國民黨政府的不滿。同年「剿共」卻很緊，到處捉拿可疑分子，我在學校裡又是一調皮之頑童，不知天高地厚地拿上拾來的小銅牌掛在身上作為榮耀。誰知縣督學要來校檢查，我因這一兒嬉受了一頓打罵，說我要當「共匪」。當時我心裡想共產黨有什麼不好。到了五、六年級又新加了古文和新編四書，當時對這些課完全採取聽故事，因為心裡不願學這些東西。在這兩年什麼國恥國難的紀念更談不上，抗日救國都不叫人去做，這時對國民黨政府更是一天天地不滿了。

到香港讀書時開始可憐窮人，思想開始左傾，開始更加同情共產黨，對共產黨好奇，要去參加共產黨打國民黨。

一九三四年，到香港念書時看到窮人受苦，那時有一種可憐的心，認為都是人，為什麼人家就這樣受苦呢？當時認為給幾個錢就是救人。同時也想過將來怎樣能把這窮人變為不受苦的人就好了。另外對那些頂有錢的人，自己是很痛恨，認為人家連飯也沒得吃，你們這些人就這樣享樂。

關於聽到內戰的事：這是由同鄉哥哥告訴的，另外在洋學房裡聽到同學們談朱、毛怎樣和國民黨打。這時我的心裡非常同意和國民黨打，自己也想怎樣也能參加去打國民黨才痛快呢！在這年內我聽到同鄉哥哥說江西有紅軍大學，裡面什麼人都有，大家又睡炕等。聽後我的好奇心是很大的，總恨不得就去，因為我愛打仗，又是和國民黨打，更使我想去那裡。

隨後這三五年，三六年關於紅軍內戰時故事的書一天天多起來，我也就更愛去書店裡看書和買書，最使我不能忘記的一本書就是《西行漫記》，它把內戰時候關於朱德、毛澤東等在那時的打仗和過雪山過草地等，【都描述了出來】。看到書上的畫朱德、毛澤東穿的衣服不好，但自己認為這才是自己所要去學的地方。這本書來時我還帶著，不是國民黨特務到處盤查，我是捨不得燒掉。其它是華北前線等書在抗戰後更多。

總之，書報上對我的啟發和自己的好奇心上，對我北上抗日上是起了很大的作用的。我自己有這樣的思想，只要我認為對的我就堅持，不怕什麼困難總想辦法克服困難達到。如來華北時雖然話不會說，我寫字代替，也是可以的，同時認為一路走就會學會。我對我的性命是不看重的，我來華北時就向家裡打了電報（在西安時）說自己兩年內沒音訊就是犧牲了，也不用惦記我了。同時我來華北認為，只要能學習半年，在前方工作一年多，一定會犧牲，因為敵人後方戰鬥是多的。

他認為儘管到北方會有語言方面的困難，但那是可以克服的。而且自己也做好了犧牲的準備。

參加革命的過程

其實李秀民在香港和廣東的時候，就已經參加了一些革命以及抗日的準備活動。

關於參加新文字協會：香港新文字協會是在三七年取得公開的，地址是在青年會館。當時我是十六歲，早在三五年我就跟同鄉哥哥學習。當時我認為這樣能多學點東西，但經公開後我和新文字協會的同學才到工廠教工人，同時還實行小先生制度。雖然那時經濟困難，都是自己拿出錢來開支。三八年冬，我是十七歲，由香港返回故鄉，當時我家鄉已經組織了廣東臺山青年抗敵先鋒隊，本鄉是一支隊。當時同志

有我在香港共居一處的的金活哥哥，和本鄉在廣州臺山城念書回來的同鄉兄弟姊妹們，他們訓練本地願意參加的青年男女學習游擊戰，當時以保衛家鄉，動員人民為目的。當時我見到這種團體我也參加練習游擊戰和到各村宣傳抗戰，當時群眾很擁護我們，並募捐不少食物等去慰勞自衛隊和到醫院去慰問傷病戰士。三九年春我才返回香港準備到延安，同時在香港募捐。

下面是他去延安的經過，儘管最終沒有去了延安，而是到了晉東南。

從廣東出發，第一站到雲南省，在雲南遇到了廣東老鄉黃先生，說可以介紹我到國民黨的軍隊當空軍，被我拒絕。我繼續北上，沿途十分危險，到處都有被抓的可能，終於到了重慶。在重慶拿著華僑護照，才見到葉劍英參謀長，向他提出北上延安，但他告訴我最好暫時別去，以後有車再走。在重慶停留期間，又遇到了越南友人。我們又要求北上，這時周恩來同志接見了我們，並解釋說：「眼下情況不好，最近被活埋了不少的華僑同志，希望大家在重慶大學讀書。」但在重慶也很危險，要不是有華僑護照和到藝專介紹信和證件，也就作了冤死鬼了。經過我們商議，雖然危險也得前往。我們採用夜行畫息的辦法，終於突破了包圍，到達西安。到西安之後，我們找到了八路軍辦事處，辦事處處長解釋：「延安的各種學校都東遷，你們到晉東南去吧！」這樣我們四人才到達晉東南抗大分校。一九四〇年七月畢業後我被分配到了一旅幹宣傳幹事。四二年底，二次精兵簡政統一合併到四、五分區，號召下鄉深入農村，我就到來到平東當了高小教師。

所謂「高小」，就是我們在上一章所提到的「抗日高小」。李秀民等人顯然個性較強，葉劍英、周恩來都沒有勸住，最後終於到了抗大，儘管是晉東南的抗大分校，並於 1940 年 7 月畢業參軍，1942 年來到平東當老師。下面是他被審訊關於沒有參加國民黨的空軍問題時的交代，也即自己根本就沒有參加國民黨的空軍。

關於介紹參加空軍的問題：我對於國民黨的空軍為什麼不參加呢？原
來我的目的在於赴延安，當時我想，自己不滿國民黨壓制自由，一路
上盤查很緊，絲毫沒有點看書和行動上的自由。那麼去參加他們的空
軍幹什麼？又不為了升官發財，那麼還能圖他那個統治幹什麼？所以
決心北上。一路上雖然那麼些危險，但我因為有這樣的思想，越是國
民黨特務壓制，我就越想辦法反抗。比如在重慶時購《新華日報》時，
就有特務注意，那我就多買一份《中央日報》或《大公報》來掩護。
因為我認為國民黨不抗日，那麼它壓制的東西就是抗日的東西，所以
我就要反抗它。當時我的思想是早能到達延安，多留一日在重慶，就
多一天危險。特別害怕被扣留到集中營，所以我對國民黨更加不滿。
雖然重慶辦事處對我勸告，但我感到多留的話，又不知道哪年哪月才
能去。同時看到報上關於西北戰況很緊張，敵人準備佔領西安。那我
就必須準備早去，敵人一佔領更不好去。雖然葉參謀長等的好意，但
我一得到五同志要走，我就更堅決走。當時辦事處的勸告，是為了照
顧華僑，怕單獨行動會發生意外。

自己檢討的問題

　　李秀民自己也承認參加革命，需要克服自己的個人主義，包括學習藝術
的理想，也要服從革命的需要等等。

　　我的思想變化主要有三個階段：一：積極向上，要求進步。在軍隊時，
我個人有個想法就是到魯迅藝術學校去進修，部隊首長不同意。後又
要求回大後方成都上藝術專科學校。在上學這個問題上，上級領導適
時給我解釋，所以自己的這種思想也就克服了。其它的小錯誤因集體
生活把我的個人主義，一天一天地克服了許多。這時候自己很關心自
己的政治生命，所以進步比較快些。

　　二：左右為難，和上級領導關係搞不好，以及自己的思想變化。自四
三年來到地方下鄉，在主觀上自己想把工作搞好。但在這個時期，我

認為主要是校長孔友同志不好好領導學員。主要是生活不緊張，學習辦法少。加之脾氣不太好，對有些工作提前不指示，事情發生了又埋怨人。當然自己的問題是，從不反省自己的問題，自以為是，堅持你領導也好，不領導也好，反正我幹我的。又埋怨他不勞動。這樣就形成了反上級的表現。這時自己的思想發生不滿情緒，認為沒法和他一塊工作。所以就提出來回部隊去的要求，上級領導不能答覆時，自己就下決心等到假期到來再要求走。

這時孔友同志調離，馮力同志負責後，我的態度是有些不同，沒有仇視的心理。但是在工作中始終堅持自己的意見，領導不能採納，就採取旁觀的態度。認為馮力同志不照顧全域，只照顧聯校工作。所以一切都不願意去請示和商量，就獨自支撐一面，不照顧學校的其它工作。對魯夫縣長，我認為他是軍人出身，能瞭解自己，又給我解決過冬的衣服問題，所以對他就感覺到唯他瞭解自己。曾對人說過，等到魯夫縣長回來再解決自己的問題。曾向上級提出要求，下鄉熟悉一段，再回去幹宣傳工作，返回部隊的想法是很迫切的。

三：爭強好勝，愛出風頭，個人英雄主義嚴重。四五年上專署開會，在許多事上反映出了自己的思想問題。開會時上級說昔東好，自己心裡不服。開會時只注意人家的缺點，特別是對昔東的趙璧劇團，自認為自己對戲劇瞭解，不願意讓他們爭勝利。但上級認為他們好，自己從心裡不滿意。並說：「本位主義也要本位主義對待」，總之要爭個清楚，希望人家落選。大會時自己認為不夠民主，因為大會發言時間沒有通過大家。臨走時，楊專員指示：「大家意見要一致，不要大會時不同意自己的同志，我們得選都是我們一專署的光榮。」這些話我認為不正確，是本位主義。

會議之後，回到平東，自己認為：你有心做好工作，方式方法不好，也是枉然。所以我認為工作是第二，改造思想是第一。對工作完全認為很次要。另一方面要學習技術。同時我感到舊作風和舊思想，不改

造就不能工作了。在教員訓練會後，立志要改造自己。準備好機會，叫大家對自己提意見，看自己反省與查思想根源時自己找的是否正確。同時一方面幫助別人。但是在檢討中，自己咬文嚼字地使大家感到我都說完了，別人都沒得說。在開會時，為了個人生活縫補被子，並說閒話都起到了消極作用。由於個人英雄主義，使自己認為能幹，不用求人，我也能幹。

總之，違反了群眾的需要就是自願的格言。另外我在教員中的影響是能說會道，每次教員開會，自己一定要發言，所以大家認為我有辦法，敢說話，又會畫畫，所以大家認為我沾。往往一聽大家就順從，這樣客觀上起到了一種統治作用。另外自己的意見常常堅持，又主觀地說理，這樣更使得大家同意。如為教員增薪問題，自己也是困難，這樣一提出來他們就贊成。但是從來沒有去替群眾設想，只認為我們教聯合就應該替會員解決問題，但真正的思想解決問題就沒有幫助解決。

　　說來說去，都是些雞毛蒜皮的小事情，比如和領導意見不合，固執己見等等。或許下面的供詞才是主要問題，但是也很難說是問題。李秀民在交代中提到的孔友校長，在回憶中對李秀民也讚譽有加。他說「李秀民教唱歌、遊藝等課程，還教美術，在學生中組織繪畫組，在學校或街頭出刊黑板報，繪製壁畫，有時還舉辦文藝晚會」。[2] 但是，他在供詞中說：

特務分子對你拉攏過沒有？經我各方面反省過是這樣，除了在部隊時，團部總支書劉英同志徵求過自己參加共產黨，但因當時自己的自由散漫沒有克服，恐怕過不了組織生活，只好回答自己打通和克服了這思想才參加。到了地方後從沒有人徵求過我參加任何黨派，雖然我和教員們接近多，感情好，自己也感到他們奉承我，同時也向上過當的同志，如陳治本解釋不應該為了上過當，而不敢大膽工作。總之教

2　任瑞祥，《平東抗高三位校長回憶錄》，載於中國人民政治協商會議平定縣委員會文史資料委員會（編）《平定文史資料》第七輯，第96頁。

員們對我的拉攏是沒有的。但感情好是有的。其次我認為崔堅同志思
想是悲觀的，但他也沒有拉攏過我參加黨派，只是像我剛到這裡時勸
我不要主觀。但他犯錯誤後情緒低落，對我的話也少說。談到他認為
了自己沒有前途。

　　李秀民這裡也為崔堅作了辯護。崔堅「情緒低落」也不像是一個十惡不
赦，不殺不足以平民憤的人。下面是李秀民對自己「問題」的總結：

　　總起來說，我自己的一己之見的主觀主義思想，放下工作來改造自己
　　是錯誤的。自己今年就計畫三個步驟，第一是放下工作多思想自己，
　　第二徵求同志的意見看和自己的檢討相符不？第三我才好好工作。我
　　自己的認為過去的作風和方式方法不改是不能幹下去了，免得一害再
　　害，誰知這就形成脫離實際的工作方法，所以背後的人也不得不叫人
　　注意自己。我的急性病在客觀上也會影響別人的。如最近在教員訓練
　　班時發現改道廟教員董自福同志組織別人包庇特務時，自己雖然天天
　　會上向他解釋政府是為誰，但他還是執迷不悟，自己更心急地向他提，
　　如第一次他談有組織人，第二次他則不談，自己態度不好地說：「這不
　　老實」，使得他對自己很害怕。當時自己的也接受這態度不好的意見。

　　這些哪裡是應該被處死的原因？

李秀民之死

　　據平定縣東回鎮瓦嶺村的老人回憶，1945 年 7 月 12 日，該村召開了鬥爭
國特分子的大會。在村南的戲臺下一排站著十幾個國民黨的特務分子，臺下
還有三十多個扛著槍的武裝人員。主持會議的是公安局長，縣長和政委，坐
在主席臺上。會議怎麼開，縣裡專門進行了研究，為了能讓這些特務分子老
實交待，要殺雞給猴看。這隻雞就是李秀民，因為他從部隊來到平東，不是
本地人，家庭是商業資本家，業務水準高，在教員中有一定的影響。在這群
特務中，又是骨頭最硬的。

主審問：「李秀民，什麼時候參加的國民黨的空軍？」

李秀民：「我沒有參加過國民黨的空軍。」

主審問到：「誰派你進解放區的？來解放區的任務是什麼？」

李秀民：「我是自己來解放區參加革命的！」

縣長說：「李秀民你在平東的國特聯絡人是誰？聯絡暗號是什麼？」

李秀民：「我不是特務，也沒有什麼聯絡！」

縣長說：「我看你是不老實交代！參加過幾次國特會議？」

李秀民：「沒有！」

縣長：「投過毒藥沒有過？」

李秀民：「沒有！」

縣長大聲喊到：「我看你是不老實交代！大家說不老實交代怎麼辦？」

眾人：「打死他！堅決鎮壓！」

　　群眾中有人高喊著，主持人喊到：「把國特分子交給群眾處理！」在一混亂和呼喊聲中。李秀民被從戲臺下拖出來，推倒在堆積如山的圪針上，然後用石頭砸，不等到李秀民喊出聲，就被砸暈了。過了一會，人們還看到李秀民在蠕動，隨後是無力的抽搐著，慢慢的不動了。這時李秀民剛 24 歲。大會主持喊到；「你們交代不，不交代李秀民就是你們的下場！」主持人宣佈把國特分子押回去，這個鬥爭會就散了。

　　晚上，李秀民的屍體被挖去了心和肝，讓人煮熟後吃了。這件事給瓦嶺村的人留下了特別深的影響，也留下了一道很深的傷痕。據說吃了李秀民心肝的人也一生也沒有找到老婆，最後暴死。

　　我們訪談過兩位當時為抗高學生、知道李秀民其人的老人。他（她）們說李秀民「人挺好」，「穿著比較時髦」，「會畫畫」，他的被害主要是因為別人嫉妒他的才能。[3]

---

[3]　2019 年 5 月訪談郝美英、王俊巨。郝美英提到她的出身比較高，所以也不是太被信任。她說她的同事朱成秀（音）說李秀民本來是回國支援抗戰的。朱的丈夫梁泊如（音）是教育科長，是能做決定的人，當時顯然也沒有為李秀民辯護。郝認為當時人們比較左，是主要的原因。

五、侯同仁的故事

　　如果前面那幾位的漢奸特務罪名基本都是莫須有或者是小題大作的話，那麼侯同仁的罪名也應該存疑。侯是本縣瓦嶺村人，年齡不詳，被判處極刑。根據 1946 年 4 月 6 日平東副縣長王沖霄向馬專員送呈的法字第 140 號文件，罪名是「通敵漢奸」，具體「事實」（我們加了引號是因為我們不知道這些是否事實，因為我們沒有看到任何其他文件）是勾結柏井（敵據點）敵軍包圍我獨立營，將我龐隊長打死；勾結漢奸張振邦將瓦嶺村抗日政權摧毀；鼓動「抗日政府縣級幹部劉仁齋、劉守仁、李配蘭、王維保等四人投敵到平定當漢奸」；「勾引柏井敵人打死村民耿成所，打死抗日人員李春秀同志，還帶走一名送給平定城敵紅部，將我人員活埋」；1945 年被捕後，「又與特務頭子白銘暗地串聯，組織受教育的特務劉華等十餘名，進行破壞自新人的反省坦白，在同年八月該犯與特務白銘計畫暴動，指定了暗殺對象，並引頑固軍來殺害群眾」。但是所有這些罪名，我們都沒有看到證據。

六、李有年的故事

　　李有年是平東六區沿莊人，24 歲。我們沒有看到對李有年的處理意見。根據他自己寫的坦白書，家裡 7 口人，地 14 畝，按照後來土改的標準頂多是中農。曾經在平定城裡友愛教會的新民學校讀書，事變後回家務農，後參加了抗日政府的武裝隊，曾任村青抗先隊長和民兵隊長，經過培訓先後在崔家峪、西溝、狼白村、馬山、床泉、白灰村等地抗高任教員。關於李有年參加國特組織的事情，他們幾人有一個很有意思的對話。李有年在坦白書中說，

　　經過在石門坦白後，郭鴻德、陳治本和我在路上（由石門到四區）互相就又談論起來。郭鴻德說：「不拘怎樣，總算坦白了。」本來一路上光說落後話，這時在我的思想上也成為一種應了差啦。……到過了一個月以後，政府集中教育，集體學習，思想反省時，有一天下午我們幾個人，又相跟在一塊去拾柴，陳治本又說：「真算笑人，要說咱

這夥思想不好吧，這本來咱這思想不對，但總的給咱上一個特務帽子才算哩！」我自己也在隨從著說。又一天下午去拾柴，郭鴻德說：「咱這夥盡假的，聽說白銘那特務也不一定是真的」等，在這個時候，我們這幾個人基本上又打成了一片了。當時這種思想主要是說自己不是真特務，所以在這時我的思想也很混亂，感到他們的思想和自己的思想很碰。從這以後，我們這夥就又從思想上恢復了組織。

「思想上恢復了組織」？這和後來文革等時期的「思想反革命」沒有區別。顯然他們並不認為自己是特務。這和一般對國特案涉案人的定性大相徑庭。其實李有年在坦白書中承認的特務行為主要是常說落後的話，說別人的閒話，拉一個打一個，挑撥幹部（白灰村幹部李科來和李小六）之間的關係等等。其他具體事例有不認為王一夫有資格當模範，認為朱承秀在沿莊幹的不好，拉攏義務教員反對趙九如，「造謠」說「郭家口輪迴教學是光說漂亮話，不實際」，對每年秋天的「集訓」發牢騷，抱怨「牆倒眾人推」。他說自己託人給學生們「買了三四刀紙作獎品和給白灰高級班學生分用。這是一方面自私自利，光為自己打算，為了給學生們買些便宜紙張用，一方面則破壞政府的對敵經濟鬥爭政策」。最嚴重的罪過就是幫助李秀民「造謠」說「打走日本後，中央軍要來了，要殺村幹部和積極分子。」「對國民黨反動行為」宣傳不夠。還有破壞擴兵：「在高級班收容一下怕擴兵的學生」。郭鴻德和自己說，「咱們這是典型戶，這是反特務哩，叫咱反省，怎也好說，硬著說組織這要了命，也說不上來。」「郭鴻德即時常對自己說：『咱這夥上過當的人，怎麼也不沾先，頭上戴著這頂特務帽，怎也去不了，在政府對咱們也不相信，咱們這夥吃不開。』」李有年說自己也認為他說的對。還是不承認自己是有組織的國民黨特務。他所做的這些事情說是特務活動，儘管不是一點影子都沒有，還是非常牽強。

七、趙淑珍的故事

趙淑珍（貞），女，25 歲，白銘的妻子，被判有期徒刑三年。本縣平定城東關人，家裡三口人（父親、妹妹和自己，母親在事變那年去世），事變前土地 40 到 50 畝出租。根據她自己的「供錄」，

> 我父親趙重恒，事變前就在平定城郵政局跑信，是跑的平定城至娘子關這一條路。於廿六年事變後九月敵人到平定時跟郵政走的，我於廿七年二月和四個同學相跟到路西參加的工作。就在犧盟會，後即到婦救會工作。到了十一月即去後方的一二九師政治部受訓。受訓到廿八年陰曆三月期滿就調到平東婦救會擔任組織【委員】。在平東工作于七月到王家莊董進富，是我的舅父，他家走了一趟。父親還捎回信來說在漢口，以後我也沒有回去，就不知道消息了。

顯然趙淑珍也是一個有理想、要革命的青年。她 8 歲上學，平定城高小畢業，15 歲（1936 年）升學到太原友仁中學，事變後回家。1938 年到中共北方局受訓三個月後，到平東，後擔任婦救會主席，一直到 1942 年精兵簡政時調去當小學教員。她和白銘於 1939 年結婚，「第二天就去和順縣做實驗工作去了」。

她說自己問題開始時是在 1941 年，和幹部們鬧意見，對上級不滿意。1942 年生小孩，在去高小教書前常和高小的人聊天，於是為了保護自己的利益，就參加了三青團。

> 李隆太不斷和我說咱們這些人到多時（平定話：什麼時候）也吃不開，現在是共產黨領導，咱們這樣的人可不行，准的找靠山。就讓我參加革命三青團。他說三青團是給青年謀利益。尋時候由李隆太介紹就參加了三青團。

　　可見那個時候，人們並沒有把參加一個和共產黨不同的組織當成一個多麼大不了的事情。白銘、李隆太等人也都是對領導不滿意，所以他們就湊在一起了。

　　關於參加三青團以後的事情，她說就是 1942 年中郭家口小學當教員時說過姚國華與李桂斌的壞話。在白銘被扣後，工作消極。調到南寺當小學教員後和村幹部鬧不和，批評他們不民主，搞女人等；反對互助組每天晚上開會，耽誤生產；在石門當教員時，說梁科長不民主。在杜家莊當教員時號召大家到太陽照的地方抓蟲，蟲子沒有抓到，莊稼被吃了三十多畝；在崔家峪調查村幹部的不團結。

　　她的特務事實是在南寺當教員時介紹過吳改珍、郭存子恢復了「特務組織」；她說在杜家莊村還給人下過藥：

> 在九月初我準備給馮參議員下毒藥。當日我和馮參議員在一塊，我做下飯給了他一碗，我下了藥不多一點，後來馮參議員出去，他老婆吃上，馬上肚子痛起來。留下一兩【藥】還在杜家莊放著。

　　她說還分給馮子根 7 兩藥，馮子根給了馮三小，讓群眾吃上後大批的發瘧子。

> 我走時群眾發瘧的有六七人，這藥沒有下完有哩。還有韓玉特務領回的毒藥和許建州特務都給老百姓下毒了，馮家莊及崔家峪等二村，我走的時候還有沒下的，後來我就不知道了。

　　下藥的事情到底是真是假也很難說。在逼供信的情況下，人們是什麼都會說的。她說自己還佈置等國民黨軍來了以後大暴動的事情。

> 我回杜家莊村，特務馮子根、李勇祿已將【武器調查表】統計上來啦。已準備下三把殺羊刀子，一個長條大刀，三個槍頭。崔家峪及馮家莊【的統計表】，都交給陳治本了。鳶過口還存的表一份。暴動佈置崔

家峪是一個基點，測魚是六區的總基點。南蒿亭是一個基點，到七區後，到馬山村是全縣總基點。各村暗殺團長及特務主任都有武器，他們負責奪民兵武器，準備如中央軍過來迎合來接。另有指示來，崔家峪由馮子根、南蒿亭由郭鴻業、測魚由李秀民、高福，七旦由高樹信和暗殺團長負責。另外，特務黨證和袖章，我領下三個黨證，三個袖章。給崔家峪耿華庭一個黨證，還有給了鴛過口韓玉一個黨證，馮家莊馮子根特給他一個袖章，給了馮家莊馮丙銀一個袖章。在暴動時都帶上黨證及袖章，如沒有黨證，將白手巾帶在頭上，疙瘩用在前面，舉左手就是特務暗號。

這些活動都像是小孩子在玩過家家，靠殺羊刀、長條大刀、槍頭這樣的武器就能將共產黨打垮，是否有點異想天開？這些證詞以及這個國民黨特務組織到底在多大程度上是認真的，讓人表示懷疑。還有所謂的證章，這有什麼用呢？有什麼意義呢？其實無論在哪個年代，只要刑訊逼供，人們什麼樣的事情都能想得出來。下面的所謂破壞活動也很荒唐。

在民國卅三年年春天時，我們佈置破壞種棉，辦法是這樣（一）讓老百姓將棉子芽生長到二寸長，再向地裡種，種得深一些。結果老百姓根據這樣種到不能種的時候還沒有出來。僅南寺村就有二十來畝沒出來。其它地還很多。並在民校反宣傳，又在去年杜家莊村，在五月時政府號召擔水種玉茭，我又破壞擔水種，又破壞備荒節約，讓群眾吃光糧食，又在當年七月佈置了破壞統累稅，以好地少了，劣地多了，或用寫錯字，亂了統累稅。

很難相信老百姓會這樣愚蠢，會聽她的話，讓自己的棉花長不出來，把自己的糧食吃光等等。故意寫錯字，就能破壞統累稅，似乎也是在過度坦白自己的罪行。

審訊者最後問她說的話是否實在，她回答說「都是實在話」。

1946 年 4 月 6 日「平東縣政府刑事簡易判決書」（法字第 44 號），陳列了趙淑珍的犯罪事實：1）挑撥幹部之間鬧意見；2）參加特務三青團；3）組織特務破壞水渠（根基墊土，上面墊渣）；4）破壞種棉花；5）破壞抓蟲；6）挑撥村幹部之間鬧意見；7）佈置特務宣傳說日本投降英美，不是投降中蘇；8）組織特務下毒；9）準備大暴動。處理意見是判有期徒刑三年，剝奪公權兩年。該判決書由副縣長王沖霄、司法科長鄭炳才簽署。趙淑貞（珍）按了手印，表示領到了判決書。除了口供與判決書之外，沒有看到有其他犯罪證明等材料。

八、李海洋的故事

李海洋，年 28 歲，床泉村人，家裡有 5 口人，12 畝地，擔任過四年小學教員。沒有看到對他的處理意見。

他關於坦白的說法很有意思，一是被群眾逼得沒有辦法了，稀裡糊塗地坦白的，為坦白而坦白；二是擴大事實，以圖過關。其他人的坦白也有很多這樣的痕跡。他在被問訊時說，

> 我上次在村坦白的時候，是因群眾被迫的沒有辦法了，在這種情況下糊裡糊塗為坦白而坦白的。在那時候只要把自己的事實擴大一些就是坦白了，就完事大吉。根本沒有從思想上解決了問題。所以就幾千年來的封建殘餘和特務思想與反動思想毫無半點取消，仍然存在自己的腦筋裡繼續發展著，沒有把特務頑濃剜拔乾淨，一遇颱風下雨仍然在裡邊發癢。

那麼在下面的坦白中，他是否又在誇大其詞呢？在談到他的國民黨組織關係時，他說，

> 我的組織根本就沒有打斷關係，不過是停止了活動。恢復組織是在本年五月在測魚教員集訓時，趙淑珍告我說咱們這些人受盡千般苦，也

沒有半點功。國民黨和共產黨人始終是對立的。咱們應該對現社會迎
合表示同情，可是要堅持自己的組織。現在雖然國民黨不在我們這裡，
將來是會來的。咱們現在應該默默保守等待機會，做將來鬥爭。我聽
了這些話，心裡覺著自己的翻身日子快來了，又能站在群眾頭上了。
現在雖然不敢和群眾鬧意見，將來是要算一算舊賬的。群眾算了我的
和他們給我提出的意見，我都要叫他們給詳細講，所以從這就又上了
特務的鬼拉攏。說下是誰也不准暴露誰，要暴露了依紀律制裁。如果
一個人被發覺了，一個人來擋。不准拉出任何人來，如果拉出別人，
日後全家都要受到連帶紀律制裁。

還是老一套，覺得自己不被重視，於是對領導有意見，然後覺得靠國民
黨或許將來還有希望，所以就「上了特務的鬼拉攏」。

關於特務活動，我們現在將他承認過的活動羅列如下：

1. 參加過兩次李秀民、趙淑珍、白銘、陳治本、李有年、翟盛林、高樹
   信參加的會議，佈置工作，準備迎接國民黨到來；
2. 給人寫租約，是「反抗減租」；
3. 破壞生產，說讓兒童參加勞動是耽誤了他們的學習；
4. 鼓動群眾分村；
5. 在「落後群眾」中發展特務，和他們說「咱們這類人終究吃不開」，
   「保國忠良無下場」，「怎幹也沒有人說好，那還不如不幹，還落個
   輕閒和自在」；
6. 「始終認為社會是有階級的不能平衡的，我想幾千年來沒有平衡過，
   我認為打倒資產階級，一定要無產階級來專政」，意思是共產黨掌權
   後也不可能平等；
7. 「我在民校上課說『寧探一座山，不破一門親』，這是破壞婚姻條令，
   不讓婦女把頭」。
8. 把百萬德軍投降說成是百萬紅軍投降；輕視八路軍，認為八路軍不
   沾，日本不讓八路軍和新四軍受降；

9. 「和小川李紀元在馬山談了一次話，他說政府又快要捕扣咱們呀。他又說王道山是晉綏軍團長在舊關招兵哩。他準備要去了。說他去了給我來信。可信也沒有接到就來了這裡」。

10. 他還供出了五區各村的特務組織的負責人，包括主任、副主任、組織、宣傳、暗殺、除奸等等方面的負責人共 130 多人。其中只有兩三例沒有記住名字的。

這裡的很多坦白，似乎都和他在上面說的那樣，稀里糊塗，欲加之罪，誇大事實，無限上綱，以圖過關。革命隊伍需要純而又純，當然這也正是革命的悲劇，因為任何隊伍都不可能純而又純。追求純潔的結果就是不斷地在自己的隊伍裡尋找敵人，不斷地革命，不斷地產生悲劇。

九、李維賢的故事

李維賢，男，四十七歲，平東南蒿亭人。家「五口半人」（父親、老婆、兒子、兒媳、小女兒），地十二畝八分。沒有看到處理決定。

根據李維賢的審訊筆錄，他 17 歲就不唸書了，在家種地。那時家裡有地 80 多畝，自種 60 多畝，用兩個半長工。20 歲時當過一年閭長，民國 22 年當過一年村長，當過 5 年學董，25 歲當上公道團團長，事變後當村公所副主任一年多，自衛隊書記三個月。民國三十年當教育主任一年。「在廿八年五月參加的十三支隊當留守處主任，就在南蒿亭村住，十三支隊被打垮後，我跑到外邊莊上藏了一個月零二天。以後就在家裡鬧養種。卅一年因出公糧把地賣的只留下五十多畝，群眾運動時我賣了六畝地，還了賬了。以後每年出公糧地裡打不下糧食，就繼續賣地。至去年才和我弟按二股把家分開了。我分下就是現在的地和家」。

這個「出公糧」的細節很有意思。在抗戰時期，農民出公糧的負擔是很重，無論是為日本人出公糧，還是為抗日政府出公糧。有錢人家自然負擔就會更重一些。

那麼李維賢有什麼問題呢？審問者問他為什麼群眾將他送來，他說因為

「南寺村給我提出意見來，說我去了一次南寺他村的婦女都不上民校了」。這也是很奇葩的國特案。根據審訊筆錄，他在南寺村表弟家裡說過「中央軍說是來啦，可是也不見來，以後你就看事而行，見機而作吧」！其實對一般的老百姓來說，誰來了就給誰支差，也只能見機行事。他還在南寺村給人家打卦，看能不能找到媳婦，想打井看能否找到水（說有水，結果到到八九尺深碰見大石頭，說不能打了，村裡說這一卦讓他們誤工了），幫人家看墳地，彩號渴了，給他喝水，結果婦救會說他是「想叫彩號死哩」！「在卅二年我鄰居陳藻有二個孩子怕擴兵，我給出的的主意叫大兒子裝聾子，後來也沒擴了兵」。顯然並不是所有的人都願意去當兵打仗。

另外一個細節也很有意思。「卅一年敵人掃蕩的時候，敵人把我抓走到冶頭後，敵人放了我了，我就找我村郭拉義（郭拉義是偽軍小隊長），飯吃了點，住了一夜。我就和郭拉義說我不願走了，給我找個事吧！後來郭拉義勸說我才回來」。顯然和他上面對中央軍和十三支隊的態度一樣，他對在偽軍那裡找個事做，也不反感。對很多老百姓來說，找個事，有飯吃，是最重要的事情，至於是為共產黨、國民黨還是日本人做事，那是其次的問題。正如我們在本書前言裡所說，我們分析歷史，需要避免政治、道德、民族主義、人道主義的判斷，才能更清晰地看到歷史的真相。郭拉義當偽軍小隊長，從這四個判斷來講，都是不對的，但是他勸李維賢不要在這裡找事做，又是對的。對李維賢的分析也是要避免這些判斷，而是從人性的需求、從當事人的角度去判斷。

到此為止，在共產黨的眼裡，李維賢就是個落後分子，連上當分子都算不上。不過他有參加過維持會的記錄。他說，

> 在卅一年四月娘娘廟住敵人時，我們四人就組織起維持來，就是舉郭艮倉當村長，吳尚才、郭鴻其、郭鴻業、李維賢四人幫助，當時湊下七百來元錢，買了些白麵、燒酒、雞蛋、香煙送給敵人。後來到六月樂縣長去我村才把那維持打垮。我們廿二個人把那七百來元賠出來，郭艮倉、董把和等在縣政府又受了一個多月教育才回來。

　　關於維持會、雙面村長等的倫理問題，我們在上一章已經討論過了。而且在 1940 年冬天，高維明和他說中央有人來組織了，讓他當縣長，再組織幾個區，於是區、村都有了負責人。但是「到底中央也不知道是怎的一回事，中央軍是來不來，咱們組織了一頓，這該怎麼辦哩？趙多士說，咱們現在該怎做，怎做吧。還是該活動還活動，就對啦。我想趙多士是民國八年參加的國民黨，還具過名，一定後來總有結果，那才說咱們組織起來吧」。顯然對組織國民黨這個事情，他們自己心裡也沒有底。而且也沒有幹過什麼事情。至於「參加了特務都幹過什麼事」，他說，

> 廿九年四月抗日政府擴兵哩，我村讓我侄兒與會長去了，我就和他們說：「八路軍這裡在不住，看去了四川」。後來他倆都沒有去。又擴的別人去的。
>
> 秋後抗日政府向我村要了麥子，我出五十斤，出的時候我就摻了些麥糠，後來人家不要我才又換回了。
>
> 廿九年八九月李夢祥管理糧食經贊皇運輸，短了秤了。我就說李夢祥你摻點沙吧。後來因摻上沙李夢祥受了罰。我就幹過這些。

他在審訊的最後說，

> 我現在已有這樣的認識，認識了抗日政府真是為老百姓的，真是適合老百姓的要求，從抗戰到現在已有八年，常常是這樣想和這樣來說，抗日政府那才是拽蛋哩，不定那一天中央軍過來就趕跑了。自從講了毛主席的主張是要優待俘虜，日本兵是徵兵出來的，他們並不是願意到中國打仗來的，以後我深深感覺優待俘虜，這一條真是為老百姓的，我現在才認識了抗日政府。

　　如此看來，在共產黨看來，李維賢頂多是個落後分子，或者上當分子，判刑應該較輕。但是以後的土改和除奸反特運動他能否躲過去，就很難說了。

十、高六蘭的故事

　　高六蘭，女，45 歲，平東南蒿亭村人，家中三口人，包括丈夫和小兒子。大兒子和媳婦、小孩另過了。她志願參加了所謂的特務組織，應該說主要是因為抗日政府對她家的清算。她在被審訊時說，

> 我從十九歲娶了，我婆婆家共有十九口人。有七十多畝地，雇三個長工，一個做飯女人。我常住娘家到事變後。廿八年賃開家，我才管理家的事情。賃家時我批下水地二畝四分，旱地八畝半，院一串，其中北平房五間、東瓦房三間，兄弟三人夥餵二頭牛、一個騾子。在廿九年我又買下一頭牛、一個毛驢。廿八年因出負擔把騾才賣了。

> 我公公在廿七年當村長，因帳不對沒有貼出清單去，後來在廿九年二月初十把清單貼出去，黑夜就被人扯了。因為款沒有起了，我公公給報了那款，人家說不對。到二月十三日就把家裡的糧食、衣裳、油、鹽等都沒收了，那是霍世凱在我村開了會沒收的。

霍世凱就是後來叛變革命、在西郊村被打死的那位。

> 開了窯把糧有三石來的，四十斤鹽，油十來斤，我男人的制服和紀生衣都拿走了。那黑夜開會就把我男人扣起來，後來在村公所解決的。就時霍世凱也在。方占元的村長，罰了我家男人六百元錢。我奶奶替趙興綱那股拿出現洋一百三十元，拿到井陘換了美鈔，每元按一元七兌的。又當了些地湊夠三百元正。我男人趙興炎把自己的旱地二畝半當下五十元，五畝水地當下五十元，水地二畝當了二十四元，又把趙興鋼的五畝地當下六十元，又賣了我和我媳婦的手鐲二付賣了十二元，又賣了銀牌與親戚們借上才湊夠三百元，這才把罰款交清。

> 四月我公公趙文質死了（病死）。到五月我兒子（十九歲）在正太游擊隊在大東岔被敵包圍跑回後，刨下點荒坡，我們在生活上很困難，

又和杜家莊王銀（是我家的乾親）借下二斗穀與黍，又賣饃饃度日。到冬天兒子販煤、販布匹，又給管理局買點糧掙點腳錢，和在家賣豆腐。

一冬天除了給家裡糧食外，還掙下一百多元。到卅年春才把地贖回旱地五畝三分，又二畝來、水地二畝四分，種了一年。十月群眾運動，就又把地都算了。我沒有把地寫給人家，留下四畝旱地。把牛也算了。還有十支櫃、四個臺甕、一串院，都給了農會了。留下的那四畝地在前年冬就和兒子分開了，他種了二畝，我種了二畝。去年贖回旱地二畝、水地四分，給兒子種了二分水地。我男人現在在家養種地。今年我兒子攬了我村趙會科家一多半長工，給人家幹三天，回家幹一天。

　　這就種下了對農會不滿的根子。後來村裡人和她談國民黨特務的事情，問她願意不願意參加，她說，「參加吧」！於是她就成了特務，而且還幫助組織發展了幾個人：

　　以後我就先和王愛蘭說，南梅莊又組織起特務來了，募妮【李維賢家老婆】回來也說來，你們要願意參加，咱們還組織吧。愛蘭說咱還組織人吧。正說哩，瞿林娥也去了，就和她一說，林娥說我也算一個。說了這話我說回家了。

　　張二為是我在問人家牲口磨面來，我就和他說現在又組織特務了，你願意參加呀不？二為說你們如組織起來開會時，就來叫我。三梅、小美、愛林，她們都是一說就願意。我通知的就是愛林、三梅，其它都是愛生叫的。

　　顯然，人們並不清楚參加國民黨是什麼後果，所以一說就同意了。她們有什麼破壞活動呢？下面是她們的工作匯報：

三梅說我可不願意捉穀蟲，他們叫我也沒去。愛蘭說我給十團縫布擔架，我也沒有給縫好，可不願意給縫了。二為說我就沒上過民校，還說別人不要去民校。六蘭說我給十團搓繩來，我可不願意給挫哩，半天隻弄了一條。

我還說我妮做軍鞋了，不要和家裡穿的一樣，做的不結實點吧。這是在卅二年七月說的。還有我在被算帳後，也沒有家住了，也沒有地啦。我非常不滿意。我村趙福和（農會幹部）與方占元，光想把他們弄死，也解不了我的恨。

如果說高六蘭參加特務可能和恨農會幹部有關係的話，其他人或許就是落後分子、上當分子而已。 沒有看到處理高六蘭的文件，估計不會判太重的刑罰。

十一、高樹信的故事

高樹信交代了不少國民黨特務案的組織情況，尤其是白銘和崔堅的情況。下面的敘述來自他的幾個自白書。真實情況如何，需要和其他人的交代書相比較。我們在這裡敘述的情況是我們認為比較可信的，比如和國特案有關的情況。

高樹信的家在清朝有過好幾輩的財主。事變前，家有 13 口人，有兄弟四人，28 畝地。上學較晚，11 歲才上小學 ，18 歲到（井陘）橫口鎮上私立高小。20 歲到胡家灘當小學教員，當了 6 年後發生七七事變。1938 年共產黨的抗日政府成立，他去參加了工作，1940 年又去當了教員，1943 年來到平東。高樹信的處理情況沒有看到。

高樹信說自己是 1939 年 10 月參加了國民黨特務，介紹人是何錫祥（井陘北橫口人，1939 年冬被抗日政府槍決了）。參加的動機，是聽說中央軍要來了，凡是參加過抗日政府的，全要被殺死。1943 年 12 月 25 日，他向井陘公安局坦白了自己的「特務面目」，1944 年 3 月寫了反省。之後發現自己不

被重用，就「總是說咱上當的人怎麼也不沾了，感覺沒有前途了，包含一個意思對政府不滿」。「因為我的思想工作落後，工作作風不好，工作態度有冷熱病，和思想上中了特務毒，在我的工作上、行動上或者可能造成群眾的懷疑的」。

他承認自己有錯誤，比如下面在擴軍問題上的看法，但是不認為是要做敵人的內援：

> 還有一件事，是第二次擴軍，在群眾分組找出對象後，我看看找出五個人，就有四個是莊上的，我就和這幹部馮全志談，這可不公道，村裡這多人為啥光找莊上的人？我還和馮全志談過，有人反映公安員兄弟兩個，就不去當兵。也是董元保提的，這是犯了借刀殺人【的錯誤】，到底是元保借我的刀，還是我借元保的刀要研究的。

> 總的說，我是有些錯誤的。如果說蔣敵偽合流了，閻錫山投敵了，我也乘機活動，作他們的內援，我是沒有那樣的認識和想法。

由於對政府有意見，在 1944 年時，他又被郭鴻德、陳治本、李有年拉進了國民黨組織的活動中，也有「打算要靠兩三面留後路」的意思。於是，他也參與了發展黨員的工作：

> 發展的方式方法主要是拉攏，根據他的談話、行動，對政府有些啥不滿就鑽空子，把他拉住。發展的人數，據我所知的有耿華庭、陳錫端、李志賢、陳二明、李益三、李功裕、董自福，四、五區我不瞭解尚未編組。

除此之外，他還說介紹了另外兩個新特務：

> 我還介紹了兩個新特務，就是郝志堅、李樹德，介紹的辦法是說一個人必須要依靠兩面，在中國這樣的混亂的情況下，咱敢決定將來是誰

勝誰敗，如果八路軍敗了，咱們該怎麼辦，古人曰狡兔有三窟，僅得免其死也，咱們不多找幾個藏身的地方是危險的，這是先聽他二人說話有天變思想才說起來的。他二人參加後又告訴他保守秘密和組織紀律，是在七旦小學校辦的。

高樹信說他們受陽泉新民會領導，負責人姓名不記得。他說

自從敵特與國特合流後，敵後的偽國民黨都當了敵人特務機關新民會的會員，比如在井陘的的情況，我是瞭解的比較多一些，在平東我實在不知道。在這時候我回想到開坦白大會上的標語，硬幹、瞎幹是沒有腦筋的撲燈蛾，我們不學它，回想我這一段的特務工作，不用說對於自己的好處利益，同時自己的靠山新民會就不瞭解，正是當了幾個月的撲燈蛾，後悔也趕不上了。

高樹信說自己的破壞活動主要是 1）降低政治主任的威信，抬高小學教員的地位，說前者不沾後者沾。2）組織董元保反對公安員。3）故意不開戒嚴證，私自到西溝佈置特務工作。

不過他交代的白銘的問題可能是比較重要的線索，或許是致白銘於死地的主要因素。但是可信度存疑，因為無法排除刑訊逼供的可能。

白銘在特務裡是平東的縣黨委總理全平東的一切特務事宜。工農商學、三青團受他的直接領導和幫助他和各方面關係，和陽泉平定城和他都有密切的關係和聯繫，都有一定的聯絡員、通訊站。在今年參夏前，在七旦寫標語時，他曾和我說過你要利用素真【珍】多取聯繫，為咱的黨務工作努力，你要知道咱們並不是沒有力量，也不是沒有外援，咱有好多中央軍，又有美國的幫助，再說還有日本人扶助下的黨機關軍隊，將來還怕不能成功？另一方面咱們這幾年來受盡了艱難困苦，幾乎全被八路軍消滅了，我都彙報上去了。難道說咱蔣委員長把咱忘了不成。你要瞭解我不是個尋常人物，我是咱平東的縣委，我是

專來做咱黨的工作的。不過在這環境下只得藏身在八路軍裡邊的。陽泉站、平定城的新民會、三義堂以至各機關都有我的同學、好朋友在裡邊做事情，並和我都有秘密的聯繫，當然我的同學和朋友也不一定都告你說，說了你也不一定知道，唯一的就是你只能相信我，陳治本、郭鴻德他們都瞭解我，不知告你說過沒有，以後咱們要都取聯繫或和素珍多談，咱將來是有希望的，同時我和井陘、昔陽也有聯繫，你們只要和三義堂、新民會取聯繫就沾了。

在秋假前，在馬山開會時，他又和我們說，陽泉不是給來了信，佈置那幾件宣傳工作要好好去做，我已和陳治本、郭鴻德談了，我不一定能參加咱的黨務會（內容就是我們最近的宣傳口號）。麥假測魚開會，健全幹部後，我曾向他作過一次口頭報告。說素珍也當上組織部長了，他很滿意。再一點我到西溝的目標暴露後，我又給他去一信說我被群眾發覺了，還沒有得到他的來信我就到公安局，在我到公安局前，他還給我寫過一信，讚揚我的工作很積極。

但是從我們前面對白銘的介紹來看，白銘並不是這樣一個非常有主見、有魄力的領導人。高樹信對崔堅的揭發，也應該是致崔堅於死地的因素之一。在崔堅的判決書中，在人證物證一欄，寫了如下字眼：「白銘、李秀民、陳治本、高樹信等人證和自供」。

崔堅在平東是特派員的地位。他與我每次談的問題也是把他的歷史和任務給我做一次詳細的介紹和佈置了工作，又檢查過一次工作。共談過三次話。最主要的就是一次，以前所談的和以後所談的都是些工作和小問題。主要一次就是麥收前（春天），他往測魚去，在我那裡住過一夜，晚上談起話來，他告我說：「我曾擔任過光榮的任務，以前是曾在中央軍當過副官，也抖過幾年，後來升官給我的命令叫我到八路軍做特務工作，我曾打入到共產黨裡去，後來被人洗出來了，我的任務是偵察和聯絡咱黨的事情和明白咱們的華北黨務事情。不過我的

作風不好，在去年冬天被抗日政府看破，把我扣起來，結果還算不壞，沒有按黨的問題來處理，這也是一個經驗。以後我們對黨的工作一定要做下去，一定要完成任務。但是在方式方法上是必須注意的。我當然不一定擔任大的工作，但我一定幫助咱幹，咱們應該有信心，一定會得到成功的。咱們是有力量的。咱不能聽政府的宣傳，也不能光看新華報，為啥？在國際上還是咱蔣委員長的名義，還是重慶政府，沒有把陝甘寧和毛澤東列在國際上去，這還證明不了咱的力量？現在談一件工作，就是一面給我報仇，一面為黨服務。咱們反對侯秘書（代縣長）、反對楊紹章，就說侯秘書是是主觀主義，不從實際出發，不能給群眾謀利益。楊紹章不做實際工作，光奉承侯秘書，打擊幹部，這樣的幹部沒有用，應該去消。」我答應了他的任務，這是第一次。（1）崔堅的特派員是他在中央委派的。不是我們派他的。（2）他的聯絡站，他說過我忘記了。可能臨城有一個。

這些事情很難說哪些真哪些假，哪些是誇大其詞。正如我們在下面會提到的，他自己後來也承認了誇大其詞的問題。高樹信說崔堅在聽了他的匯報後說，「你真能幹，以後要抓緊咱們的的宣傳工作，乘機會宣傳，聽說翟連玉工作很不錯，他大膽說希特勒垮臺後就是蘇聯了。這是應該表揚的。」他們的「反宣傳」還有以下內容：

四大強國，為啥不把毛主席延安列在四強裡邊，這不是很明顯的吧。我們要抓住這一點，算他八路軍、共產黨、抗日政府怎樣宣傳是不會哄過咱的。

一是日本無條件投降是英、美、中、法四國公告把日本嚇壞了。二是日本投降後中央軍就到華北來，閻錫山還管理山西，八路軍都到東三省去了。

日本投降了還擴軍，是八路軍害了怕，準備打內戰，打中央軍。中央軍一定到華北來，八路軍擋不住。這些材料也都是我們學界研究出來

的。具體工作佈置，關於農村的關係，一面由區鄉都直接佈置；另一方面由各村教員親自幫助，尤其是在擴軍工作上起了很大作用，朱會村發現怕參軍跳了平房，董家切草刀切了指頭。四、五區的新戰士大批的逃跑裝病，這都是我們所造成的。如新近的宣傳還是中央軍沾，日本是中央軍戰勝的。

那麼他為什麼要做如此徹底的坦白呢？

要想把我們的組織系統很痛快的寫出來，這本不是一件很容易的事情，一方面我們黨內的鐵板紀律的限制是暴露了自己也不能暴露別人，暴露了別人也不能暴露組織。即便暴露了組織，也要弄一套真的，弄一套假的迷惑政府鬧不清，不能徹底解決；再一方面是我個人的思想問題的變化，初來時疑惑寬大政策，怕寬大過一次不能再寬大，又思想數一些舊朋友在我把他們拉出來會痛恨我，仇視我。我另一方面認識到一再的上當，作出危害群眾、危害民主的事情，恐怕這次的坦白對自己的前途有關係，自到訓練班來思想總是動盪的，忽然這樣想一下，就又忽然那樣想下去，奇想怪想都經過了。又經過局長、縣長秘書、股長各這方面的說服動員，特別是解釋現在的國際形勢，中國政治的發展方向，又經過我幾天的思想鬥爭，我認識明確了，我的思想穩固了。全世界最後的和平已經快來到了，各國被壓迫的群眾正在團結起來，組織自己的力量來來消滅各國的法西斯殘餘，向著蘇聯那樣的國家努力發展和奮鬥，尤其中國的問題從這八年抗戰裡，想一想我們人民力量的發展有多麼快，現在的力量有多麼偉大，我的思想被國民黨特務籠罩，我的行動被國民黨的特務束縛，以致弄下這樣的結果。今天一定要拋棄這條黑暗的道路，要到群眾中去，要好好向群眾學習，向群眾鍛煉，要堅決向國民黨特務作鬥爭。向黑暗的反動勢力作鬥爭。不但把中國幾千年被壓迫的群眾都解放出來，同時把全世界的法西斯消滅下去，建立起像蘇聯一樣的社會主義制度才肯甘休，決不恢心，決不妥協。所以要想達到我這一堅定的目的，就應該勇敢的

把國特的組織打破，把和自己同病相憐的人都救出來，這就非把我們的真正組織系統說出來不行。

他或許沒有想到，他的坦白應該也是致崔堅與白銘於死地的因素之一，而不是救了他們。他對自己之前寫的坦白也有反省，承認了誇大其詞的問題：

關於我最後的寫了縣級的組織是我的投機思想，想把他們擴大，把我來縮小，同時再擴大點事實，可以先把我能放開。經過這兩天的反省，我感覺那種想法是極其錯誤的。對不起政府，對不起自己，違犯了寬大政策，於自己也沒有利益。

所以他現在的坦白是真實的，以前是誇大其詞的。但是到底哪些是真的，哪些是假的，哪些是虛的，我們仍然不得而知。但是在刑訊逼供之後，謊言無法避免，欲加之罪無法避免。

十二、結論

下面我們來討論本章開頭提出的四個問題：我們需要考慮的問題是這些人為什麼要參加革命卻又參加國民黨、共產黨和國民黨的鬥爭的殘酷性、知識分子能否適應中國革命，以及這種矛盾鬥爭的結果。

這些人為什麼要參加革命卻又加入國民黨

從上面國民黨特務案的故事中，我們可以看到這些人之所以參加革命，同情共產黨，同情革命，想抗日救國是一個重要的原因，比如白銘、崔堅、李秀民。而恢復國民黨或者加入國民黨，通常都是因為和領導關係處的不好，認為領導對他們不尊重、不關心、不信任。有「此處不留爺，自有留爺處」的思想。也有的人是因為自己家裡被受到清算，對領導不滿，如高六蘭。

另外，人們加入國民黨或者三青團並沒有感覺到這是什麼彌天大罪，自然不會想到會有嚴重後果，甚至性命之憂，只不過覺得這可能是一條出路。

高樹信在他的坦白裡甚至說他和其他女人的不合法關係是「比當特務還感覺害羞的事情」。

　　無論什麼選擇，都是理性的選擇。本來在國共鬥爭中，鹿死誰手，當時還未可知。在那個時候，人們已經覺得日本人可能要失敗，但是國民黨是否要失敗，人們並不清楚。所以才有了他們在自白書中一再陳述的對共產黨的新的認識。所以加入國民黨，也不失為一個理性的選擇。

　　讀完這些故事後，我們會發現，這些所謂的國特，其實都不是什麼壞人，本來是受左傾思想的影響，對共產黨有好感，才來參加抗日政府的。至於後來參加國民黨，是參加抗日政府以後發現理想和現實的衝突之後失望所致。所以如第一章所說，我們不能以政治的、黨派的觀點來判斷他（她）們，正如我們在上一章所講的不能以民族主義的觀點來判斷和日本人合作的人一樣。

黨內鬥爭與國共鬥爭的殘酷性

　　當然這些人也不會知道共產黨對異己分子鬥爭的殘酷性，不會知道 1930 年代蘇區大殺 AB 團分子的事情。如果他們知道了黨內鬥爭的殘酷性，兩黨鬥爭的殘酷性，或許會再重新考慮是否要參加到這個你死我活的鬥爭中來。白銘的母親從小就教育白銘要安分守己，不要在外邊惹事。他們太天真了。

　　對這些殘酷的鬥爭來說，這些所謂的國民黨特務也完全沒有準備。他們的計劃僅僅是等中央軍來的時候接應一下，打打黑槍，假裝走火，用石頭砸軍政機關等等。趙淑珍說她們準備暴動，但是武器是三把殺羊刀、一把長刀、三個槍頭（估計是紅纓槍的槍頭）。這不是太幼稚了嗎？即使是說要配合日本人的掃蕩，殺死農會主席，也是只有一次，日本人還沒有來，計劃沒有成功。高六蘭在交代裡說孫玉娥偷了她哥哥一個地雷，放在籃子裡，提到高六蘭家裡，問應該埋在什麼地方。最後決定埋在馬糞裡，希望他們在捶糞的時候能炸死幾個人。（所有人的交代中都沒有發現有炸死人的事情。）聽上去似乎是在編故事，但是這些故事卻成了給他們定罪的事實。還有為八路軍半天只搓了一條繩，軍鞋做得不結實等等，破壞擴兵，幫助青年人逃避當兵，宣傳國民黨要戰勝共產黨。這些都好像離真正的特務要做的事情很遠。這些人似乎根本不知道國共鬥爭的殘酷性。難怪陳治本他們甚至在懷疑他們自己

是不是特務。他們沒有殺掉一個共產黨，共產黨卻殺掉他們 9 個人。當然共產黨也有被暗殺的，但是那些暗殺和這些人到底有多少關係，還不得而知。總之很難說他們對國共鬥爭的殘酷性有多少了解。

難道共產黨不知道這些人不夠特務的資格嗎？或許他們是知道的。但是革命隊伍的純潔性邏輯是寧可錯殺一千，不能放過一個。蔣介石當年如此，共產黨也是如此。本來是可以拉過來當作朋友的，也要把他當作敵人來對待，並儘可能消滅他，殺雞儆猴，這才能保持革命的成功。這就是階級鬥爭的理論，繼續革命的理論。

不過或許這種黨內鬥爭、黨派之間鬥爭的殘酷性，正是我們應該吸取的歷史教訓。只有在政黨內部可以實現民主的時候，人們可以自由組黨的時候，在不同的黨派之間能夠和平競爭的時候，中國的政治才真正地成熟起來。但是，本書，尤其是下面幾章，所揭示的正是這種你死我活的黨派與階級之間的鬥爭，才使得這土改和除奸反特更加血腥。

知識分子能否適應中國革命

本章討論的國特基本都是知識分子，尤其是這個組織中的中心人物，如白銘、崔堅、李秀民、陳治本等。作為知識分子，他們認為自己比工人農民會說話，考慮問題更周到，工作能力更強，而且要求領導作風要民主。我們在他們的坦白中多次看到抱怨之一是領導不民主。但這正是知識分子的問題。毛澤東延安文藝座談會上的講話，那些整風的文件，就是針對他們的。正因為他們是知識分子，通常又出身於比較富裕的家庭，至少是中農家庭，於是他們在革命隊伍中就會天然地受到懷疑，很難被重用，除非他們很會見風使舵，需要的時候能夠做到「大義滅親」。比如我們在本書後面會討論的周璧，在他父親周克昌被砸死後，只有不為所動，才能繼續在革命隊伍中呆下去。要做到這一點，是很不容易的。

各種矛盾的結果

無論是否知識分子，其實在戰爭年代，國共殘酷的鬥爭中都會遇到自己到底走哪條路的問題。我們在上一章還討論了是否附敵的問題。與是否加入

皇協軍或者漢奸隊伍相比，加入國民黨是一個更容易的選擇，因為畢竟都是中國人。一個人在怎樣的環境下，作出一個怎樣的選擇，都應該被理解。即使選擇和敵人合作，站在共產黨這方面來看，比如日本人還是閻錫山、國民黨，也會有各種不同的合作方法。就是和共產黨合作，也有不同的合作方法，都應該被理解。當然，無論如何，如果選擇去殺害無辜的百姓，或者因為黨派問題去殺人，都是應該被譴責的。

但是，無論是何種選擇，都是有後果的。就是當代人，如果在那樣的時空之下，也會做出那樣的選擇。在那樣的時空下面，個人是如此的渺小，只能被歷史發展的各種洪流推來推去。他們的選擇餘地是很小的。這也許正是我們研究歷史的原因。即在歷史的緊要關頭，在歷史條件許可的前提下，做什麼樣的選擇，才會帶來最理想的結果。從後面幾章來看，這個選擇是很難的。

總之，具有諷刺意味的是，延安整風在延安「搶救」了很多人，但是絕大多數是假「特務」。在平東縣這樣的基層整風，卻發現這麼些「特務」，而且處死 9 人，儘管這些「特務」的名義似乎都很牽強。難道不也是假特務太多了嗎？其實就是所謂被定了性的「特務」，也很難說是真是假。不過從我們這章的個案敘述來看，也都是假特務，是不夠格的特務，頂多可以算是「牢騷分子」、「落後分子」、「上當分子」，是完全可以被搶救回來的人。但是很多人卻因此失去了性命，或者住了監獄。

無論如何，他們參加共產黨的理想破滅了，參加國民黨的理想也破滅了。或者對任何一個黨派的理想化的想像，都終歸要破滅。這才是問題的所在。所謂接受歷史的教訓，就是要現實地去考慮人性的缺陷，然後去設計一個比較合理的制度，去抑制人性中的惡，弘揚人性中的善。建立一個純而又純的革命隊伍，純而又純的黨，是不可能的。人們需要和差異協調，而不是試圖消滅差異。這才是我們的歷史研究的價值所在。

其實後面幾章所講的國共內戰與土改，也是你死我活的思路，消滅異己的思路。我們會看到同一個問題在歷史上一次一次地出現，悲劇一次一次地重演。

第五章
兄弟鬩牆：閻錫山和共產黨的內戰

一、開場白

　　1938 年 7 月 1 日，閻錫山在吉縣古賢村的晉綏軍高級將領會議上說，「抗戰以來，我們抗光了，唯獨八路軍不但不減少，反而增加。加上犧盟會、決死隊和共產黨八路軍合作，今後還有我們晉綏軍立足之地嗎」？[1]閻錫山一語成讖。歷史就是這樣弔詭，這樣殘酷。在 1939 年陝西宜川縣的「秋林會議」上，閻錫山預測抗戰的結局是「中日不議而和，國共不宣而戰」，所以山西與晉綏軍需要在日本人、共產黨和國民黨之間尋求生存之道。[2] 日本人投降之後，正如他自己所言，現在國共兩黨鬥爭搞接受、爭地盤，今後的任務更繁重，困難更多。[3]

　　閻錫山顯然已經預見到即將來臨的生死決鬥，在為這個決鬥做著準備。當然在抗戰時期，閻錫山的舊軍和共產黨主導的新軍就打過幾仗了，[4] 和東征的紅軍也打過了，正如我們在前面第二章所介紹的。在抗戰勝利後的這場內戰中，閻錫山選擇和國民黨合作，國民黨慘敗，共產黨獲得了除臺灣之外的整個中國。閻錫山的部隊在經過了一場慘烈的「太原保衛戰」之後，丟掉了山西，失去了立足之地，閻自己也去了臺灣。一個時代結束了。

　　不過最終無論如何，閻錫山、國民黨、共產黨之間的相互殺戮，其實是兄弟鬩牆。為了一個主義，為了一個山頭，相互之間殺得血流滿地，給所有

---

[1]　山西省地方志辦公室（編），《民國山西史》（山西出版集團，山西人民出版社，2011），第 395 頁。

[2]　同上，第 396 頁。

[3]　同上，第 558 頁。

[4]　同上，第 405-408 頁。

的中國人都帶來了無盡的苦難，這實在應該是中國人必須吸收的教訓。文革期間任解放軍總參謀長的黃永勝，臨去世前在病床上對兒子一邊哭一邊說內戰（天津）的慘烈，

> 天津……
> 死了好多人，都是戰士……
> 一路的……
> 屍體……
> 都是屍體呀！……
> 這是我……
> 打了一輩子仗……
> 死人最多的一次……
> 嗚……
> 嗚……
> 天津……
> 天津……

「他緊閉著雙眼，兩滴清亮的淚水從眼角淌了出來，接著，又昏睡過去」。[5]

據說劉伯承、鄧小平等都不願意看炮火連天、血肉橫飛的戰爭片。劉伯承曾經說：

> 我们犧牲一位戰士，他的全家都要悲傷，這給那個家庭帶來多大的損失！同樣，一個國民黨士兵死了，也會殃及整個家庭。他們都是農民的子弟，一場戰爭要損傷多少家庭啊！就是因為這個，每在戰前我們連覺都睡不好。現在戰爭結束了，我就不願看、怕看戰爭的場面……

---

[5] 黃正（著），《軍人永勝》（香港：新世紀出版於傳媒有限公司，2011），第 565-566 頁。

我至今仍看到無數同胞為我們鋪設的一條血肉模糊的路，我們是踏著他們的屍體走向勝利的。敵人也一樣，他們也是我們的同胞啊！[6]

的確，無論是天津，還是其他內戰的戰場上，國共雙方也都死了幾十萬上百萬的人。實在是沒有什麼可值得炫耀的。下面我們先來看一下日本投降後閻錫山與共產黨的內戰，然後再來看平定的情況。

二、閻錫山與共產黨的內戰：犧牲他人與自我犧牲

考慮到面臨的內戰，閻錫山採取了一系列措施。1945 年日本人投降之後，閻錫山返回太原，強調「行者」（指當時隨閻錫山離開太原的人）與「居者」（指日本人佔領太原時期留在太原為殖民政權服務的日偽人員）原系「一家人」，要不分彼此，團結一致對付共產黨。與此同時，閻還整編了偽軍與日偽保安隊等約 5 萬人為省防軍，聘請了駐太原日軍司令和參謀長為其副總顧問，將殘留在山西的日本軍官、士兵、技術人員等編入護路大隊／保安團。[7] 與此同時，閻錫山還在各地大建碉堡。光在臨汾就建有碉堡 400 多個，大同 700 多個，晉中各縣及陽泉、壽陽和鐵路沿線共約 2,000 多個。[8]

1946 年 1 月開始，他在太原郊區和晉中地區推行了在抗戰時期曾經推行過的兵農合一。兵農互助組中有六人，1 人為常備兵，5 人領種份地，當國民兵。於是在半年期間，這些地區便抽出來 2 萬多常備兵，10 萬多國民兵。而且要求各縣直接送壯丁去補充隊伍。與此同時他用各種辦法向農村徵糧，對棉花、棉紗、油類、食鹽、木材、皮毛、菸葉、顏料等物資進行統一採購、統一定價、統一批發，壟斷了商貿市場。[9]

6　段協平，〈拒絕歌頌內戰和暴力〉（2017），《大家之家》網，http://www.djzhj.com/Item/39464.aspx，上網日期 2019 年 6 月 23 日。

7　山西省地方志辦公室（編），《民國山西史》，第 556-562 頁。

8　同上，第 562 頁。

9　同上，第 578-581 頁。

但是，在接下來的各個戰鬥中，在大的環境逼迫下，閻錫山還是沒有能夠守住山西。1945 年 9 月的上黨戰役，解放軍全殲了閻錫山的 13 個師 38,000 人中的 35,000 人。其餘 3,000 人逃跑潰散。1945 年 10 月到 12 月的綏包戰役，殲滅閻軍 12,000 人。1946 年 6 月晉北戰役殲滅閻軍 8,000 餘人。之後是大同戰役（1946 年 8 月）、晉西南戰役（1946 年 11 月到 12 月，殲敵 5,000 多人）、汾孝戰役（1947 年 1 月，殲敵 11,000 餘人）、晉南戰役（1947 年 4 月，殲敵 22,000 餘人）、正太戰役（1947 年 4 月到 5 月，殲敵 35,000 人）、圍攻運城（1947 年 12 月，殲敵 13,000）、攻克臨汾（1948 年 3 月到 5 月，殲敵 25,000 人，解放軍自己傷亡近萬人）、解放晉中（1948 年 6 月到 7 月，殲敵 75,000 人）、攻占太原（1948 年 10 月 5 日到 1949 年 4 月 24 日，歷時 6 個半月，殲敵近 12 萬 5 千人，解放軍傷亡 4 萬 5 千多人，參戰民工傷亡 995 人）。[10] 當然這些所謂殲滅應該包括死亡、受傷、逃跑，以及投降後被解放軍收編的人員。但是無論如何，戰爭的傷亡代價是非常巨大的，儘管這些數字都不一定準確。

透過上面這些殺敵的數字以及解放軍傷亡的數字，我們應該看到的是山西以及其他地方的人民一個一個的家庭失去了自己的父親和兄弟。在那樣一種氛圍下，似乎殺死對方是最大的快樂。正如毛澤東在徐向前打太原的前幾天發的電報所說，「殲敵兩師，甚慰」。[11]在臨汾戰役中，朱德給薄一波等寫信，要其大力支持徐向前攻打臨汾，時間不限，「再傷亡幾千人，也在所不惜」。[12] 1946 年 11 月太岳區黨委號召全區展開殺敵立功競賽活動，一個月內 30 個縣有 8,000 人參戰，「斃傷俘敵副團長、營長以下官兵 2,032 人，超過武委總會原來號召殺敵 800 人的 1.5 倍。靈石二區全月殺敵 104 人，為全區之冠」。[13] 將對方殺死是一種英雄行為。

閻錫山的晉綏軍對共產黨的解放軍，對叛變的人也不留情。閻錫山儘管與共產黨有多次合作，但是他認為「共匪是九條尾巴的狐狸精，是蛇蠍，是

---

[10] 同上，第 571，573，595-603，607-651 頁。

[11] 同上，第 641 頁。

[12] 同上，第 613 頁。

[13] 同上，第 592 頁。

豺狼」。他在 1948 年 3 月 20 日的一次集會上，表彰了成道三、任子祥，「因為他們兩人能當場打死叛變排長米廣智」。[14] 閻錫山在 1947 年 8 月搞了自清、自衛、自治的「肅偽運動」，只要在其手下的幹部「自白轉生」，為了表明自己的「轉生」要自己打臉，互打，互唾。被認為有「通共」嫌疑的人要在鬥爭會上被人用錐子扎，用石頭磚塊砸，用棍棒抽打。閻錫山的要求是「有了關係交關係，沒有關係找關係，交了關係沒關係，不交關係有關係。」[15]這個很像共產黨的延安整風與我們在後面要描述的土改等運動的方式。這也是我們在下面要繼續討論的犧牲別人與自我犧牲的精神。

丁玉山描述了「太原包圍戰」中幾個國軍烈士的事蹟。其中一位是這樣的：

> 二十五日清晨，有一輛滿載炸藥、油料的國軍卡車，自南門外大營房，急駛開往汾河橋。敵軍【這裡指解放軍】發現後鳴槍制止未停。其沿途崗哨也阻止無效，直到飛奔上汾河橋中央，方始停住。待十餘名共軍端槍衝上接近卡車時，轟然一聲巨響將炸藥引爆。軍車與駕駛當然被炸成齏粉，汾河橋上被炸陷一個大洞，十餘名共軍就這樣全部成為這位無名烈士的陪葬者了。[16]

李敖在評論曾任國民黨國防部保密局的少將谷正文時說，「他代表另一個時代的那種典型的狂飆式的人物，他們為了革命，為了愛國，曾經犧牲別人在所不惜，犧牲自己也在所不惜，這樣的人現在已經沒有了」。谷正文也

---

[14] 見丁玉山（著）《太原保衛戰瑣記：太原五百完人成仁四十週年紀念》（臺北：丁玉山發行，1988），第 182 頁。

[15] 前引山西省地方志辦公室（編），《民國山西史》，第 578 頁。

[16] 同上丁玉山（著）《太原保衛戰瑣記：太原五百完人成仁四十週年紀念》，第 498 頁。該事件月份不詳，但應該是太原戰役的最後一兩天。作者說這十幾個案例來自於「共軍」「太原戰役總檢討」，以及他自己從「共黨軍中」所聽說，或者當地民眾輾轉相告，方為人知。作者曾經參加「太原保衛戰」，後加入解放軍以及抗美援朝時的志願軍，韓戰結束後隨 14,000 多人去了臺灣（見喬家才為該書所寫的序言之一，第 2 頁。喬家才是山西交城人，曾任國民政府國防部保密局北京站站長，國大代表）。

是山西人，和另外一位山西人喬家才一樣，都是保密局的大特務。正如散木所說，兩個人都是為了革命，為了愛國而步入歷史舞臺的。[17]

其實無論是國民黨還是共產黨無不聚集了一大批民族的精英以及無數不怕犧牲的士兵，都是為了一個愛國與革命的目的，犧牲自己與犧牲別人都在所不惜。結果是兄弟鬩牆，相互殘殺。另外一個必須提到的自我犧牲的案例是在太原戰役中自殺的梁化之與閻慧卿等所謂「五百完人」。

在太原戰役的最後幾天，徐向前於 1949 年 4 月 18 日給太原守軍最高指揮官孫楚與王靖國兩位將軍寫信，勸其率眾投降，遭到兩位將軍拒絕，說平生不知投降為何事，即使戰勝無望，也絕不屈服。徐向前於 4 月 22 日再寫信給省政府代主席梁化之，誘降迫和，也遭拒絕：「不願有負國家之重托，放棄職責，置軍民於不義之地。雖自分必死，也決不做變節投降之念」。[18]

其實在 4 月 22 日閻錫山曾經給太原守軍將領來電報說：「五人小組：太原守城事，如果軍事沒有把握，可以政治解決」。23 日又來電說：「萬一不能支持，可降；唯靖國、化之兩人生命難保」。[19] 但是梁等人選擇不成功便成仁。梁化之（即梁敦厚）與國大代表兼山西省婦女會理事長閻慧卿（閻錫山的堂妹）代表全體幹部致電人在南京的閻錫山：「一切人與物，凡應處理者，皆處理妥當。我們一定遵照鈞旨，『不成功便成仁！且不留屍體與共匪見面』，請放心！」

---

[17] 見散木（郭汾陽），〈亂世蛇神：「大叛徒、大特務谷正文之謎」〉，載於《同舟共進》，2012 年第 8 期。百度百科對谷正文（原名郭同震）有一個簡介與詳細介紹。簡介說：「谷正文（1910 年—2007 年 1 月 25 日），山西汾陽人，早年就讀於汾陽中學，後考入北京大學。九一八事變後秘密加入共產黨，成為學運的積極分子，曾任中共北平學生運動委員會書記。抗戰爆發後，棄筆從戎，在林彪的 115 師任偵察大隊隊長，後被國民黨逮捕，隨即叛變，加入國民黨軍統局，成為一名軍統特務，深受戴笠的賞識，長期擔任軍統華北地區的負責人。在國民黨敗退臺灣之際，獲得蔣介石重用，在臺灣島內有「活閻王」之稱，專門從事對中國大陸的顛覆滲透工作。為了刺殺周恩來，谷正文參與策劃了著名的喀什米爾公主號事件。此外，與李登輝也有過節。2007 年 1 月 25 日在臺北醫院死亡，終年 97 歲。」

[18] 前引丁玉山（著）《太原保衛戰瑣記：太原五百完人成仁四十週年紀念》，第 492-493 頁。

[19] 前引山西省地方志辦公室（編），《民國山西史》，第 650 頁。

圖 5.1　臺北圓山飯店斜對面的「太原五百完人招魂塚」的天地正氣坊，
　　　　正中為于右任題寫的「天地正氣」，左右兩側分別為「成仁」、
　　　　「取義」。[20]

圖 5.2　臺北圓山飯店斜對面的「太原五百完人招魂塚」的紀念堂，
　　　　中間為蔣經國手書的「齊烈流芳」。

---

[20] 這幾幅太原五百完人招魂塚的照片來自於張珉，〈2018 年春節尋訪太原五百完人招魂塚〉，見傳
　　送門網的〈太原道〉，https://chuansongme.com/n/2212566852018，上網日期 2019 年 3 月 9 日。

圖 5.3　臺北圓山飯店斜對面的「太原五百完人招魂冢」，
〈閻錫山手書的「五百完人歌」〉

圖 5.4，5.5　梁化之，閻慧卿

　　於是 24 日下午，梁化之在省政府大樓的鐘樓飲藥自盡，副官遵照梁生前指示，將其屍體用預先準備於東花園鐘樓側的汽油與木材焚毀。解放軍到來之後僅拾得一塊腿骨與一方水晶名章。閻慧卿最後電告閻錫山：

> 南京山西駐京辦事處轉閻伯川兄：大勢已去，巷戰不支，徐端赴難，
> 敦厚殉職，軍民千萬，喋血街頭，同仁五百，成仁火中。妹雖女流，
> 目睹玉碎，寧敢瓦全。生既未能挽救國家狂瀾於萬一，死後當依遺命，
> 屍首不與匪共見面。臨電依依，今生已矣，來生相見！前樓火起，後
> 山崩頹，死在眉睫，心極平安。嗟呼！果上蒼之有召耶？中華民國三
> 十八年四月二十四日下午，慧卿妹絕筆！[21]

　　然後閻慧卿睡在堆滿棉花與汽油的床上服藥自盡，女侍遵其遺囑，將屍體焚燒。

　　與此同時，山西省政府統計處、太原特種警憲指揮處本部 300 餘人與太原總體戰行動委員會所屬幹部 100 餘人，眼看大局不可挽回，或「縱火焚樓」，「慷慨赴義」，「或舉槍或仰藥集體自殺成仁」。位於太原市市中心柳巷的山西省會警察局局長師則程的員警 70-80 人集體自盡，師局長回家將自己的子女與妻子槍殺後自殺。丁玉山用「勇烈悲壯，直可驚天地泣鬼神」來形容這些事件。[23]坊間對到底是否有 500 人自盡有不同看法。但是問題不是有多少人，而是事件本身的意義到底是什麼。

圖 5.6　太原守城官兵所攜帶的手榴彈[22]

---

[21] 前引丁玉山（著）《太原保衛戰瑣記：太原五百完人成仁四十週年紀念》，第 494-495 頁。

[22] 同上，第 187 頁。

[23] 同上，第 495 頁。

　　王靖國（太原守備司令）、孫楚（太原綏靖公署副主任）被俘後關進監獄，不久病死。梁化之如果沒有自殺，應該也是王與孫的命運。其他高級軍政人員如「趙世鈴、溫懷光、高倬之、韓步洲、白志沂、楊貞吉、薄毓相、續如輯、孟際豐、孫鳳翔等」「均沒有逃脫被槍決的命運」。[24]

圖 5.7　孫楚和王靖國被俘（建川博物館）

三、內戰中的平定縣

　　1937 年日軍入侵時，國民縣公署潰散，人員逃亡。1945 年日軍投降，閻錫山政府重建國民縣公署，任命周天聲為縣長（1945 年 9 月；本年因為受賄包庇漢奸的名義被處決），後被焦光三（晉西人，1946 年；1947 年 11 月 3 日共產黨佔領平定後被處決，）接任。1945 年 10 月，閻錫山獨立第 10 總隊與 46 師進駐陽泉、平定。[25] 另據平定縣黨史研究室所撰的平東縣革命鬥爭史，焦光三到任後組織起了「解救團」、「奮鬥團」、「復仇隊」、「愛鄉（團）

---

[24]　前引張珉，《2018 年春節尋訪太原五百完人招魂冢》。

[25]　平定縣志編纂委員會（編）《平定縣志》（北京：社會科學文獻出版社，1992），第 22-23，373，431 頁。

連」等。[26] 閻政府還招募了三百多名日本兵，組成山西保安第五大隊，並將陽泉礦井隊改編為第十縱隊，總隊長荊誼。在以陽泉為重點的平定北部地區，閻政府還部署了兵力約 4,700 餘人，駐紮在東起娘子關西到壽陽東的據點裡面。他們大修碉堡，並搞「無人村」，和共產黨搞摩擦爭地盤。

共產黨方面也大力發展武裝，一方面搞擴軍，另一方面搞「民兵聯防」、「除奸反特」。當時除奸反特的重點村是一區的張莊村，三區的西郊村，與七區的柏井村。路北縣委和縣政府則在巨城召開了反奸清算鬥爭大會，鎮壓了漢奸梁章明。[27] 1946 年三月，路南雙方也曾經在宋家莊談判和平，路北雙方也進行了談判，但都沒有成功。[28] 顯然，在大的形勢下，雙方都在準備決一死戰。

閻軍在平定城周圍建立「治村」（如暫石、莊窩、東山、後溝等地），在這些村子周圍建碉堡 30 多個，在這裡實行「兵農合一」（看下面）。他們將 38 個村莊的群眾驅趕到敵戰區，製造了「無人區」。戰術上實行「俊義奮鬥法」，即「河踏式的建立政權；滿天星的特務組織；水漫式的軍事進攻」等。閻軍及其還鄉團在幾個月內抓捕了共產黨的工作人員 80 餘人，殺害 20 餘人。[29] 在這兩年中，閻軍在路南「奪走根據地村莊 48 個，有 38 個村成了『無人區』，騙走群眾 12,638 名，傷亡 280 人，抓走民兵 198 人，民兵傷亡 38 人，幹部傷亡 10 人」。[30] 與此同時，共產黨一方也「戰績輝煌」：僅在 1947 年 1 月至 3 月，平定路南縣民兵「與敵作戰 260 次，斃、俘、傷敵軍 547 人，從敵佔區解救出群眾 1,356 人」，並繳獲各種輕重武器。[31]

[26] 這些組織的人數不明，只是平定縣（路北）《解放鬥爭史》提到 1946 年 12 月 13 日在河底鎮包圍了閻軍的復仇隊，擊斃三人，俘虜其餘 53 人。見平定縣黨史研究室，《平定縣（路北）解放鬥爭史》，第 78 頁。

[27] 平定縣黨史研究室，《平定（路南）縣解放鬥爭史》，1990 年，第 6-7，15-20 頁；平定縣黨史研究室，《平定縣（路北）解放鬥爭史》，1990 年，第 10-11、43-46 頁。

[28] 平定縣黨史研究室，《平定（路南）縣解放鬥爭史》，第 12-15 頁。平定縣黨史研究室，《平定縣（路北）解放鬥爭史》，第 29-34 頁。

[29] 平定縣黨史研究室，《平定（路南）縣解放鬥爭史》，第 32-33 頁。

[30] 同上，第 35 頁。

[31] 同上，第 58 頁。

路北的情況也很類似：從 1946 年 3 月到 7 月間，閻軍掃蕩了 81 個村莊，抓捕群眾 1378 人、村幹部 52 人，殺死群眾 15 人，打傷群眾 19 人，還掠走糧食 15,011 斤，毛驢、騾子多頭。閻軍在路北控制了 80 餘村，變為革命與反革命兩面政權的 61 個村，堅持革命一面政權的 148 個村。與此同時，在 1946 年 11 月到 12 月間，中共路北縣民兵對閻軍作戰 116 次，擊斃閻軍營長 2 名，士兵 339 名，俘獲閻軍自衛隊員 52 人，閻軍與中共民兵傷亡比為 20：1。[32]

從 1945 年到 1947 年平定解放的決戰之前的近兩年，也是悲劇連連。閻政府的「清鄉」運動、共產黨和閻政府的鬥法，以及最後解放平定的戰爭，給老百姓帶來更多的苦難與犧牲。下面我們就來看一下這兩年國共在平定的鬥法，以及內戰給平定人帶來的災難的具體案例。

閻政府的兵農合一以及閻軍對農村的掃蕩

閻錫山政府在平定的統治似乎主要表現在其統治區（「治村」）的兵農合一以及對非統治區的掃蕩。[33]根據宋家莊人編寫的《三槐堂興衰記》：[34]

> 1946 年下半年國共正進行和平談判，基層國共摩擦不斷。閻錫山回到太原，佔領了大小城鎮。平定國軍與共軍激烈對抗，在平定周邊的村莊成了無人區。……【很】多人跑到解放區，更多的人跑到平定縣城等地。
>
> 民國 35 年（1946），閻錫山在平定縣城成立國民兵團管區，推行「兵農合一」政策。凡 18-48 歲的男性被編為預備兵，以 5 人編為一組，其中 1 人當兵，稱為常備兵；4 人種地，稱為國民兵，5 人輪流去當常備兵，3 年一換。在家的國民兵要為常備兵家屬出糧出棉。是時，閻軍在宋家莊、冠莊堖、西鎖簧、甃石一帶採取誘騙手段，協迫群眾進城，強迫青壯年充當常備兵，參加還鄉團。

32 見平定縣黨史方志辦公室（著）《中國共產黨平定縣歷史》，北京：中共黨史出版社，2015 年，第 172-174 頁。當然這些數字都無法證實。

33 關於閻錫山對平定的統治，也見光侗，《憶日軍投降後閻錫山對平定的統治》，載於中國人民政治協商會議平定縣委員會（編）《平定文史資料》第四輯，第 68-70 頁。

34 《三槐堂興衰記》，第 54 頁。

陳晉賢對當時宋家莊的描述也很相似：[35]

> 閻軍對村的進攻越來越頻繁了，村裡人心惶惶，也不敢在家裡住了。村裡楊家岇兒有 20 餘戶躲在地窖裡被敵人給裹挾走了，接著敵人包圍了整個村子，大部分村民被擄，村裡僅留下兩位動不了的孤寡老人。1100 口人被敵人擄進了城，200 來口人撤到了崔家村，宋家莊等村成了無人區。從 1946 年 9 月至 1947 年 5 月 2 日，一直持續了 8 個月。

當然也有是自己逃到平定城裡的：[36]

> 三槐堂王象豫一家逃到平定，住在南關親戚家，他在西關小學教書。白崇華領著兒女住在平定東關的親戚家，度過一個冬天。一次王象豫伯父到小學找到王晟堂，領他到自己住的房子，給他吃了罐子肉，這患難中的真情與美味，是一輩子難忘的。

我們在《西郊村》一書中介紹到，[37] 閻政府「組織了還鄉團，也稱閻偽隊，駐守碉堡，加緊聯防，並對根據地進行突擊掃蕩，搶糧抓丁」。我們還談到 1947 年，平定縣馮家峪村有地主成分的趙正元帶領還鄉團返鄉搬家時，殺害了幹部群眾 30 餘人的事情。[38]

董懷慶先生在他的回憶中談到駐平定閻軍的史營長，說他天天帶著美式裝備的國軍去「清鄉」，傍晚回來時總是捆著幾個衣衫襤褸的鄉下人，第二天便被當作八路軍在城南河處決。白色恐怖籠罩著山城。[39] 史營長的本名是史廣榮。是在平定解放後判刑槍決的。郝美英當時在政法部門工作，曾經看

[35] 陳晉賢，《關於宋家莊村政權建立前後的一段回憶》，個人保存資料。

[36] 前引《三槐堂興衰記》，第 54 頁。

[37] 郝志東、郝志剛（著），《西郊村：一個華北農莊的歷史變遷》，2008 年由澳門大學出版中心出版，第 90 頁。

[38] 同上，第 94 頁。

[39] 董懷慶，《陽泉記憶》（陽泉：陽泉市圖書館，2015），第 33 頁。

到史廣榮在赴刑場前毫無畏懼、東張西望、視死如歸的神情。這正是那一代的中國人既不怕犧牲別人，也不怕犧牲自己的心態。[40]

共產黨的對策：擴大武裝、堅壁清野

共產黨平定縣的幾個政府組織起了「反內戰、反閻運動。村武委會組織青年晚上野外住宿，以防國民黨突擊抓丁。他們還發動群眾繼續進行堅壁清野活動。民兵兒童團加緊站崗放哨，查路條，防特反奸」。[41] 陳晉賢先生描述了宋家莊的情況：[42]

> 宋家莊村政權建立後組建民兵組織。民兵組織建立後，中共平西縣獨立營住在宋家莊。營長姓黃，獨立營下設三個連。一連有三個排，人槍齊備，戰鬥力強；二連為六區區幹隊（六區設在蹔石），兵力不足；三連為五區區幹隊，只有 10 人。所謂獨立營實際是一個營部和一個整編連。獨立營在宋家莊駐紮時間最長，營部設在三面閣王氏老院。平西縣的組織機構是：政治部、革救會、武委會，政治部政委由縣委書記擔任，革救會主任由縣長擔任，武委會主任是王紀英。武裝班子是由縣長兼指揮，武委會主任兼副指揮，政委是縣委書記，革救會主任兼副政委，這些都下過文件。敵軍方面的情況是閻軍的一個營駐紮在流杯池。

> 1946 年前半年的形勢較好，閻軍雖經常騷擾解放區，但我方準備充分，敵人很難得逞。閻軍曾懸賞 30 石小米捉拿李子林和我。當時，貴石溝龜頭堖立有消息樹，一有情況我們就跑了。到 1946 年 10 月形勢就變得緊張了。

---

[40] 郝美英訪談，2019 年 5 月。

[41] 郝志東、郝志剛（著），《西郊村：一個華北農莊的歷史變遷》，第 90 頁。

[42] 陳晉賢，《關於宋家莊村政權建立前後的一段回憶》。

當時西郊村也建立起了自衛隊與基幹民兵。[43]

1946 年冬，西郊村 18-45 歲的村民，凡是成分歷史清白者，都被編爲自衛隊員。自衛隊是爲了粉碎國民黨閻錫山軍隊對西郊村的突擊掃蕩，加大民兵武裝力量，維護人民生命財產安全而建立的。自衛隊主要配合武委會（民兵骨幹）站崗放哨，守護消息樹（即跌倒杆）。自衛隊負責警戒東河口、西河口、河神廟、康家後地。崗點及鐘樓上發現情況後撞鐘撤離。始成立時隊長是李汝昌，過了不多久隊長換爲穆蘭堂。

下面是西郊村基幹民兵的情況：

1945 年新村政權實施權力以後，迅速發展和擴大了民兵武裝，前後報名參加的就有三四十人。村武委會挑選了三十個成分好、立場堅定的積極分子，組成了基幹民兵。在村政權沒有公開前，六區政府就給了西郊武委會一把十大連手槍，由鐵柱（趙子理）攜帶。民兵隊伍擴大以後，經過村、區、縣向太行二分區司令部申請一次性撥給了西郊民兵步槍 25 枝，子彈 300 發，手榴彈若干枚。縣裏又給了一批各種地雷。基幹民兵武裝起來以後，編成了 4 個班，3 個步槍班和 1 個地雷班。基幹民兵隊長由武委會主任郝貴庭兼任，指導員由郝步升兼任，一班班長趙子理，二班班長郝希寶，三班班長郝振武，地雷班長郝生金（小名玉富），隊部設在李家祠堂。

他們白天在西閣、白岸口、五裏坡、韓信廟和東河口等地設崗，在南垴山設消息樹有專人看守，一有敵情就推倒消息樹，民兵鳴槍而後掩護群衆轉移。在沒有敵情時，基幹民兵集中訓練學習立、跪、臥、瞄準射擊，幷形成了一定的戰鬥力，很快就在全縣出了名。

---

[43] 上引郝志東、郝志剛（著），《西郊村：一個華北農莊的歷史變遷》，第 80 頁。

周圍的村莊，如東、西白岸，東郊等村相繼建立了武裝民兵，幷以西郊爲中心成立了聯防指揮部，由區派李元寶擔任指揮，對抗平定城和陽泉等處敵人的襲擊。晚上經常有李元寶、郝貴庭、郝步升、趙子理、郝希寶等六七人去平定東關和洗馬堰敵人的碉堡底下打槍、投手榴彈擾亂敵人。爲防止敵人襲擊西郊，地雷班長玉富帶領民兵在西河口埋了很多地雷。有腳踩的鐵雷、有繩子鈎著的拌雷，還有玉富他們自製的石雷等等，一直埋到五裏坡，形成了一個地雷陣。這就使敵人出擊最遠到磬石，即使到西郊，也是走白岸溝口的山路、楊家山頭、南塏山根進村。

我們現在來看一下農民堅壁清野、參加戰爭、各種犧牲的情況。關於堅壁清野，我們在西郊村史書中有關於西郊的詳細介紹，現在轉引如下（略有修改）：[44]

民國三十五年（1946 年）國共內戰全面爆發。九月二十九日，閻軍進犯平定解放區。他們在一些大的村莊裡如南坪村、裡社村組織了閻僞隊（同還鄉團），來協助閻軍的反共行動，對一二四五區進行大舉蠶食，對三、六區實行突擊掃蕩。當時西郊人民展開了粉碎敵人突擊掃蕩的群衆運動，日夜衣不離體，被褥行李不下驢鞍。一見南塏山跌倒樹歪倒聽見敲鐘吶喊，就知道是敵人從平定出發來掃蕩（南塏山頂站崗放哨的民兵能望見從平定出發的敵軍），便互相幫扶、撤至村外野地南峪溝、衛掌、牛角峪等深溝土窰洞裏。也有嬰兒就出生在野地土窰洞裏，或者剛出胎就包住往外逃。

還鄉團或者「閻僞軍」的組織應該是在閻政府的統治區裡的事情。但是在其他地區，如在抗戰時期的拉鋸地區或者共產黨的根據地，由於抗戰時建立的共產黨組織的領導，人們對閻錫山軍隊的抵抗還是很有效率的。

---

[44] 同上，第 91-93 頁。

爲了徹底粉碎閻軍的突擊掃蕩，全村在陰曆九月十七日撤退到山裏偏遠的村莊，糧食衣物全部深埋掩藏。半年多的堅壁清野運動之後，西郊成了敵人來時抓無人、搶無糧的無人區。 當時在民兵的掩護下，全村群眾離別了自己的家鄉，放弃了辛勤耕耘一年的糧食收成，趕著牛羊，牽著毛驢，背著行李包袱，扶老携幼，有的村民一頭擔著包袱一頭擔著嬰兒，向史家山、有金岩、石窰、古貝、孟家掌等地撤退。當時已基本確定階級成分，成分高者便向馬山一帶、距東縣政府地址較近地方撤退。

閻軍來西郊進行突擊搶糧時，如果正逢西郊群眾往東撤退，便會射擊。李廷弼回憶當時情景時說：閻軍是在東南坪架設機槍向他們進行掃射的。當時他已撤到大巷口，聽後邊的人在嚷嚷有人被打死了。閻軍一出蓆石便走山路，從白岸溝翻上楊家山頭，從南墖山後下山進村。來到西郊時大部分村民已撤到石門口以東。只有少部分群眾行至川草巷至楊家灣一段路上。在敵人的掃射下，群眾依舊在民兵的掩護下向東撤退。村民李九林、郝長庚及童老婆（小趙讓岳母）當場被打死。李萬和（小名笨小）、郝振寅老婆被打傷，也有村民被抓。

顯然，閻軍和共產黨領導的村民之間的關係已經是敵對關係。閻錫山已經沒有辦法恢復在抗戰前那樣對平定的統治。

退到山上後，武委會組織難民代表郝居勝等人號房，處理民間事務。七個月的堅壁清野期間，民兵負責組織村民晚上回村取糧、取物。當時本村只有幾個癱瘓老人在村居住，如趙豐。村裏各處都埋設地雷，抗擊敵人清剿。在山上村莊居住期間，因人群擁擠，住宿過度集中，一個屋裏往往住 10 幾個人。造成瘟疫流傳，不少村民得染疥瘡瘟病。

爲打擊群眾中的消極反戰行爲，村治安人員也采取了非正常措施。郝貴祥因未及時退走，被認爲有從事特務活動嫌疑。民兵將其強帶到山上，治安人員用紅烙鐵燒他，對郝桂祥進行逼供，使他的一個腳趾被

燒掉。曾擔任日本維持會會長的趙占瑞被用刀刺死。事後人民政府對
幾個治安執行人員的非法行爲進行了懲辦，一名公安主任、一名公安
員被開除黨籍、免去職務。

　　上面西郊村的兩個例子證明，無論如何，閻政府無法在村民中再樹立起
來自己的威信。如果還會有人對他們表示同情，那麼這些人就會得到嚴厲的
懲罰，甚至被酷刑、被處決。

　　下面一首歌謠反映村民 46 年逃難在外的情況。（郝寶編，郝雨海口述。）

　　　　說平定往東走，三十里又到石門口。
　　　　石門口往南把山上，指揮領往百咀堖上走。
　　　　上去到了有金岩，有金岩真眼寬。
　　　　好漢坡下是史家山，史家山往裡走，不遠到了井芝峪。
　　　　井芝峪群眾真熱情，擁護咱西郊老百姓。
　　　　供給喝水和糧食，不著（讓）群眾受了罪。
　　　　好像海裡魚和水，騰出房來讓咱睡，一家人擠在日（一個）炕裏。
　　　　一塊住了整半年，稱兄道弟如姐妹。
　　　　其他村裡也是這（這樣），平堖古貝趙家莊。
　　　　有的往東到馬山，都把難民當自己。
　　　　毛澤東當領導，這事咱的感謝年（人家）共產黨。

　　西郊村民逃難的故事也表明共產黨已經控制了廣大的農村，獲得了農民
的擁護。閻錫山在軍事上和政治上已經沒有力量將他們再統治起來。

民兵參戰的情況

　　1947 年，國共內戰開打之後，平定（路南）政府動員了 41,500 民兵，平
定（路北）政府組織了 700 副擔架，擔架隊員 6,293 人，牲口 5,300 頭。在娘
子關戰鬥開始前，路北的 5,000 名民兵分三路破壞了境內閻軍控制下的正太鐵
路：壞鐵軌、挖枕木、毀橋樑、炸碉堡、割電線等等。1947 年 3 月，聯防民

兵還襲擊了維社北山還鄉團的據點，打死打傷 30 多人。1948 年 6 月，全縣組織了 2000 民兵支援晉中戰役，9 月調集了 11,761 民工、民兵支援太原戰役，11 月徵兵 1800 餘人。[45]

在解放軍攻打太原的時候，平東縣和平西縣已經合併為平定（路南）縣。根據陳晉賢的回憶，[46]

> 到太原參戰的具體分工是：平定（路北）縣到太原東山一帶，平定（路南）縣到晉中榆次一帶。平定（路南）縣組織了 11 個營，宋家莊時屬平定（路南）縣第二區，是其中的一個營。營教導員為王子華，區武委會主任孟某為營長，另有副教導員、副營長、營糧秣員各 1 人，這 5 個人為營部主要成員。二區的這個營在到太原正式參戰時被編為參戰第六營，我就是這個營的糧秣員。

> 是年 8、9 月份時，我和張胞、李子林代表宋家莊村民兵參加了平定路南縣太原參戰前的民兵幹部集訓，集訓的內容是：到太原參戰的意義、防空知識和技能、戰時救護知識、注意事項和後勤保障等。訓練時間不到一個月。訓練期間，上級並未明確的告知我所擔任的具體任務。

> 10 月初，接縣通知，讓我帶一桿秤和紙墨筆硯，隨張胞和所選拔出的參戰人員到平定西關集中。選拔的大部是 30 至 40 歲以內身體強壯的成年男子。當時正值種麥時節，村裡在我們出發的一個月之前，已有 30 名民兵開赴太原前線參戰，已提前走了，村裡的一切勞力活全靠婦女去幹。我們這次出發的是一個擔架排，設排長和副排長各 1 人，全排 5～6 付擔架，每付擔架安排 5 個人，人員總共為 25 個人左右（不包括我和張胞）。每付擔架為一個班，每個班要配備 4 條扁擔，8 條刷繩，兩條短而粗的木橫擔。擔架的捆紮辦法是：兩根長扁擔為擔架縱

---

[45] 上引平定縣志編纂委員會（編）《平定縣志》，第 437 頁。也見平定縣黨史研究室，《平定（路南）縣解放鬥爭史》中的相關論述以及平定縣黨史方志辦公室（著）《中國共產黨平定縣歷史》，第 178-180 頁。

[46] 陳晉賢口述、王景聲整理，「關於宋家莊村到太原參戰的回憶」，個人保存文章。

向的主架、兩根橫擔為橫向的輔架，主架中間用刷繩編成花格繩網，用以承載被抬人員，所余兩根扁擔為擔架抬杠，由 4 人以肩分兩頭扛抬。班長為每班（即每付擔架的 5 名人員）的領隊，既要負責擔架的安全，也要和其餘 4 人輪流換班。擔架要在戰時臨時捆紮，平時要由各人分拿，以求機動靈活，便於進退。

接到通知的第二天下午，我們趕到了城內十字街集結，報到後我被指定為參戰六營糧秣員，張胞被任命為該營一連連長。營部除上述 5 人組成外，又配備了 2 名持步槍的通訊員。營下設三個連，每連設庶務長、採買上士各 1 人，下設 12 個人組成的炊事班。我的任務是領導各連庶務長、採買上士和所有炊事人員共 42 人，搞好後勤保障。當時，我持證明到兵站領取戰地糧票和菜金，分發給各連庶務長和採買上士，待命出發。

為防閻軍飛機轟炸，我們是在當天太陽快落山時出發的，按兵馬未動，糧草先行的傳統，我所帶的炊事人員等 42 人較大隊人馬提前 1 小時出發。按上級命令必須在一天半的時間內到達前線目的兵站，中間需埋鍋造飯燒開水，為和大隊往來聯繫，我們走時帶了一個通訊員。待人們行至壽陽西邊一個村子時，便開始安排做飯、燒水，為後續大隊人馬號房子。但村裡的人都跑了，房子便沒了著落。待大隊趕到時，才由張胞帶人卸下門板，勉強住下。第二天為躲飛機，傍晚才出發，因途中不再需要造飯燒水，我們隨大隊共進。到目的兵站時正值半夜，我們被安排在野地裡的一個土洞中，土洞約三四十米長，是兩頭開口，10 月天半夜奇冷，涼風颼颼使人無法入睡。天明後，經討論研究，各連各排分頭到附近借來工具，飯後便開始在營地土坎土楞上打土窯洞，每班打一孔窯洞，窯洞打好後用所帶被褥當門簾，用以擋風，這樣一住就住了三個多月。參戰六營是平定城周圍各村村民組成的，被分配到戰地醫院運送傷患，我們負責的是將戰地救護隊從戰場上送到戰地醫院經過醫生處置後傷情比較穩定的傷患，轉送到太谷野戰醫院去，所以任務比較輕，中間路途雖然較長，但安全係數較大，三個月

來無發生過大的偏差。在不讓戰士第二次負傷的口號鼓舞下，任務完成的較好。

民國 37 年 11 月 3 日，發生了黃樵松事件，太原戰役暫停的 1 個月後，接上級命令換防。六營全體在榆次坐火車返回。

前面提到的宋家莊村民兵小分隊 30 人參戰的事非我所親歷，情況也知道一些，大致的情況是：分隊由李恒祥帶隊，成員都是年青力壯，戰鬥經驗較豐富的民兵骨幹，所有人員均是全副武裝且配備有一挺輕機槍，任務是看彈藥庫。彈藥庫分設在 3 個村子裡，為保證彈藥庫萬無一失，他們還負責對 3 個村子的進出人員進行有效的嚴格管理，每天均要輪流站崗，晚上還須增加崗哨加強警戒，責任重大，容不得半點閃失。在 3 個多月的時間裡，沒有出過任何差錯，圓滿地完成了參戰任務。

以上便是宋家莊村民兵和民工赴太原參戰的大致情況，這次參戰由於各方面組織的較為合理、嚴密，加之參戰人員高度的紀律性和組織性，沒有造成任何傷亡。

籍貫為離蔭營十里地的東落鼓崖村的鄭玉祥先生（1929 年生）當時正是民兵。他談到了自己 1948 年打太原時支前的情況。他們當時去了 25 個人，多數是 18 到 19 歲的人，在牛駝寨、雙塔寺那邊，支前三個月。主要是擔架隊。擔架是用木棍和繩子紮起來的。主要是將傷病員從戰場上抬到連部，約 20 多哩地，工作就完成了。當時吃不上肉，也沒有菜，主要是小米燜飯。支前工作完成後就到陽泉賽魚那裡開慶功會，發獎狀。他們的連裡死了幾個人，但不是在戰場上犧牲的，而是因為窯洞打得太寬而塌陷將人壓死的。[47] 但是這些不是他們村裡去的人。

---

[47] 訪談鄭玉祥，2019 年 5 月。關於路北支前的案例，也見趙根和、趙仁芳，《記英雄支前隨軍擔架隊—大紅嶺村民工》，載於中國人民政治協商會議平定縣委員會（編）《平定文史資料》第四輯，第 65-66 頁。

下面我們來看西郊村支援太原戰爭的案例。[48]

在轟轟烈烈的革命鬥爭中，不僅很多成為革命對象的人丟掉了自己的性命。西郊村很多人也都以民兵的身分參加了解放戰爭，包括組織擔架隊、運輸隊等，不少人為此也獻出了自己的生命。

民國三十六年（1947 年）農曆四月二十四日，西郊民兵在六區武工隊隊長周家庭的帶領下，同縣武工隊隊員郝長財、趙玉堂等人，配合人民解放軍晉察冀部隊、五縱隊九旅戰士，攻打南坪五架山一個大碉堡【看下面的一個圖片】，殲敵 40 多名。二十五日，村民兵同縣武工隊一起攻下城皇堖、榆樹院、北鐇石村幾個碉堡，為解放軍主攻平定城清掃縣城周圍敵人的武裝力量。他們還在陽泉一帶配合解放軍牽制堵截敵人的增援部隊。在解放陽泉戰役中，也同解放軍并肩作戰。（參戰者王勝科，郝樹聲講述。）

可見，除了組織擔架隊、運輸隊之外，他們還直接參加了戰爭。閻錫山的「兵農合一」現在變成了共產黨的「兵農合一」。

陰曆九月，西郊民兵抽調 9 人（郝樹聲、周同信、李桂芝、白永科、郝書喜、穆連科、趙潤祥、郝玉書、李玉輝）參加了平定戰備兵團。在平定縣軍工部趙福成（趙福田的親兄弟，神崞人）的帶領下，他們參加了長治備戰工程，在趙家莊打備戰洞兩個月，西溝修備戰路兩個月，四個月光榮完成任務，陰曆正月十五日返回。

民國三十七年（1948）農曆 8 月 26 日，解放太原戰役打響。西郊廣大村民、民兵積極參戰，也貢獻了不少人力、物力。西郊武委會組織參戰民兵 16 人，隊長趙進祥、司號員郝占雲（在 1945 年的反閻運動中差點被殺的曾當過偽村長的人，後來也參加了民兵；見圖 5.8 郝的立功

---

48 上引郝志東、郝志剛（著），《西郊村：一個華北農莊的歷史變遷》，第 95-98 頁。

喜報）、隊員郝樹聲、郝桂茂、李桂、穆文成、趙占倉、李增泰、趙
廣田、李璐、秀瑞和尚（解放後回了南坳村）、白永舉、王德雲、王
盛科、郝生成、葉本榮等。他們開赴盂縣，被編入平定營一連一排。
西郊民兵編爲一個班，班長郝生成。趙進祥成爲一連副連長、郝占雲
爲一連司號員。西郊民兵班進駐榆次蘇家莊火車站守衛、保護由臨汾
運進榆次的軍用物資。安全運進，安全保存。由解放軍團長許友亮指
揮，郝桂茂任團長通訊員，往返負責聯繫。兩個月保衛任務，無一損
失。順利安全完成了保護車站、收交軍用物資的艱巨任務。11 月他們
被調往東漢彈藥軍需倉庫，保護倉庫，幷把槍支彈藥及時安全地運往
牛駝寨、雙塔寺、北營等前綫陣地，直至太原全部解放。他們出色地
完成了自己的任務。（參戰者郝樹聲講述。）西郊民兵 16 名戰士都榮
獲平定縣後勤指揮部頒發的甲等榮譽獎，稱他們「積極作戰，努力支
前，英勇頑強，功勞卓著」。

青年民兵前綫參戰，壯年民兵也組織成 40 多人的擔架隊加入平定支援
隊，開赴前綫，護送傷病員，扛送彈藥。西郊群衆還在新村委會的組
織下，組成了運輸隊，趕驢駄糧，運往前綫。50 多人趕 50 多頭毛驢，
在村裏駄上糧食，或在陽泉、東營盤糧庫駄糧，送至壽陽，兩天一次。
另一支運輸隊 14 人組成，由財糧員趙占賓帶領每人趕一頭毛驢，每日
在槍林彈雨下，從壽陽駄糧送往盂家井，或從忻州駄糧運往太原。第
一批運輸隊支前三個月，臘月三十日返回西郊。第二批運輸隊由財糧
員郝秉正帶領，49 年正月初三日起程開往壽陽，三月返回（郝秉正之
女郝小蛾講述）。兩批支援隊都光榮地完成運輸糧食支前任務。郝秉
正在支前中因操勞過度，得重病陣亡，被追認爲烈士，幷獲「光榮烈
士」榮譽證書。

圖 5.8　郝占雲立功喜報

圖 5.9　雙塔寺前閻軍的碉堡

　　1949 年太原戰役結束後，郝在田爲歌頌參戰群衆，唱了當時流行的歌謠，在街頭宣傳。郝本人也參加了戰鬥。

> 一九四八年，太原宣了戰。
> 我是炊事員，參加了打太原。
> 燒水又做飯，日夜總不閒。
> 山裏沒有水，出去幾裏擔。
> 柴禾沒處買，我就到處揀。
> 有水又有柴，回來好做飯。
> 蒸著窩窩頭，煮能（著）熱稀飯。
> 飯都做好了，挑著上火綫。
> 火線遠又遠，光嫌兩腿短。
> 扁擔顫悠悠，渾身直流汗。
> 爬嶺又翻山，不時躲炸彈。
> 來到陣地前，不敢大聲喊。
> 小聲叫同志，趕快來吃飯。
> 同志辛苦了，每人盛一碗。
> 吃了這碗飯，打仗更勇敢。
> 沖進太原城，活捉閻錫山。

——郝玉生（郝在田之子）口述

　　除了前面那些內容之外，我們在西郊村史中還介紹了 30 多位參加對閻作戰犧牲、負傷、立功等等的西郊村民的具體情況。在共產黨和閻錫山之間的內戰中，雙方的犧牲是巨大的。當然不管是哪一方面，犧牲的絕大多數都是農民子弟。這些也是犧牲他人與自我犧牲的例子。

　　顯然，共產黨對閻錫山的戰爭，如果沒有廣大農民的支持，是不可能勝利的。宋家莊、東落鼓崖村、西郊村民兵參戰的情況，應該也是平定其他村民參戰的一個縮影。從中我們也可以看到閻錫山軍隊無法取勝的原因。當時太原被包圍的時候，是陳納德的飛虎隊為太原空投糧食等物資。但是那是外

援，而且很容易就會被終止。而共產黨所依靠的是內援，是老百姓的援助，是取之不竭的。

在國共內戰中犧牲的更多例子

在抗戰中沒有犧牲的國共雙方的精英分子，很多犧牲在國共內戰時期。這不能不說是中國人的悲劇。上一章提到的岳家莊的民兵英雄、平東縣政府所在地娘娘廟村的李旦孩（21 歲）就是在國共內戰時犧牲的。李旦孩是民兵連長，組織青救會、抓漢奸、搞偵察、一杆槍拖住敵人大隊人馬，得過「太行區民兵殺敵英雄」稱號。但是他在內戰將要結束時被閻錫山的軍隊逮到城裡被處死（可能是刺死的），骸骨被埋在縣城南關的城牆根。[49]

另一位抗日英雄趙亨德（25 歲）、太行軍分區偵察隊副隊長，在國共內戰時擔任團參謀長。他也是在國共內戰時，在解放軍進攻平定時犧牲的。趙在抗日戰爭中帶領敵工小組扒火車、炸橋樑、搞機槍，截至 1943 年 5 月，他們已經實施爆破襲擊 27 次，炸毀火車頭 7 部、車皮 16 節、鐵路橋梁一座，殺敵 40 多個，曾獲得太行區「一等偵察英雄」稱號。1945 年 1 月 17 日，趙率領部隊突襲在壽陽縣境內行駛的日本軍列，打死敵人 60 多人，俘虜了日軍少將、偽山西省首席顧問、教育廳學務專員鈴木川三郎。他又獲軍區通令嘉獎。[50] 趙亨德沒有犧牲在抗戰中，而是犧牲在兄弟相殘中。

根據我們對蔡、郝、劉等先生的訪談，南坪村的故事也是兄弟相殘的故事。南坪村地處石太鐵路亂流段三里處，是鐵路沿線的村莊之一，是現代兵家必爭之地。南坪村坐落在五龍山下。現在人們稱作五架山的山頂上，有住亂流閻軍建造的碉堡一個，駐有閻軍組建的還鄉團 3 個步兵班一個小炮兵班。團長是上莊村人，從革命武裝隊伍叛變的王昆。還鄉團成員大部分是南坪村青年，被抓征入團。有幾個上莊青年是由王昆徵集，在團裡擔任司務長、保

---

[49] 見李金田、王玉光、李明義、李愛國撰稿，平定縣史志辦公室、平定電視臺拍攝的《追尋抗戰中的平定：幾年抗日戰爭勝利六十周年專題片》（手稿），2005 年 8 月，第九集《他們永遠活著》（上），以及對娘娘廟村村民董成孩（81 歲）、王所小（77 歲）的採訪。以下所引述該電視片的內容，既包括手稿的內容，也包括電視片上有但是手稿上沒有的內容。

[50] 上述電視專題片第十集，《他們永遠活著》（下），以及平定縣史志辦公室主任劉春生的訪談。

管、會計等要職。上莊村的青年是 46 年上莊實行無人區，退卻時被閻軍劫持回敵戰區，然後強徵在還鄉團裡的。閻軍還鄉團的任務是監視共產黨領導的革命力量對石太鐵路線的破壞行為，打擊干擾周邊村莊的土改運動。抗戰時期南坪村是伏擊部隊打劫日軍火車運輸物資的落腳點，是八路軍百團大戰的前沿陣地。

圖 5.10　南坪的五架山

　　1947 年 4 月 17 日，晉察冀野戰軍發動了正太戰役。24 日晚野戰軍 4 團在六區民兵的配合下包圍了五架山碉堡，喊話王昆，要他放下武器投降。王昆的親外甥小眼（小名）為了大夥鄉親的活命，跪地苦苦哀求。但是王昆卻仍妄想閻軍會來解救，命人把外甥小眼捆綁後，拋丟在碉堡外亂槍打死以鎮軍心。結果解放軍在天明後才用炮擊攻下碉堡。一顆炮彈擊中碉堡，還鄉團人員跳出碉堡倉惶逃跑。王昆在逃跑中被擊斃在山路上，大部分還鄉團被俘，南坪村和平定外城一天被解放。

　　西郊村郝福田的故事也是一個悲劇：[51]

---

[51] 上引郝志東、郝志剛（著），《西郊村：一個華北農莊的歷史變遷》，第 74-76 頁。

郝福田在 1944 年參加平定縣六區武裝工作隊任偵察員。他多次在村裏配合西郊村民兵進行抗日活動，搜集敵人情報。在解放平定縣城時，他曾參加打碉堡、圍殲閻偽軍部隊的各種作戰行動。

1947 年陰曆 2 月，六區武工隊隊長周加廷帶領西郊村民兵趙進祥、楊寶禎、郝福田等十幾人夜間去圍剿東溝裏社還鄉團隊部。戰前約定戰鬥結束後到虎神廟結合，以吹哨為號。當晚因天黑風大，郝福田迷失方向，一人走到王家莊東、南坪西的紅溝地（屬南坪村地界），在一個農民避雨窯裏住了一晚。到第二天早晨醒來時，南坪村村民郝忠汝趕驢去紅溝地裏送糞。郝福田便問郝忠汝，你是哪裡人，郝忠汝說我是南坪村人。郝福田便說：你還來不來？郝忠汝說我還來哩。郝福田當時求郝忠汝說，你來時給我捎點乾糧和水行不行？郝忠汝說行。郝福田又向郝忠汝要了點旱煙，在窯洞裏邊抽邊等。可是郝忠汝回村後便向南坪村的閻偽軍隊長郝琳報告說，紅溝地裏有一個人，身上帶著手槍，有可能是一個八路軍。郝琳便帶了幾個隊員，到紅溝地裏將郝福田捉回南坪村，關押起來。第二天押送平定縣城偽閻大隊，之後此人便一直活不見人死不見屍。

據傳說，平定縣城解放的前一天，國民黨偽閻隊在平定大石頭溝活埋了幾個共產黨革命人士，其中有郝福田，但是解放後政府也一直沒有對此事證實查明。而南坪村則對告密人郝忠汝一直以國民黨漢奸來對待。郝忠汝帶著漢奸特務的帽子在文革時期被進行了多次批鬥。郝琳帶隊去紅溝捉拿八路軍的傳說在當年的老人們那裡也都有耳聞。

文革時期郝忠汝等人也曾寫過告密證詞（見圖 5.11），但因死無證據，所以郝福田家屬解放後至今仍不是軍屬家庭，也不是烈屬家庭。郝福田被捕後是投敵叛變，還是被敵人殺害，至今沒有一個論斷。郝福田的失蹤成為西郊村國共內戰中的另一個懸案。

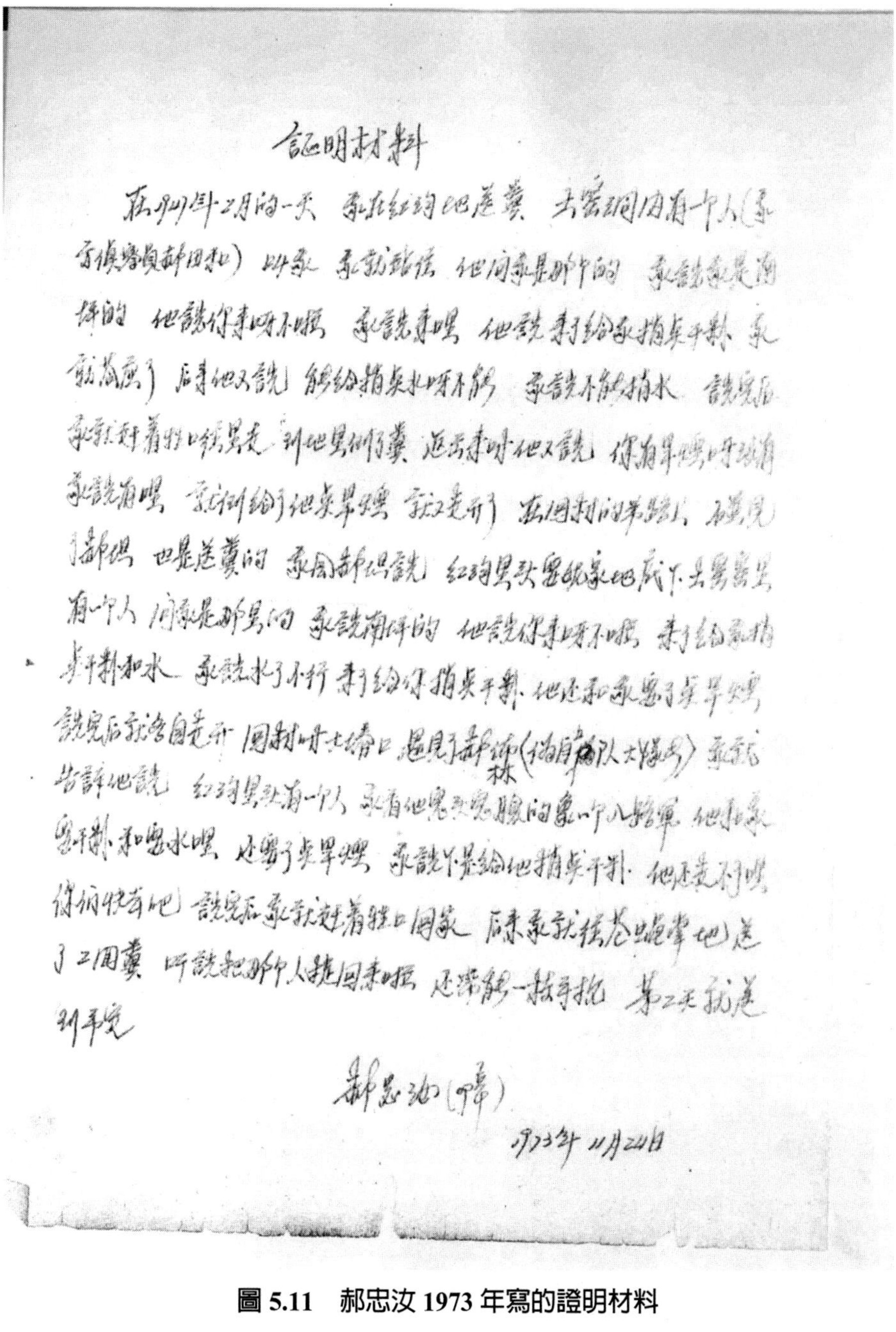

圖 5.11　郝忠汝 1973 年寫的證明材料

平定的最後決戰

　　1947 年 4 月初，中國人民解放軍晉察冀部隊的 5 縱隊 9 旅掃清了石家莊外圍之後，開始了正太戰役，並於 23 日經舊關、柏井直逼平定縣城，24 日拔掉了冠莊等地的 60 餘個碉堡、據點，包圍了平定城。當時閻軍的安排是十縱隊總隊長荊誼、參謀長楊俊領軍駐守平定和陽泉。保安二團團長張國棟率二團守陽泉，三團團長白瑞珍率三團先放棄了娘子關和上、下磐石，退到平定城擔任守城任務。25 日晚，解放軍第 5 縱隊第 7 旅和 9 旅向縣城的上城發起總攻，第 9 旅的第 25 團和 26 團則主攻城東，第 9 旅 41 團和 27 團佔領了廟溝、姜家溝、南關等地，第 7 旅 20 團在黑沙嶺、南天門、西關一帶，準備阻截援兵並防敵兵外逃。經過三天的攻防戰，解放軍殲敵萬餘（平定路北縣解放鬥爭史給的數字是 7,000 餘人），荊誼、楊俊、張國棟、白瑞珍、國民黨陽泉行署專員李崇才、平定縣長焦光三、大漢奸段琛等被俘，5 月 2 日平定全境解放。[52]

圖 5.12　攻克平定城外圍閻軍碉堡[53]　　**圖 5.13　攻克平定城南閻軍碉堡**[54]

---

[52] 前引平定縣志編纂委員會（編）《平定縣志》，第 442 頁。也見平定縣黨史研究室，《平定（路南）縣解放鬥爭史》，第 66-72，103 頁。也見劉松青，〈關於正太戰役的見聞〉，馮泰鎮，〈帶領「反攻軍」南下〉，以及荊誼，〈陽泉戰役經過〉，載於《陽泉老人憶解放》（陽泉：陽泉市圖書館，2017 年），第 45-51， 175-179，191-93 頁。

[53] 中國人民政治協商會議平定縣委員會文史資料委員會（編）《平定文史資料第十二輯：紀念平定解放五十週年》插頁，1997 年。

在平定決戰中，老百姓的情況如何，我們知道的不是太多，只有少數回憶。後曾任陽泉市政協副主席的劉芝田回憶說，1947 年 4 月下旬，解放軍已經包圍了平定，周圍槍砲聲不斷，許多有錢人家或者受了閻軍宣傳影響的人都跑到太原或者北京去了。他們一家躲到了離縣城六哩地的石板坪他的姨姨家。結果正趕上解放軍清理平定城外圍碉堡，槍砲聲越來越近，他們又決定回平定。結果又趕上解放軍攻城。他們家離東城門（拱岱門）只有 50 多米，該城門又是閻軍防守的重點，所以槍砲聲不停。他們用被子把窗戶擋上，在屋裡的地上坐了一晚上。臨晨解放軍用炸藥炸城門的時候，他們家窗戶上的玻璃都被震了下來。[55]

改革開放時期曾任平定中學校長的晉如祥，當時是平定中學的學生。在縣城岌岌可危的時候，他們學校 100 多學生於 4 月 23 日撤往陽泉。後來在 28 日聽說趙承綏增援陽泉，平定已經解圍，楊發瑞校長又帶他們回到平定。結果從西門進來十字街後發現到處是戰火的痕跡，到處是彈片、瓦礫、燒焦的木頭、炸毀的牆壁。他們在橋南街還看見犧牲的解放軍戰士與民兵、折斷的雲梯和丟棄的擔架。閻軍士兵告訴他們，26 日解放軍曾經猛攻陽春樓與南門，前赴後繼踩著雲梯往城上衝。城上城下炮火連天、硝煙滾滾。半夜時分，南門被炸開，但是解放軍又被閻軍的炮火打了回去。這正是他們看到的上面講到的戰爭痕跡的原因。結果在 5 月 1 日上午，平定中學的學生又第二次撤往陽泉，並被編到閻軍十縱隊二團，張國棟的隊伍裡面。但是他們半夜兩點又隨閻軍往太原撤。他們越走越慢，和二團拉開了距離。走到侯家山時槍聲便響作一團，他們也慌作一團，就地趴下。然後就被解放軍俘虜了。發現他們都是學生，隨即挑了 60 個個子較高的同學，讓他們到四縱隊隨營學校學習後參了軍，餘下的數十人於 5 月 3 日下午回到平定。[56]

---

[54] 同上。

[55] 劉芝田，〈回憶平定解放〉，載於上引《陽泉老人憶解放》，第 196 頁。

[56] 晉如祥，〈歷史中的「新聞」：1947 年平定解放時的平定中學學生〉，載於上引《陽泉老人憶解放》，第 202-04 頁。

圖 5.14　平定城戰鬥一景[57]

圖 5.15　攻城[58]

　　平定、陽泉戰鬥結束後，政府的工作隊在清理國民黨縣黨部時，從地裡
挖出兩個瓷罐子，發現平定縣國民黨的名冊和三青團的名冊。上面載有全縣
國民黨員大約 150 人以及三青團員大約 40 到 50 人的名字。他們還查出閻軍
班長以上團長以下幾部分士兵和地方行政職員 200 餘人，釋放了大部分人，
關押了職務較高者數十人。政府其後鎮壓了縣長焦光三、愛鄉團團長劉謙亭、
有血債的王如章等 4 人。他們還查出一貫道壇主以上道首 3,563 人，取締了成
立於 1939 年的這個宗教組織。[59] 但是平定縣國民黨和三青團的人數之少，讓
人感到驚訝。僅中共平定（路北）縣，1946 年初就已經發展了 4,787 名黨員，
群眾武裝 3 萬餘人。[60]這些數字顯然都有很大出入。

　　但是戰爭結束了，殺戮並沒有結束，只是換了一種形式。我們在後面幾
章將討論平定土改與除奸反特的歷史。悲劇還在繼續。這正是本書的主題。

---

[57] 同上，《陽泉老人憶解放》，第 5 頁。

[58] 同上，中國人民政治協商會議平定縣委員會文史資料委員會（編）《平定文史資料第十二輯：紀念
　　平定解放五十週年》插頁，1997 年。

[59] 平定縣黨史研究室，《平定（路南）縣解放鬥爭史》，第 74-76 頁。

[60] 同上，第 35 頁。

只有真的認識到悲劇的根源，才能避免悲劇的發生。平定城的這次戰鬥或許是最後的兩軍真刀真槍的對壘。往後的戰鬥則是一方有刀有槍，另一方被動防禦，而且是無組織的防禦，失敗與被殺戮是必然的結果。

圖 5.16　這些用重機槍掃射的解放軍與被掃射與被俘的閻軍士兵都是農家子弟[61]

圖 5.17　這是東城門[62]

四、本章小結

我在緒論中已經總結了這一章的內容。這裡我只想說我們在前面描述的抗日戰爭是一場大悲劇，這章描寫的國共內戰也是一場大悲劇，千千萬萬的

---

[62] 同前引，同上，《陽泉老人憶解放》，插圖。

死傷者都是老百姓，多少人家破人亡。儘管雙方都有可歌可泣的人物與故事，但是半個多世紀後的今天，我們不得不問那些人犧牲的價值在哪裡。經過一番同胞廝殺、兄弟相殘之後，共產黨是勝利了，然後呢？正如下面幾章所述，悲劇並沒有結束。我們在描述這些悲劇的時候，不得不繼續追問，中國的問題到底在哪裡？

第六章
腥風血雨：三十村的階級狀況與土改鬥爭

　　從這一章開始，我們將用四章的篇幅介紹並分析土改與除奸反特。如果說抗戰和內戰使得共產黨在山西一些農村，包括平定三縣，將自己的政權與武裝建立了起來，那麼土改與除奸反特就是將農村的仕紳階級和原來同情或者參加過閻錫山與國民黨政權的人士消滅掉，從而鞏固自己的政權和武裝並南下「解放」全中國。當然這一切都是以暴力為特點的，所以仍然是中國人悲劇的延續，生死存亡的延續。本章將先介紹 1. 土改前平定縣的基本經濟狀況；2. 平定土改時的階級狀況，包括誰是地主、富農、中農、貧下中農；3. 減租減息；4. 三十村土改的基本情況。

一、土改前平定縣的基本經濟狀況

　　平定縣的村莊均坐落的太行山的崇山峻嶺之中，耕地多為山地梯田，土層貧瘠，十年九旱。即使是風調雨順的年景，每畝地的產量，就好地而言，最多也只能收穫 300 斤糧食（大石門賈先生訪談）。農作物主要是玉茭、谷子、黑豆、黃豆。小麥有點但是不多，高粱也少（古貝賈先生訪談）。勞作也很辛苦。比如要到達西郊村九峪十八掌的耕地，要走崎嶇山路、羊腸小徑。往地裡送肥料，將成熟的莊稼運回來，都是靠人擔驢馱。梯田耕地地塊小，邊埯多，耕種管理又費工又費時，所以投工多效益低。遇上一年卡脖子大旱（播種農作物和生長受粉急需水分的關頭不得雨水），如果是租種別人的土地，那麼一畝地連租子都收不回來，遑論自己的口糧（西郊村郝先生訪談）。而人均土地又只有 2 畝左右（一些村莊的具體數字看表 6.1）。

表 6.1　部分村莊的土地面積

村名	耕地總數（畝）	人口總數	人均耕地面積	被訪人
大石門	2900	1900	1.5	賈先生
東郊	2900	900	3.2	李先生
南坪	3650	2300	1.6	蔡、郝、劉先生
南上莊	5000	2000	2.5	王先生
權黃	1327	600	2.2	趙先生
西郊村	4600	1900	2.4	郝先生
小橋鋪	1975	1110	1.7	郝先生

　　1947 年大旱時，縣城西關的人都去八畝堰那堰地去澆地。像光先生他們那樣的小孩子都端上薄小鍋（一種砂鍋，平定以砂鍋著名），或者用鐵桶桶、鐵鍋等，裡面放上些水，用笆籃（用荊掃條編的一種籃子）擔、抬上去澆地。但是還是「光長那沙茅，沒有紅毛毛。趕後底澆了一頓，也不沾，那年就沒糧」（西關光先生等訪談）。

　　可見窮人日子的艱難。即使是富人，如果只靠出租土地，也不會很富。正如大石門村的賈先生所說，富人不太富，窮人則窮的「日餐鍋底朝天」。古貝賈先生談到他們那裡當時有 200 多戶人家，不到 1,000 多口人，土改時只有一個地主，靠出租土地生活，用一兩個短工，沒有長工。他一年下來，家裡有一囤兩囤玉米就是最多的了。1947 年土改時，正好趕上旱年，每畝地產量也就是 100 多斤（龍莊陶先生訪談）。不過像東郊村這樣，人均耕地面積較大一些，傳統上比較富裕一些（東郊村李先生訪談），生活會稍微好一些，但是也好不了多少。

　　除了嚴酷的自然條件與原始的耕作方式之外，土地分配與勞動分工方面也存在一些問題。多數人擁有太少的土地，需要向富人租地耕作為生，但是生活還是比較艱辛。平時衣不蔽體，青黃不接時食不果腹。小橋鋪村的郝先生說，他們村土改前三分之二的耕地掌握在三分之一（300 口人）人手裡，即

土改時定為富農、富裕中農和中農的人家。其餘佔三分二人口的貧下中農則只掌握不到三分之一的土地。富農戶最多耕地不達 70 畝，家裡 3-6 口人，人平耕地 7-10 畝，6 戶富農佔有耕地 300 多畝，富裕中農、中農 60 戶（300 多口人）佔有耕地 1200 畝，人平 3-4 畝，貧下中農、赤農 110 戶，600 口人佔有耕地約 480 畝，人平 5-8 分。

這就迫使少地的農民一定要向地多的農民租地來種，而租約則不一定公平。根據西郊村一位郝先生對當時情況的回憶，租息按斗米計算，租一畝地一般是二斗小米，上等地兩斗或三斗淨米。但十年九旱的山地一畝地產通常只能收獲 6 斗至 8 斗毛糧（大斗每斗 25 斤）。而且那時出租地戶不少人都是用「八當十」的手段出租耕地。[1] 即租地戶種著八分地但交著一畝地的租息，大都是先交租米後租地，一手交租米，一手交耕地。一般的年景出租地戶得到的是大頭，租地戶得到的是小頭。這才有了後面我們要討論的減租減息時要求的百分之二十五的租息。

也有的人為有地戶打長工。西郊村郝先生回憶到，長工工資都也低於每畝收打糧數的百分之二十五。不過在吃喝上，一般地主是管飽長工吃飯，但在好賴上有區別。自家人吃的好，常常有細糧如白麵改善生活；長工們吃的賴，棒子麵為主食。就是給長工改善生活，也是定時定量一個月改善一次兩次算是長工攤上了一個好東家。也有地主因年景不好縮減長工米，租米則不減免。所以在土改時期就出現了惡霸地主這個名詞，那時能叫村人公認為是本鄉尋好積德的善財主的人很少見。[2]

普通農民生活比較艱辛。除了「刨一個坡坡，吃一個窩窩」（指玉米麵窩窩頭）之外，青黃不接的時候，人們需要用野菜、槐葉、榆葉、楊桃葉等來補充短缺的食糧，或者搞點煤炭運輸，從一個村子運到另外一個村子（龍莊陶先生），換點糧食吃。一般的節日如八月十五，人們也吃不到白麵。在縣城裡的人們也吃玉茭麵餅、窩窩頭，或者豆麵抿圪斗（平定的一種麵食）。

1　這是被訪者的說法，實際情況不得而知。最保險的估計應該是有這種情況，但是普遍程度無法估計。

2　這裡也是被訪者的說法。但是我們在後面討論誰是地主富農時，被訪者又沒有舉出什麼惡霸地主的例子，反而對地主富農等的評價都很高。所以這裡的說法或許是和階級鬥爭的宣傳有關。至少是個人判斷，具體情況還需再做調查。

3 不過那時的民風淳樸，家裡的門都不上鎖，不怕丟東西，不像現在家家都有防盜門。當然那時人們也窮。（縣城西關的光先生等人訪談。）

在居住條件方面，尚怡村的王先生談到 80 年以前他們村莊連破院帶土窯才 47 家院落，就是地主家也不過只有一個院落。一個大的院落可能有四到五間土窯，村裡並不富裕。冶西村的霍先生說他那時十二、三、十三、四歲，村上不足 800 口人，外面看上去是一個破破爛爛的村。自己那時是個「頑皮搗蛋」的孩子，家裡很窮，「冬天不用說穿襪了，鞋也穿不上，就是穿上老婆們外大鞋，後底捏住兩點蹓拉能」（平定話，能=着）。其他村莊的情況也類似。

上面是土改的經濟背景。上面這些被訪者的看法，儘管集中討論的是自己的村莊，但是基本可以代表平定當時的整體情況：自然條件很差，糧食並不富裕。那麼下面我們來看一下土改的政治背景，包括地主、富農、中農以及貧下中農的基本情況。

二、平定土改時的階級狀況

平定縣的土改應該說是在共產黨於抗戰勝利後向國民黨政府武裝奪取政權的大背景下展開的。《平定縣志》載 1946 年 6 月「駐陽泉、平定、壽陽間軍全面蠶食、掃蕩解放區，百餘村莊慘遭洗劫，人民奮起自衛，」同時，「太行二地委翻身工作隊深入平定（路南）縣貫徹《『五四』指示》（即中央《關於清算減租及土地問題的指示》），幫助土地改革」。4 我們下面會具體討論《五四指示》，但是最重要的一條是要將土地從地主富農手裡奪來分給貧下中農，也即改變生產關係。

1947 年 5 月 2 日，「陽泉獅腦山守敵 400 餘人投降。至此，平定、陽泉全境解放。同日，陽泉設市，直屬晉察冀邊區二專區」。5 很多老人都記得當

3　這種情況在 1950 和 1960 年代還比較普遍。至於 1959 到 1961 年的大饑荒，就連窩窩頭都吃不上了。

4　平定縣志編纂委員會（編）《平定縣志》，北京：社會科學文獻出版社，1992 年版，第 22 頁。

5　同上，第 23 頁。

時唱的歌：「五月二日太陽紅，八路軍解放了平定城，廢除苛捐與雜稅，買賣興隆多繁榮，嗨……」。[6] 同年 6 月 1 日，「中共平定（路南）縣委、縣政府在城南河召開慶祝平定解放、追悼烈士趙亨德暨除奸大會，黨政軍民萬餘人參加，當場處決漢奸武銘勛（原警備隊長）等 7 人」。[7] 會議由縣長葛易生主持，縣委書記趙雨亭和各界代表講話。[8] 同年 8 月，「中共晉察冀中央局派社會部部長許建國、秘書長楊獻珍率華大【華北大隊】工作團抵平定（路北）縣和陽泉市協助進行新區土地改革」[9]

　　顯然，1946 年《五四指示》後，土改就開始醞釀並進行試點（看下面）。但是由於國共兩黨還在拉鋸戰之中，全面的土地改革以及除奸反特只有在 1947 年中共在平定全面執政之後才開始進行。那麼平定縣到底有多少人，多少村莊，各個階級當時的情況又是如何呢？

　　如抗戰一章所述，現在的平定縣範圍（包括現在的陽泉市）當時被分為平定（路北）縣、平東縣、平西縣三個縣，我們可將其稱作「大平定縣」。圖 6.1 是一個大致的情況，區劃常有變化，該圖只供參考。1945 年，路北縣隸屬冀晉區四專區，1946 年又劃歸冀晉二專區，次年成為北岳二專區；轄 303 個行政村，18 萬人。1945 年平東縣隸屬太行一專署，轄 57 個行政村，8.3 萬人。1945 年，平西縣隸屬太行二專署，轄 76 個行政村，8 萬人。1946 年 6 月平西縣與平東縣合併為平定（路南）縣，1948 年，平定（路北）縣與平定（路南）縣政府合併。平定三縣 1946 和 1947 年總人口不詳，但是 1948 年全縣人口是 28 萬 9 千人。[10]（見表 6.2）。

6　周樹基回憶，〈我家在土地改革的那年〉，個人收藏文。周先生的女兒 2014 年為他出過一本文集，《耕耘集：周樹基回憶錄》，不過沒有出版社的標識。裡面的第 120-27 頁即是這篇文章。周先生 1995 年從中國人民銀行總行廳局級總會計師職位上退休。

7　同上《平定縣志》，第 23 頁。

8　同上周樹基回憶，〈我家在土地改革的那年〉。

9　同上《平定縣志》，第 23 頁。

10　同上《平定縣志》，第 67 頁。

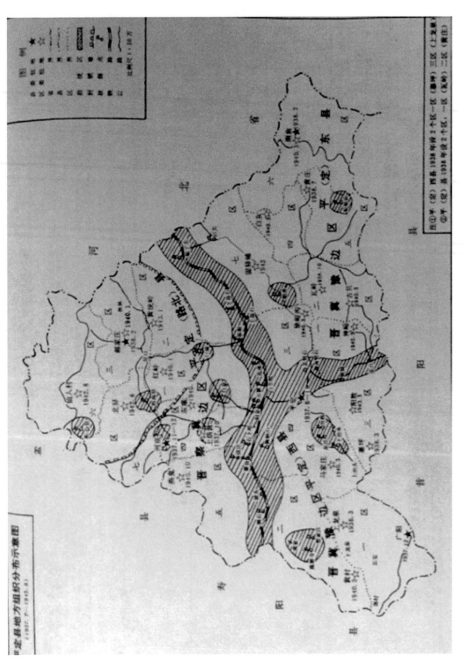

圖 6.1 大平定縣（平定三縣）的區劃

表 6.2 大平定縣（平定三縣）的村莊與人口數（1945 年）

	村莊數	人口數（萬）	隸屬	三縣合併時間
平定（路北）縣	303	18	冀晉四專區，冀晉二專區，北岳二專區	1948 年與平定（路南）縣合併為平定縣
平東縣	57	8.3	太行一專署	1946 年合併為平定（路南）縣[11]
平西縣	76[12]	8	太行二專署	
總數	436	34.3[13]		

資料來源：《平定縣志》（1992），第 374-75 頁。

　　這些數據的準確度無法判斷，但是我們大概可以看到「大平定縣」的情況。另外《平定縣志》（1992）給我們列出了 1944 年平東縣全縣的數據：當時有 8,572 戶人家，31,652 人，[14] 94,311 畝土地，人均耕地 2.98 畝，以及 1947 年平西縣東鎖簧村的數據：全村共有 414 戶，1,600 口人，土地 3,820 畝。表 6.3 報告了 1944 年平東縣以及 1947 年東鎖簧村的地主、富農、中農、貧農的戶數、人數、土地數等數據的分佈。[15]

---

[11] 上引《平定縣志》在第 22 頁給出的兩縣合併時間是 1945 年 12 月 19 日。平定縣黨史研究室在《平定（路南）縣解放鬥爭史》第 25 頁給出的解釋是當時合併了一個月後又分開，後於 1946 年 6 月再次合併。

[12] 平定縣黨史研究室在《平定（路南）縣解放鬥爭史》第 26 頁給出的合併後的村莊數為 243 個行政村，比上述數字多了不少，但是人口相似：17.1 萬人。合併後共有十個區，西郊村是六區。土改時六區的書記是喬茂盛（1947 年 3 月─1947 年 11 月），六區的區長是崔進彥（1947 年 4 月─1948 年 5 月）。平定（路南）縣委書記趙雨亭（1946 年 6 月─1947 年 12 月，縣長萬宜生（1946 年 6 月─1948 年 8 月）。見該書第 124-133 頁。平定縣（路北）解放鬥爭史給出的村莊數是 294，人口 17.7 萬，和上述數據相若。這是土改時的區劃。見平定縣黨史研究室，《平定縣（路北）解放鬥爭史》，第 105 頁。

[13] 這個數字和上面的 28.9 萬人的數字也有出入。但是大平定縣當時有 30 萬左右人應該還是大體不錯的。

[14] 這和表 6.1 中的數據有出入：表格中說 1945 年全縣人口 8.3 萬，但是這裡說 1944 年只有 3.16 萬，差距太大。這個問題我們姑且不管它，因為人數多少和我們要討論的問題關係不大。

[15] 同上《平定縣志》，第 90 頁。

表 6.3 　平東縣 1944 年與東鎖簧村 1947 年人口與土地的基本狀況

成分	平東縣（1944 年）						東鎖簧村（1947 年）					
	戶數	人數	地畝數	人均佔有地畝數	佔總人口的%	佔總土地的%	戶數	人數	地畝數	人均佔有地畝數	佔總人口的%	佔總土地的%
地主	59	118	971	8.23	3.95	10.29	2	17	1750	102.94	10.06	57.57
富農	307	1132	8735	7.72			21	144	449	6.86		
中農	4708	17600	62468	3.55	55.60	66.23	141	705	1283	1.82	44.06	33.6
貧農	3419	12730	22009	1.73	40.22	23.34[16]	250	734	337	0.46	45.87	8.8
商人	15	22	28	1.32								
工人	19	50	98	1.96								

資料來源：《平定縣志》（1992），第 90 頁。

　　平東縣的這個數字和太行區的總體數字相近：根據古德曼的研究，[17]太行區在 1945 年時，地主佔總家庭戶數的 1.8%，富農佔 6.3%（平東縣兩者相加的人數是 3.95%，比太行區少，假如戶數的比例和人數的比例相當的話，下同）；中農比例兩者相差不太大，太行區為 64.4%，平東縣為 55.6%；貧農比例太行區為 26.8%，平東縣為 40.22%，平東縣的貧農超過太行區很多。但是東鎖簧地主富農佔人口數，10.06%，卻和太行區相若，中農較太行區少很多，44.06%，貧農也是比太行區多，45.87%。看來平定縣總體比太行區的平均發

---

[16] 關於各階層佔有土地的比例，平定縣黨史研究室的數據和平定縣志的數據出入較大。前者認為土改前「佔農村人口不到 10% 的地主、富農卻佔有總耕地的 70-80%」。但是這個數據沒有來源。見平定縣黨史研究室，《平定（路南）縣解放鬥爭史》，第 79 頁。

[17] 大衛·古德曼，《中國革命中的太行抗日根據地社會變遷》，田酉如等譯，中央文獻出版社，2003年，第 19 頁。

展水平要低一些。當然這些數據的可靠程度我們無法估計，只能說或許大致差不太多。

表 6.3 中的資料，我們也不知道其準確性有多大。但是我們可以假設這些資料是大體準確的。於是我們就會發現以下幾個問題。

第一，就平東全縣情況來看，貧富懸殊不是太大：地主富農人均佔有土地 7 到 8 畝，而貧農人均佔有土地 1.32 畝。貧農較窮，地富也不富。但是具體到東鎖簧村，貧富懸殊就很大，地主人均佔地 102 畝，但是貧農人均則只有 0.46 畝。不過東鎖簧村也許是比較特殊的例子。就我們做過訪談的約 30 個村子的情況來看（我們在下面會報告），多數村子裡貧富懸殊不是特別大。而我們訪談過的村子通常比平東縣的整體情況要富裕，比如地主人均擁有土地約 20 畝，而不是平東縣的 7 到 8 畝。在我們訪談的案例中，那或許只是個富裕中農的水平而已。或許平東縣的確不如平西和路北富裕。

另外土改時期的一個數據也可以給我們一個參考。根據 1946 年平定縣群眾運動的總結文件裡給出的數據，一區（這裡應該是指平西縣）在運動前六個村的土地分佈情形為地主人均 9.6 畝，經營地主 4.5 畝，富農 2.76 畝，中農 1.8 畝，貧農 0.97 畝，赤農 0.23 畝。[18] 這幾個村人均佔有土地還不如平東縣的情況。

第二，平東縣的中農佔總人口的 55.60%，這表明該縣總體經濟水平已經有了一定的程度，儘管貧農的佔比還是太高，40.22%，中農人均佔地也太少。

第三，評定成分的標準各地顯然相差很大。平東縣中農人均佔有地畝數為 3.55 畝，這和我們訪談發現的數目相似，而且只是中農到上中農的程度。但是在東鎖簧村，中農人均只佔有 1.82 畝，和其他地方的貧農佔地差不多。如此看來，東鎖簧村的中農其實是貧農，貧農則近乎赤貧，而富農實際是中農。或者說多數的富農實際都是「錯鬥中農」。在全縣的範圍來看，評定成分的標準差別很大。

第四，從全縣範圍來看，村與村之間的差別很大。

---

[18] 〈平定縣群運總結〉，1946 年 10 月 13 日，平定縣檔案館，全宗號—革歷（？）【革命歷史？】／年代 1946／卷號 23／文件號 7.

第五，很多地主富農實際上是同時在經商的，正如我們下面的討論中所展示的，所以單憑以上這些數據是無法了解農村的階級狀況的。

總之，上述數字顯示，在土改中的成分劃定是非常複雜的，即使有一個標準也是很難實行的。所以在訪談中很多人都講，其實那個時候看見誰家的光景好，就鬥誰。但是怎麼樣才算好光景，則是因人而異的。於是才有了所謂的「錯鬥中農」的問題，有了所謂第二次土改來糾正之前的錯誤的問題。正如我們在後面將展示的，劃成分、鬥地主是一個非常混亂的過程，實際情況千變萬化，村村不同。即使在同一個村子，政策執行起來之後，又有很多人為的因素在起作用，所以我們下面要討論的土改的情況之混亂就是可以想像的了。當然上面這些數據還是有用的，它們告訴我們一個大概的情況，至少可以幫助我們做一些比較。

無論如何，正如周樹基回憶到的：

> 平定縣城解放後，縣政府很快組建新的行政領導系統。然後，根據晉冀魯豫邊區政府的指示精神，轟轟烈烈的在全縣展開了土地改革運動。在土地改革試點工作中，縣委書記趙雨亭、縣長萬宜生召開了全縣土改動員大會。縣政府組織老解放區的翻身隊（工作組），進駐新解放區的平定城關及其它周圍村鎮，發動群眾，訪貧問苦，劃分階級，評定成分，組織貧下中農，成立貧農團、農會、兒童團、婦救會，進行培訓積極分子等。各地都在農會的統一領導下，（因為戰爭時期，黨組織還沒有公開）選點進行土改試點。點上有了經驗，面上即推廣，於是熱火朝天的土地改革運動在全縣展開了。我記得，當時的口號是「耕者有其田！」「打倒地主豪紳，翻身鬧革命。」[19]

《平定縣志》（1992）說其實在 1946 年的冬天，平定三縣就已經按照中共中央《五四指示》分別在松塔（現屬壽陽縣）、瓦嶺、西郊、東峪等地試點。1947 年 5 月之後，老區進行土改複查，新區（原來日本人佔領，後來閻

---

[19] 前引周樹基回憶，〈我家在土地改革的那年〉。

錫山軍隊佔領，最後被中共軍隊解放，尤其是正太鐵路沿線）則開始試點，
比如路北的白泉、移穰，路南的谷頭、東鎖簧。1948 年冬天到 1949 年春天，
進行了土改複查，糾偏，處理了錯劃成分、侵犯工商業利益、亂打亂鬥等問
題。1949 年 2 月，確定地權，9 月平定路北、路南合併，恢復原平定縣治。
1951 年春天，平定縣人民政府向全縣農民頒發了土地房產所有證。[20]

誰是地主、富農？

　　1947 年 3 月 13 日，太行區黨委曾經發出一個關於農村階級劃分標準以及
如何劃分的規定。規定說有四個標準：1. 剝削關係與性質；2. 生產手段如土
地、勞力、畜力、農具等的有無與多少；3. 日常生活的富裕或貧苦的具體情
況；4. 現在基礎和歷史發展情形。[21] 這個規定是原則性的，沒有具體量化的
標準，所以最後人們看誰生活過得好一些就鬥誰，也是可以理解的了。反正
每村都得有地主，矮子裡面也能拔出來將軍。中井明認為「黨原先就沒打算
使用量化標準」，所以作為研究者，盲目尋找量化標準是白費力氣。他認為。
劃分階級的目的是分清敵我，所以為了達到這個目的，他發現人們可以在「筷
子林裡選旗桿」，「矮子裡選將軍」，誰富鬥誰。中井明研究發現的標準是
政治標準、經濟標準、剝削率的標準、剝削的時間長短等。[22] 但是這些都很
難操作。關於階級成分的劃分標準，中共曾經幾次嘗試制定，但是都是未來
得及深入貫徹實施就中途夭折了。標準消失最明顯的例子是「查三代」，無
限制地追述剝削時間。[23] 難怪劉少奇在 1947 年 7 月的土地會議上對如何定成
分含糊其辭。他說，

---

[20] 前引《平定縣志》，第 91 頁。另外，路北與路南合併的時間《平定縣志》在兩個不同的地方表述
　　不同，這裡是 1949 年；表 6.1 說的是 1948 年。

[21] 《太行革命根據地史料叢書之一：大事記述》，山西人民出版社，1991 年出版，第 250 頁。

[22] 中井明，《建國前後華北農村土改中的階級劃分研究》，南開大學博士論文，2007 年，第 13，18，
　　21-32，36，57 頁。

[23] 同上，第 52-57.

> 今天不告訴大家，幹部學會一套去定，一定會犯錯誤。要經過大多數
> 人民所公認，是不會錯的，因為憑個人去家【原文如此，似應為「定」】，
> 他會有偏心，有成見，與看不到的地方。[24]

　　根據地已經搞減租減息和土地改革多年，劉少奇還不願意確定一個量化
的標準。看來的確量化不易，量化無益。只要能分出敵我，目的就達到了。
如何劃分成分，各地可以自己想辦法。看起來不給量化標準的確是劉少奇以
及中央的策略。

　　所以各地真的就按照自己的標準來劃成分了。從我們訪談的情況來看，
通常來說，人均約 20 畝地左右的人家便是地主了。縣城的董先生說土改的時
候劃成分是 3-4 口人，人均 10 幾 20-30 畝地。大石門村的賈先生說他們那裡
被劃為地主的有一戶，佔地 100 多畝，家中人平耕地達 20 畝。富農人平耕地
10 畝，是村人平均耕地的 7 倍。

　　但是也有人均 3 到 4 畝的家庭被定為地主的情況。據權黃村趙先生介紹，
土改時定為地主成分的有 3 戶，為弟兄三人，老大趙長鎖（小名）老二根壽
（小名）老三雲壽（小名）。弟兄三人的耕地是祖傳下來的，兩道山凹，共
計 50-60 畝，戶平 18 畝，在土改前就分居自立門戶，各佔一座院落。趙長鎖
是本村醫生，土改時家裡 5 口人（兩女一子和本人兩口）20 多畝耕地，人均
土地 4 畝，餵有騾子一頭，雇用長工一個，土地數量多在全村是首戶。由於
本人是醫生不參加生產，20 多畝耕地靠長工和家裡人耕種收打，也出租少量
耕地，結果被定為剝削人民血汗錢的地主。其弟根壽家裡有耕地 20 多畝，7
口人，人平 3 畝多地，也被定為地主。其弟雲壽，家有耕地不達 20 畝，3 口
人，人平耕地 6-7 畝，因人口少，是村裡人平土地最多者，家裡常年雇有長工，
有大牲口一頭，本人農忙時也參加勞動，土改時定為地主。

　　地主、富農吃飯有保障，生活有餘糧。地主賈秀寶是大石門村最大的財
主，三代為財主之家，家大業大，有地 100 多畝，常年雇傭三個長工耕種，

24　楊奎松，〈中共土改政策變動的歷史考察（1946-1948）：有關中共土改史的一個爭論問題〉，《東
方學報》，2007 年，第 81 期，第 223-224 頁。

部分耕地出租，收取租米。但是日本侵佔時期，賈秀寶對東縣政府的抗日活動，多有捐助錢糧，也是大石門村一個唯一的開明紳士，是東縣政府（中共的抗日政府）的常客，同東縣政府前後在任官員都很熟識，村人稱作為東縣政府「爬案」的人。抗戰中財主為八路軍捐糧捐款的人不在少數。谷洞村的土財主穆九義先生就曾經為劉伯承的軍隊捐糧 10 萬斤。[25]

地主的經濟、政治與社會關係[26]

不少地主除了在村裡有地之外，在村外也有生意。他們發家致富也都有自己不同的經歷與經驗。他們通常和官方、軍方保持良好關係。很多人都曾經當過村長。也有人是村裡的醫生、教書先生、陰陽先生等，並和村裡人也保持良好的關係。在那兵荒馬亂的年代，所有這些關係，都不是很容易就能維持好的。

比如東郊村在土改時劃了 3 家地主，擁有村裡絕大部分耕地，外地各有生意；富農 15 家，富農戶佔有耕地平均最多戶不達 60 畝，一般在 40 畝左右（東郊村李先生訪談）。比如地主竇海蓮、竇海芝兄弟兩人，家中共有耕地100 多畝 20 多口人，外地有大生意，大買賣。土改時因兄長竇海蓮去世，地主分子之帽就戴在竇海芝頭上，但家裡家外的龐大資產全是竇海蓮一手創建的。他們在石家莊建造的五十多間商房的石料，都是從離石家莊二百多裡地之遙的家鄉東郊村運去的。

據李先生介紹，竇海蓮是窮人家庭出身，從小在陽泉等地撿破爛賣廢鐵，之後倒販煤炭。他在石家莊建起了一個煤炭銷售站，成為太原到石家莊的煤炭轉運大商販，太原至石家莊有閻錫山親批專運車皮，此外又在石家莊開辦多座糧油店、藥店、綢緞店、副食雜貨店等，成為石家莊赫赫有名的大資本家。

---

[25] 見李金田（刊稿），〈人活一口氣〉。

[26] 與上面相同，除非特別註明，下面所討論材料均來自我們訪談過的人。被訪談人我們只提姓，不提名，以保護他們的隱私。土改問題在今天，仍然是敏感問題。如上所述，他們所提供情況的準確度我們無從得知，但是，我們在這裡記錄下來的情況我們認為大致可信。明顯有問題的材料我們不會採用。有的材料很重要，但是有些地方有矛盾，我們採用了，但是也會指出其矛盾之處，就如上面幾個數據一樣，供讀者自己判斷。

竇海蓮本人為人大方，做生意有信用，不把錢看的太重，但又把錢賺的非常靈活。他在村裡也購買了 100 多畝耕地出租，開工三年建造了三座宅院，日寇佔領平定後才草草收工停建。他也向村民發放借貸，弟竇海芝在家經營出租、借貸事物。家中也雇有長工，耕種著少部分耕地，在村裡展現有大財主氣派（東郊村李先生訪談）。

竇海蓮在石家莊名聲遠揚，是山西有錢的大商人，財大氣粗、出手大方。村裡人不斷聽到從外面傳回來的竇海蓮在外經商的故事。其中一個故事說有一次一個海南來的橡膠廠老闆，來石家莊買貨，貨款不夠，便向竇海蓮借錢。竇海蓮不但借錢給他，還不叫借款人打借條。帳房先生埋怨，但是竇海蓮卻不以為然，說海南到這裡幾千里之遙，他要是不給你，你去討要也找不到地方，打條也是白費心機，你記在賬上就好了。三年後海南客商發來了一筆巨款，5 千塊大洋。原來海南的老闆買賣日益興旺，不僅加倍地歸還了竇海蓮的借款而且把竇海蓮無償地加入了他的股東之列，之後連本帶息還有分紅都給了他。竇海蓮也就成了東郊村四面來財八方進寶的傳奇人物（東郊村李先生訪談）。

不過樹大招風、財多惹禍，竇海蓮家在村裡也曾遭恐嚇、綁票、勒索錢財之事，流失了幾千塊大洋。竇海蓮回村後，弟弟及家人向他訴苦勒索綁票災禍，竇海蓮不追究綁票之事，反倒斥責其弟及家人是不「維人」（平定話，維人=和人搞好關係）之過。竇海蓮一年回一次老家，交租米還借貸之人都是在竇海蓮回村後才登門歸還，因為竇海蓮對交租和還貸人是本著以實為實，盡力而為的態度，叫交租還貸人量力而行，告訴還貸人決不可交了租貸活不下去，竇海蓮對老少爺們是又給寬心話，又給寬限日期，實為困難者，也做減免舉措，所以竇海蓮在東郊村口碑好，人稱善財主。村裡老少爺們也從不把竇海蓮當富貴人看待，而是和小時候窮日子那樣稱兄道弟，以哥們相稱（東郊村李先生訪談）。

這種樂善好施不光是對本地人。1928 年，晉奉作戰閻錫山軍隊在石家莊困守時，竇海蓮向閻軍募捐發放每人一塊現洋，閻軍排隊領賞，過一個發一塊，在石駐紮閻軍都有（東郊村李先生訪談）。

　　這些地主、財主、地方紳士，是地方和政府、軍隊聯繫的紐帶。據南坪蔡、郝、劉先生介紹，土改時被劃分為地主成分的有 3 戶，郝家武、板如意（小名）、犁生（小名），富農成分有 10 多戶，趙富財、郝全德、老徐寶（小名）等。郝家武家中耕地雇有長工，大兒（啞巴）也幫忙耕種，有牲畜農具。郝家武在日本佔領前曾任村長，在土改前逝世。二兒郝林高在外讀書，日本侵佔中國後就參加了中共的抗日隊伍，1949 年後任七機部要職。

　　西郊村地主家的情況也類似，通常靠出租土地並經商為生，與政府與軍隊關係良好。他們也常出任村長之職，並在教育方面擔當一定的角色（郝先生、郝女士等人訪談）。土改時西郊村被劃為地主的有三家，其中兩家都有自立家號，「百忍堂」、「懷德成」與 「進士家」（清代的進士門第）。他們僱傭長工耕作一部分土地，大部分是出租給別人耕種，收取租米。這三家地主各有一座長工院，供長工居住，餵養牲口，收放農具。所雇傭人則做飯、洗衣、縫衣等。他們都有存糧倉庫、水窖、地窖、石碾、石磨，吃水磨面不出門。「百忍堂」家在天津、石家莊都有商鋪染坊生意。「懷德成」以農為主。「進士家」在村開辦有慶源城商鋪及藥店。

　　他們每家都雇有一個種田技術高、犁樓耙蓋樣樣精通、農田管理能力強的人，識時務，知曉什麼時令種什麼作物出苗率高。知地理，什麼地種什麼樣的作物收成較好等。他們聘用這樣種地多面手做領工人（時稱領塮家），帶領長工幹活，指導長工生產。另外各家都有管家一個，外出收租米，掌管本家的財政收支等。在外做生意的也雇有掌櫃管理業務，雇有會計管理財務。

　　百忍堂，始創者郝殿和，清朝末期傳說是買下了本村泰安財主郝志仁的房基地。郝志仁在山東泰安開有一道街的商鋪，所以西郊村人稱其為「泰安財主」。但郝志仁因病去世後家裡兒子小沒人敢去接管他的生意，導致全部財產流失他鄉，村裡家產也在拍賣。郝殿和買下他的房子後，在改建挖地基時刨出了一窖銀元。當然這是傳說。在得到外財後，郝家在天津開設了雜貨鋪及商鋪，生意興旺到兒子郝光德時就成為西郊村清末民初最富有的農戶，建有套院四座，長工院一座，購置耕地三百多畝，在外村購置耕地二百多畝。但到郝殿和孫子時代，在外商鋪因經營不善也都面臨倒閉。郝殿和的孫子郝文科，抗戰時參加了革命，他自己「估計當時他家總共有 500 畝土地，包括

在鄰村出租的土地。每年雇兩個長工，農忙時雇短工。家裏有四所院落，房屋超過百間（一個房子按大約三間算）。牲畜有三頭牛，兩頭驢，無馬。家裏的媳婦們不做飯，但有時也下廚房作傭人們的幫手」。[27]

懷德成創家號在清朝末年，繼號人郝九卿民國初年任村長多年，一條腿殘疾，人稱拐村長，門樓上懸掛「造福桑梓」匾塊。有耕讀傳家的家風。兒子郝汝彥（1883-1948）民國年間教書一生，[28]在土改時定為地主，家有耕地200多畝【另外有知情人講其實只有 70 到 80 畝，看後面】，大部分耕地出租，少部分用長工耕種。住宅有一座四合大院，清代建築結構，另有長工院一座，院內有碾、磨、水窖、長工房、牲口棚等。郝汝彥一生從教，家裡全靠領墒的和管家管理生產和家務，其女郝素萍青年時參加了革命工作，解放後曾任臨汾地區民政局及山西省民政局要職。土改階段郝汝彥未曾受過吊打逼問，因為農會群眾和兒童團裡，大部分都是郝汝彥的學生，人們都用尊師姿態來對待這一所謂地主分子。自己的房子被沒收後，他們被分給了一個貧農郝方文住的小院落，郝方文則分到了富農家的大房子，搬出了舊院。懷德成全家被掃地出門，三口人被餓死（也有一說是其中兩人上吊自殺），具體看後面的討論。兒子們也都到太原、榆次等地生活。

地主「進士家」，進士李作楷，1892 年考取進士。他出生於商家，老姥（爺爺的爸爸）在山東開染坊，爺爺在村裡開世成典當鋪，生意興隆購田建宅。土改時進士家有耕地 300 多畝，本村 150 多畝，外村 160 多畝，住宅兩座院落，長工院一座，慶源城雜貨鋪一座。清末時代李氏家族就在西郊村修房舍幾十多座，建築講究，成為清末西郊村三件寶之一，（當時順口溜稱作「大廟的臺、李家的宅、王家院的孩」）。到進士兒子李氏家族僅祠堂就修了兩座，成了李氏家族光宗耀祖的招牌，培養後世子孫的園地，輩出多才多藝之人，象徵人丁興旺，源遠流長。

---

[27] 郝志東、郝志剛（著），《西郊村：一個華北農莊的歷史變遷》，2008 年由澳門大學出版中心出版，第 106 頁。

[28] 郝汝彥曾考取秀才，後入山西大學西齋，畢業於北平燕京大學。曾任教於山東煙臺、平定中學（生物教師、訓導主任）。抗戰時期回鄉務農，拒絕為日偽政權服務。解放戰爭時期當過小學教師。見《平定一中校志》編撰委員會編，《平定一中校志》（北京：方志出版社，2003），第 400 頁。

平定縣城的地主家也多是既出租土地又經商，在陽泉或石家莊有生意（西關光先生等訪談）。岳仁在石家莊，岳義、岳毛在陽泉，在德勝街那裡，生意做的很大「半疙瘩陽泉都是他的」。一個張姓地主，是個運輸戶，養了二掛大車，靠搞運輸發了財。他們地也種得很好，用着長工。「陸家也是莊稼帶買賣，差不多都是」。他們都是經商掙下錢，然後「再買下地，置下房，再收租，越滾越大」。「小時候聽大人們說」，也有販賣鴉片的。

也有的地主是像郝汝彥那樣的老師，或者是醫生，甚至是風水先生。權黃村趙長鎖便是本村名醫，所以在土改運動中和平處置了其耕地與財產，給本人按村水準人均二畝留用外，多餘部分沒收參加土改分配。趙長鎖心量較小，戴著四類分子帽子給人看病，總是小心翼翼，生怕一時不慎出了差錯，惹下被鬥之禍，牢役之災，年邁再受磨難，但又很難拒絕求醫之人。思想產生了強烈的恐懼感，便上吊自殺了（權黃村趙先生訪談）。

趙長鎖的兒子趙保昌曾在平定一所學校任過校長。他在任教期間曾遇見一個怕自己要死的病人。趙寶昌是教師但祖傳醫術也很精通。他觀病人的臉色，又經把脈問診，說病人不會死，能治癒。病人家屬懇求他給開方治療，死活都不怪他。問他是哪裡人，趙寶昌都沒敢說真話，生怕暴露自家身世。病人吃幾副中藥便康復。直到現在村裡人都常把趙寶昌的醫德作為傳奇來講說（權黃村趙先生訪談）。

趙長鎖的兄弟根壽（小名），是方圓 10 幾村裡看風水天氣的陰陽先生。家裡雇有長工，養有一頭騾，自己不參加勞動，全靠長工耕種土地，餵養牲口，打掃庭院。土改時和他哥哥一樣被定為惡霸地主，被暴力鬥爭。經吊打後趙根壽招認自己家裡的財寶藏在自家水窖裡。結果民兵舀水打撈，挖出三個元寶（權黃村趙先生訪談）。

平定縣最有名的老師應該是城裡的周克昌（1874～1947）了。百度百科給他的定義是「民國教育家」。百度提供的詞條全文如下：

光緒二十八年（1902），入山西大學堂西學專齋學習。大學畢業後應聘擔任平定中學堂監督、校長等職。辛亥革命後，出任國會眾議院議員，袁世凱竊權後，國會解散，受命轉赴新疆任阿勒泰財政局長。1916

年，回京復任眾議院議員。1917 年，響應孫中山號召，南下廣州參加
護法運動。1922 年，任法制局執辦、修訂法律館副總裁，並被聘為大
總統顧問、財政部顧問。1929 年，被聘為天津市政府顧問兼自新院院
長和土地處處長。晚年回歸故里，致力振興家鄉教育，曾任縣立女子
簡易師範學校校長和平定中學校教務主任（《陽泉市志》有傳）。

據和他家比較熟悉的劉先生介紹，周家是平定東南營人，書香門第，周
本人傾向於革命，是開明人士，對平定貢獻也不小，曾在 1905 到 1913 年任
平定中學校長，時稱總理。[29] 在日本佔領時期，他拒絕會見當時任山西省省
長的平定同學馮司直，拒絕為日本人服務。抗戰時期，平西縣委和縣政府曾
與周克昌接觸，周贈以唐代王昌齡詩句「一片冰心在玉壺」，表明自己的冰
清玉潔的心志。[30] 他的學生之一賈瑩生（秀英）回憶說，周校長辦學有方，
對教師與學生都要求嚴格，且以身作則，愛校如家，注意環境衛生，還在校
園（聖廟）種了很多花卉。周校長每天最早到校，給花草澆水，給樹木整枝。
校園非常漂亮，教室窗明几淨，學生們在優美的環境中學習，心情非常舒暢。
周校長給她們班代寫字課，要求學生非常嚴格，一節課只准寫四行小楷，他
要一字一字地指導修改。[31]

他在土改的時候被用石頭砸死，其時他的兒子周璧已經參加了革命，而
且是專區的領導幹部（解放戰爭時期太行區第一地委書記兼軍分區政委）。
共產黨的很多會議都是在他家開的，因為比較隱蔽。劉先生認為當時的縣委
書記趙雨亭和周璧共事有年，對他非常了解，但不知道為什麼沒有能救他一
命。周璧後來最高做到上海市政協副主席。據劉先生講，他後來對平定的感
情不是太好，和土改時期他家的遭遇有很大關係。下面是百度對周璧的介
紹：[32]

---

[29] 《平定一中校志》編撰委員會編，《平定一中校志》（北京：方志出版社，2003），第 47 頁。

[30] 同上，第 400 頁。

[31] 賈瑩生口述，任瑞祥整理，《回憶周克昌校長》，載於中國人民政治協商會議平定縣委員會（編）
《平定文史資料》第五輯，第 110-112 頁。

[32] 也見同上第 419-420 頁。

周璧（1919～1993），革命幹部，平定縣城裡人。1936 年參加革命工
作。1937 年加入中國共產黨。在抗日戰爭和解放戰爭中歷任昔陽縣委
書記、元氏中心縣委書記、榆次中心縣委書記、太行區一地委組織部
部長、太行區一地委書記、太行區南下臨時黨委宣傳部長等職。新中
國成立後歷任中共福建省委常委、上海市第一重工局局長、上海市工
業生產委員會主任兼黨委書記、上海市工業交通辦主任、上海市政協
副主席等職，為上海市成為全國最大工業基地的建設和發展做出了重
要貢獻。

　　另外一家平定有名的地主是城裡西關的陸家陸丙成。日本人進來以後他
在太原。他是南京金陵大學畢業的，之後便回來在山西大學當教授。日本人
進來以後他就不幹了。回到平定，閉門不出。他是平定第一任佛教協會會長，
土改時被用大石頭砸死。被訪者劉先生是他家的親戚，陸丙成就是他的姑姑
的親姥爺。據劉先生講，陸家的後代大多發展得都很好，有不少國家幹部，
在省裡及其他地方工作。個別也有中途敗落下去的。

　　地主們通常會擔任村長之職，且耗資請村人看戲。在日本佔領時期，村
長們白天要應付日本人，晚上應付八路軍。他們中不乏同情共產黨的人士，
不少人家還有人在共產黨裡面做官，就像周璧那樣。西郊村的三家地主都有
當村長的經歷。董寨溝當時有名的地主是兩家，銀和家和董有。董有是共產
黨盂縣七區的區長，後來成了盂縣的縣長（娘子關董先生訪談）。我們在前
面提到南坪村郝家武的兒子郝林高在抗戰中參加了革命。西郊村的幾家地主
也有兒子、女兒在抗戰時參加革命的，比如百忍堂家的郝文科（後來是中央
黨校的教授）、懷德成家的郝素萍（趙雨亭的夫人，後來在省裡做處級幹部）。

　　石門口村的蔡先生談到 1949 年前石門口村佔有土地數量最多的，是村人
稱大掌櫃、二掌櫃的蔡守鎖兄弟二人。兩家有耕地 100 多畝，祖孫幾代人在
過廟會期間請戲班子來唱戲。他們在石門口村人氣好、德高望重，祖輩幾代
世襲村長之位。只是在土改時這兩大戶因多子多孫而分家各自居住，成為石
門口村一般農戶。

娘子關的董先生觀察到的另外一種現象，也很重要。他說，「地主家種類也多了，有『維人』的，有不『維人』的。有的人是富裕了，比較霸道，誰也不敢惹，欺負人。有些富裕人家『維人』，沒吃的這家可憐的給碗飯。這就和現代有的人施捨，有的人還欺負人了【一樣】」。平定話中所謂「維人」，就是很注意和別人搞好關係，不仗勢欺人，而是樂於助人。我們在前面提到的東郊村的竇海蓮、西郊村的郝汝彥都是這樣的例子。我們下面會再回到這個話題上來，在討論土改時會看到地主「維人」與不「維人」的例子。

誰是富農？

富農一般人均擁有土地 10 多畝，雖然可能也會僱工，但是自己有時候也參與耕作。比如石門口村有一戶被劃定為富農的叫蔡肖玉，家裡 2 口人，有耕地 30 多畝，雇有長工 1 個，有牲畜、農具。本人在農忙時也參加生產。在第一次土改中被定為地主，沒收了全部財產。第二次土改經農會算帳核實，其年總糧食收入除去籽種、牲口、飼料及個人投工，淨餘部分，長工的工資（此時稱為剝削量）低於百分之二十五，改定為富農，如高於百分之二十五就要定為地主。一些富裕中農戶，地多人少的中農戶，土地數量接近了這戶富農戶，但沒有雇傭長工、短工，有牲口、有農具，都有一座院落，當時也被認為是富農，沒收土地進行分配。

董寨溝有幾家富裕中農，後來被叫成地主，納入了鬥地主的範圍。他們每家並沒有百來十畝地，也就是四、五十畝地。四、五十畝，三、二十畝地的人家就「摟掛」成富農了（娘子關董先生）。龍莊的陶先生也說，他們那裡的地主、富農都不很富，地也不多。

如上所述，富農通常是要下地幹活的。古貝村的賈先生說他們村有四家富農。春來、運來、三來、四來、五來弟兄五個，那是一家。還有啞巴家，富鎖家也是富農，反正有四大家族。其中一家有十幾口人，富農帶著幹活，用著短工，「短工幹多少你幹多少，那勢幹了」（平定話，那勢＝那樣）。

就像地主那樣，有的富農也有商舖。財主家（這些富農被賈先生稱作財主）有當舖、棺材舖、布店，所以說不是光養種地。在古貝村就有李奎元家，閆成顯家，有二三家，都是富農家。地主家反而沒有開商舖。

被訪者對地主、富農的評價

我們前面提到，有的被訪者提到有「維人」的地主，也有不「維人」的地主。被訪者似乎也都比較同情那些被認為是靠自己的能力發家然後又被鬥的地主富農。而且他們認為其實很多所謂的地主其實都不富裕。他們也幾乎沒有舉出來一個惡霸地主的例子，儘管他們也提到「霸道」的地主。我們的一位被訪者說，

> 我現在還同情這地主了，我這老思想不管反動不反動，有些地主確實沒有咱這會兒【平定話，這會兒=這個時候】享福。那時候吃的都是生了蟲的米和麵，那種地主是窮財主，哎呀可憐了，都是財迷，置房置地自己沒有享受過……。那會的地主，大部分的地主【的財富】也是通過勞動換來的，不是純粹剝削，霸道的除外。地主有好多類型的，細分析有惡霸的，有胡作非為的，還有就是辛辛苦苦的。這地主和地主不一樣，都是地主，定了成分都鬥爭了，但是有些是實實在在自己【的勞動】換來的（西關光先生等訪談）。

他們說西關的地主像楊雙喜，夏天雞叫就到義東溝用笸籃去擔西瓜，天不亮就擔回來了。做買賣積累下點財富，也就幾百塊大洋，結果也挨鬥了。實際上是實打實掙下的。他70多歲了，被鬥後，每天吃玉茭麵，榆樹皮麵買不起，就自己去刨榆樹皮。批鬥他時問他是什麼分子，他說自己是「榆皮分子」。

地主們有地出租也不一定能夠收到租子。比如平定城陸家的地都在城外的村子裡。這些村子被八路軍控制，租子交不上來。去討也討不回來，也去不了。沒有錢了，吃飯也有問題。他們說，

> 說了俺是地主了，可是實際上還不如貧苦人了。貧苦人家裡面還有一把玉茭麵還能糊點撒【平定話，撒=粥】，或者下一把米熬點米湯。俺這要不下，要不回來，地都在外頭了，都是外頭買下那地也不是成圪瘩買下的。

　　尚怡村的王先生介紹了他們村的情況，說他們那裡的地主也沒有特別富裕的，而且都是靠自己辛辛苦苦掙來的家業：

> 沒有橫實（平定話，橫實＝特別）富裕的戶。實際也可憐，就是有幾畝地。那會兒寫能地主富農老王貞，那是比較突出的戶，那不是就有三、四十畝地。就那點事，那可憐了……。老年人說後底都記得那人了，說是地主了也過的細。你像李計明家這壹地主了哇，開壹門市賣點東西……，那會兒只能說那幹的不錯。他們叫那惡霸地主，沒有多少資產，就那老王貞家就是山上有個羊圈，有三個窯，有三，四十畝地……。像李計明家就是開壹鋪鋪，頂多有個染房，沒有吃勢（平定話，吃勢＝特別富裕）的，其實是沒有吃勢的。王松年家也是有個染房，……都不是發財戶，都不【是】惡霸，都是勤勤苦苦弄下的。

　　冶西的霍先生說他們村「真正說沒有一戶稱得上地主富農的」。出去「走染坊」的還可以，但是都沒有很成功的。「老榆皮」（外號，大名想不起來）地主兩口，沒有兒女，過繼了一個本家的孩子，叫「老黑肉」（即霍幕松，後來當了平定縣法院院長）。「老榆皮」養活了霍幕松，但是在土改的時候，霍幕松舉拳頭喊打倒「老榆皮」。像「老榆皮」這樣的地主，

> 冬天裸一條裸腰帶，破破爛爛穿點那衣裳，早上糠麵撒，就是那，一輩也就是那，趕死了【也是那樣】。土改外不是打死的，他是土改死了的。他老婆是土改剛完了，在赤木上凍死的。他那不是那裡鏃下壹葬了【平定話，葬＝稍好一些的墓穴】，就外磚窯那裡。埋老榆皮時，我還跳下那外【平定話，那外＝那個】葬來，鏃得哇是挺好的。不過也沒有棺材，也沒有什麼【其他】的，席片卷能（平定話，能＝着）也不賴。不是打死的，冶西沒有打死的。他有些地，雇過長工，捨不得吃，捨不得穿，不是來人怎叫他「老榆皮」來，就是那樣才起下的。

　　霍先生說他村地主就是兩三家，富農兩三家，中農多，貧下中農不少。但是如上所述，真正富的沒有什麼，那只不過是「刨渣裡頭選鑲楔了」，也即矮子裡面拔將軍的意思。染坊做的成功的是戴名傳、霍丙裕，但是他們土改時正好破落了。

誰是中農、富裕中農／上中農？

　　從我們的訪談材料來看，各村的中農約佔人口的四分之一，不如貧下中農多。一般來講，他們的人均耕地 10 畝左右，具體多少村村不同。不過他們基本上能吃飽飯。比如大石門村的賈先生說，他們村的中農約 100 多戶，人平耕地 3 畝，中農佔地 400 多畝，「中農戶是拼搏一年，年年能落個肚兒圓」。古貝村的賈先生也說他們那裡的中農多，有一百多家。東郊村李先生則說他們那裡中農戶數不多。看來各村中農戶數的比例並不相同。

　　但是到底誰是中農，往往根據標準的不同在變動。石門口村的蔡先生說他們那裡土改時全村共有土地 3,600 畝，人 1,300 口，人均土地 2 畝多不到 3 畝。在土改前石門口村家有 50 畝地的農戶沒有，土地最多的也都在 50 畝地以下。土地在 30-40 多畝的農戶是大部分農戶，這裡應該是富裕中農或上中農，都把自家的耕地大半出租給地少及無地農戶，自己養種小半部分，家有一個勞力就能耕種了。有富裕勞力也可出外做工。走染房的人比較多。有的地多農戶，在減租減息運動中，為了防止日後被定為高成分（當時已經有了土改的信息），直接把自己的一部分土地賣於他人。這樣就形成了人均佔有土地 3-4 畝的農戶增多的現象。

　　1947 年夏天，土地法大綱正式文件還沒有下達到村裡，縣裡動員展開了第二次土改複查運動。石門口村錯鬥的一戶地主改為了富農，一些被定為富農的富裕中農之前也被沒收了一部分土地，作為土地分配，現在留於本人的土地超過村人平均數量，浮財也退回了一小部分，成分改定為富裕中農。中農當富裕中農沒收的土地原地退給本人，劃定為中農，中農戶一般家庭 4-6 口人，有耕地 15-20 畝，人平 3-4 畝，下中農人平土地不達二畝，有的戶也超過二畝，沒有參與土改分配。土改前石門口的耕地，中農、富裕中農戶佔了大部分，下中農、貧農佔有小部分，所以在土改運動中土地調動分配幅度不大。富裕中農其實就是上中農。

有的上中農是由「二地主」轉變而來的。比如西郊村的「二地主」郝振寅、李增祥等人，是從地主手中租出了耕地，好地自己耕種，把劣地出租出去。出租地主為了討要租米有依賴和有信用，用一般價格將地租給二地主。但二地主要按好劣地劃分等級、價格來出租，不過最低價格也都高於他從地主手中租來的價格。他們跑跑腿，動動嘴，得到差價上的好處。自己種著的好地也不出好地的租賃費。二地主家人參加耕種土地，有耕畜農具，雇短工。在減租減息中，二地主又是減租減息的受益者，得到了減租減息減下的好處。但是在第二次土改割尾巴中，被沒收了減租減息減下的租米，又沒收了家中原有的和租賃的耕地中超過村人均土地數量外的耕地。他們在在鬥爭大會上也坦白了自己的剝削行為，然後被定了上中農成分（西郊村郝先生訪談）。

由此可見，如果說政府對中農有個定義的話，在現實世界中，不同的村子有不同的情況，誰是中農、富裕中農、上中農實際是很難界定的。就是在同一個村莊，情況也是千變萬化的。於是在減租減息與土改中對階級成分的定義，尤其是對中農的定義的隨意性就很大，結果任何情況都會發生，這才有了所謂「錯鬥中農」（即中農被當作富農或者地主來鬥了）等等情況。

總體來講，中農基本衣食無憂。正如周樹基回憶所講：

> 我們家祖祖輩輩都是務農，我父親是一個老農民。從我記事起父親就帶我的哥哥們，每天上地幹活，辛辛苦苦經營著祖輩們留下的 40 畝土地。在風調雨順的年月裡，秋收滿倉，全家 14 口人，生活過的滿好。所以我們家在村裡生活水準，還算比較富裕的人家吧！因此，土改時給我們家定為中農成分。當時，中農是受保護的，但不能參加農會，而召開群眾大會時，都要參加。[33]

誰是貧農、下中農、雇農？

其實下中農也應該是中農。但是在確定革命的依靠力量時，通常會將下中農和貧農放在一起，稱作「貧下中農」，或許是為了增加自己的力量吧。

---

[33] 周樹基回憶，「我家在土地改革的那年」。

不過從客觀上講，貧農和下中農或許的確沒有太大的區別，所以二者經常被混在一起言說。雇農數量較少，所以在革命年代，通常就被「貧下中農」一詞取代了。

石門口蔡先生說他們村裡地少人多的農戶，除賃本村地多農戶出租的土地來耕種外，一部分人外出扛長工，在西郊村長年扛長工者就有 20 多個人。扛長工的人應該是貧農為主了，有的就叫雇農，如果沒有其他收入來源的話。貧農人平土地不達一畝，赤貧農數量少，土改時都分得了不達、將達或超達村人平土地數量的耕地。娘子關董先生說「冬天窮苦人要找活幹了」，這裡的窮苦人應該就是貧雇農。

貧下中農的第一個特點是人多地少。大石門村的賈先生估計他們村的貧下中農佔全村人口 60%，共一千多人，人平耕地不達 1 畝。古貝的賈先生也說他們村裡貧下中農不少，有 100 多戶。權黃村的趙先生說他們村的貧下中農有 70 多戶 510 口人，人平土地 8 分到 1 畝。貧農出生的趙禎祥說他父親一輩趙瑞泳、趙瑞譜、趙瑞淇、趙瑞深弟兄四人 17 口人，住有 6 眼窯洞，2 處房，耕地 15 畝，人均土地 9 分。貧下中農即使有點地，第一太少，第二不好，賴地居多。在這樣一個群體中，有破房屋住且有地耕種的戶佔絕大多數，無房無地的戶佔極少部分（東郊李先生訪談）。

第二，由於地少，他們的生活就比較艱辛，除了養種一點薄地之外，還需要給人打工，經常吃了上頓沒下頓，甚至需要去別人家討飯。大石門的賈先生說貧下中農是「吃了上頓算計著下頓」，常年吃著糠菜拌粗糧的「豬狗食」，年年混個肚兒「半饑半飽」。扛一年長工掙上一兩擔小米，用肩背人擔運回家裡，還得當寶貝一樣的護著，省著為家裡常年臥床不起的老人食用。打短工的一天掙上一升玉米，回家裡倒在碾盤上碾一碾，翻起鍋煮一煮，拌點糠菜糊弄一下肚皮。掙不下糊口食的人，提上討吃棒背上乾糧袋，出去低三下四、大爺長大娘短地討要一點殘茶剩飯，回家後全家人填填肚皮。

所謂糠菜半年糧，就是這個意思。有時甚至每日以糠菜為主食，每年在白露節過後都要熬制一大瓮二大瓮的黑豆葉菜，平日生活大多是糠麵窩窩、糠麵饃，就著黑豆葉菜、乾蘿蔔片、乾豆角絲。純淨玉米麵則是改善生活的麵食。青黃不接之時家裡人還得外出走門串戶討吃要飯（東郊李先生訪談）。

像大石門的賈先生所說的地少人多的村莊，「就是有屁股也無處捱打」，就是去做牛做馬，去扛長工，掙點糊口飯，因為窮人多富戶少，也很難找到門路。冬天窮苦人找活幹，比如給人家地裡去壘堰，壘下多少堰，幾丈，給多少錢，都有標準（娘子關董先生訪談）。就是討吃要飯也沒有幾戶人家能討要出飯來。在「狼多肉少」的困境裡，村裡大半人都是泥菩薩過河自身難保，扛長工打短工，大部分窮人也都是到外村老財家去求人家雇用，或者到外村去乞討。和石門口村一樣，「大石門村在西郊村扛長工打短工的就有幾十人，土改時在西郊村落戶分果實的就有好幾家」。全村耕地一年打下的糧食全村人都吃用完，也才能吃個多半飽。

第三，就和現在農村人的因病返貧一樣，以前人們也常因為天災人禍而致貧。東郊村李先生說赤農、雇農是該村的一個較大的群體，有房無地，以及房無一間地無一壟的人群，大都是歷年的天災人禍導致。除了扛長工掙點工資外，家中也養幾隻雞，需要的時候要借貸，結果「成為越扛越累、越借越窮的窮光蛋戶，但也有極少部分窮光蛋是抽大煙所致」。這一群體是天災人禍或抽大煙、賣房產所形成的龐大的無產階級人群。餵兩三隻草雞，積攢幾個雞蛋之後用來換鹽。油可以少，但是鹽總得吃。所以就有了「雞蛋換鹽兩不見錢」的說法（娘子關董先生訪談）。

第四，如大石門賈先生所說，這是個「富人鍋流油，窮人舌舔鍋」的社會，窮富差別很大，「共產黨領導的土改就成了窮人的救命稻草」，土改運動是「窮人喜歡富人惱」的變革時代，在平定縣的六區裡，確實是「窮人活躍富人遭殃的恐怖時代」。

當然，無論是窮人還是富人，抽大煙、賭錢都會導致貧窮。一個關於郝家莊的土改調查說，[34]「苦工大部是吃大煙、賭錢，是很貧苦的……」。該村「大部分是靠土地維持生活」，少部分下煤窯當工人，當僱工，「小孩們是在外放牛羊，婦女們是有在外給地主家做飯，管管吃飯不賺錢」……。

---

[34] 「平定縣第一區郝家莊土地改革典型調查」，1947 年 3 月 2 日，平定縣檔案館，全宗號-革歷/年代 1947/卷號 54/文件號 1.

三、減租減息

面對農村上述經濟狀況，面對地主、富農、中農、貧雇農之間的階級差別，作為正在和國民黨爭奪政權的共產黨，在農村應該或者可以採取什麼措施或者手段來幫助他們達到奪取政權的目的呢？這就是我們下面要討論的問題，即減租減息和土改。

其實從 1939 年開始，平東、平西、平定（路北）縣就已經開始了減租減息運動。據 1944 年的統計，當時已經有 187 個村實現了減租，佔抗日根據地所轄 266 個村的 70.3%。減租方式一個是「二五」減租，冀佃戶只繳納原定租額的 75%。另外一種方式是「三七五」減租，租額不得超過租佃地產量的 37.5%。[35]

減租減息減輕了租地農民的負擔，在地主富農方面也沒有太大的阻力。土改則如大石門賈先生所說，一方面解決了貧雇農、貧下中農少地與無地的問題，另一方面對地主富農以及富裕中農來說卻是個災難。減租減息獲得了地主富農對抗日戰爭的支持，而土改則使得中共擴兵問題得到解決，為武裝奪取政權奠定了基礎。

西郊村郝先生認為減租減息運動主要是為日後的土改鳴鑼開道，【至少從後來發展的情況看是這樣，】讓窮人認識到富人是如何剝削窮人的，以激發窮人的鬥志，發動窮人清算富人。[36] 比如「算帳活動」澄清了出租地戶的姓名、地名、地畝數，用長工耕種的土地的地名及畝數，以便清算地主對長工的「剝削量」，對日後土改做到了心中有數。這一點在我們下面所敘述的村子中也是一樣的，所以我們之後就不再重複了。在土改中不少租地戶就按村人平土地得到了自己租賃的耕地。

---

[35] 見前引《平定縣志》，第 91 頁。

[36] 李雪峰在 1944 年減租減息時期曾經收集材料給鄧小平，之後由鄧小平根據這些材料給毛澤東寫過一份信。其中反映黨外中間人士的意見。李當時是太行區委書記。信中說，「一般黨外中間人士認為：反特務，就是反國民黨。有些人認為：減租是慢性共產。認為：三三制，是利用黨外人士，非黨人士似是傀儡，實際還是一黨專政」。看來對減租減息如此看待的人不少。見李雪峰，《李雪峰回憶錄：太行十年》，中央黨史出版社，1998 年，第 256 頁。

在土改中核實土地，也是一種艱巨複雜的事情。西郊村七溝八梁，九峪十八掌，方圓 20 里地逐塊查清地主名下的土地數量，也是耗時耗工的大工程。大部分土地是靠地主自報數目，農會組織人員下去核實，但也沒有逐塊落實，逐塊丈量核實。所以在第二次土改割尾巴中就出現了前面所講的「二地主」和「落網地主」的名稱。

據東郊村李先生所講，減租減息運動是在日本投降前，在區幹部的領導下打倒了維持會之後展開的。具體到他們村來說，減租減息運動和土改運動是由東縣政府一區區政委王學華和區委梁繼業（谷頭人）來領導的。減租減息運動一開始，東郊村所有的出租地戶和雇有長工戶的戶主都被召集在東縣政府受訓一個月。這些人回村後就開始落實減租減息的政策。第一步是先改善長工生活，規定了給長工改善生活的日期，到了改善生活的這一天，有人就在村裡的制高點敲鑼吶喊：「老財們注意了，今天都要給長工們吃白麵條，今天要給長工們吃白麵烙餅」。老財們被命令在改善的日期給長工們吃白麵，並且還得換著樣的吃。減租減息運動還勒令給長工們增加工米，按規定給租戶們縮減租米。這些舉措都是當年當月兌現，租米不得預收，秋後算賬，並按年景的好壞在減租減息規定的基礎上進行減免減收。長工工米要月結年清。

但是，據蔡、郝、劉先生們介紹，南坪村的減租減息運動則是在 1947 年平定解放之後，而不是在日本投降前，在區工作隊李柱小指導、在農會的領導下展開的。群眾按減租減息政策向富裕戶清算多年出租戶對租賃戶的剝削量，一些富農戶將出租的土地讓給了租田戶，頂替了所算的租息，也是為了降低自家的成分、一舉兩得的舉措。當時還有一個平墳運動，先將南坪村明代遷來居住的兩大家族七節戶和八節戶的墳墓平掉，遂將其他家族的墳也平掉，耕地增加了 100 多畝。

南上莊則是在 1945 年日本投降時，在區委的領導下，在打倒了日本維持會之後開始的減租減息運動。被訪的王先生也講，減租減息是為日後的土改架橋鋪路，「是無產階級向地主階級清算剝削帳，打倒地主階級的開端」，為土改運動鳴鑼開道。在減租減息運動中，不少租地戶得到了減租清算下的利息。和南坪村一樣，不少富有戶主動把減下的按規定退還租賃戶的利息，以讓與租地戶土地的辦法來頂替。這樣出租戶既交出了減下的租米，土地減

少後又能為日後土改降低自己的成分，一舉兩得。在減租減息中也核實確定了土地分佈情況，各階層人群擁有耕地數量，並也做了成分的劃分佈局，土地改革分配方案落實在各家各戶。

宋家莊也是在 1945 年日本人投降，由游擊區變成解放區之後才開始減租減息的。下面關於宋家莊減租減息的資料直接引自王先生提供的關於當地富戶三槐堂的介紹：《三槐堂興衰記（草稿）》。

> 地租問題很複雜。地租的比例各不相同。其一，種子、犁耬等農具由地主提供，則收穫糧食為五五分成，即地主和佃農各一半；其二，地主只提供土地，則四六分成。不管怎樣分成地主負責向政府繳納土地稅，大約是收成的百分之五到十，戰爭年代當然要大大超過這個比例。此外坡地、平地、水地、旱地各不相同。如果土地產一百斤，佃農得到五六十斤，地主除去地稅等得到不足三十斤。

我們之前沒有提到地主要交稅的問題。宋家莊的情況應該被看作對我們前面討論情況的一個補充。其實不光是在國民政府時期他們要交稅。就是共產黨、八路軍也是向他們籌集糧、款的。池必卿在回憶錄中談到「那麼多軍隊吃飯，糧食基本上是從大戶（即地主富農）家裡弄的。由動委會召集士紳開座談會，動員他們出糧食，攤派以後就派農民去拿，一家幾十石，有的上百石就拿出來了」。[37] 古德曼的研究也發現在抗日根據地「所交稅款中相當大的份額是由地主和富農承擔」的。[38] 下面還是三槐堂的情況。[39]

> 抗日時期，日本鬼子燒殺搶掠，宋家莊地處游擊區，白天是鬼子的天下，晚上是八路軍的天下。鬼子徵糧要給，八路軍的軍糧也不能缺。

---

[37] 〈池必卿同志談太行群眾運動〉（1986 年 7 月 22 日），載於《太行革命根據地史料叢書之七：群眾運動》，山西人民出版社，1989 年，第 263-264 頁。

[38] 前引古德曼，《中國革命中的太行抗日根據地社會變遷》，第 161 頁。

[39] 《三槐堂興衰記》，第 46，49-50 頁。

一次八路幹部一次就要二百四十擔糧，村裡貧苦戶少拿些，富裕戶多出些，一半的糧食由三槐堂繳納。三槐堂自家的糧食也不夠，賣了些地，買了糧食才湊夠總數。

據村裡人說三槐堂在1945年有土地三百多畝，八十畝在宋家莊，三百多畝在東、西白岸。據王衛東回憶那時前院總共剩下四十二畝地，後院有地三百多畝。土改時宋家莊開始定了三戶地主，有王象頤（還有趙萬利和高五金），而沒有王象豫，可能是此緣由。

後院有老姥，王象頤（45歲）一家，包括妻子白崇華和女兒王芙蓉（10歲）兒子王晟堂（8歲）。後院老三王象聰（30）在國軍94軍第五師，任軍需官，不在家。

減租減息主要針對王象頤。王晟堂還記得父親忐忑不安的用一塊藍布，包裹上帳本、算盤，去工作組去。按二五減租的規定，把春天定的租糧，減少百分之二十五。按八路軍的規定減了租，也鬆了一口氣。但是沒想到，這僅僅是開始，疾風暴雨還在後面。

王象頤不知道的是3月間，華中局也發出了《中共華中局關於實施土地改革的決定》的文件，明確規定：「清算目的在算出地主階級土地」，要「在運動中鼓勵農民贖田買田」等。另外，太行、太岳兩區也均從4月開始主動指導農民運用清算的辦法從地主手中奪取土地了。如薄一波就明確講：「到1946年3月，全區有50%的地區，貧雇農直接從地主手中獲得了土地，實行了『土地還家』、『耕者有其田』」。宋家莊進行的晚些，三、四月才推選出新的村長，組織起貧農團。

到46年四、五月在共產黨的發動下要「清算減租」，即不僅是減當年的租，還要把以前收的租，退給佃戶。幾年甚至十幾年的租米，地主如何退得起，於是讓地主把土地低價折糧交給佃農。例如村裡某某「清算減租」得到十三石糧，用八擔糧換了三槐堂三畝地。

　　看來，前面所謂的讓地減租的辦法，也是不得已而為之。而減租的年代從幾年前甚至幾十年前算起，顯然村村辦法各有不同。我們再來看三槐堂的情況。

> 比起正常年景這樣的地價便宜了許多。村志記載嘉慶宣統兩份買賣契約，顯示每畝地約合 10 兩銀，即七八石糧。也就是說八擔糧也就能買一畝多地。但是比起也在搞清算的根據地，七八十斤糧換一畝地，真應慶倖。一位外籍人士記載在根據地「8000 磅的糧食購 200 多英畝土地」。約合 7200 斤糧，購買了 1200 畝地，即六斤糧換一畝地。當時的一張報紙記載晉西北某地「用 48 石糧買了地主 187 畝地，虧了，應該能買 300 畝地。」。這樣王象頤的地經「清算」減少了幾十畝。

> 三槐堂人看到太行黨委的機關報 1946 年的機關報《人民日報》講「太行的減租運動，經過五個月的突擊，全區已經走向平衡。……開始轉向生產的有平定……」，似乎減租清算結束了，鬆了一口氣。

　　但是正如我們前面的訪談者所提到的，一切都剛剛開始。

四、約三十個村的土改情況

　　了解了土改時期的經濟與政治狀況，了解了誰是地主、富農、中農、貧下中農之後，了解了減租減息的情況後，我們就比較容易了解土改。不過在探討各村土改的情況之前，我們還是應該先來看一下關於土改的《五四指示》到底是怎麼說的。《五四指示》是劉少奇為中央起草的黨內文件，一共有 18 條。[40] 該指示認為「解決解放區的土地問題是我黨目前最基本的歷史任務，是目前一切工作的最基本的環節」。下面我們列舉幾條和我們的討論直接有關的指示：

---

[40] 見劉少奇，〈關於土地問題的指示〉（1946 年 5 月 4 日），人民網 http://cpc.people.com.cn/BIG5/69112/73583/73601/73623/5069099.html，上網日期 2018 年 2 月 14 日。

1. 擁護群眾「從地主手中獲得土地」；
2. 「決不可侵犯中農土地」；
3. 「一般不變動富農的土地」；
4. 「適當照顧」那些成分為地主豪紳的抗日軍人和抗日幹部家屬，「給他們多留下一些土地，及替他們保留面子」；
5. 「對於中小地主的生活應給以相當照顧」；
6. 「向漢奸、豪紳、惡霸作堅決的鬥爭，使他們完全孤立，並拿出土地來。但仍應給他們留下維持生活所必須的土地，即給他們飯吃」。
7. 「除罪大惡極的漢奸分子的礦山、工廠、商店應當沒收外，凡富農及地主開設的商店、作坊、工廠、礦山，不要侵犯，應予以保全，以免影響工商業的發展」。
8. 「除罪大惡極的漢奸分子及人民公敵為當地廣大人民群眾要求處死者，應當贊成群眾要求，經過法庭審判，正式判處死刑外，一般應施行寬大政策，不要殺人或打死人，也不要多捉人……。」

　　但是在實際操作過程中，上述條款全部被違犯。至於為什麼，我們在第八章再討論。該指示最後一條提到對「右的與左的偏向，各地應根據本指示，以充分的熱情與善意進行教育，加以糾正，以便領導廣大群眾為完成土地改革、鞏固解放區而奮鬥」。但是這些基本沒有做到，底下的幹部基本都是寧左勿右。

　　1946 年 7 月 6 日到 27 日，中共平定（路南）縣委召開擴大會議，學習《五四指示》，對全縣土改做出具體安排。太行二地委派來了平定「翻身工作隊」，縣委抽調幹部組織了「土改工作隊」，在谷頭、東鎖簧等村進行了土改工作試點，發動群眾「倒苦水、挖窮根」，一、二、五、七區的 5425 戶貧雇農都分到了土地。[41] 1947 年 9 月，中共中央全國土地會議制定了《土地法大綱》，10 月到 12 月，晉冀魯豫中央局在武安縣冶陶召開了傳達會議，縣委書記趙雨亭、縣長葛宜生參加了會議。會議後平定（路南）縣決定修正之前的土改中

---

41 平定縣黨史研究室，《平定（路南）縣解放鬥爭史》，第 80 頁。

出現的問題，要「抽多補少，填平補齊」，並「糾左」。[42] 比如城關區十字街，原來鬥爭了 50 戶，現在劃定其中 15 戶為地主、4 戶為富農、2 戶為中農、5 戶為小商、1 戶為職員、1 戶為自由職業者、2 戶為地富兼工商戶。另外 11 戶商號、4 戶逃亡在外和 5 戶被牽連鬥爭的群眾未劃定成分。[43] 換句話說，「錯鬥」的面積還是很大的。平定縣黨史研究室的報告沒有提到暴力土改的問題，這也正是我們的訪談材料得以彌補的內容。

在這一部分，我們在介紹各村土改的情況時，會討論一些各村具體的特點或者村與村之間的共同點。所引材料除非特別註明者，都來自訪談。[44] 由於西郊村的情況比較詳細，尤其是在如何評定階級成分方面，以及如何分地分浮財方面，我們將先討論西郊村。[45] 我們設想其他地方的成分評定情況以及分地分物方面的情況也應類似。當然如果其他村的被訪者談到一些特別有意義的情況，我們也會報告在這裡。

另外，我們下面的討論基本上是將比較暴力的村子放在前面一個部分，暴力較少，即沒有死人的村子放在後面。在本章的最後，我們會做一個總結，討論一些我們認為有意義的問題，比如暴力產生的成因，為什麼有的地方暴力多，有的地方暴力少等等。

我們之所以不厭其煩地敘述了很多個人的遭遇，只是覺得每一個人，只要是人，無論是地主富農還是貧下中農，都應該得到尊重，他們的故事都應該被別人知道。當然，其實我們知道的僅僅是很小的一個部分。大平定縣當時有 400 個左右的村莊，我們只訪談了不到十分之一的村莊的老人，而且即使是這 30 多個村莊，也肯定只是部分的故事。在這些地方，以及其他地方，

---

[42] 同上，第 82 頁。

[43] 同上，第 89 頁。

[44] 對所引的訪談資料，我們只作了少量修改，加了一些使前後連貫的用語，並減少了一些重複，使得意思更加明白，表達更加流暢；也修正了一些明顯的錯誤，比如年代問題，以及明顯的數字上面的問題等。如果訪所用材料之間有矛盾，我們要麼不用，要麼說明不同的被訪者有不同的記憶，不過我們只有在認為材料是有意義的情況下才這樣做。

[45] 據晉如祥先生介紹，西郊屬平東六區，土改較左。當時的河下（現屬陽泉市郊區）、泊裡（現屬陽泉市城區）、王家莊、牛王廟溝、石門口、南上莊、南坪等都是六區（晉先生訪談記錄）。因為能夠訪談到的人六區的較多，所以本書討論的六區村子較多一些，其他區的比例少一些。六區是暴力最嚴重的地區，其他區相對好一些。不同地區鬥爭的殘酷程度是不同的。

肯定還有很多我們不知道的、但是可能發生過的故事，那些就只能利用我們
已知的情況，靠我們的想像去填補空白了。

西郊村（郝先生、郝女士、王先生等人訪談匯集）：

我們在前面已經介紹過，西郊是個大村，有三家主要地主。但是也有很
多其他情況。現在我們來具體了解一下。我們先看一下土改是如何劃定成分，
以及西郊村劃成分的情況。這是 1947 年夏天的第一次土改。

在土改中劃定成分是按土地，房屋佔有的數量多少，以及剝削和被剝
削的量大量少，來定等定級，總歸為三等九級。一等一級為赤貧戶，
房屋全無，房無一間地無一壟的農戶。一等二級為雇農，有破房一處
但無地，靠打長工，掙工米維持全家生活。一等二級農戶家中喪失勞
動者多是靠討吃要飯維持生計。一等三級為貧農，有房 1 處，土地人
平 1-2 分，靠家中勞力外出打工，走染房、扛長工、打短工生存，這些
農戶也時有討吃要飯的現象出現。

二等一級為下中農，人平耕地 0.5-1.9 畝。靠種自己的土地或租點地及
靠打短工來維持生計。二等二級為中農，每戶有房 1-3 間，人平耕地
2-4 畝。大部分農戶有農具，有毛驢 1 頭，自耕自給，家中勞力多者抽
調外出，扛長工，打短工；家中無勞力耕種，個別戶出租自家的耕地
維持生計。二等三級為上中農，一般有房三處，1 座舊院落（明清結合
的建築），人均耕地 4-5.9 畝，家中有農具牲畜，農忙時雇用短工。家
中勞動力弱者也雇用長工，但是這種情況較少。二等二級和三級的農
戶春耕、秋耕季節也出動牲畜賣晌，就是為貧農和下中農有償春耕、
春播和秋耕，掙點牲口草料或工米。

三等一級為富裕中農，每戶有房三處 1 座院落，有的也有一座長工院
落，人平耕地 6-9.9 畝，可能雇有長工，但家中有勞動力者不雇長工雇
短工，自家有農具有耕畜，家中無勞力戶，靠出租地維持生計。三等

二級為富農，每戶有一座院落，也有的是弟兄幾個伙著一座院落，未分家，但人平耕地 10-15 畝。家中耕地大部分是靠長工來種。有的農戶村外有生意經營，有的戶主在農忙季節也參加生產。有農具有牲畜。也有農戶把一少部分耕地出租給他人，自己雇傭長工耕種著大部分土地。多戶都設有長工院落。有的農戶家中雇有傭人做飯，但大部分是自家女人料理家務，給長工做飯。

三等三級為地主，每戶有住房二至四座院落，人平耕地 15—20 畝。西郊村大部分三級地主人平耕地 30 畝以上。土地大部分出租收租米，家裡雇有 1—3 個長工。常年雇有一個，其他長工每年都在陰曆二月二上工，十月初一下工。雇傭的長工任務主要是種地、餵養放牧牲畜、擔茅送糞。本家無人參加生產，家中常年雇有傭人料理家務，碾麵推米，縫衣做飯，洗衣掃院，伺候本家大小主人。大部分家庭成員是張口吃飯，舉手穿衣，子女多都從小讀書，大部分學業有成，有個別子女被家庭嬌慣，溺愛放任。西郊村古有富家子弟抽大煙，耗盡富有家庭全部家產的情況。

　　關於西郊各個階層人士、土地與佔房情況，請看表 6.4；被劃為地主和富農的人名單，請看表 6.5；土改時各級各等最後分到的土地和房子的情況，看表 6.6。分房分地基本是按等級分配，一等分房，三等退房，二等不退不分，但大方向是不脫離村人平畝數和間數，但也搞不成絕對平均。土改中也難免出現自私自利、濫用職權、以權謀私等現象。

表 6.4　西郊村各個階層人數、土地與佔房情況

等	級	戶數	階層戶數%	階層人口	階層人口%	階層佔耕地（畝）	階層人均佔地（畝）	階層佔地總量%	階層人平均佔房（間）
三等	3 地主	3	0.65	35	1.8	596	17.0	11.49	3
	2 富農	33	7.76	146	8.2	1500	10.3	33.16	3.3
	1 富裕中農	13	2.59	59	2.9	580	9.8	12.82	2
二等	3 上中農	50	10.78	200	10.2	810	4.1	17.90	2
	2 中農	90	19.40	400	20.4	1000	2.5	22.10	1.5
	1 下中農	80	34.48	320	32.6	160	0.5	0.93	1
一等	3 貧農	170	19.40	680	18.3	72	0.11	1.59	1
	2 雇農	21	4.96	110	5.6				
	1 赤貧	4							
總計		464	100.02	1950	100.00	4718	2.4	99.99	

表格來源：郝志東、郝志剛（著），《西郊村：一個華北農莊的歷史變遷》，2008 年由澳門大學出版中心出版，第 107 頁。

表 6.5　當時被劃爲地主和富農的人名單，共 37 家。

姓名	成分	家庭人口	土地（畝）	房屋	姓名	成分	家庭人口	土地（畝）	房屋
郝殿和	地主	20	260	窯 4 處房 56 間	白梧	富農	4	60	房 6 間
郝汝彥	地主	8	180	窯 4 處房 18 間	李廷葉	富農	4	60	窯 3 處房 15 間

李于清	地主	7	本村160 外村150	窯3處 房10間	李進書	富農	6	80	窯4處 房18間
郝振極	富農	15	200	窯6處 房24間	趙亨	富農	4	60	房20間
趙忠貴	富農	2	30	窯3處 房14間	趙雨	富農	4	60	房17間
郝承先	富農	6	90	房13間	郝萬茂	富農	3	50	房24間
李林書	富農	7	120	窯5處 房15間	郝萬寶	富農	2	40	房20間
李翰成	富農	4	60	窯3處 房12間	郝萬昌	富農	4	60	房12間
李輔成	富農	3	50	窯3處 房21間	李合林	富農	4	60	窯2處 房7間
李躍西	富農	5	70	窯3處 房17間	郝玉德	富農	4	60	房11間
郝進忠	富農	3	40	窯2處 房9間	郝玉慶	富農	5	70	房11間
郝仲田	富農	4	60	窯2處 房9間	郝家駒	富農	3	50	窯3處 房13間
郝崇毅	富農	3	50	房21間	趙慶	富農	6	90	房16間
李廷粥	富農	5	70	窯3處 房9間	趙成年	富農	4	60	房9間
郝潤貴	富農	4	60	房14間	趙慶年	富農	3	60	房9間
王玉連	富農	3	50	房14間	郝立根	富農	5	70	房18間
李良璧	富農	2	40	窯2處 房5間	郝長順	富農	4	60	房16間

| 白岡 | 富農 | 7 | 100 | 房 12 間 | 郝長青 | 富農 | 4 | 60 | 房 12 間 |
| 白梧 | 富農 | 4 | 60 | 房 10 間 | | | | | |

表格來源：郝志東、郝志剛（著），《西郊村：一個華北農莊的歷史變遷》，2008 年由澳門大學出版中心出版，第 108 頁。

表 6.6　錯鬥中農 13 戶 59 人

姓名	人口		姓名	人口
郝毓桐	2		郝毓純	3
郝治賢	6		王進生	4
王金林	5		郝文元	8
郝進元	7		趙中和	3
趙殿全	4		趙石貴	4
王德山	7		郝夢楠	4
郝治義	2			

表格來源：同上，第 109 頁。

請注意上面房屋間數的定義，一間房子並不是一個房子。一個房子通常有三間到五間，即通常一根柱子和另外一根柱子之間為一間。下面我們借用了三個關於分田分房分家具、農具等的圖片或者素描。希望能夠給讀者一個直觀的對當時氛圍的感覺。見圖 6.2，6.3，和 6.4. 前兩個像是北方的回民地區。[46]

---

[46] 圖 6.2 和 6.3 來源於河山視界，「50 年代批鬥地主老照片」，2019 年 10 月 24 日，載於百度網站 http://baijiahao.baidu.com/s?id=1648263211585070018，上網日期 2020 年 1 月 18 日。

圖 6.2　分配從富人家裡沒收來的衣服等東西

圖 6.3　分配從富人家裡沒收來的家具、農具等

圖 6.4　上海地區的情況[47]

表 6.7　土改各級各等最後分到的土地和房子的情況

成分	全家人口	全家共分房間數	全家人平房屋數	全家分牲口數目	全家分土地數目（畝）	人平土地數（畝）
赤貧	4	12	3	1	11	3
雇農	2	6	3	1	5.7	2.7
貧農	4	12	3	0.5	8	2
下中農	1	2.5	2.5	0.5	土地補夠人平數	2
中農		原有	房屋補夠人平數	分少量財產	土地補夠人平數	2

47　中華全國美術協會上海市分會（主編），《土改素描集》（上海：電化教育出版社，1951）。

上中農		原有，不分財產		財產原有，不分	原有土地，夠人平數	2
富裕中農		錯鬥錯分，超過全村人平數			錯鬥錯分，超過全村人平數	2
富農	每戶 6-9 間					1.5
地主	每戶 6-9 間					1.5

表格來源：郝志東、郝志剛（著），《西郊村：一個華北農莊的歷史變遷》，2008 年由澳門大學出版中心出版，第 109 頁。

劃定成分，分房分地，看似簡單，但是在具體過程中卻是腥風血雨，尤其是第二次土改，或者是所謂「割尾巴」運動的時候。我們再來看訪談資料。

第一次土改基本是和平土改，說理鬥爭。其實減租減息就對富有農戶發起了警告，能隱瞞的固然就要隱瞞，隱滿不了的也無能為力，暴露在光天化日之下，任人宰割。這也是人之常情，做人的本性。人除了割肉痛，就數拿錢痛，土改就是剜地主階級的肉，割的痛心疾首。

一等階級赤貧戶、雇農、貧農都分到了接近或超出村人平均耕地和房屋的數量，二等階級一級下中農，人平耕地房屋少於村人平均數量的，適當給予了添補。中農上中農則是明哲保身。但在二級人群中，也有少數人向土改討要，能討到一件衣服也好，總覺得自己沒有丟失一點東西反而還能得到一點東西。所以二等二級階級也有分下果實之人，二等三級也有個別戶被推到被鬥爭邊沿。

三等二級和三級地主富農的土地則是全部被沒收，貧下中農分到了地主富農的耕地房屋，地主富農分到了貧下中農的耕地和房屋。貧下中農住上了地主富農的大瓦房，大窯洞，種上了地主富農的好地；地主富農住進了窮人的矮屋破房，種上了窮人的劣地。一個階級歡天喜地，一個階級悲痛欲絕。三等級富裕中農則是在土地改革中，中了刀尖被

刺傷肌膚的群體，雖然沒有剜肉之痛，但也有皮膚割傷破裂口之痛。恨之入骨的恨也就大大低於了剜肉之痛，在群眾裡留下了錯鬥中農之烙印。

這的確是一個翻天覆地的過程，經濟上的貧富被基本抹平，但是最大的變化是原來的上等人變成了下等人，而下等人則變成了可以呼風喚雨的上等人。下面是沒收並分配地主富農財產的情況。

地主富農家的傢俱、農具、衣物、財寶之類財產，土改時農會帶著群眾去這些人家裡沒收。當時雖然是掃地出門，但還是給足了必用灶具、傢俱、衣服、糧食。犁耬耙蓋、浮財和富餘糧食等全部沒收集中在大廟院裡。房契地契也都沒收到大廟裡統一銷毀。民兵和兒童團看守著這些財物等待分配。牛、驢、羊沒收後分別在村中池邊和大廟底集中分配。

沒收回來的財產先由貧農會作財產評估，具體評估價格是一件物品價值多少小米，以石、斗、升、合來計價。總共收回財產價值多少小米。按等級戶數平分下去，1-3級的分配數有差別。受益的一等農戶，按級別的戶數規定分配數額。具體到一個農戶應分幾斗幾升，雇農戶應分幾斗幾升，貧農戶應分幾斗幾升，入場後以你本人應分的米數拿到你同等米數價值的東西。

如果物品價格大，所分米數價格小，兩戶或三戶、四戶合分。如牛、羊、驢合夥參分。當時以身上佩戴的紅布條上標明的一等成分人群入場參加分配，分配人員拿著貧雇農花名冊，以名冊上的花名應分米數和分到的財物米數相符才能搬運出場。不論你所分東西多少，分夠你本戶應分的米數相符為准。在你本戶因分小米數量的限制下，你願意要什麼東西就分給你什麼東西。一頭牛、一頭驢、一隻羊往往都是2-4戶參加分配。比如一戶兩條腿或兩戶四條腿，四戶各一條腿等等。

外村人耿老虎給富農王德山家放羊。羊分到窮人手中後，各戶也都靠耿老虎來放牧管理。後來有的分羊戶就把自己分到的一部分，一條腿或兩條腿，低價讓與了耿老虎。後來耿老虎告知有的分羊戶說：你們的羊丟了或病死了。分羊戶對自己所分的一條腿或兩條腿也沒做太多的計較，總之後來的一群羊就都歸了耿老虎。所以就有了歇後語，「耿老虎土改，發了『洋』（羊）財」。分到牛、驢的農戶後來也都相互協商讓與了一個人餵養。

所謂第二次土改割尾巴（1947 年秋冬季），是在糾偏。一方面糾正了幹部多吃多佔的問題，另外一方面也對地主階級斬草除根。西郊群眾對土改運動也用順口溜來作了總結：「地主挖了倆坑、民兵結了結婚、群眾誤了點工」。

所謂「地主挖了倆坑」是說地主挖坑掩埋財產。而「民兵結了結婚」是說民兵們找下了地主、富農家的閨女做媳婦。有的是用恐嚇威脅的手段，如果你不嫁給我，你家裡人就得挨打、受吊。這些閨女們為了家人不挨鬥受批，也只好忍氣吞聲，很不情願地嫁給了民兵，嫁給一個自己所仇恨的人。而「群眾誤了點工」是說一般老百姓儘管也分到了房、地，但是不如幹部分的多，所以認為自己獲益不大。當然這些都是牢騷話。

在分地分浮財的過程中，不少農會負責人都或多或少的有多佔多分現象，貧下中農則少佔少分。他們向農會反應，結果有了第二次土改，割尾巴運動，做了一次填平補齊的活動。比如分浮財時，農會負責人為了討好區長崔景業，把一件紅綢綠花的衣服送給了區長的女兒。在填平補齊活動中，區長把送給自己女兒的這件衣裳退還給了窮人。農會幹事宋來福和區長崔景業也都把多分的一畝多耕地退出（比村人平耕地數多餘部分）。不少不達村人平土地數的農戶也得到了多分農戶退出的土地，填平補齊活動大致又做了一次公平分果實的處理。

　　我們在西郊村史一書中介紹到，領導土改的是貧農團。貧農團於「1946
年春成立，領導貧下中農向地富發起算帳分浮財運動（當時稱分浮財為分果
實）。貧農團成員指令地富戶將富裕的衣服、被褥、箱櫃、農具、金銀首飾
（除房屋、土地、糧食、牲畜外，比一般農戶多餘的部分為浮財）交出，分
予貧下中農。主席晉福奎」。[48]

圖 6.5　　上海地區沒收隊伍慶祝勝利[49]

下面我們再來看一下幾家地主的具體情況。

百忍堂家郝維新的二子郝占科，曾任西郊小學教員。他領導小學生學
習土地法大綱（1947），用順口溜歌唱宣傳土地法大綱精神。在日本
投降前，西郊村就打倒了維持會，建立起自衛隊，重新任用村長。打
倒維持會後的第一任村長是郝繼先，全方位為共產黨服務。土改時，
村裡大張旗鼓地宣傳土地法大綱精神。郝雨海先生回憶當時他們小學
生唱的順口溜是這樣的：

---

[48] 郝志東、郝志剛（著），《西郊村：一個華北農莊的歷史變遷》，2008 年由澳門大學出版中心出
　　版，第 85 頁。

[49] 中華全國美術協會上海市分會（主編），《土改素描集》（上海：電化教育出版社，1951）。

農民兄弟姐妹們，有件大事拉一拉。

咱們中國共產黨，發表了中國土地法。

土地法十六條，九點中心要記牢。

有一點可重要，封建徹底消滅掉。

消滅封建是什麼，地主階級全打倒。

於是，在以後的劃分階級、訂定成分時，定為地富分子的人成了被鬥爭的對象。

地主富農家庭的子女，不少都積極地跟隨共產黨，參加了抗日、土改等運動。我們在前面也提到了周璧、郝林高、郝文科等人。或許他們當時並沒有意識到革命會給自己家庭帶來什麼樣的後果。另外一個可能是他們的確背叛了自己的家庭，認為革命就是要大義滅親。我們或許永遠都不知道確切的答案了。但是我們在後面的總結部分會對他們所面臨的困境做一些分析。西郊除了其他姓之外有三個郝家：大郝，小郝，槐樹院郝。百忍堂是大郝，懷德成家是槐樹院郝。

百忍堂家當時有四座院落，300多畝耕地。村外的耕地，本家也未報明，後也就無聲消失在所在村莊。房屋土地按人平數留給使用。除了一點衣服、鍋碗瓢勺等生活必需品外，其他的衣櫃、包袱、桌椅板凳、農具牲口、全都分給了窮人。全家搬回到自家舊宅院落去居住。他們能分到自己的老房居住也是當時唯有的一家，主要是因為家裡有參軍者要給與適當的照顧【他家的郝文科，在抗日戰爭時就已經參加了革命】。於是地主郝維新家弟兄四人分配到老宅院一座，土改後到文革前也算過著安然無事的光景。

在文革中郝維新去世，妻子劉作賢常跟隨兒子住在北京【郝文科家】、陽泉【郝占科家，郝參加了抗美援朝，後在陽泉工作】等地生活。文革開始時，劉作賢按地主老婆身分，從兒子家中召回，作為五類分子被批鬥，過年過節與其他五類分子一起掃大街，勞動改造。【兒子郝

文科隨後也被趕回村裡，參加勞動改造，文革結束後回到中央黨校，
並將其母親也帶去了。這是後話。】

　　從百忍堂家的情況看，軍屬有時候是受到照顧的，儘管這種照顧或許僅
僅是生命能夠得到保全而已。但這僅僅是郝文科家。不過據郝文科自己講，
他的大伯父郝名新是在土改時餓死的，三叔父郝咸新也是在土改時死的。四
叔父郝自新曾被關起來，怎麼死的不知道。[50] 但是據我們訪談的王先生和郝
女士講，「他的四叔是在逃難的時候被戳殺（用刺刀刺死）的」。如此說來，
百忍堂家當時有三個人因革命而死。

　　在土改時，為了明顯區別各階級人群，地主、富農和富裕中農戶主胸
前被要求佩戴白布條，條上表明本人成分。貧下中農胸前佩戴紅布條，
上也標明級別名稱。 運動過後雖然各自摘掉了區別布條，但人們心中
已經深深地刻下了階級的烙印。在各階層人群的腦海中，敵對情緒、
怨恨情仇，刻骨銘心。富人怨恨窮人分了自己的家產，落的一貧如洗，
但又有口難言。說不能說，道不能道的苦水只能往自己肚裡咽。窮人
則認為富人抽吸了自己的血汗，使得自己吃了上頓沒下頓，過著度日
如年的光景。於是，剝削者是罪該萬死，千刀萬剮也不解其恨。掃大
街、挨吊打這些都是應有的報應，是自作自受、自食其果。

　　在人們心裡種下階級仇恨，要將地主富農千刀萬剮也不解其恨，或許是
土地改革的必要步驟。這一點我們在第八章會繼續討論。讓人帶上布條來顯
示自己的階級身分，不知是否從日本人那裡學來的。在日本佔領時期，有一
種良民證是布條做的，戴在胸前。
　　懷德成家的情況如何呢？下面是郝女士的訪談。

---

[50] 郝志東、郝志剛（著），《西郊村：一個華北農莊的歷史變遷》，2008 年由澳門大學出版中心出
版，第 111 頁。

懷德成家土改時劃的是富農，47 年最左的時候，趙玉堂說她家是地主。其實她家就有 70 多畝地，也沒有那麼多房子。只有兩個院，7 到 8 間房子。祖父當過村長，父親郝汝彥在平定中學當過督學，在日本人入侵後在村裡當過兩三年老師。郝汝彥傾向於革命，所以當年的抗日區政府在懷德成家安著。

土改時家裡沒有人被打，但是被掃地出門。當年大旱，地裡也沒什麼糧食。祖母，父親第一年就餓死了，媽媽第二年也餓死了。土改時一針一線都沒有讓帶出去，給了一個小房子，可能是宋來福原來的家。但是被掃地出門的還有郝汝彥的三個兒子，兩個媳婦。女兒郝素萍已經參加革命。他們有時候討飯吃，有時候擔上砂鍋去東鄉賣，換點吃的來。也換不下多少。

趙玉堂住了郝汝彥家的院子。聽說趙後來在他家挖地三尺，也沒有找到東西。趙是貧農，本來和郝汝彥的妻子還是本家。他是一個勇敢分子，到處跑，不著家。勇敢分子，入了黨。解放以後還到處送材料，給郝汝彥家子女工作的地方，說他們家是地主。

　　這又是一個違反《五四指示》，不照顧愛國紳士、革命幹部家屬的例子。儘管懷德成家沒有被打死人，但是將人家掃地出門，導致家裡三人餓死，也是軟刀子殺人（另外一位被訪者說至少其中一人是自殺）。看來那些住在別人家裡的人感覺也不安全，所以趙玉堂才經常送材料保證懷德成家不能翻身來秋後算帳。

暴力土改是康生在晉綏搞的，傳到我們這裡來了。當時趙雨亭是書記，馮泰鎮是縣委副書記。延安整風傳到下面，趙去冶桃整風去了，去了半年多。馮泰鎮在平西管事。他家是地主，不敢管。他家 7 口人全跳了井。老趙不在。池必卿和馮泰鎮、王謙都是同學。小學是友愛學校，中學是平定中學。

池必卿從石家莊開會回來，說壽陽打死人了，平定一個人沒打死，交不了賬。後來說，那打死人還不好辦，打吧。

郝女士提到了暴力土改的原因之一。其實除了當地領導的因素之外，還有上面領導的意思，包括康生及在石家莊會議傳遞的精神。

貧下中農娶不到媳婦，更連（音譯）家老婆，因為丈夫是皇協軍，所以被分到貧農家了。後來她說去東溝的老娘家借驢，回來耕地，就跑了，到石家莊找更連去了。好多姑娘媳婦都給分了，有很多人都跑了。更連是我的一個親戚。當時敵佔區要求 19 歲青年要去當兵，所以他被徵兵當了皇協軍，但是在為共產黨做地下工作。

這就是前面順口溜所講的「民兵結了結婚」。看來富人家的女人被分給貧農的現象還是較普遍的。後面還有例子。

下面是進士家的情況，這裡是郝先生等人的敘述了。

進士家李作楷卒於民國十三年 1924 年，兒子李于清卒於 1937 年，土改時李于清兒子尚小，地主分子身分就掛靠在李于清名下。李于清之妻正當壯年，作為地主婆被鬥爭，家中土地財產房屋都被沒收，參加了分配。自己也分得貧農舊房兩處，家中灶貝，傢俱，衣服也留下一小部分。關於家裡的金銀財寶首飾等，據本家的知情人在運動過後透露，李于清去世前就已經分與三個兒子，各自收藏保管。他家的窯頂上的高房被日本人放火燒了後，高房裡藏的一些元寶現洋就被大火燒成了焦塊，土改時被沒收，並送往張莊銀行，兌換成紙幣冀南票。解放後居住在李于清家的村民在翻修窯頂時刨出了一瓮現洋，後被公安局收走。

土改時李于清老婆也被吊打逼問過家中財寶，但都沒有說出。李于清老婆在第二次土改的所謂割尾巴階段，怕再受吊打逼問之苦，或許也是為了保存家中財寶不受損失便尋死上了吊，一死百了。

如果說第一次土改還有點「說理鬥爭」的成分，第二次土改，割尾巴運動，就主要是暴力鬥爭了。

所謂第二次土改，或者說割尾巴運動，是認為第一次分地分財進行得不徹底，有問題，要重新再來一次。這時的土改進入了更加暴力的階段，毆打逼供現象頻繁出現。有的人被鬥爭後，不打自招；有的打死也不招；有的忍受不了鬥爭的折磨便尋死，跳井、上吊。鬥爭中吊打的目的主要是逼問還有沒有隱瞞下的土地、浮財等。

富農分子郝潤貴，坐老虎凳痛不欲生，藉口去取藏物跳井自殺。除了上述李于清的老婆怕再被吊打逼問而上吊自殺外，還有幾個富農老婆也在鬥爭中不堪忍受拷打逼問欲跳井自殺但未遂。

另外一位王先生、郝女士及郝先生回憶了另外兩家被鬥的情況。

巴小是郝承壽的父親，會畫畫，村裡的戲班子裡面拉胡琴的。他的姑娘，即郝承壽的姐姐，被迫嫁給民兵，她不同意，結果被人用煤油從頭上澆下去，然後點著，把人家燒死了。

其實自己的土地都是慢慢地一點一點地攢錢買下的。結果都把人家鬥死了。或者往手裡釘竹籤，疼死；或者坐老虎凳，咯叭咯叭把骨頭弄折了；或者被掃地出門餓死。要飯別人也不敢給。

我家一黑夜死了四口人。是我們的親戚，富裕中農。下午弄進去，黑夜就死了。要現洋，他家不是財主，有點地，僱長工。聽說是竹籤往指頭裡釘，一會兒就疼死了。這是我的大媽、二媽、叔叔和堂哥哥，自己的近親。打大媽時，二媽說，你打我吧，她什麼也不知道。打人的人也是親戚家的一個侄子。

我媽還挨了一刺刀，是榮堂家的人，我們的本家，刺的我媽。他家的人後來去了石家莊。

圖 6.6　這是在四川渣滓洞所用的老虎凳[51]

釘竹籤是比較普遍的酷刑。

　　郝成壽的父親，我看見是用石頭砸死的，石頭多，一會人就看不到了。

　　郝和森和郝和慶當時在榆樹院、乾井、莘莊窩那邊領導土改，人品很
壞，影響很不好，亂搞女人等等。當時的積極分子活的歲數都不大。

　　不是不報，時候不到。晉福奎當時人家都說不好，農會主席。不一定
是支持打人，只是他不管，自己弄了東西不少。說打雷，雷到他家，
去沒有看到人，就去他孩子在的地方，一個避雨窯，他的孩子在那裡
被雷擊死的。別人沒死，就把他雷擊死了。

51　此類刑具為複製品。有學者經過長期調查，發現渣滓洞所謂的 48 套刑具全是後人編造的故事。也
　　可參閱孫丹年，〈渣滓洞刑訊室考〉，《炎黃春秋》2014 年第 2 期。不過在平定土改中，類似刑
　　具應該是真實的。

　　在訪談中我們聽到不少善有善報，惡有惡報的說法，當然這可能只是人們的想像。即使人們可以舉出不少這樣的例子，但是人們也可以舉出更多善沒有善報，惡沒有惡報的例子。

　　另外一位 94 歲的李太太談到了自己的公公與婆婆被打死的例子。她是 17 歲嫁到這個村裡來的，婆家的成分是富農。她們家有 5 畝地，但是據說在慶源成有股份，所以定的富農。但是郝女士的丈夫當時正在共產黨的部隊裡當兵。[52]

> 老人（平定話：婆婆）和老和（平定話：公公）在廟地被鬥爭後，叫到隊部，在街上。後來在大南院被打死了。早晨公公死了，叫人去抬，請了肉孩家爺爺和柱藍（音譯）家大（爸爸）去抬。兩人找來點席片，裹了一下，埋到東坡了。晌午，又來人叫，說老人也死了。那兩人就又去抬了回來，把老和的墓挑開，把老人塞進去。

　　這是一個軍屬家庭，不但沒有得到照顧，還被奪去兩人的性命。和百忍堂家的情況很不相同，但是和懷德成家的情況相似，只是後者是餓死而不是打死的。這應該是第二次土改時發生的事情。圖 6.7 是李太太丈夫的退伍證。

---

[52] 李太太的丈夫叫李同升，1945 年參軍後加入三縱隊十七旅五十團二營三連。1947 年加入中國共產黨，1949 年 6 月 10 日因負傷回村務農。回村後一直享受三等甲級殘廢軍人補貼待遇。在村積極參與黨組織活動，并多年擔任生產小隊隊務幹部。1979 年在集體打麥場上勞動，不幸中電身亡。見郝志東、郝志東（著）《西郊村：一個華北農莊的歷史變遷》，第 99 頁。

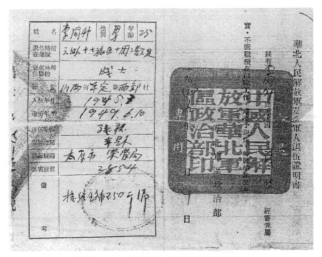

圖 6.7　李太太丈夫的退伍證

　　第二次土改實際就是財產的再分配，就像下面的王玉蓮、郝毓純等人家一樣。但是為了財產的再分配而使多人殘酷喪生卻無疑是個悲劇，這個問題我們在後面幾章會再討論。

　　如前所述，富農通常人均擁有 10 多畝地。西郊村的王玉蓮家裡三口人40 多畝耕地。一座小院落東西南北房也算是四合院，但正房只有三間大。因孤兒寡母沒人種地，把地都租了出去。在第一次土改中因核實有誤，耕地房屋都沒有被沒收，第二次土改割尾巴中被查出土地有瞞報現象，家中土地數量大大超出了村人平均耕地數量，做了割尾巴處理。土地留有村人平土地外，沒收了 20 多畝耕地，房屋也沒收了一處正房，分配給窮人，配房都留給本人使用，劃分為富農成分。

　　富農郝毓純，一生從事教育事業，支持土改，被村民稱為開明人士。在鬥爭大會上他坦白說，這次運動是群眾給我洗臉擦黑，我感激群眾對我的革新換面。我要把給我留下的土地和房屋一點不留，還給群眾，並說這些都是對群眾的剝削所得。第三天他便帶著老婆和女兒到太原謀求生路去了。

破落地主子弟郝進新，第一次土改時被群眾任命為財產登記員，積極支持土改，主動交出了一些浮財，不久也定居於北京。

像郝毓純、郝進新這樣的人都是比較精明之人，三十六計，走為上計。把財產全部拋棄，一走了之。生死一瞬間。當然，即使走也需要有個地方可去。

第一次土改中被定為富農的人家中，有 13 戶的土地都高於上中農，但只是接近於富農，結果第一次土改把他們的土地房屋及浮財也進行了沒收分配，定於富農被鬥爭。第二次土改對此進行了修正，改為富裕中農成分。能退回原自家地的，就退回；退不回原地的也接近原地的地質補給。但一般把原地退回的戶多，只是沒按原來本家的數量退還，只是超過了村人均的土地數量。房屋也是原房退還，但也有個別人家沒退原房，只是作了調整而已，不過相對於原住房的間數，也都有點欠缺。

顯然，這些是錯鬥中農。

割尾巴後段運動，多是兒童團在組織行動，繼續批鬥逼問富人家是否還有隱瞞剝削下窮人的血汗錢。地主富農這時也被鬥爭成了皮老虎。有的發牢騷，產生了抵觸情緒。百忍堂家的女主人劉作賢表露出無動於衷的臉色，結果人們給她編了四句順口溜：

　　一碗飯沒吃成，兒童團廣播要鬥爭。
　　反正我是拿決心，問我什麼也不作聲。

富農分子李進書在鬥爭會上若無其事地說：「小兒童們說的對，我沒記著賒東西，怎麼欠下一大堆」。

錯鬥中農郝進元在外雇用弟兄們開有染坊一座，村裡有耕地 60 多畝，也出租，也雇有長工耕種。在鬥爭大會上兒童團叫他坦白交代剝削窮人的行為，他漫不經心的回答說：「我沒什麼我沒什麼，開染房坑的是兄弟們，在村裡狼日鄉里人」。

富農郭興開有糧油店。在鬥爭會上兒童團叫他坦白用大斗進小斗出的剝削手段。他若無其事的說：「我沒有用大斗進小斗出，我用的是二合半的抹板。我的斗抹是略帶彎形的，一邊凹點一邊鼓點，一般別人不仔細看是看不出破綻的。進時我用的是凹面，出時我用的是鼓面。進時浮著抹，出時按著抹。斗抹的形狀和動作的快慢我一斗剝削二合半」。

如果真是大斗進小斗出，那麼就真是一種剝削手段。無論如何，在這場疾風暴雨中，貧下中農得到了房屋和土地，地主富農一下子變成了窮人，而且要被鬥爭。人們在被鬥爭過程中，或者採取什麼策略躲過這一關，或者經不起折磨而選擇自殺。不過西郊村的土改儘管已經比較殘酷，但是其他村還有更殘酷的。如果說劃定成分是村村相同的話，鬥爭的方式可能村村情況不同：有打人的，有不打人的；有打死人的，有沒有打死人的。打人的方式不同，但是打死人的方式則以石頭砸為主。

在之後的糾偏運動中，對兩次土改的不公正作了一些修正，但是相對於原來自己的土地與房屋數目而言，效果非常有限。

民國三十七年（1948）冬，平定路南縣政府貫徹中共中央關於土地問題的指示精神，發出退還錯鬥商號資產及補償錯鬥中農、安置地富的通報。西郊村農會領導群眾開始退還錯鬥中農的房、地、財產。地主、富農按本村人平土地 2.3 畝，房屋 2 間分到自己原有的房屋。家用農具、日用工具也適當分配。時年，大多數地富子女都外出去城市居住、就業。分布在北京，天津，太原，石家莊等地。如前所述，抗日戰爭及土改時期，西郊村地富家庭出身的子弟，不少人已經加入了抗日隊伍、

解放軍隊伍，成爲革命幹部、共産黨員，如郝文科、李廷祥、李同升等人。[53]

　　西郊村的土改運動就此落幕。由於土地改革時期對土地數量核實比較草率，出現實有土地和上報的土地嚴重不符合的現象，於是上繳公糧的數目出現不公平現象。有的人家地賴、畝壟大、產量又定得高；有的人家地質好、畝壟小、產量定的低。交公糧不公平，群眾反應強烈。於是村委展開了一次查田定產的活動，重新丈量土地，核實產量。人們拿到土地之後不久，便進行了合作化、農業社、人民公社等，土地現在被從農民手裡再拿走，集中到國家與集體手裡。當然這都是後話。[54]

　　下面對其他村子情況的描述，多數情況下沒有分第一次和第二次土改。第二次土改也被稱作「割尾巴」運動，認爲地主富農把財物藏了起來，用暴力手段將地主富農的「浮財」找出來再分。有的時候似乎是將土改與除奸反特混在一起了。這也可以理解，因爲一方面人們的記憶不可能完全準確，另一方面各村土改進行的時間並不完全一致，而且土改和除奸反特有時的確是糾纏在一起的。我們需要清楚的是，有第一次和第二次土改（1947 年），有糾偏運動（1948 年），有除奸反特（抗戰之中開始一直到 1949 年之後，其實文革中還在鬥所謂的漢奸與特務；國家主席劉少奇就被認爲是叛徒、內奸、工賊）。

東郊村（李先生訪談）：

　　我們在前面已經介紹過東郊村的經濟與階級狀況。現在我們來看東郊村在土改時的情況：

---

[53] 郝志東、郝志剛（著），《西郊村：一個華北農莊的歷史變遷》，2008 年由澳門大學出版中心出版，第 111 頁。

[54] 關於後面的故事，可看上引《西郊村：一個華北農莊的歷史變遷》一書。

東郊村被定為地主成分的有 3 家，富農成分的 15 家，富裕中農 3 家，其中一戶是錯鬥中農，兩戶被認定為獻田戶。富裕中農的土地房屋都接近於富農戶，除張永年一戶以富農被鬥沒收了耕地外，其他兩戶富裕中農都以獻田戶對待，把耕地房屋退出了一半給窮人分配。在土改割尾巴中，錯鬥的一戶也按一半沒收，一半退回本人。在割尾巴的運動中，對全村村民的各階層成分也作了重新鑒定。這三戶富裕中農劃分為上中農，解放後東郊村也有人對這三戶錯鬥中農定為上中農成分不滿上告，縣政府以土改確定的成分無人無權給予更改而做了回應。

如前所述，竇海蓮弟弟雖被定為地主分子，但也同其他地主是兩樣待遇。另外兩家地主，都借題發揮被鎮壓。竇海芝在土改運動中安然無恙，是因為鬥爭群眾看在其兄竇海蓮生前一面之情之上。村民們認為這是「惡有惡報，善有善報」。

這也正是我們前面所講的「維人」與不「維人」的關係。竇海蓮「維人」，他的弟弟受惠了。至於善有善報的思想，如前所述只是人們的一種自我安慰而已。而下面的張璽和他弟弟則是另外一種情況，不過也談不上是惡霸。張璽儘管被認為是「作奸犯科」之人，但也還是得到了善終。

東郊村另一家地主張璽，是祖傳三輩的大財主，祖輩在遼寧和天津都開有綢緞店，家有耕地 900 多畝，村外小口頭村有耕地 200 多畝。小口頭的耕地全部租給了小口頭村窮人耕種，每畝租米 4 斗半。小口頭村的耕地雖然大都是好地，但每畝地也就是收 200 多斤糧食。村裡的耕地一部分是出租給本村人耕種，一部分是雇傭長工耕種。交不起租米的農戶，多在村裡這幾家地主家扛長工、掙租米來維持全家生活。

張璽對租地戶或是雇傭的長工都好耍陰謀詭計，村人給送外號「滑奸」，為人做事陽奉陰違，也被村裡人稱做「小周瑜」。不論外號或稱呼名稱都很名副其實。一生作奸犯科，一生卻安然無恙，逃過了土改時的鬥爭，兄弟張秀作了他的替罪羊。他還躲過了鎮反運動一劫。

這些運動到來時，他早已逃得無影無蹤。文革運動時期，他改名隱身，四處蹦逃，直到文化大革命結束時，普查人口時查清其真實身分，被趕回家鄉。回到村裡後，村裡人向他討還舊債，進行補償罰辦，給戴上了地主高帽，用黑煤面給醜化了面孔，拉著遊了遊街。逃亡多年的地主同家鄉老百姓見了見面。一生漂泊四方，風燭殘年葉落歸根，也算落下了個圓滿的好下場。然後沒過多久，又正逢給四類分子摘帽的政策，張璽戴了地主分子的高帽沒幾天，就被摘掉了。他在村裡安度晚年，風燭之年命運仍然佳安，也成了東郊村一個大難不死的傳奇人物。

其實，在土改時出逃的地主為數不少，我們稍後會給出一個官方的統計數字。逃走或許能留下一命，而留下就很難說了。「生死一瞬間」，一個決定就可以定人的生死。

日本侵佔平定後，留守在馬山一帶的秦賴支隊【中共 129 師的一個獨立支隊，秦基偉為司令員、賴際發為政委】成立了平定縣抗日獨立大隊，人稱義勇軍，後改編為 35 團。其中的劉連長（四川人）和張全善（四川人）常駐東郊村為抗日武裝徵糧徵兵，募納軍餉。東郊村是平定縣地主占地較多的村莊，地主在外又有生意買賣，東郊村又遠離敵佔區，雖然村裡也成立了日本維持會，也常有漢奸帶領日軍去捉拿抗日分子，但強龍不壓地頭蛇，所以也就成了抗日根據地的籌集軍餉的重點村。

抗日武裝在東郊村也招募地主階層的人員加入抗日隊伍，為抗日出力添資。他們用在地主手中募捐來的錢糧在張莊、鎖簧開辦了麵粉加工廠和雜貨商鋪來賺錢，補給抗日武裝活動所需費用。

張璽也為抗日武裝作了一些捐助。抗日政府便叫張璽同本村寶貴貴經營這些商鋪買賣。張璽的弟弟張秀在抗日武裝 35 團裡任司務幹事。日本投降後張、寶二人將商鋪盈利價值 12 擔小米的冀南票裝入自己的腰包，攜款外逃，土改時家中財產土地全部沒收分給窮人。

張壘的老婆忍受不了被鬥的痛苦生活，跳井自殺。土改運動中其弟張秀也被從35團召回進行鬥爭，並在後來的除奸反特運動中被鎮壓。地主分子名落在張壘頭上。張秀和張壘土改前還在一起生活，因為沒有分家，所以對張壘的全部懲罰，就落在弟弟張秀的身上。

這顯然不是一個講道理的時候，不是一個講道理的地方，儘管他們對竇海蓮一家的處置還比較得當。竇海蓮的「維人」使他的弟弟免去災禍，張壘的問題卻要他的弟弟去受過。不過或許也應了《紅樓夢》裡的一句話，「一榮俱榮，一損俱損」。或許是傳統的問題吧。

地主張永慶村裡有耕地700多畝，其中外村小口頭有耕地200多畝，也是祖輩的遺產。他在河北虹口開辦有燒碗的瓷器廠，也是東郊村大財主之一。家中的耕地大部分出租在外，家裡雇有長工耕種著部分耕地，也向村民發放借貸。家中九口人土改前還和弟弟張成牛一塊生活，共同經營村裡的土地以及外地的生意。土改鬥爭中房屋土地留有村人平數量外全部沒收參加了分配，浮財除必須的鍋碗瓢勺等傢俱外，其餘全部沒收分給了窮人。

在土改鬥爭中，群眾對地富的鬥爭，都是用圍鬥、炒黑豆的方式，有時也用紅火柱爆燙、拳打腳踢等武力，強迫地主分子坦白剝削罪行。

其實酷刑的使用，多是要富人交代自己家裡的金銀首飾藏在什麼地方。請看下面一段敘述。

富農郝恩宏、郝來州，在被鬥關押期間，由於看守人員一時放鬆，兩人跑出看守房跳井自殺。地主張永慶弟弟張成牛在關押房裡解下自己的褲腰帶，繫在門栓上上吊自殺。在分浮財時，地主分子，富農分子都被關押起來進行輪流鬥爭，拷打、逼問隱藏糧食或財寶，直到把家中財產搬出後分配完畢才放回本家。地主富農所分的房屋或耕地，大

都是窮人家原來居住的破房和一些劣質土地，不過這些地富家庭的子女後來大部分都到了城市謀生。

這一點和其他村子類似。在土改時自殺的現象比較普遍。顯然是因為無法忍受折磨的原因。當然正如我們後面會討論的，有的人寧可自殺，或者被殺，也不屈服。

權黃村（趙先生訪談）

權黃村在土改時劃分為富農的有 5 戶，趙瑞章、趙四牛、趙壽小、老方成、趙牛孩。每家有耕地 10-15 畝，每家人口 4-5 個，人平土地 3-4 畝，地裡農活靠自己幹，在農忙時也雇用短工，剝削量低於土地受益的百分之二十五，劃為富農。距離權黃村三里多地的西峪村，土地分佈情況和權黃村相同，土改時家有 20 畝地以上的、人平耕地在 4-5 畝的戶數被劃分為地主。

但是，就像生死一瞬間一樣，被劃為地主有時候也是沒有多少道理可講的。權黃村的例子：

> 村民白小和二板親兄弟兩個，二板過繼給本家堂叔，過世後由他來繼承叔父遺產。叔叔嬸母兩口人有耕地 10 多畝，用長工耕種，農忙時自己也參加勞動，土改時被定為地主。二板雖是過繼子，但從小還生活在親生父母的家庭，家裡人多土地少，人平耕地一畝多，土改時定為貧農，但後來評定成分時，儘管親兄弟兩個都生活在貧農家庭，二板被評為地主家庭成員，白小則是貧農家庭。

下面是一個我們之前提到過的、擁有耕地很少卻可能是因為僱工被定為地主的例子。

> 地主趙根壽有耕地 20 多畝，家裡 7 口人，人平 3 畝多地，是方圓 10幾村裡看風水天氣的陰陽先生。家裡雇有長工，養有一頭騾，自己不

參加勞動，全靠長工耕種土地，餵養牲口，打掃家院。土改時被定為
惡霸地主，鬥爭群眾採取了暴力索取的方式，經吊打趙根壽招認自己
家裡的財寶藏在自家水窖裡，經民兵舀水打撈挖出三個元寶。

在定成分時，他們的思路顯然是就高不就低，成分盡量定高點，以便分
人家的財產。

大石門村（賈先生訪談）

積極主動地交出家裡的財產是否就能夠救命，可能還是要看具體時間、
具體村莊，以及具體操作的人。大石門村地主賈秀寶的例子就是一個失敗的
例子：

> 賈秀寶在土改運動時，積極主動地交出家裡的財產和耕地，分果實時
> 大開院門、家門歡迎並侍奉群眾來收拿財產。對土改運動本人是心知
> 肚明，政策是鬥爭地主階級，地主家的財產給了窮人便大事了結。在
> 一次鬥爭坦白大會上，賈秀寶還積極向群眾坦白說：「我雖把歷代剝
> 削窮人的血汗全部退出，但我還感覺愧對父老鄉親。我以後一定要好
> 好勞動改造，有能力的情況下再對老少爺們作出補償，將功補過」。
> 賈秀寶和在場參加大會的群眾，都沒想到這次鬥爭大會，區幹部和村
> 幹部，已做好鎮壓處決賈秀寶的安排。會議還沒宣佈結束，下邊就有
> 人高聲吶喊：「主席團讓下來」！臺上主持會議的區幹部和村幹部就
> 退下來了，隨即幾個民兵跳上臺去，將站在臺上坦白交代的賈秀寶和
> 富農分子小潑先生二人五花大綁架著押到河灘上用石頭砸死。

顯然當時主辦此事的區、村幹部起了決定性的作用，賈秀寶本人的態度
已經無關緊要，群眾的態度也不重要。

後來村人對鎮壓賈秀寶的看法是，賈秀寶本人神通廣大，「出了東門
問秀寶」（平定城的東門）。村人傳播的這句話實際上是對賈秀寶的
人格【與本領】的高等評價。群眾認為區幹部和村幹部嫉妒賈秀寶的
神通本領。幹部們認為賈對土改運動積極、上呼下應完全是假像，是
在做戲表演。幹部們認為窮人分了地主的地和房，一旦日後有了翻身
的機會，後者定要對他們報復和對窮人倒算，留有這樣的人後患無窮，
不如借此鎮壓漢奸特務的機會給扣上特務分子的罪名進行鎮壓。不過
這只是群眾的猜測，坦白大會也沒有宣佈賈秀寶是什麼罪行，更無群
眾檢舉揭發其罪行。賈秀寶是在鬥爭大會上坦白交代地主階級剝削窮
人的血汗，認錯悔改，重新做人的前提下被剝奪其生命的。賈秀寶被
鎮壓後，其妻子帶著年幼的兩個兒子到了太原，以教書為業謀求生路。

　　看來在沒有開始除奸反特運動時，就已經有人在使用「漢奸」、「特務」
的名義來整人了。賈秀寶被砸死的真正原因我們還是不得而知，地主或許是
他的唯一罪名。

　　當然也不是所有的富人都是那樣的遭遇。下面幾位就有不同的經歷，有
的暫時沒有遭受皮肉之苦，或許是因為口碑較好，比較「維人」；有的則受
酷刑。原因其實說不清楚，或者是像下面賈鎖義的老婆和兒子那樣，被酷刑
是由於子虛烏有的原因。因為那時是沒有「王法」的，所以說生死一瞬間。

　　富農賈倉小有一座莊園，60 多畝耕地，常年雇有長工，在大石門村是
口碑好的富人，同主持土改鬥爭的幹部和群眾都沒有過節，在土改鬥
爭地主時，沒受皮肉之苦，只感受了割捨土地房產的心痛。

　　破落地主賈潤和，北京有三義號商鋪，家中有幾十畝耕地，土改前在
村裡修建了時興講究的四合院兩座，但因家庭經濟收支不符，修起宅
院後為還債務變賣了耕地，三義號買賣也逐年敗落。土改時土地賣光，
商鋪也倒閉，只剩下兩座宅院，土改時也沒收分給了窮人，定為破落
地主。

在土改割尾巴運動中，大石門村的地主富農也都挨了再次的吊打，逼問所隱瞞的財產。但這次割尾巴運動效果不佳。富農賈鎖義的老婆，被其女婿指控，說閨女出嫁時他丈母娘向他家索要彩禮，他家給了丈母娘一個銀老虎，抵作彩禮錢。鬥爭群眾用鉗夾撐肌肉、棒打身體的刑罰，叫賈鎖義的老婆交出銀老虎。結果賈的老婆被撐得打得遍體鱗傷也不承認家中放有銀老虎。賈鎖義前妻所生兒子賈貴權，不忍心繼母再被鉗撐棒打，便承認是自己保管著銀老虎，但是也拿不出此物，直到賈貴權一根胳膊被打折後才做了了結。二人始終也沒有交出銀老虎。

這是一個對婦女施行酷刑的例子，而且罪名是莫須有的。對賈全德的鬥爭和酷刑，原因也是子虛烏有。

富農賈全德兄弟五個，他排行老大，分家後每人分得 9 畝耕地，後來借錢買下了斗門腦五畝耕地來維繫家裡五口人的生計。後來又經過幾年的打拼，在斗門腦又開闢出 12 畝耕地，並修下一處避雨窯洞。土改時家中有耕地 26 畝，8 口人人平 3 畝多，是村人平耕地的兩倍。雖然耕地不多但在大石門村也算是人丁盛旺，有地種有飯吃的大戶人家。土改時他家被定做了富農來鬥爭，在鬥爭中用了壓竹杠的刑具。叫本人跪在地上，膝蓋和腳腕上各撐上一塊磚頭，把竹杠攔在腿肚上，兩人在竹杠兩頭坐著往下壓，這種刑罰往往使人撕心裂肺的難以忍受，刑罰過後難以站立，不過對賈全德用刑，不是交代財產，是另有隱情。

賈全德在斗門腦修建的避雨窯離東郊村比較近，在閻匪軍掃蕩時期，東郊村的老百姓都藏糧藏物、逃離村莊。大石門村的村幹部賈壽孝的丈人將自家的一些灶具藏在了賈全德的避雨窯裡。當時大石門村的老百姓也都逃出村裡避難，村裡也都成了無人區。秋後逃出，開春播種時才回村。東郊村的村民在大年過後就都陸續回了村。賈壽孝的丈人回村後去取藏在避雨窯裡的灶具，結果全部丟失，賈壽孝的丈人認為

是賈全德偷走拿回自己家中，叫女婿賈壽孝向賈全德索要。賈全德說
我回村後還沒有去過地裡，更沒有拿你家的東西。在土改中賈壽孝又
依仗自己的權勢，叫鬥爭群眾用這種刑罰來叫賈全德交出贓物，認罪
伏他的法。

土改運動中個別領導土改的鄉村幹部，採用的是借題發揮的手段，顯
露自己對土改運動忠實執行，又釋放了私人之間的恩恩怨怨。

其實在土改的暴力中，「公報私仇」的例子並不鮮見。下面是兩張其他
地區鬥爭地主的圖片，6.8 和 6.9。但是在實際運作中，如上所述，鬥爭地主
比這些畫面要殘酷得多。[55]

圖 6.8 鬥爭地主

[55] 圖 6.8 和 6.9 來源於河山視界，《50 年代批鬥地主老照片》，2019 年 10 月 24 日，載於百度網站
http://baijiahao.baidu.com/s?id=1648263211585070018，上網日期 2020 年 1 月 18 日。

圖 6.9　鬥爭地主大會

南坪村（蔡、郝、劉先生訪談）

　　如果革命幹部或者革命軍人的家屬被鬥，他們應該採取一個什麼態度呢？這顯然是一個極端難以回答的問題。我們之前提到周璧的父親周克昌被砸死，但是不知周璧到底是什麼態度，只能猜測。下面南坪村的郝林高是另外一個例子：

> 土改時鬥爭群眾吊打郝林高的母親（如前所述，其父郝家武在土改前已經去世），問家中金銀財寶放到什麼地方。在吊打過程中正逢郝林高回村探親。當時郝林高已經是解放軍的團級幹部，有警衛跟隨。吊打群眾見郝林高回來，馬上將其母放下。郝林高見此情景只說了一句，「你們該吊起還吊起，不必放下」。扭頭便走了。從此很少回鄉探親，可見郝林高對家鄉的暴力土改是很不滿意的。

　　當然這也僅僅是猜測，就和人們猜測周璧的態度一樣。大義滅親的可能也不是沒有。

地主板如意（音譯）是南坪村地最多者，土改前被東縣政府叫去做募捐動員，在回家途中翻岩嶺路上死亡，死因不明。在土改中家裡人被掃地出門，其兒媳無法生存，改嫁給了本村四和尚，其子巴啟生在土改鬥爭過程中沒有被吊打逼問。巴啟生因同本家長工和本村群眾關係搞的不錯，人氣正，口碑好，在鬥爭運動中群眾採取了和平鬥爭的方式，將其家裡的土地財產全部沒收，他無房可住，無糧可吃，老婆又跟了別的男人過。這個無地自容、無臉見人的少爺，不願屈低人頭下，寄住在龍王廟裡，被活活餓死。群眾發現後將其掩埋入土。

巴啟生儘管沒有被酷刑，但是最終也因為被掃地出門而凍餓而死。與西郊村懷德成家情況相似。

南上莊（王先生訪談）

南上莊的特點之一是儘管有的人家在土改時已經沒落了，或者已經把土地賣掉了，所以土地數目不達地主標準，但是還是按地主來鬥爭了。

之前劃成地主成分的有 4 戶，破落地主 1 戶，土改時 4 戶地主佔有耕地 600 多畝，但到土改時期只佔有耕地 200 多畝，人 25 口，人平 8 畝地。當時劃分地主成分的標準是人平 15-20 畝地以上者。上莊村的 4 戶地主每家有三合院一座，並雇用長工。地主本人不參加勞動，當時說他們是過著不勞而獲的寄生蟲生活。

到土改時有一個地主或許是對形勢判斷準確，將土地預先出賣，兩個地主是抽大煙把土地賣掉，有一個地主是借為上繳日本人的地稅和糧稅，逐年將土地賣掉，作為徵稅款。這些地主雖在土改時家裡土地不達地主耕地標準，但農會及廣大群眾認為，他們曾享受過地主級別的生活，應以地主論處。這四位地主的具體情況如下。

地主周斌源未土改時家裡有耕地一百多畝。日本人未佔領陽泉前，本
人曾在陽泉鐵路轉運站當會計。在日本侵佔陽泉後，回鄉務農。或許
是他看透了當時農村的走向，回村後到土改前就把家中的土地逐年賣
掉 80 多畝，土改時家中只有 20 多畝耕地，5 口人，人均耕地 4 畝。但
是土改時定為地主。周斌源出賣耕地的行為也成了後來被鎮壓的導火索。

地主周仲山，土改前家有耕地 70-80 畝，兩兒兩女和本人。1945 年周
仲山被日本人殺害，土改時家中 4 口人平均耕地 20 畝。土改時兒女們
尚年幼，周仲山死後被定為地主分子。

好像是父債子還，儘管孩子還是幼童。這或許和中國文化有關。或者像
東郊村的張璽和張秀那樣，哥債弟還。前面說有兩位抽大煙賣地，但是看來
應該是只有下面一位。而且土改前賣地也可以成為被殺的理由。

地主岳開和家有耕地 100 多畝，7 口人（兩兒媳，三個孫及老婆），人
平不達 20 畝。但因抽大煙尋求毒資，逐年將土地變賣，到土改時家中
只剩 20 多畝地，4 口人，人平 5 畝地。

地主王樹仁，土改前家有耕地 100 多畝，6 口人，在日本侵佔期間逐年
出賣耕地，用賣地錢上繳日本索取的各項徵交費，出錢雇人替自己出
差的差役費等，到土改時期家裡只剩 50 多畝耕地，人平 8 畝地，土地
房屋全部被沒收後全家移居石家莊正定居住。

土改時定為富農成分的 20 多戶，人均土地在 15 畝左右，家裡也雇有
長工，本人也參加勞動，富農的土地財產也全部沒收參加土改分配。
土改時也有一小部分被定為富農的農戶，人平土地剛到 10 畝或不達 10
畝，家裡雇有短工，主要勞動生產靠自己，他們家的土地和一小部分
財產也被沒收，但在 1947 年 4 月的第二次土改複查運動中又把這部分
人的土地及財產少量退回，之前不應被全部沒收進行土改分配，後又
改定為富裕中農成分。

　　這就是我們在前面提到過的，定成分的標準其實是沒有一定的，全在當時的區幹部和村幹部以及農會主席的一念之差。

小橋鋪（郝先生訪談）。

　　關於打人的情況，有的村只是推推搡搡；有的村是將人折磨得半死不活，正如我們在前面提到的；有的村是將人打死，手段也極其殘忍。我們先來看小橋鋪的案例。

> 土改時定為富農有 7 戶：劉秋堂、高重陽、張玉鎖、賈山虎、賈雲安、義才（小名）、星元（小名）。
>
> 第一次土改對佔有耕地不達 30 畝的賈雲安也作為地主鬥爭，索要財物。賈雲安在外地做當鋪生意，村裡有一座院落，用有長工、有牲畜，是小橋鋪唯一有莊稼、攬買賣的富裕戶。當時小橋鋪群眾把賈雲安稱之為金銀財主來鬥爭。把土地房屋全部沒收。
>
> 土地最多戶是高重陽，但不達 70 畝，有座院落，用有長工，有牲畜。第一次土改將家裡耕地房屋沒收，並將人吊打來逼問藏有的糧食和金銀首飾。重陽老婆被吊到村裡一根老槐樹上，被打的屎尿從褲腿裡往外流。
>
> 秋堂老漢、有洞老人和疙瘩家媽被打的死去活來，多次用水潑醒。據郝貴元老婆回憶他小時候跟父親去看鬥爭，親眼目睹這一暴打場景。

　　橋頭村的李先生也談到了他聽自己母親說過的小橋鋪打人的情況。他說（見李先生訪談）：

> 把人打死的情況是先拿棒棒擼（平定話念 luan）倒，然後用石頭砸，平定話說「墊殺了」，即用石頭砸死了。

有一家被打死的人，剩下一個九歲的小孩，惑縮打顫的在那裡，沒有人再下手了。結果是一個從西郊還是上莊嫁到這裡的婦女先下手，拿鍬柄把他打倒，然後其他人才似乎不太情願地上手搬石頭把小孩砸死了。

橋頭村（李先生訪談）

我村土改時也是砸死至少一個人，姓趙的一位地主。應該不止一個人。

後面的所謂糾正錯誤，其實是推卸責任，當時你怎麼會不知道呢？當時為什麼沒有阻攔？

積極分子就是二流子，遊手好閒的，積極就是品質好。比別人狠，就是好。

有頭有臉的分好房子，一般人分差房子。

我的分析，分下地，不敢種。現在砸死了，沒有顧慮了。家也住上你的，老婆找下你的，斬草除根可能是思想根源。不是說政策的問題。

李先生談到了暴力的成因。另外一位訪談者談到「拉苗斷根」，和「斬草除根」是同一個意思。

王家莊（董先生訪談）

王家莊在土改時候的打人現象，看來是最嚴重的。而且是將人剮死，儘管其他村也有剮死人的例子。下面是董先生的敘述，剛開始是文鬥，後來發展為武鬥。董先生的敘述也告訴我們一個典型的批鬥會是如何舉行的，以及剮人的經過。[56]

---

[56] 關於王家莊的情況，也見董懷慶，《陽泉記憶》（陽泉：陽泉市圖書館，2015），第 46-56 頁。

王家莊的情況是先建立組織。我參加的是兒童團，當了個小隊長。婦女是婦救會，貧下中農是貧農團，年輕人大部分是民兵。然後就是幹部上門動員訴苦。剛開始的時候百姓的思想轉不過來，說掌櫃家對咱不錯。後來開鬥爭會時我發現每次都會死人，非常害怕，就不想去了。大體上經歷過七、八次鬥爭會。

王家莊第一次鬥的地主叫個胖牛，姓董。但是這人在村裡的印象非常好。鬥爭他開了三次會。第一次群眾說沒意見，俺親大【平定話，叔叔】上臺，說對掌櫃沒什麼意見，親大就被推下來了。第二次也沒弄下月【平定話，月＝一個】甚。第三次第一個上臺主動訴苦的叫個「雀捂眼」，青光眼，數他控訴得好了。他說「有一次我給胖牛打短工給了二升米，下到鍋裡全是糠」。這個事情俺親大和俺說過，不是那樣的。我聽著就覺的不對勁，訴苦怎麼能說假話了。當時沒有打，也沒有推搡。

這次以後群眾就發動起來了。剛開始是文鬥，後頭慢慢發展到武鬥。一般鬥爭會是在戲臺上開。臺上坐的是領導和代表。程序是貧農團主席先發言，宣佈開會然後地主坦白，再後是貧下中農訴苦。剛開始是地主蹲下群眾用手拍打，後來就逐漸升級到用石頭砸死。

其他村批鬥會是否也是這樣開，我們不完全清楚，但是應該大同小異。有時候打人也不一定是先有如此正式的批鬥會，或許有大的批鬥會，也有小的批鬥會。

後頭還鬥過一個叫「二桿「【外號】的，其實這是錯鬥了。這人成分其實是上中農。之所以叫「二桿」就是因為這人一是一、二是二，認死理。所以上臺後，態度不好，不承認自己是剝削，說地是我自己刨出來的，說不出在哪裡剝削長工和短工，就是農忙的時候忙不過來請人來幫幫忙。群眾就在底下喊，「打倒他！老實坦白！不坦白就讓他死！」老百姓也不會說其他的什麼。

這個時候訴苦已經不講理了，罵幾句，推一推。殺人的時候底下就喊「要求主席放下來！」這個時候主席臺上的人就把人推下臺，先是貧協會用钁柄打，打得人在地下亂滾。讓兒童團在前面看。打的差不多光哼哼的時候，鼻涕、屎都出來了。然後就要求「吊起來」，這叫「燕兒飛」。就是倒吊，吊上去的時候關節已經都斷了，人這個時候就半死了。嘴裡滴答的五顏六色的，和水滸寫的拳打鄭關西那樣，紅的，黑的，白的，什麼都有。鞋也沒有了。然後，一喊放下來，就猛得把繩鬆掉，人就摔得和泥一樣了。戲臺下面是小河，河邊有好多大青石，最後把人弄到河邊再用石頭砸死。

這是一個錯鬥中農的例子，而且是被打死的。

看了一次，後來就不敢看了。我識字，認的路條，再開會就主動要求去站崗。主席就說，「讓喜慶站崗去吧」。喜慶是我的小名。後來鬥爭會，每次都死人。王家莊三個月死了 100 多口人。土改的時候村裡有 1,700 人，最後落實叫「五大家，五小家」。最後只有五家富農，沒地主。

土改共三個月。我還看到過村裡的一次剮人。記得那天是陰曆七月，在王家莊村邊的水銀溝（音譯），處決了 10 個人。那時候也沒人懂心理學，也不怕把孩子們嚇著，就都弄上去看。偏偏把小孩放在最前面，我看見 10 根柱子上綁的 10 個赤身露體的男人。那個場面，人的記憶就專注一個東西。不知道他們要幹什麼。每個人前面有七、八個人，多是青壯年，個別地方有婦女。青壯年拿著鐮刀，民兵拿大砍刀、長矛，婦女們拿剪子。

這十個人中我有一個很熟，鄰居，叫「小來來」。姓董，當家。小來來是個苦出身，他媽叫「長腿老婆」。孤兒寡母，小來來小的時候在青島當學徒，聽說家裡解放了想回來分地，就回了村裡。因為出身苦，赤貧，還進了貧農團當上積極分子。俺親大是中農，我家是下中農。

他說你看人家小來來，多風光。每次鬥地主，都上臺發言。小來來有個嫂子，當時村裡有個幹部叫蘇二把，緊挨我家住。王家莊的土改就是蘇二把一手抓的，其他人插不進去。這個人日本人在的時候當漢奸，後來投了八路，紅白兩區鬥爭時，他帶著八路回的村裡。他和小來來的嫂子有作風問題。這是殺了小來來之後俺大（平定話，大＝爸爸）告我的。我問，小來來到底有什麼罪。他說我給你講，不要和別人說。小來來有回吃飯的時候就說了句，「八路軍的幹部還能幹這事了」。蘇二把聽著後就以「三吃開」的名義把小來來處決了。「三吃開」就是在日本人、國民黨和共產黨那都吃的開。

處決的十個人裡還有個叫李英才的平定中學物理老師，後來聽說的。處決他是因為他有國民黨的背景，參加過國民黨。以前土改初期掌權的都是壞人，發動起來的是地痞流氓。第三個人被殺的，參加過頑固軍。殺了這麼多人，75 歲以下的人就都不知道了。

那個時候王家莊土改初期掌權的第一個是蘇二把，這是個壞人；第二個是雀瞎眼，這是個地痞流氓；第三個是個參加過頑固軍的。這些人都不是什麼好人。王家莊的這件事一直捂著，誤殺了這麼多人也沒有個結論。上了年齡的人都知道，都不說。

　　王家莊這些主持土改的人顯然都是機會主義者，哪邊勢力大，就跟著哪邊走。他們才是真正的「三吃開」人物。

處決這些人的過程就是大家上去剮，拿鐮刀，從小腿一刀一刀往下削肉，拿剪刀，砍刀，剪肉，削肉。木樁四面鑲著石頭。人綁在河灘釘的木樁上，上下左右都是血在噴，人是又叫又掙扎。柱子在搖動，我還想這些柱子會倒，但是沒有倒。一刀一刀剮。大腿全剮完，都是白的了，人也就死了，是活活疼死的。人的臉色也黃了。原來是紅的，臉上冒血。剮的時候，婦女上去用剪子就把男人的生殖器都絞下來。死後，民兵再把腦袋砍下來。我看的那個人，其他人也不敢看。民兵

砍了五六下也沒砍斷。這十個人就這樣死了，行刑前沒有宣佈任何罪狀，行刑後也沒有宣佈任何罪狀。

那個時候人野獸的一面就都被政策激發出來了。人有時就是殘忍。極左政策把獸性激發出來。讓長腿家，媽媽看著小來來被剮，讓媽看著兒子被行刑，太殘忍了。小來來死了以後，還把他腿砍下來，讓長腿抱上親熱親熱，說「抱上孩，親熱親熱」。

我 10 歲，敢看，20 歲肯定得暈過去。人惡的本性全出來了。這些年我就一直在考慮要用禮治、法治來約束人的獸性。

在三個多月的土改中，每次鬥爭會都死人，王家莊共死了 100 多人。

這是唯一一個比較詳細地敘述剮人的例子。被訪者所說的 100 多人死亡，還需要繼續核實。

宋家莊（下面資料除了特別註明外，均來源於《三槐堂興衰記》，三槐堂是宋家莊的大戶，最初被定為三家大地主之一）[57]

我們在前面提到，不少富戶是在聽到風聲後就逃走的，類似西郊村的郝毓純和郝進新。宋家莊也是這樣，不過也有的是革命幹部或者軍人將自己的父母接走的。

……上面派來「翻身隊」，開貧下中農動員會。宋家莊趙某某在軍區工作，打發他弟弟回村把父母接走，把多餘的土地獻出來。[58] 三槐堂知道又一場暴風雨就要來了，唯一能做的就是安排家中的媳婦投奔在外

---

[57] 《三槐堂興衰記》，第 51-53 頁。

[58] 在陳晉賢的文章中，此處的趙某某是趙增益，弟弟是趙增壽。見陳晉賢，「關於宋家莊村政權建立前後的一段回憶」，個人保存資料。陳文講趙增益是共產黨的高級幹部。趙增壽是將自己的母親和姐姐接走，家產交個農會處置。是農會討論同意之後才讓趙將其母親與姐姐接走的。陳晉賢後任陽泉市人民銀行紀檢委副書記。

地的丈夫。王鑫中的妻子何玉琛和王象復的妻子、治堂的妻子去了天津，去了太原。王象豫還想「我們前院地不多，最多算個富農，我們家三弟還在八路軍工作，或許好一些。」他就留在了村裡。

王象頤被定為地主，感到凶多吉少，王象頤也要去找在外地的弟弟王象聰避一避。第二天一大早，他穿一白布小褂，頭戴一草帽，挎一個小藍，手持一柄小鋤，裝作到南溝河對岸的菜地。過了河後他疾步奔到平定，在親戚家吃了口飯，就遠奔天津去了。拋下祖宗留下的家業，留下的百畝的田地，隻身戴一隻十六克的金戒指做路費，逃出是非地。

王象聰在國民革命軍 94 軍第五師，抗戰後，1945 年 8 月，該軍由廣西柳州機場空運到上海，接受上海、蘇州地區日軍投降。11 月，該軍由上海空運北平後，改隸北平行營。第五師然後開赴河北唐山受降。然後參加進攻熱河承德戰役。在 1946 年調往東北，參加過本溪、四平攻勢。王象聰做為第五師軍需處少校，當時駐紮在唐山。王象頤到唐山見到弟弟王象聰，得到幫助。但是軍隊在戰爭中，隨時會調防，王象頤又到天津找王象銳，在王象銳所在的中誠染料莊謀了個差事，才落下腳。

留在家裡的則遭受了酷刑。

一天工作組把前院的王象豫和後院的王象頤的妻子白崇華叫去，追問家中的財產。然後說他們沒有老實交代，喝令一聲吊起來。王象豫吊在前院，王象頤的妻子吊在後院的廂房拷問。王象豫大聲的喊著回答拷問，讓裡院吊著的王象頤的妻子聽到，怕她說的與自己不同。他們守護的是三槐堂十幾口人的最後的一點口糧和錢財，那是和性命一樣重要的。

最終土地、房屋、家中的一切全部歸農會。王象豫領著兩個兒子樹堂和昭堂逃到平定，三槐堂留在村中的老姥，姬淑明、白崇華、王芙蓉、

王晟堂被趕到一處破窯洞棲身，沒糧沒柴。年紀大些的老姥擔驚受怕受凍受餓就去世了。

工作組、農會認為三槐堂還有金銀財寶沒有交代出來，要繼續追查浮財，對地主越兇狠就越革命，要把他們打翻在地再踏上一隻腳。

姬淑明一次次被批鬥被拷打。每天天不明就讓她拿大掃帚掃街。白天派兒童團監視，戴高帽遊街。繩子捆住大拇指，吊在房樑，棍棒抽打，烙鐵燒燙，指甲下釘竹籤。一次女兒王秀英回娘家，告訴姬淑明自己在桃葉坡村家裡把一些銀元埋藏在院子裡，姬淑明受刑不住，就交代了這件事。（釘竹籤！如果僅有一人告訴我，我都不敢相信。）

農會積極分子們興高采烈，但又想是王秀英家的銀元，知道之後豈不會被他們桃葉坡村農會拿去。於是威脅她說：「不許說是你女兒家的，就說是你們家埋藏在女兒家的。」然後他們跑幾十里到桃葉坡王秀英家挖出銀元，給宋家莊農會的人沒收了。

農會覺得姬淑明身上沒有什麼油水，才放鬆了對她的看管。姬淑明沒吃沒喝只有外出討飯，好心人能給口飯吃，再就是娘家人敢於出面接濟一些吃的。三槐堂原來的長工沒有落井下石，也暗地裡給一些幫助。天津的兒子王鑫中在染料莊上班，開染料莊的也盡是平定人。妻子何玉琛來到天津，鑫中知道了家裡的事，托老鄉來接母親。在來人的指點下，姬淑明移動小腳，拄著討飯棍，遠遠跟隨來人走到平定，搭車逃到天津。

　　長工不落井下石，在東家落難時還暗地裡接濟，是很少見到的人性的閃光。被掃地出門的富戶以討吃要飯為生的情況並不少見，就和西郊懷德成家的情況一樣。前面已經有幾家的人最後凍餓而死，能活下來也是非常幸運的。

　　「減租減息是一定的群眾對一定的鬥爭對象，果實分配是容易確定的」。而運動發展到土地改革，沒收地主的房屋財產，要求是基本上

平均分配，消滅赤貧。但是那些被共產黨一夜間扶起來的貧農、流氓無產者，大權在握，成了新貴，往往多吃多佔，大吃二喝，分好地，佔好房。平定五區宋家莊村農會主席「一人就奪取了28畝好地」。（選自參考材料）而宋家莊當時共有土地30餘頃，1300口人，人均土地2.3畝。

農會的人多吃多佔的現象比較普遍，但是如前所述，這種情況在第二次土改時應該會得到解決的。關於這個問題，另一位宋家莊人陳晉賢有回憶說明：[59]

> 村裡在中共領導下組織了農會。農會成員有高永楨、李鉞、劉永壽（人稱劉石頭）、劉永孝（石頭弟弟）、史啟發和我等十餘人。一開始由高永楨任農會主任，我任農會宣傳委員。農會是清一色貧雇農，沒有中農參加，也不吸收中農。
>
> 在沒收三槐堂財產時，村黨支部書記孫自成親自帶隊、農會協助沒收浮財，我當時負責登記。孫自成在收浮財過程中，將一枚金戒指拿起，並宣佈要自己代為保存；村長李子林也拿來一塊布料。後被農會發現，便開始籌劃反貪汙大會。

陳文沒有講批鬥三槐堂家人的事情，但是提到了村幹部多吃多佔的事情，儘管看起來僅僅是一枚戒指一塊布料的問題。

宋家莊三槐堂王象豫一家的遭遇，或許能夠代表不少地主富農的遭遇。我們全引如下（見《三槐堂興衰記》）：[60]

> 王象頤已經逃到天津，捎信告訴白崇華家裡學坊院後面菜地茅庵裡，埋藏著一些銀元，找出來就可以做路費到天津團聚。當還鄉團下鄉時，跟隨著回到宋家莊，白崇華領著兒女在茅庵裡用小鑔頭刨，白崇華是

---

[59] 見前引陳晉賢，〈關於宋家莊村政權建立前後的一段回憶〉。

[60] 《三槐堂興衰記》，第54-56頁。

纏足，大女兒才十三歲，均無縛雞之力，錢沒找到，逃出平定的希望也破滅了。

1947 年 4 月底到五月初，平定陽泉相繼解放。各村幹部、民兵扛著紅纓槍到平定陽泉搜捕逃亡進城的人。各色人等都被押解回村。王象豫一家僥倖逃到太原。白崇華領著兒女回到村子，住在破窰洞裡，討飯為生。

一天白崇華領著孩子走進三槐堂的院子，院內面目全非，一片破敗景象。院子的房子雖然分給了無房少房的貧雇農，他們因為國共的爭鬥，也住的不安心，大多沒住進來。院子裡因挖浮財而挖的坑窪不平，盡是隨風飄零的碎紙，原來幾代讀書人積攢下來的書籍字畫都成了廢物；遍地的蕎麥皮，那顯然是為找枕頭裡藏的東西翻出來的。院子裡還有許多房間裡翻騰出來的東西。引人注目的是一堆女人的尖足鞋，各色錦緞繡花三四寸長的尖足鞋。民國以後禁止纏足，閻錫山也積極勸導，年輕女人已經沒有人纏足了，尖足鞋都成了廢物。還有過期的電池也堆了一堆。再有就是各個房間的傢俱、用具都無蹤無影，一切能用的東西一掃而光。讓她們也感到驚奇的是屋裡地面的方磚已被刨起來，暴露出了方磚下大塊的煤炭。原來建房時，當時的人相信煤塊可以隔潮。白崇華來此的目的是搜尋傾倒在地的藥材中能食用的山藥、山楂、當歸、黨參等做充饑之物。

一個區幹部叫住白崇華，不讓她離開，喊人來把她關起來。此時挖浮財還在深入進行，更恐怖的是幹部農會隨意吊人、拷打、殺人。拷打下白崇華供出茅庵的銀元，貧農團的人很快派人把銀元挖出來了。

47 年的 4 月國共談判徹底破裂，地主自然成了你死我活的敵人，但遭到鬥爭的不僅僅是地主。

太行第五地委地委書記陶魯笳隨後報告稱：現在許多地方放手殺人，說是斬草除根，互相攀比建「太平村」，結果許多被殺的根本不是地主富農。有的鎮一次殺了 33 個，18 個都是中農和貧農；有的村 120 戶

20 戶被鬥爭，80 戶被當狗腿子敲。有的村群眾真正同意殺的只有 2 人，卻殺了 30 多人。許多地方更是「不分地主富農，不分大中小，不分男女，不分長幼，千篇一律地對待，不講策略，甚至掛鈴刺字，發展形式主義，有些地方規定了很多極其苛刻的條件，使地主無法生存，因而一些縣地主自殺的數目和被群眾打死的一般多。」結果是，戰爭到來時，我們不能立足；重新收復後，群眾還是大批逃跑不敢接近我們。「有的村竟達 80% 的人口（逃跑），一般村都在 30%、40% 左右。」毛澤東說。「對地主亂打亂殺，把一個好好的解放區搞亂……弄得乞丐遍地，白骨如雪，……」

在這樣的背景下，白崇華的結局可想而知。王芙蓉姐弟等著母親的歸來。幾天後，有人悄悄地告訴他們，「你媽媽被打死了，要抬出去埋了。」姐弟倆跑到村西南的大樑崗上，遠遠的望見昔日莊嚴規整的三槐堂墓地已經在一片狼藉，老墳都被挖開，地上散落著墓中掏出來的碎片。幾個人將母親草草埋葬。

幾個月前也是在這裡，看到老姥被埋葬。不到一年時間，三槐堂墓地就添了兩座新墳。

王芙蓉領著弟弟就到處乞討流浪。流浪中王芙蓉一隻眼患病致盲。

1947 年的冬天來臨，姐弟兩個難過這個冬天，在流浪到西鎖簧時，十四歲的王芙蓉被人安排與西鎖簧最窮、年齡大十幾歲的善良農民李某某結婚。

王晟堂在這個家住了一段，春天的時候自己獨自外出流浪討飯。

到 48 年的 5 月間，在天津落腳謀生的王象頤，見到弟弟王象聰。王象聰所在的國軍九十四軍第五師留守處移駐天津，王象聰托人到平定找到王晟堂，晟堂隨來人坐馬車到天津。

在天津見到父親，也見到叔叔，嬸嬸，哥哥，嫂嫂（治堂之妻胡氏），是嫂嫂幫他洗了一個熱水澡，一兩年的流浪身上滿是汗垢，頭上生瘡，一個熱水澡讓他脫胎換骨，開始穩定的生活。

王象豫夫妻解放初期居住太原，二兒子王昭堂到天津五叔家，大兒子王澍堂在身邊。王象豫經歷這家破人亡的變故已經絕望，又開始吸食大煙，老婆孩子勸阻無效，也任其墮落。最後淪為身披麻袋片的乞丐，凍餓而死。王象豫曾經有學識、有膽識，當過村長、學董、教員，最後卻是這樣下場。王象頤的妻子因過去的家庭會做一些講究的飯菜，曾經在也是平定人的山西省委副書記王謙家中當保姆做飯，度過最困難的一段。後來大兒子在商店找到份工作才安定下來。（王象聰與王謙認識，年齡相近，中學可能是同學。）

三槐堂王繼美和姬淑明的大女兒王毓英（1915 年生人）的遭遇也讓人不勝唏噓。她嫁給了平定東溝的劉震東，一個經營藥材、批貨、百貨、染坊等的大戶人家[61]：

王毓英到劉家生了一男二女。男孩劉子和，小名福科（1936），長女劉正俗，小名小妮（1939），次女小名富雲（1941）。

兄嫂以長兄為父自居，養尊處優。王毓英在家中被當成保姆使喚，伺候一大家十幾口人，洗衣、做飯、縫衣、納鞋。

46 年土改的風聲越來越緊，劉星伯【劉震東的兄長】帶著大兒子劉子平、大女兒劉善俗，劉震東帶著大兒子劉子公、二兒子劉子和，由平定到陽泉，又到太原。47 年到太原之後，在太原做些小買賣，做買煤工人等。1948 年，解放軍準備攻打太原，陸路交通已經斷絕，太原已經成為一座孤城。他們就用僅有的金條買機票，跑到北平。

家中留下王毓英和侄媳（子平之媳婦），再就是幾個孩子：劉正俗、富雲和堂妹劉易俗、堂兄劉子平。考慮家中只剩下女人孩子，都不是主事之人，誰來了也無可奈何。未曾想，土改的風暴越刮越猛。劉星伯兄弟被定為地主，土地房子被沒收，家中衣服用具也被沒收。留下的大人孩子被趕出家門，找了一處破窯洞棲身。

[61]《三槐堂興衰記》，第57-58頁。

王毓英和侄媳被鬥爭，捆綁、戴高帽、遊街。為了深挖藏匿的浮財，被吊打、烙燙、壓槓子，死去活來。看守她們的其中一人叫安留鎖，是劉家鄰居，平時王毓英對她們家有關照。安留鎖聽說明天還要變換花樣的拷打，心生憐憫，假意疏忽，放跑了她倆。她倆黑夜中倉惶而逃，沒吃沒喝，無人接應，又不識路。走投無路，更怕被抓回去，受到更嚴酷的刑法。眼見天明，走近一口煤窯，煤窯的豎井裡黑黝黝，浸出的水深不見底。兩人相擁而泣，淚如雨下，「我們與人為善，不與人結怨，就因為我們經商就不給我們活路嗎？這裡就是我們的葬身之地。」縱身跳進豎井。那年王毓英才二十八歲，侄媳才二十歲。

劉正俗和幾個兄妹蝸居在破窯裡，堂兄劉子平不肯去討飯，兩個妹妹年齡小走不動，只靠七歲的劉正俗一人出門討要。要的多一些時，給她們一口吃。後來富雲病餓而死。劉正俗連破窯洞也不回去了，白天四處流浪討飯，晚上天暖和時，鑽到草堆裡睡覺。一次，狼也到草堆旁，扒草堆，差點兒嚇死。天冷時，就到村裡的鑄鍋場取暖，晚上在化鐵爐、鑄模旁睡覺。

天津五舅王鑫中從劉震東處得知他孩子的情況，托人到平定東溝經安留鎖找到幾個孩子，帶出來，才結束了兩年多的流浪生活。

五舅說：「讓正俗來天津幫看孩子吧。」正俗來到天津五舅家。五舅家有姥姥、舅媽何玉琛、舅舅的孩子京堂（剛一歲）、還有姨娘王秀英，姨夫王彥臣、大舅王象豫之子王昭堂和劉子和。都是從平定來天津投奔五舅的，八九口人住在兩間半的小房裡。

張莊（兩位張先生訪談）

其中一位張先生說，他們家在舊社會很窮，但是地主家也不富，而且要上地幹活：

記得有年冬天家裡沒有燒的，我攞（挎）著藍子去北井溝攞煤。刮的是白毛毛風，凍得我哭不是，笑不是。凍得團團轉，都不會走路了。回家後，爬在炕上，把腳放在炕沿下小火口上，「吱吟吟」燙得我腳都冒熱氣了。但是腳感覺不到燙。凍傷的腳一直到現在都和豆腐渣一樣。

當時的吃的，靠我父親扛長工，打短工，一天掙 2 斤玉茭不夠一家人吃，晚上還得下煤窯。

地主吃的也不怎麼樣。我們這裡有個歇後語，說的是桃葉坡的一個財主叫巴來元，和家裡人生氣。做飯的問吃什麼飯，財主很生氣就說，白麵攪粗麵疙瘩。連續吃了幾頓，後悔了。說算了哇，夠你受的。於是就有了歇後語，「巴來元吃疙瘩，夠你受了」。可見他們的生活也不是大魚大肉，多吃點白麵就心疼了。比窮人不餓就是了。

我們村裡的地主老雙全、老石頭，很老實，勤勤懇懇成天在地裡幹活。長工走了他們還在地裡幹活。

張莊窮人的情況和其他村的情況類似，都是每天在為能夠吃飽飯而奔波。富人家在需要時也會借糧食給窮人。

俺父親打短工，夏天挽穀割麥，在財主家吃的是早上糠麵撒（粥）、中午粗麵疙瘩、麵條、晚飯一個玉茭麵窩窩。我父親晚上捨不得吃把窩窩拿回家，切成一溜一溜分給孩子們吃。

我父親是貧農，母親是婦救會主席。開會時讓俺大上去發言。俺大上去說，「地主也不賴。我餓的時候還借給我 2 斗玉茭。儘管是後面扣，但當時還是給了」。主持會議的一聽，就把他趕下去了。回來母親也說道（平定話，抱怨）他，但是他說的是實話，他不會說假話。原來，岳順元的院子本來準備分給我家，因為這個事件，最後院子分給了別人。

這又是一個僱工在東家遇難的時候不落井下石的故事。

那時開鬥爭會，就在舊時學校那裡。然後底下的人喊，「讓下來！」
拉下去了。兒童團、婦救會、民兵隊排成一隊一隊的跟上，到龍王
廟後面的彎彎那裡執行了 5 人。陳萬仁家 2 人，劉家 2 人，還有一個
不知道是誰。把他們綁在樹上，民兵用刺刀刺，然後用刀砍。參加的
有張萬祥、小福生、盛堂他哥等等。

另一位張先生說當時被殺死的是 8 個人。但是不知道他們說的是否同一
件事情。張先生說「當時砍死和砸死的人也不是隨便的，是由當時的貧農會
決定的」。

東回村（李先生訪談）

村裡有 1000 多口人，土財主（沒有經商的）有 15-16 家。其中有李萬
壽、李有生、朱海雲、王傲等。當時他們都被批鬥，分了他們的土地、
財物、牲畜、糧食、銀元等，最後還分了他們的老婆。

李萬壽光景比較好。拉出他來後，和他要這要那，他不做聲，後來就
給他扔石頭，石頭埋住，被亂石砸死了。他的兒子李耀、李俊原來不
準備弄死的。一日農會開大會，當時的農會主席叫田克耀，組織人把
李俊吊在戲臺樑上，讓他交出現大洋。他說家裡確實沒有了。群眾就
用棒將他打得死去活來。他疼痛難忍，就說某地方埋著銀元，結果去
挖卻沒有。群眾回來後又將他吊起，說他欺騙群眾，就又打，一陣亂
棒打去，李俊氣絕身亡。李耀不日也被處死。

李耀、李俊的兒子是李科、李全福。李全福有母親、老婆、孩子和妹
妹。他的家都被分了，讓他們住在村裡最低等最壞的賴窯洞。有天晚
上他和他母親、妻子和妹妹商量，父親都被害死了，恐怕咱們也活不
成。一家 5 口決定集體跳井，在窯洞外的一口井中溺水死亡。

有時候自殺是怕被折磨，那或許也是這一家的情況。

李耀的兒子李科給人家擔茅糞，上一個土坡時不慎將茅鍋打破，糞便滿街流。人們說他有意破壞衛生，準備批鬥。李科聽說後，就準備外逃。結果沒有逃出村半里地，就被民兵抓回，當即吊在一棵樹上，剝了衣服，用剪刀絞（平定話，絞＝剪）他的肉。絞一剪問一聲，剪刀落處，血肉橫飛。就這樣絞得遍體鱗傷、氣息奄奄，弄回家後不久身亡。

這些殘忍的方法比較普遍，其他村裡也有。

那時我有個親叔伯哥，【聽說】第二天要鬥小河溝的財主。因為他在那個財主家扛過長工，有了感情，頭天晚上就告訴了財主。後來被人家知道了，第三天晚上就鬥他。當時的青年人可有殺生的，用燒紅的鐵鍬燙他的腳後跟，傷了筋骨，後來就成了拐【子】。

酷刑的種類數不勝數。當年習仲勳在向毛澤東的報告中就指出了很多。[62] 至於平定土改的殘酷是否是向晉西北學習的結果，我們不得而知。

李有生被鎮壓（槍決）了，留下來三個兒子。他的妻子分給原寺廟和尚老本柱，後來還生了孩子。

時懷生在槐樹鋪高小念過書，和王謙【後來的山西省委書記】認識。王謙曾多次動員他參加革命，但是由於家裡不讓走，沒有出去。因他

---

[62] 北方農村土改時期打人殺人現象非常普遍，方法也多種多樣，有捅刺刀、開膛破肚、「砸核桃」的，也有用烙鐵烙的，等等。不一而足。1948 年時任中共中央西北局書記、陝甘寧晉綏聯防軍政委的習仲勳在給毛澤東的報告中就提到有用鹽水把人淹死在缸裏的，也有用滾油從人頭上澆去把人燙死的。關於被鬥死的人數，僅在山西興縣，根據晉綏分局 1948 年 6 月的統計，被打死的地主、富農、中農、貧雇農就有 1152 人，其中貧雇農 41 人；自殺 859 人，其中貧雇農 11 人；餓死 2024 人，其中無貧雇農。請看羅平漢（著）《土地改革運動史》（福建人民出版社，2005），第 87，104，131－3，150，173－221 頁。

有文化，在三完小教書。不知什麼原因，也是掃地出門，被處死。他的妻子分給朱秀元。

同人不同命。參加革命的王謙後來飛黃騰達，他的同學死於非命。如前所述，土改中妻子被分給別人或者嫁給民兵的現象比較普遍。

後面又鎮壓了張千所、朱所成、時有根。…… 時海雲被處死後，他的妻子，每天讓她戴著高帽，抹著花臉，指甲釘著針，進行遊街。…… 還讓她掃街，有時被人趕著，有時被人騎著，過著生不如死的生活。

還有一個朱臭蛋，看見形勢不好，就跳入明窖（地裡挖的坑，用於冬天儲藏蔬菜），拿剃頭刀割喉自殺，但沒有割斷，沒有要了命。他的老婆也被分給了別人。

當時這村就打死了一個女的，叫雙盆。她家也不是很大的地主，可能和當時的民兵有仇被打死了。【屍體】晾在我村的池子邊。當時死了20多個人，除了5個跳井死了的、槍決的，都是打死的。

對婦女的酷刑也是比較普遍的。

當時一些人，如白臉大王、黑臉大王、鬼難拿、小閻王，對群眾不太好，有錢有勢，對人苛刻的，基本都被鎮壓了。個別對群眾善良，平時接濟老百姓的，也有留下的。

如前所述，地主是否「維人」，是一個是否導致悲慘後果的因素之一。

後來糾偏運動開始（也叫搬石頭運動），原村裡的積極批鬥的人都已經報名參軍，參加了臨汾戰役，免去了批鬥。村中一些中農被錯鬥，後來財物也被退回。

原來參與鬥爭的積極分子，當兵是一個很好的出路，至少可以「洗白」
自己的過去。

> 我們鄰村前石窯也鬥得兇。黃安、木槽、馬山等村相對穩妥。我姐嫁
> 到了前石窯。他那光景也好，一般。我姐夫是北京走染坊的，回來的
> 時候穿得衣帽整齊。當時就鬥了他。我姐夫是他家的老三。老大、老
> 二看見情況不好就跑了。只抓住我姐夫，有天晚上就槍斃了。七、八
> 天以後才發現他大哥、二哥屍體從井裡飄上來，原來是跳井了。後來
> 把我姐分給了千貨，一個放羊的。我姐有個女兒，住在他家。他家老
> 鼠多，老鼠把我外甥掏了個窟窿，掏死了。當時我家的成分是貧農。
> 我哥他們去瓦嶺區公所，找領導理論，才把我姐要回來。當時我姐跟
> 我們一起住，當街賣一些桃、杏、扳不倒。後來又嫁人。

這是李先生自己家裡的悲劇。自己家是貧農，但是姐姐嫁給了一個走染
坊的，生活過得稍好一些而已，也導致了悲慘的命運。關於相對穩妥的村子，
我們下面會討論。

尚怡村（王先生訪談）

王先生談到了參加鬥爭的幾位村人，並為他們做了辯護。和前面我們的
訪談者提到的參加鬥爭的一些壞人或者機會主義者不同，王先生認為他提到
的這些人不過是在聽黨的話，積極工作而已。

> 那時光地主就四、五戶。地主惡霸也談不到那。三大姓三家都有地主，
> 那時不多了。富裕中農有五、六戶。土改時咱還是剛生下呀，後底光
> 聽人說那會死了五個，壹王英堂，壹李文玉，壹霍家堖不知道叫霍什
> 麼，壹白鈞，壹王儉家他大【平定話，爸爸】王辰堂，直接死了就是
> 五個。死了的人，有的是鎮壓了的，有的是砸死的，有的上了吊的。

有起來跑了的，有37、38年那幹能的王義山什麼的就跑了，到了北京，起來跑了的、嚇的跑了的。

當時參與鬥爭的有趙仲信、王鵬年、趙科文、霍文祥，四大金剛，是武裝幹部。後底清算的時候都出去了。霍文祥是這村的，四大金剛那會好像是積極分子，幹的不賴，都出去了。趙科文也是尚怡的，後來到了人委會、縣委會，跟能賈正杞鎖簧什麼都幹過，後來回了村了。趙仲信是管武裝的，後來到了晉中地區當了部長什麼的，也沒有後代。還有個王鵬年，王鵬年在公安局，最後到了冶西鄉政府。

我說那堂政策就是那呀。說那村上這夥領導幹部了只能聽黨的話，只能說是工作比較極端和積極。所以說所有的過程了都是我黨的過程。咱這個說哇，他們都有後代了，只能說聽黨的話。

如何評價這些幹部，的確是一個很撓頭的問題。或許有的人就是聽黨的話而已，也有的人私心較大，或公報私仇。具體到人，肯定是非常複雜的情況。但這卻是研究土改時不能迴避的一個問題。

平定縣城南關（晉先生訪談）

土改時我就在南關，參加過一次鬥地主。當時南關大概1,000多口人。剛解放時叫三溝八豁巒。孫家溝、楊家溝、廟溝，還有八個片：壇巷、城南街、土化、圪嶺溝、樹林地、小梁、練將坡、晉家圪佬。都歸南關管。開鬥爭會的時候孫家溝、廟溝、楊家溝都參加了。鬥地主都是在南關鬥的。

陰曆五月十三在城南河大沙圪臺，開的第一次縣裡組織的批鬥地主大會，萬數來人參加。平定縣鄉村來了許多人。那時弄死五個人。我知道的是西關的武銘勳、南營的周克昌。還有那時候閻錫山的特派員，一共是五個人。那時我十三歲，也是聽大人們說下來就是閻錫山派來

> 晉西北特派員。那次批鬥會是縣裡組織的，不是南關家組織起來的。
> 是縣裡搭的臺。人可多了，城南河擠滿了。周圍村的人都有。也是先
> 訴苦，積極分子、貧下中農說如何如何剝削來。

這就是批鬥周克昌的那次會議。但是我們沒有更具體的材料說鬥爭會到
底是怎麼開的。不清楚鬥爭周克昌和鬥爭武銘勳是否是同一個事件：我們在
前面討論土改的政治背景時引述了鬥爭武銘勳那次批鬥會。但那是在 1947 年
6 月 1 日而這裡講的鬥爭周克昌是 7 月 1 日，即陰曆 5 月 13 日。或許鬥爭在
6 月初，但是被砸死是在 7 月 1 日。關於這個問題，也請看我們第八章的檔案
材料中的描述。

> 西關的武銘勳以前聽老人說是紳士。哪個新派縣長來都要拜訪，瞭解
> 平定的情況。好像那些人在平定縣舊社會很有威望。周克昌是平定中
> 學校長。

> 因為人多，擠不進去，沒有喇叭。後邊不知道前邊發生什麼事了。拿
> 棒棒打了，真打，那可是看著害怕了，最後拉出去用石頭砸死。

晉先生也了解一些其他批鬥的情況。

> 我還參加過一回流杯池批鬥會，付成祥在練將坡院被打死。流杯池屬
> 於南關，整個南關家和孫家溝開會。以前鬥爭人這樣綁起來，背起來，
> 樹上拴根繩，你不坦白吊起來，嗞拽起來了。流杯池砸死那付成祥，
> 看能把光侗一下扔到那石窩，亂棒打。最後張茂生、康白小，我一下
> 給你個痛快哇，才砸那腦袋上。那時候都是那，脫光衣裳。為什麼脫
> 光，不知道。脫光衣裳都這麼趴下，那城南河砸死了都是脫光衣裳。
> 不知道什麼原因，剛解放那壹鬥爭殘忍了，咱看著就殘忍了。

> 各小隊還要鬥。俺這個不是分下外南城溝外誰——李喜祥家他那三娘
> 娘。那會也是上烙鐵燙，不說就燙脊背，拿鉗夾肉，夾起來放進坯。

南關孔銀鎖，拿刀刀，你不坦白，給你割了這耳朵，就手把耳朵割下來。孔銀所那就是孔富成家他老。孔銀所後生也好，那堂也能下的那手了。那堂拿錐鑿，拿那刀刀割。對地主分子，今兒鬥張三，明天鬥李四，哪圪崂能現洋了，哪圪崂能元寶了。也有頑強的，就是不說，最後就是弄出圪砸死了。

還有拿那烙鐵燙，那整個燙那誰的時候了，那人不在了，是個女的。這麼長點外【平定話，那個】小烙鐵，火裡頭燒燒，燙的那撩毛臭氣，脊背上給你燙，你說不說，那她受刑不過了就胡說了。

圖 6.10　四川渣滓洞所用的烙鐵[63]

這些酷刑罪其他村裡也有。

實際上南關沒有幾個那地主。張狗小是地主，楊家溝的，以前是用過長工。早早把財產就交出來了。他兒子參加了革命。聽那說他以前是給地主扛長工來，逐漸置下地。他置的地多了，弄不過來了，就用長工。可是那人很開明。他受過那罪，所以對這長工不是很怎麼的，所以說多少人對他還是有好感。有人偷他的菜圪了，張狗小看到了，就

---

[63] 如圖 6.6 的註解所述，此類刑具為複製品。渣滓洞是否有這類刑具已存疑，儘管在平定土改中，類似刑具應該是真實的。

說我快打幫你湊起，千萬不敢遇著俺兄弟，遇著俺兄弟你就快敗興了。俺兄弟那可要處了你了。他那兄弟遇到那偷菜的可能下毒手了，最起碼要打。聽人家那樣講。他自己交待，地也交出來，財產都交出去，沒有挨打。都給工農會了，平時也不得罪人。

這又是一個地主「維人」的例子，一個兒子參加了革命的故事，一個沒有挨打的例子。

咱南關在解放那一年，1947 年，鬥爭地主時候也算死的人不少了。城南街張家院就好幾個了，張小五家他老（平定話，爸爸），趙永紅家丈人，都記不清那都叫什麼名字。我記得張小五家他老以前當過閻錫山的自衛隊隊長，反正城南街那圪砸死的是三、四個。

剛開始定成分還要盤三代。父親幹什麼來，爺爺幹什麼來。俺這家剛開始定是破落地主，俺那老姥（平定話，爺爺的爸爸）可以說有過地有過錢，後底到俺這爺爺和娘娘（平定話，奶奶）都給破產了。俺大（爸爸）實際上沒有享受上多少，因為那時候俺那老姥和俺那爺爺都死的早，光剩下俺那娘娘，不能負起那責來，那樣才賣了地。盤三代來起你這破落地主，可能是破落地主，經常叫破爛地主。實際上都是錯誤的。後來俺填成分都是中農，後來改的。

盤三代的情況其他地方也有，所以才有所謂破落地主一說。

那時一開鬥爭會，民兵都是拿能步槍，上頭還有刺刀了們。那時候咱說起來了南城溝崔籽家他那二哥不是五花大綁能了，一到那圪砸的時候把繩都解了，把衣裳都脫光。給他一解開以後他站起來奪老溫興的槍。老溫興那時候是民兵隊長，他上去拿刺刀捆大腿給了一刀，一刺刀那才放倒。他們一跑，那要是讓他奪了那槍來那可麻煩了，聽說那後生也好了。老溫興後生也不賴，就是這個小黑眉家他老看著不對了，

嚕刺攮了一刺刀，攮了一刺刀以後，他不是著了疼以後，也是一夥人撲上圪摁住。以前城南河往死的弄就是拿石頭砸了，就是拿石頭往腦袋上砸。

這裡是我們聽到的第一個也是唯一一個將被處死的人挺身反抗的例子。

有時候人還故意不一下砸死你，從這一直往上，看能也殘忍。你已經把他脫光了躺那圪，你越發是拿石頭給上一下痛快點算了，不，他拿亂棒從這往上一直到那圪，最後怕死不了才在腦袋上給你兩棒棒或拿塊石頭砸。

【我們問這樣的殘忍如何解釋。】那麼殘忍不好解釋。確實是不好解釋，反正總的來說那堂（那時）的人哇好像覺悟高。好像是咱五、六外（個）人，操他媽那人做得賴了（平定話，做得賴＝壞）啊，咱處了處了（修理修理）他，好像就和那意思一樣。也沒有人教你，也沒有人叫你咱弄他圪，自發地好像就來了。也不是自發地，肯定那時候開會有安排了，明（天）弄死誰怎回事，哪些人主持等等。

有組織是肯定的，但「公報私仇」也是有的。無論如何，那些酷刑，那些殘忍，的確很難解釋。或許有文化上的原因，也有組織上的原因。這個問題我們在第八章和最後一章會繼續探討。

南關傳下來就是孔銀所最惡最毒，他沒有當了官，沒有多大就死了，七〇年以前就死了。好像是病死的。有三個小（兒子），死了兩，就丟壹了【平定話，就剩下一個了】。

他那會屬於假積極，起來掩護他自己，為了保護自己。我認為他是為了掩護過去那怎麼，我積極點，那不是就不怎麼他了。為什麼他那麼惡毒，就是那。

　　這其實是很有意義的一個解釋。有時候人們之所以施惡行，是因為怕別人對他下手。所以先下手為強，或者惡人先告狀。我們之前提到王家莊的三開人物，或者就是這樣的問題，不僅是機會主義的問題。

平定城西關（光先生等人小組訪談）

> 我記那會兒鬥惡霸地主郭少甫。說是怎麼了，楊林家他大（爸爸）楊和來訴苦了，說我抬能（著）你走這條橋，這不是頭道寺、二道寺、大道溝那樣的通京大道。在這道上面走，這冬天家青石石頭有冰，驢滑倒了，把他摔下來了，他就拿棍棍打了他，所以說他是惡霸地主。後來有人來說郭少甫對共產黨有貢獻了，支援了些什麼什麼東西了，物質上的、資訊上了什麼有支援了，把他救了。那形勢怕了，那鬥地主來起說弄死你拉出圪就要弄死了，交給貧下中農這夥這年輕人說處理了誰就處理了誰了。

　　看來，如果共產黨裡有人幫忙講講話，有時候還是管用的。但是郭少甫最終還是沒有逃過這一劫。根據周樹基先生的回憶：[64]

> 我們陸家窰村、竇家地村，都歸屬平定城西關街農會管轄。我記得西關街農會主席是李萬銀，後來又換成趙文秀等人，每天晚上在西關街的嘉山廟，組織召開群眾大會，批鬥地主老財，地方紳士等。被鬥的土地房屋是明擺著的，大家都知道，分了就算了。耗時最多的是鬥地主老財，即讓被鬥者交待藏地下的金銀財寶。積極分子們，帶頭舉手，領著呼口號：打倒地主老財！地主老財必須低頭認罪，交代問題、坦白從寬、抗拒從嚴。我親眼看見平定縣紳士郭少甫被鬥時，那數伏天的夜晚，在戲臺上的氣燈照亮下，滿頭大汗，彎腰低頭，背手捆吊，嚴刑拷打，不到幾分鐘，把一個人，活活打死了。

64　前引周樹基回憶，〈我家在土地改革的那年〉。

我們再回到光先生等人的回憶：

> 那堂（時候）那這鬥地主來起（的時候），在這嘉山廟。那可真是老
> 虎凳：板凳，後底弄上這勢（樣）坐能（著），這樣支周（住）腿，
> 綁周支周腿支起圪，壹壹（一塊一塊）磚往起摞。對地主家的女人們，
> 就是往手指甲裡面扎竹籤，就是那刑法，就是讓你交代。
>
> 外堂（那時候）外拿出些現洋來了還不佁。老眼飛給吊起圪，吊在外
> 高頭，嘿呀嘿呀嘿呀的不行了。有了有了，卸下來了，拿涼水潑。潑
> 了以後，哎呀不行，受刑不過，反正他沒有。
>
> 剛解放那堂，鬥地主那會，街長是跟那吶喊了，有農會，剛頭是農會，
> 農會是農會，農會有評議員什麼的，我記得那郝召義就是評議員。評
> 議這成分，赤農、貧農、下中農、中農、富裕中農、富農、地主，那
> 都有級別了。再比我大點的操那心。

城裡和鄉下的酷刑是很相似的。

> 河神廟一下弄了九外（個），那一天後晌就弄了九外，死了，打死的。
> 鬥爭完以後連打帶砸帶什麼，三外一摞，摞下三摞摞。砸人用的石頭
> 是一個叫銀笸籃地那裡的準備修房子的料石。
>
> 外其實原來是要砸死 10 個人，其中一人被城裡頭一個外號叫嗆沙臉的
> 人救了。嗆沙臉是上城的，赤貧如洗，現在來講的話，就是不幹什麼
> 正事，但也不是要飯的。他說其中一個人，西關的李德明，有問題，
> 我還沒有和他算清帳了，給他綁回去。於是那九外人死了，李德明活
> 下來了。他才死了十幾年，十五、六年，活了八十多歲。你看，說了
> 一句話，就活下來了。

這正是我們所說的生死一瞬間。一句話可以讓人死，一句話也可以讓人
活。

有的富戶被鬥時，規規矩矩把那東西拿出來，嗯【平定話，你們】清查哇，我這東西都給你。結果沒有挨打，一下也沒有挨打。還有這地主，你不交，你不交就打，反正就是那種辦法⋯⋯。如果你把農會主席或者其他只要是農會的人得罪下，就而【平定話，馬上】就拉出圪了，不問三七二十一，最高權力機關。歷來運動都是以左為首開始，慢慢糾正。

還是關係問題。對富戶來說，低頭認罪，不要得罪人，都是很重要的保護生命的辦法。即使如此都不一定能夠保住性命。緊接著幾位老人就集體回憶起縣城的街坊哪些家是地主，哪些人是被打死的，包括姓唐、李、郝、白、陸、楊、王、黃、張等的地主，以及他們的故事。

反正是我知道就是那九外人是害死的，那老婆們害了幾個就記不清了，反正那可憐了，咱看看也可憐了。咱雖然小了，就要那圪節【平定話，那圪節=那樣】辦了。真正是實打實，可不是演戲，我看能【平定話，著】那汗珠，流那淚，那可憐相。這竹米米紮根刺還疼得不行了，不用說那【釘竹籤】了。把那腿都要這勢的弄起圪了，這底下一起往起支，那叫老虎凳。

行刑的這些人，分東西了⋯⋯。打人的那些人，有的當了兵了，有的參加解放軍了，有的當了官了。當官的少，因為都是些混混，赤貧，沒有文化不沾⋯⋯。有些是土改時候貧協會裡頭不純，鑽進圪好多不正當不幹正事的這些人，發了些猛財。鑽進圪以後，都是外吃喝嫖賭抽大煙的，借土改的機會發了一圪節財。

土改回想起來不是真正受了剝削受了壓迫的這些人起來反了幹，打進圪好多這個不純分子，不幹正事他給鑽了些空。

我是咱關住門說了啊「人不為己，天誅地滅」。人一有點機會都要往自己口袋袋少裝點了，裝的多點裝的少點那是另一回事。

　　他們再次談到了人性的問題，利益的問題。或許那些冠冕堂皇的宣傳背後是私利在作怪。誰敢說沒有私利的因素在裡面呢？至於參與鬥爭的人很多是混混，則似乎是一個共識。

　　周樹基家本來是中農，但是後來被提升為富農而被鬥。下面是他對自己家被鬥歷史的回憶。這是被鬥者的詳細記錄，因為比較罕見，我們全文照錄，以豐富我們對這段歷史的了解。[65]

> 在土改極左政策的干擾下，我們家的成分在土改後期也升三級，由原來的中農、富裕中農而提升為富農。我父親眼看著禍到臨頭，嚇的他神經恍惚不安。在 7 月 28 日（陰曆 6 月 11 日）的那天晚上，就在嘉山廟召開的群眾大會上，李萬銀點了我父親的名，這時我看著父親走上臺，老老實實地低下頭，把家產如實做了交代。因為當時鬥爭地、富的高潮已經過去了，我們又是新增加的，也由於他是個老農，態度也很憨厚，所以也沒有武鬥，總算平安過去了。當晚扣在農會，不讓回家。
>
> 第二天，（陰曆 6 月 12 日），上午 9 時，我們村裡的人都出來，看著大腦山上，來了一群人，預感到貧下中農來我們村抄家來了。可是那天沒有抄家，而是讓我爸領著農會的領導一個屋、一個屋的當面交代。隨後農會的人，用封條把家門（除南房、廚房）都給封起了。8 月 1 日（農曆 6 月 15 日）是我永遠不能忘記的一天。當農會領著貧下中農來我家起果實時，哥哥們把我這個小弟弟轟到井溝的花椒樹下躲起來，因為，這是大人的事，你不要管了。這天大約來了上百人吧，挑糧食的、抬傢俱的、裝東西（衣服）的、趕牲口的等，我在花椒樹下看著，大半個的家產都運走了。

---

[65] 前引周樹基回憶，2007 年 7 月 7 日，「我家在土地改革的那年」。為了章節的連貫，我們只做了極少的文字變動。

雖然我父親和哥嫂經過審問拷打，由於態度好，總算都撿了一條命。
但是，我當家的哥哥叫周承基（小名叫吉祥），他們家也被修改為富
農。這天貧下中農也到他家起果實。因為他當時在太原，不在家，那
麼貧下中農就鬥爭他的母親（我稱為大媽）。因為她的嘴上鑲著金牙，
貧下中農就認定她藏著金銀財寶，在逼供拷打下，當場活活給打死了。
這天晚上，那些人們都走了，我回到村裡看見，我那大媽被打的鼻青
臉腫，嘴裡還吐著血，在院裡躺著，已經死了，沒人敢管。只有我那
吉祥嫂（我大媽的兒媳婦）在哭著，還有她的孩子也哭著。等到夜深
人靜了，我們周家的弟兄們，找一個放衣服的鋪櫃，把我那大媽放進
去，抬出去埋了。

9 月 15 日（陰曆八月初一），農會又來人，把我們兩家（全村只有兩
家富農）男女老少趕出家門，一貧如洗，掃地出門。轟到西關街的楊
家祠堂。那天我從城裡賣菜回家，走在半路，遇到村裡人，告訴我「你
們家，都給轟走了。」這時我沒有敢回家，走到西關街，到處打聽，
才找到楊家祠堂，一進大門，那大約有一畝地的大院裡，雜草叢生 1
米多高，蚊子蒼蠅滿天飛，再走進約有 200 多平米的高大神臺殿堂裡，
灰塵滿屋，臭氣熏天，牆皮掉落，地皮潮濕，沒糊窗戶，破爛不堪，
房頂漏水，四面透風，無法住人。這時，當看見我那一歲的小侄女銀
珍和侄兒小犬時，他們哇哇的哭著，可憐的樣子，我心裡一酸，不由
的眼淚就淌下來了。這天下午，我的哥哥們到處找來了一些爛木頭燒
火，嫂嫂們熬了一鍋玉米粥，大家用一個大碗輪著喝。晚上找來一些麥
秸，鋪在地上，也不分男女老少，全家 13 口人都睡在神臺殿堂的地上。

其他人談到了掃地出門，但是沒有具體的描述，因為他們自己不是當事
人。但是周先生是當事人，於是能夠將被掃地出門後的情況描述得比較清楚。

天無絕人之路，人還是要活下去的。我父親組織全家人，在一無分文
的情況下，他說：「要面對現實，我們只有靠自己的雙手勞動，按三

家分開，各自養家糊口吧！虎（我的乳名）跟關老大在一塊，我在三家輪流吃飯就行了。」第二天哥哥們，找磚頭盤爐灶，找報紙糊窗戶，找水缸裝水，找穀草墊地鋪，簡單收拾下殿堂內的雜亂東西，按照父親的意見，劃分了四塊地方，（大哥一家在西北角，二哥一家在東南角，三哥一家在西南角，我和父親在東北角，各自一塊。）從此，我們這個大家庭就算解體了。雖然三家分灶吃飯，但兄弟們團結合作得都很好。我們兄弟四人，一同擔煤賣炭、賣菜、賣豆腐、賣水果、賣糧食、賣乾草等。

此外，我們還到處打短工來養家度日。實在過不下去了，嫂嫂們起初帶著小孩，偷偷到縣城裡，討點飯吃。因為地主富農都是被管制分子，不能走遠了。外出時，還必須到農會開路條，回來還要到農會報到，被管制的人，是有一定的時間限制。晚上 7 點，必須回家，農會還要來人點名。我們有勞動力的弟兄四人，還有我那 14 歲的大侄子（酉年），我們都開著路條，可以出去勞動，總算還給了我們一條謀生的出路。

擔煤賣炭是我們開始謀生的主要手段，我們到「音莊村」的煤礦，因為認識熟人，進行賒帳，擔一筐煤，到城裡賣了，每一擔才掙 5 分錢。我記得有一次到東南營，喊了一上午，也沒有賣出去。後來我哥哥們領著我到「二道寺」煤礦，擔炭到城裡去賣炭，我們早晨 4 點鐘起床，就出發上路了。這個煤礦是步行下坑，當我走到煤礦的坑道裡，上下左右都是煤，這時我才知道四塊石頭夾著一塊肉的地方啊！環境相當惡劣，煤氣熏人，呼吸困難，頂上滴答著水，坑道的兩邊也流著水，腳下泥濘難走，嘴裡含著麻油燈，我們大約要走 10 多里路，才能到挖煤的地方，每人擔兩塊大炭，足有 50 多公斤，那冬天的地下溫度是很熱的，脫下衣服，背上還冒汗。我記得有一塊大石頭，圓滑的不能走，我二哥抱著一筐炭，向上推，我用繩向上拉，這樣才能走過來。當我們走到洞口時，深秋了，又感到特別的涼。一上午擔一趟，賣了，才掙 8 毛錢。我們毫不惜力，一天擔兩趟，這日子真是艱苦的很啊！

相比之下，賣菜、賣水果、賣豆腐，不論走街穿巷，還是設攤定點，勞動強度比較輕些。但是，時間性特別強，因為蔬菜、水果、豆腐之類的商品，容易腐爛和丟分量，上午賣不了，下午必須處理掉，否則會賠本的，這種鮮貨買賣，損耗很大。有一次我們到楊家溝果樹園，批發了梨子和桃，可以自己上樹採摘，那天我上樹採摘時（在樹上可以隨便吃水果），一方面吃的太多了，另一方面樹上的水果有鳥糞便，用手擦下就吃，也不衛生，走在半路上，就多次拉稀。再加上沒吃中午飯，全身發軟。水果我也擔不動了。這時，哥哥們輪流來回的，幫我挑回來。由於我病了，隔了一天去賣，那梨子出水太多，分量損失太大，差點賠了本。

買賣糧食，擔挑太重了；賣乾草，分量太輕了，這個買賣也不好幹。我們聽說倒賣糧食，比較賺錢，每天很早起床就到張莊村趕集，買糧食，挑80斤，由於路遠，一天來回要走100華里，是很辛苦的。第二天再挑到陽泉去賣掉，大約能賺4元多。雖然收入多些，勞動強度太大。秋天賣乾草，每天上山，割乾草，雖然沒有本錢，這活也輕些，但彎著腰，勞動一天，腰酸腿痛，也割不了多少斤，為了多賣些錢，就在草裡撒上些土，便於加重。進城到後街、南營的大街小巷，喝吆喝半天，有時就賣不了。

深秋是農忙季節，氣候也逐漸變涼了。外出到農村打工，還算不錯，每家都管吃管喝，收入多少不講，主要是能吃飽，還能掙點糧食和蘿蔔及瓜菜等。我們弟兄四人，一同到鵲山村，秋耕翻地。我記得大哥扶犁，我二哥、三哥和我及侄子西年四人，拖犁耕地。那幾天雖然幹活重些，在農戶家吃飯還可以，有一天晚上吃的是白麵湯條和白薯，由於吃的白薯過多，在回家的路上，每個人都不斷放屁，逗的大家樂壞了。

寒冷的冬天到了，我們一家人沒有一件棉衣穿呀。每到冬天對我們家來講都是一個嚴重的考驗，由於平定的煤炭便宜，就在楊家祠堂盤了三個爐灶，老人和小孩都不要出門了。我記得一歲多的侄女銀珍和侄

子小犬，一個冬天，都光著屁股，坐在爐臺旁，凍得那孩子屁股，都是紫青色的。我和我哥哥們在外面冷的無法幹活，就托人介紹到西關的硝廠勞動，這是一個軍工廠，主要生產火藥─制硝，每天熬硝、清理渣土的勞動。一天 24 小時，三班倒，勞動強度高些，我們主要是，因為沒有棉衣穿，在屋裡幹活，求個暖和，除了管吃外，每個工給 2 元。那年冬天，我們每個人頭上，都捆一塊毛巾，腰上結個腰帶，兩條腿也捆上腿帶。有時外出凍得我，全身發抖啊！

　　被掃地出門，能夠存活下來是很不簡單的事情。周樹基家有幾個勞動力看來是幫了不少忙。前面講的西郊村懷德成家三個老人就都餓死了。一直到 1948 年 5 月糾偏之後，他們才被退還了自己的房屋，並被分給 13 畝地。

平定城東關（劉先生訪談）

　　劉維成和劉維祥是我本家的兩位大爺，這是親弟兄兩個。劉維成解放以前在石家莊錢莊，叫個新茂如錢莊，當經理來。俺這劉家基本上從那堂都是搞金融的，從解放以前一直在平定縣城裡邊有錢莊，黃鶴樓錢莊，這孩們都在外邊北京、石家莊、太原的，以至於在南方的都有這搞錢莊的。搞錢莊的他是在石家莊，是劉維成，我的本家三服上的壹大爺，他在那裡錢莊是壹經理，他是從石家莊解放，48 年解放，解放前聽著這石家莊解放風聲不太好，其中有壹姓扁的，和他關係非常好，他不知道姓扁的是地下黨，所以在經濟上資助了這姓扁的相當多。姓扁的告給他你快跑哇，那實際上是告給他往南方跑了，他跑回平定來了，跑回老家來正趕上鬥爭，鬥爭了他家。

　　這再次證明了在共產黨裡面的朋友的重要性，儘管劉維成跑的方向不對。

　　鬥爭了他家以後，他是在實驗小學那裡，一完小開這大會，其中有兩個人，一個就是他，一個是東關竇子昂的哥呀是甚，竇子昂是陽泉一

中副校長，他的哥當時也是壹教師。別人告我這事來。不知什麼原因，就在一完小開會，整個縣城開大會，把那個人來毀了。劉維成俺這大爺腦袋好使喚，總是一聽說那接牆跑出圪跑走了，再沒有回來，逃下命了。

開會的時候跑的，開會的時候別人總是也有好的就告給他，壹你和那實什麼嗯倆人，今就是處了嗯倆人了，把那個後來給毀了。他給起來接牆跑了，跑了以後，逃下條命。後來文化革命回來以後還活了八十八歲。他就是在石家莊資助了姓扁的，姓扁的這人是石家莊解放以後第一任公安局局長。

第一次跑的方向不對，那麼再跑。否則就沒命了。

城裡頭鬥了的就是周克昌、陳子雲、陸丙成，陸丙成是西關的。咱這街是學門街。

西關是不是還有個黃家，大石頭砸死的，要不了你問尋問尋。郭少甫是那裡的，是刀剐了的，不是砸死的。後街薛家不可能死人。

平定縣城十字街等地（晉先生訪談）

我是教員，必須帶學生參加批鬥會。當時要求學生也要批判地主，打地主。我就和人家說，孩們還小，怕嚇著他們。孩們家裡頭也不讓他們去。這樣學生們就在旁邊看。可殘忍了，什麼東西都能拿，烙鐵、剪子、火柱，什麼都動用。還有坐老虎凳的。

當時平定的十字街還鬥了工商業，說他們是二八地主。地主都是叉下來用石頭砸死。周克昌成分定的是惡霸地主。批鬥會的時候，先是揪鬍子，完了就是用石頭砸。

把人的鬍子揪掉，滿臉是血，也是酷刑的一種。

平定打死的比較有名的是周克昌、郭少甫、陳子雲。中學老師裡除了趙雨亭丈人【這是我們前面提到的西郊村的郝汝彥，家裡人說是餓死的，另外有知情人說是上吊自殺的】沒有被打死，其他都死了【這一點需要核實】。那會兒根本控制不住。口號就是「貧下中農掌刀把，群眾說啥就是啥」。

實際上，真正的貧下中農不好發動，實實在在幹活的人誰弄這哩。當時發動馮司直家的伙計，發動一個月也發動不起來。晚上睡到一盤炕上做工作，就這也不提意見。人家說了，東家是好人家，地主階級也不全是黃世仁。其實如果按 1951 年的土地政策返回去看的話，很多地主都是老農民。可能當時省吃儉用買下二畝地，也顧不上種就租出去。可是鬥爭來了，說鬥就要鬥。

又一個長工或者伙計不揭發東家的故事。

劉少奇說土改要發動「勇敢分子」。啥是勇敢分子？就是抽料面、不老實的混混，也就是流氓無產階級。

劉少奇的《五四指示》還是比較溫和的，但是在實際操作過程中的暴力，他及其他中央領導難道不知道嗎？他們到底是什麼態度？在暴力土改這個問題上，他們應該承擔多大的責任？我們在第八章會探討這個問題。

但是也有不打人的案例。這是因為他們嚴格執行了《五四指示》呢，還是說有其他原因？之前有被訪者說暴力就是當時的政策。那這不是和《五四指示》衝突了嗎？下面是平定縣城學門街的情況，告訴我們執行者的角色，他們自己的選擇，是非常重要的因素之一。

平定縣城學門街（董先生訪談）：

董先生當時是學門街的街長，一段時間是農會主席，主持了鬥爭地主的運動。他的主要特點是非暴力鬥爭。鬥爭可以，不能死人。這是少有的幾例鬥爭沒有打人、沒有死人的情況。至少在他主持的鬥爭中沒有死人。

> 平定城有三關四街：東關、西關、南關；十字街、石門街、東門街、學門街。

> 平定門的地主是陳之雲，家裡有 7 頃 80 畝地，都在磛石、莊窩那裡。他父親陳醇年做過縣長，當時在一起住的有老婆，三房兒媳婦和他姨母（他爸爸的小老婆），共六七口人。鬥爭時，陳之雲已經 60 多歲了，身體不太好。他說「鬥我，我有甚說甚。家裡有兩個院子，7 頃 80 畝地。其實，多少年來，吃不上糧，猛一下有人偷悄悄給送上一斗兩斗米，才能才有吃的，這就是我的光景。因為下面日本人在，八路軍墼斷著底下」。陳之雲被鬥爭了三四天了。

我們在前面提到的平定城陸家的情況也是這樣，地在鄉下，租子收不上來。有地，但是那些年光景並不好。

> 街上【學門街，當時董先生是街長】大部分人都認識我，所以我的原則就是鬥爭可以，死人不行。我們這裡鬥的是黃義誠。黃義誠是平定城裡的第二大地主，閻錫山時期他包了六個縣的稅務。土改的時候，黃義誠老婆、閨女躲到寧艾去了。咱這個商量下，弄個牲口套上車，把黃的老婆和閨女接回來，下午就接回來了。郭寬義和黃義誠的妻子比較熟，就給她介紹我。一介紹，黃的老婆就想起來，說「哎呀，你是那賣酸黃菜的恩祥哇？」。完了我就和閻景秀說，「景秀，把老婆婆安排到學房院先住下」，我又和她說「回去想想，把黃家的事說一下，沒甚大事」。後來，我又給他們弄了些糧食，安排了他們吃飯。

> 這事情完了，就開始鬥黃和尚，一進中院有個甕，甕裡面有些銀疙瘩，不知甚錢。

這時候其他街道有打死人的。幹部們說我這裡的工作停滯不前了。

顯然，鬥爭通常是要死人的。而且是否死人，是工作是否有成效的重要標誌之一。如果沒有死人，就是「工作停滯不前了」。我們在討論西郊村的情況時也提到了問題。顯然池必卿從石家莊帶回來的中央精神和下面的實踐是一致的。

休息了兩三天，黃義誠家的老娘娘【平定話：娘娘＝老太太】就下來了。和我說，「日本人在家裡住了好幾年，我現在也不知道東西還有沒有了，你們可以找一下。在中院中房的燎膪【平定話，土炕前面冬天燒火為土炕供暖的一個一尺見方的小坑】下挖下去三四塊磚有東西，但不知道現在還有沒有了」。聽了這事，我打發了幾個幹部去挖，告訴他們挖出來不許拿回來，但要立刻回來報信。

不大一會兒，派去的人回來了，說是找到了。我就和黃義誠家的老娘娘說，「你回哇，以後有什麼困難就和我說」。完了我過去看，挖出來的是黃酒罈，就像是現在裝腐乳的那種罐子，裡面有 12 個元寶，500 塊現洋，還有一些婦女們帶的金首飾。第二天縣上就敲鑼打鼓的慶賀學門街的工作有了進展，慶祝找到了鬥爭的憑據。

找見這些東西以後，學門街的群眾運動至此就算是翻了身了。後面也是鬥了，不過我和工作人員都混熟了，就和他們說，「你看，哪種方法好？我這穩穩當當的就把工作幹了」。那天晚上，在陳達仁家，領導們讓我入了黨。抽煙完了，填了個名字，我就入黨了。

平定土改死了陳子雲，是送到鎖簧的公安所死的。去了住了半年，回來交代說人沒有了，具體是怎麼死的說不清楚。再後來，鬥爭的就都是雞毛蒜皮的事情了，比如有個叫黃保民的教員，教學生的時候好打學生，群眾對他有意見，就把他也鬥爭了。反正不管別人是甚，咱就都是穩穩當當的，後頭就都認識我了。鬥的也都是些雞毛蒜皮的小事情。

其實鬥爭本身比為什麼鬥爭要重要。只要鬥爭了，群眾發動起來了，目的就達到了。

> 張承載以前當過幾天街長。原來鞋鋪裡的工人有一天在切鞋底，有狗過來偷吃，這個工人就把狗殺了。這樣，狗的主人就不讓了，就來告街長，這就弄起來了。張承載讓那個工人給狗戴孝。因為這個事，土改的時候就要鬥他，有人說打死算了，我不讓人弄死他，我說不能打。後晌開會我想想看怎麼弄他。下午開批鬥會，把老頭叫到大會上說。我問他，「你說你當時是什麼想法？」他說了說，我說這事情好解決，群眾有權了就要使喚使喚，我們拿他當狗一樣攆出去。後來這老頭活了 80 多歲。

董先生對待黃家老太太和張先生的態度決定了他們不被酷刑。具體主事者的態度可以決定人的生死。

> 老的人人誇我，趙雨亭見了我還說讓我好好保重身體。咱那時候主要就是參加的街裡的土改，其他的地方的咱也不是很清楚。平定城裡頭的土改大概就是這麼個情況。

> 土改的時候如果遇上村幹部不拿人當人，那鬥爭起來就太殘忍了。底下人聽說（平定話，聽話），我這人為人還不錯，所以土改的時候想的就是穩穩當當的不要弄死人。

董先生說到了關鍵的地方，就是是否拿人當人來對待。而且幹部是決定的因素。他和平土改的想法和做法也受到了縣委書記趙雨亭的間接表揚。可見幹部們也不都是在所有的情況下、所有的時候都贊成暴力土改。古貝村土改也沒有死人。

古貝村（賈先生訪談）

鬥地主是 47 年以後，我記不得了。那會鬥地主咱這都是聽那人說，有基幹民兵弄上以後開揪鬥大會，把這一地主兩外【平定話，個】人揪住。揪在大會上以後，開始站起來批鬥。批完以後從那石頭上湊【平定話，推】下去了。以後該碰著就碰著了，碰著了就弄回去自己家上點藥。

那會凡是地主富農家一到這春秋兩季或者過年過節這壹時節，就是地主富農掃街掃院。所有村這街院清掃衛生都是他們的活。你自己便上去幹圪【平定話，去】就對了。年年他們就攬了這活。

到搞熱鬧呀搞文藝宣傳，他們給掃臺滾水燒火。過年過節呀把這整個村的街道清掃了，是無償的，好像是派給他們的營生。

鬥地主沒死人，那會的地主家說明好點，沒有惹起大的民憤。

沒有死人是好事，不過地主富農家的人成年累月無償為村裡人掃大街，演節目時給村裡人燒火燒水，也是一種羞辱他們的方法。另外賈先生認為鬥地主沒有死人是因為地主家沒有民憤。這當然是因素之一。

龍莊（陶先生）

龍莊土改也沒有死人。龍莊隸屬路北，由平定縣（路北）政府領導，由楊獻珍等人領導的華北大隊指導進行。政策與路南有所不同，總體比較溫和，死人較少。龍莊土改沒有死人，所以正如學門街那樣，上面認為這是土改不徹底，要受到批評。

龍莊土改時沒有死人，把握的比較好。沒有死人，所以上級就給批評。龍莊的地主也不少，按批例劃。當時是路北，老挨批評。

龍莊一開始劃了 8 家地主，12 家富農，頂【平定話，等於】20 家了。最後，落實下來，富裕中農多了，地主富農少了。地主只有 2 家，富農只有 6 到 7 家。起頭【平定，原先】封了門的不少，把你攆出去。到後來，沒有接了多長時間，有的就開門了。像俺那成分，也是搖擺不定，屬於上中農。俺二叔，開始是貧農，後來又說是富農，就是這勢的搖擺不定，最後落實了，也就是屬於富裕中農、上中農。

成分的訂定也是搖擺不定，前後矛盾，正好也說明了成分問題的複雜性，不可能非黑即白，我們在前面也提到過這個問題。

張彥也被鬥爭了，可後來核定成分是富裕中農、上中農。劉謙就是地主，核定的時候也是地主。龍莊沒有死人，可那時俺們也害怕了。據說是南區比北區厲害。

北區據說是華大家隊伍，比較穩重一些。可全縣都號召，都到那怎麼的地方【即打人嚴重的地方】參觀。據聽說南坪就比較嚴重。都要到那裡現場開會，村裡的貧下中農，就是貧農團【都去】。

其實去學習，就是去學習暴力。沒有死人不等於沒有暴力，正如下面的例子所顯示的。

首先成立黨支部，黨支部後底是貧農團。就是他們研究如何鬥爭地主富農。開鬥爭會的時候，必須聽帶頭舉拳頭的這些人，不能亂舉，不能亂喊。不是把劉謙吊起來了，吊起來了，下面就喊，要求主席團馬上把劉謙放下來，就這些。

龍莊剛開始也是路南家參與的，有這上莊呀南坪家這些人也是積極分子參與，因為龍莊是沿鐵路線，純粹等於是敵佔區，對共產黨政策宣傳瞭解少……。俺們是新區。

門爭會開來，龍莊劉謙吊起來，沒有打。我記得那時說「劉謙你老鼠眼，光看近不看遠」。意思是要他把財產都交出來，有沒有埋掉金銀財寶，要認識共產黨坦白從寬抗拒從嚴，就是這樣的口號。吊起來哎呀媽怕的【平定話，指「哎呀」等表示痛苦的聲音】。時間也不是太長的。沒有打，我記得沒有打。我記得那場場也不大，就去學校門口後頭那裡，就是站沒有打，呼口號，沒有死人。文化革命時有些人提出土改時龍莊不徹底，沒有說不死人就不徹底，而是說這階級鬥爭抓得不好，路線分的不明。

當然把人吊起來，也是酷刑，儘管沒有打人。因此龍莊到文革時期都被人批評說土改不徹底。

我認為龍莊那時候不是不徹底，而是執行政策了。該糾偏的糾了偏，該鬥爭的鬥爭了。群眾轟轟烈烈，嘰哇喊叫，群眾上臺訴苦，地主剝削了。比方說剝削就是春氣借你的玉茭壹斗，夏天你就的還小麥壹斗，秋天還玉茭就的還斗半，就是這樣的，這就是剝削。可是到冬天的時候，沒有白麵，過年沒有白麵吃，你和他換就是二斗玉茭。

這個地主和其他農民之間的不公平交易，也是較少提到的問題，也是一種剝削。

燕龕（兩位史先生個別訪談）

燕龕也是路北，土改沒有打死人，但是也有暴力。打死人的事情發生在除奸反特與搬石頭時期。這個問題我們在下一章再講。這裡我們看燕龕的土改。

當時我村的工作組是華北大隊的，姓牛的帶隊，就來了一、兩個人。來了就分開下去，組織發動群眾。我村的一個雇農，姓張的，放羊的，是貧農團的主席，叫張肉小。

那時有三、四畝地，就覺得你是富農、中農，就把門封了。封錯了，以後又糾偏，把人家的財產、土地，又退回去。

我村有一家破爛地主，兩戶富農，人均兩畝多地。我當時是村裡的支委，組織委員，土改是不讓我們參加，踢倒支部，是貧農團幹的。

土改就是炒黑豆，就是許多人把你圍起來，推過來，推過去，鬥你。問你有沒有剝削。

土改時，我們沒有死人。

誰是地主誰是富農，沒有標準。覺得你是你就是，然後就封門，就鬥爭，儘管沒有打死人。

另一位史先生說他原來在晉察冀軍區警備三團（後來歸獨立一旅）當兵，負傷退伍回村，發現他家也被封了，就和他們鬧，他們說搞錯了。他說爸爸媽媽都被趕出去，心裡很不平衡。他的一個戰友，家裡是富裕中農，也被封了。

如果按照《五四指示》的規定，軍屬是要照顧的。但是正如我們已經討論過的其他村的情況，實際運作過程中，對他們的照顧很少甚至沒有。更有甚者，還有像平定城裡周克昌那樣被打死的。我們前面也談到西郊村軍屬被打死的情況，革命家屬被掃地出門的情況。看來這些都比較普遍，《五四指示》確實被拋在了一邊。

山底村（楊先生等人的訪談）

山底村也是路北，有幾戶地主，但是沒有被鬥死的，只是被掃地出門，想去哪裡去哪裡。

鬥地主時就是吊起來。有的交代了，有的沒有交代。用棍棒、石頭等打。但是打誰都是有計劃的，今天打幾個，按什麼成分或是惡霸程度，

想辦法來鎮壓……。我那時還小，沒有打過地主，只是跟著喊口號，「打死他！打死他！」

但是沒有被鬥死的。

山底村打死人，是在除奸反特的時候，我們下一章再敘述。另外其中一位被訪者說附近的牽牛鎮也沒有打死人。當時他們家也分下一件大人穿的衣服，一件小孩穿的衣服，還有六家合分了一頭驢。

那時婦女把長髮剪掉，把裹著的腳也放開。鬥地主時，有的婦女比男人還厲害。她們把穿著的鞋脫下來，打得那地主啪啪啪的。當時的馬桂珍、臘月、侯梅妮都是積極參加。也是婦女幹部、老黨員。

山底錯鬥的也有。後來都平反了。有個教書的，害怕了，上吊死了，後來給平反了。也有錯鬥坐牢的，後來平了反……。

但是山底村也有自殺的人。婦女在暴力方面似乎也「巾幗不讓鬚眉」。關於婦女的作用，我們在第八章會再繼續討論。

娘子關（董先生訪談）

土地改革就正兒八經劃開成分了……。有長工短工。長工就是這家人家，我有二十畝、三十畝地，常年跟我幹。但是他也有日期了，過了正月出了二月二上工，這是農村統一的。秋天不管窮富，趕收了工，擱起鐮就沒有活了。一冬天就是割個柴，就是耍，富家也是那，窮家也是那，地沒活幹了。一過二月二，咱們就說是清明前後，那就開始拾掇地呀。

長工我定下是長年給你家幹呀，定死是給多少錢，就給你家幹，到年底算算帳。最算不了帳就是臘月三十，逼債要錢了。那不是說是財主家逼你窮人。是窮人尋財主家要錢。給你幹了一年了，給他媽逼不了

壹錢，三五人一齊去「鬧饑荒」。一定不行，潲灌（平定話，水桶）
也得擔你壹擔，那就是那。

真的，我給你說的都是實話。有些這外頭長大的人不一定知道那逼債
是怎麼回事。並不是有錢人逼窮人，並不是那。這和現在一樣，我給
你打了工，你是老闆，給不了錢，年底了，三年了還欠能，帶些人過
去逼。農村還講究不搶，要你答應什麼時給，你就說哇，甚時給，那
怕你過了正月初一，初二給也算了，反正初三以前我不要你的哇，破
了五以後你給我也沾。不會弄下說我明端你那餛飩吃圪，初一都還供
獻財神了，我再窮也不會搶你餛飩吃圪，老百姓不做那事。窮人是窮
人，富人是富人，很講義氣。

　　長工找地主逼債也是很少聽說的事情。我們以前受的教育都是富人找窮
人逼債，就如《白毛女》中黃世仁找楊白勞逼債一樣。可見農村的實際情況
遠比宣傳的要複雜。

共產黨也會宣傳，激起老百姓的仇恨，訴苦什麼的，給你幹了二年了
欠我的錢不給，不給搶了你的分，有人給撐腰了，俺共產黨來了，那
就是分，那就是分田地，那就分了，正兒八經分了。

俺媽給我說過，她那時也是婦救會，俺父親是鐵杆共產黨。她當時也
是婦救會，參加過那運動，也舉旗旗了。趕分的時候了，分財主家的
東西了，給趕上 5 隻羊。

【俺媽說】我可不要那，一個老婆婆弄上三孩，再弄上 5 外羊，弄那
怎麼呀，明回來又要呀，不要惹那麻煩了，怕惹麻煩了。給件衣裳哇
拿回去穿了，大不了給了你，那共產黨給了的，給了你。你弄上這羊
還得回去管了呀，家還有三孩，還有吃奶孩，我弄壹婦女家，5 外羊到
怎做呀，不敢要他的，給也不要。

　　娘子關的分羊和西郊的分法看來很不相同。人們對要什麼不要什麼也有很多思考。

冶西（霍先生訪談）

　　冶西村也是打人了，有暴力，但是沒有打死人。有處死的人，或許不是在土改現場打死的。

> 　　外死了趙松年才分下他外家，外窗戶臺不是最後還刨出現洋什麼來。他老婆打也不說，可那孩也是牙齒上刮下那點那，攢那點那。老婆打來，吊起來水蘸麻繩打，打的不行了兩疙瘩現洋。
>
> 　　郭雲峰還是後底了，還在他後底了。永慶祥家嗯住外院，就是有壹老婆，我記是有壹老婆天天鬥，打他媽比的不能動，天天爬出來爬進去，最後底倒是沒有死了，最後底沒人收留了，也吃不上喝不上，賈安邦，尋了賈安邦，最後底才死了。咱返回來就記不得，那是好人家，外頭有買賣，染坊呀是什麼的，外老婆挨了那鬥多了，開染坊的多。

　　在土改中很多富人家的婦女被打。這裡只是另外兩個例子而已。我們在第八章會討論到婦女在戰爭和其他衝突中作為被害者的機會會更多一些。

> 　　47 年，一兩個月多了，天天是壹開會。開會哇也就是那兩下下，沒有幾下，訴苦也少，就是地主怎剝削人來。
>
> 　　冶西地主是葦池、良澗多，主要是葦池，良澗也沒什麼，其實都不多。外會【平定話，那個時候】是沒有也的讓你撥一尖了。鬥爭會以前都在學校開，主要是二郎廟那裡，有上百人。外堂【平定話，那個時候】外情況也不好說，你克【平定話，去】哇，給你分點家，他也不敢要，大部分是要了，不敢要的也多了。

開會鬥地主就是吊起來，放下圪，也有兩人杵砍杵砍【平定話，打幾下】，沒有人打死。

看來真有分了房子或地不敢要的。

南坳（陳先生訪談）

南坳土改時也沒有打死人，主要是工作隊的夫婦兩人在適當的時候制止了暴力，也因為村長的父親要村長承諾不能打死人。

土改數俺南坳平和。南坳有 200 多戶，1000 多口人。當時來了工作隊的蘇明（女）和張政委（男），兩口子。有口音的，挎溜溜【平定話，非本地口音】的。我們是兒童團，每個人準備了 2 尺半長的棒棒，一個人一根。打人的是大人，積極分子以及婦女，我們給提供棒棒。張政委和蘇明看打得不行了，就站在那裡，說「算了。咱是要錢，還是要人？要錢，咱們就緩緩。咱要要人的話，弄到河灘砸了他算了」。人們說，要錢，那就緩緩。怕你把人打死。

有天黑夜鬥張四小他嫂，在老院，正窯。張四小還上前假裝打她，怕她說出來。屁股墊這麼厚棉花，人家打，她不嘿呀，她說「只要說實話，政府就寬大」。人家說她不嘿呀，肯定屁股墊了東西。小書生他媽上去，婦女主席，王三和家老婆，進了窯把棉花拿走。爬在板凳上打的。

南坳模範村，沒有死人。多虧了兩人。否則正經要死人。

其實除了工作隊兩人的因素外，還有村長的因素。

南坳當時計劃砸死 6 到 7 個人。何記舟（音譯），村長，他們計劃的。何記舟他大【平定話，大＝父親】，躺在門口，逼住何記舟，說「你先

把老（平定話，老＝爸爸）弄殺，弄不殺老，就不能去弄殺人」。當過
村長的，當過閭長的，要砸死。牛和當過村長，還有自衛隊隊長，何
記舟他老不逼他，就砸了。工作隊還是那兩個人。

　　感覺這裡是除奸反特的時候，因為準備處死的是以前當過村長、閭長的
人。無論如何，如果沒有工作隊兩位以及村長父親的努力，死人是不可避免
的。

五、本章小結

　　本章首先討論了平定縣土改的經濟與政治背景，討論了地主富農、貧下
中農的情況，減租減息的情況，然後報告了土改的情況。如前所述，這約 30
個村莊與縣城幾個街道土改情況的描述，肯定不是土改的全貌，但是我們可
以看到土改的大概情況。比如平定縣自然條件不是很好，不同的階層之間情
況也很不相同。這個時候，中國共產黨在抗戰結束後開始了和國民黨爭奪中
國政權的鬥爭，而土改則是這個鬥爭的極其重要的一環。下一章我們將討論
和土改緊緊相連的除奸反特。我們會看到兩者的暴力是一脈相承的。關於我
們可以在這段歷史中學到什麼教訓，我們將在第八章討論。見圖 6.11 上海地
區慶祝土改勝利大會的情況。[66]

---

[66] 中華全國美術協會上海市分會（主編），《土改素描集》（上海：電化教育出版社，1951）。

圖 6.11　上海地區農民慶祝土改勝利

第七章
殺人立威：除奸反特

　　正如我們在上一章指出的，除奸反特其實在抗戰時期就開始了，一直到 1949 年以後都還在進行。不過本章所描述的除奸反特是在 1947 年前後，與土改糾纏在一起的一個運動。我們在第四章已經討論過平定縣的國民黨特務案件，但是那個案件主要發生在抗日政府內部，是延安整風的延續。而本章所討論的除奸反特則是在廣大的農村展開的，所反的漢奸和特務，在很多情況下都是捕風捉影的漢奸與特務。而且鬥爭極其殘酷，與土改相比有過之而無不及。即使在土改時期沒有死人的村莊，在除奸反特時都有人被打死。從我們所掌握的材料來看，除了下面所說的兩位縣長之外，縣城似乎沒有死人，但是縣城裡的漢奸特務如果在鄉下，通常是必死無疑的。不過董先生訪談說陽泉當時也被殺 31 人。

　　這裡的漢奸主要是指為日本人做過事的人員，特務則是為閻錫山政府做過事的人，比如 1945 年以受賄、包庇漢奸為名被處決的閻錫山政府的平定縣縣長周天聲；1947 年在歡送新兵入伍大會上被處決的閻錫山政府的平定縣長焦光三等 4 人。[1] 下面我們還是一個一個村莊來描述。

一、西郊村（郝先生等訪談）

　　　　1942 年，西郊村 3 月 28 的廟會夜晚，抗日東縣政府趙祥將原在東縣政
　　　　府任司法科科長後投敵任日偽軍保安隊大隊長的霍世凱圍堵在李林書
　　　　家麵鋪擊斃。[2]

---

[1]　前引《平定縣志》（1992），第 22-23 頁。據同書第 373 頁載，周天聲為 1945 年 9 月的縣長，籍貫不明；焦光三則為 1946 年平定縣的縣長，籍貫趙城縣。

[2]　如第三章所述，據當時組織刺殺霍世凱的趙瑞雲回憶，霍世凱是在春來糧店被殺的。春來糧店是西古貝村的李世華開的。詳細過程見趙瑞雲，「憶平東抗日」，載於中國人民政治協商會議平定縣委員會文史資料委員會（編）《平定文史資料第十二輯：紀念平定解放五十週年》1997 年，第 185-189 頁。

李林書土改時被定為富農，民國 13 年（1924）任村長時，治村有方，嚴格整辦不正之風，被村民稱為東老天爺（住在村東，村西還有一人被稱為西老天爺），並得到了平定縣政府的好評，稱其為「整理村範勤勞卓著」。縣長劉光榮呈報本省政府，閻錫山政府獎給了銀色雙穗章一枚。民國 17 年（1928 年）晉奉作戰，辦理兵差有功，省政府送「急公好義」區額一塊。除奸反特時李林書就被定為頭號親閻人物。上述霍世凱當年就在李書林麵鋪勒索吃喝，被東縣政府武裝人員鎮壓在李林書鋪房。李林書也就成了窩藏漢奸供吃供喝的漢奸。也有村民舉報，說李林書當村長期間將他全家撑出西郊村。李林書被看作惡霸地主、親日親閻的頭號漢奸，被用石頭砸死在東河河灘。

就和 1949 年之後的歷次政治運動一樣，凡是和閻錫山政府有關係的人都被視為有歷史問題的反革命。無論你做過多少好事，在那個時候都是不算數的。李林書和進士家是一家。

郝崇孝，家有 50 畝土地，雇有長工，土改時被定為富農。在日本侵略時期，郝崇孝是西郊村第一任偽村長，但他明地為日本服務，暗地裡為共產黨八路軍服務，既為日本人徵差納糧，也為東縣政府募糧捐款。在這次運動中，也有群眾檢舉強化治安時期郝崇孝利用職權克扣群眾食鹽、燈油，是在死心塌地效忠日寇侵華政策。於是郝崇孝被區政府認定為惡霸地主、日本漢奸，被用石頭砸死在河灘。李林書、郝崇孝成了減租減息運動前敲山震虎的犧牲品。

其實哪一個村子不是白天維持日本人，晚上維持八路軍？哪一個人不是提心吊膽，不知道哪天命就沒有了？他們的維持工作，難道不也是在為村裡人服務嗎？但是那個年代不是講理的年代。所謂李林書招待霍世凱吃喝一事應該都是欲加之罪（見注 2）。

曾在東縣政府做事的李萬榮、郝龍隨縣長唐世榮叛變投靠國民黨後充當了日本漢奸，直到日本投降前才脫離日本便衣隊回鄉務農。運動一開始先將二人作為鎮壓對象。區委發動了西郊群眾，直接領導了對二人的鬥爭大會。郝龍長兄和老婆也在大會上控訴郝龍在家庭中對父母、妻子都有暴力行為，常常斥責父母，打罵妻子。控訴會議結束後，民兵將兩人押赴村東河灘，綁在木樁上用刀割和石頭砸處死。隨後的日子裡區長馬玉亮、副區長小閻指示貧農會、村委會發動群眾揭發漢奸特務與地主階級中妄想反攻倒算的人。

只要是為日本人服務過就是漢奸，就要被處死。

在堅壁清野運動中，全村人撤離到山上根據地區域，長達 7 個月，村裡無人居住。有一次群眾集中回村取糧，結果有 30 多人被閻錫山的還鄉團裹挾回平定縣一個月才放回。其中富農分子 5 人，還有在家裡存放皮硝的 1 人與有鄉霸名譽的 1 人。他們被認為有反攻倒算、惡霸漢奸的特務行為。這七人被認為是受閻軍還鄉團的指示，回鄉從事反土改反人民的特務秘密工作。人們認為在平定城的一個多月時間，閻軍還鄉團常常對這些人進行演講，宣傳一些反對共產黨的言論，對這些人進行洗腦、訓話。這 7 個人以及外村的兩人都被鎮壓。具體情況如下。

富農郝玉德、郝玉慶二人曾在外地開商鋪，日本人來後生意不好幹便回村，營業執照是國民黨政府所發，從商鋪帶回存放在家裡。土改後曾對人說過地也沒了，商鋪買賣也垮了，這世道叫我可怎麼活。結果國民黨政府所發的執照存放不棄被認為是妄圖變天的證據。

富農郝長順、郝長慶、郝萬寶則被人指控說在群眾面前常發牢騷，說你們分了我們的房我們怎麼過，並告訴孩子們說某某人分下的地是咱家的地。指控認為他們對被分果實的窮人有不滿的情緒，有打擊報復反攻倒算的思想。指控認為他們接受閻錫山政府的宣傳，準備反抗土改。

村民趙守儀在北京作過皮行生意，日寇侵戰後回村務農，回家後帶回
一瓶熟皮用的皮硝水。皮硝是劇毒性浸皮水，人喝上一點就會中毒身
亡。結果有人舉報趙守儀家中放有毒藥，動機不純，是閻軍派遣特務。
在控訴大會上，他的皮硝水被放在臺上作為特務罪證供群眾參觀。時
任村長的趙延瑞是趙守儀的連襟，他站在臺上也無能為力。當時大會
是區公所幹部在一手操辦，發動一些極端群眾上臺聲討。

村民趙占祿在村人面前有些驕橫自大的形象，常常以人上人的姿態出
現在糾紛鬧事場所，說合阻止時嘴說手也動，說罵就罵，說打就打，
人稱西老天爺，人人畏懼。1937 年秋天，趙占祿曾受閻錫山的同僚西
郊村郝世仁的委託，召集帶領西郊村 100 多民工去陽泉修鐵路。日本
人打到山西界後工程停幹解散避難，民工工資也都打了水漂。趙占祿
當時就背上了親閻害民之名，成了親閻特務。

在鎮壓漢奸李萬榮時，趙占祿也在刑場。李萬榮在臨刑前對趙占祿說，
我落到這一步，都是上了你的當，吃了你的虧。李萬榮說了一句話後，
趙占祿拿起木棍大聲喝到，你這個漢奸臨死還要倒咬人一口，手起棍
落將李萬榮打死。李萬榮所說的吃了什麼虧，上了什麼當無人知曉。
但這一句話，後來也給趙占祿加了一項漢奸特務的嫌疑被指控。

　　這些人所謂被閻錫山宣傳所蠱惑，當了什麼漢奸特務，其實是藉口。怕
他們反攻倒算，或者平時他們和村裡人有所矛盾，才是被鎮壓的主要原因。

閻軍還鄉團團長人稱孟大隊長，在任還鄉團團長時常常帶領還鄉團到
西郊村吃喝玩樂，搜刮民財、戲弄婦女，西郊村群眾對此有強烈反感，
區委派民兵從本人居住村寧艾鄉回西郊村，叫群眾聲討控訴。

北薺石村同西郊村上下鄰村，相距八里地，都屬六區管轄。區委也派
民兵將北薺石村曾擔任過偽村長的劉玉珠綁押在西郊，一併進行聲討。

這兩個人同西郊村所指控的七個特務嫌疑人在聲討大會結束後，押到東河河灘分別綁在九根木樁上用刀剮死和用石頭砸死。

關於刀剮人的情況，可看第六章土改歷史中王家莊的案例。總之，只要是為日本人和閻錫山政府做過事的人都在清剿之列。這有點像文革時的清理階級隊伍，要將想像中的和實際上可能的階級敵人消滅掉，使反抗越來越少，使革命的隊伍純而又純。當然這是不可能的，所以才有了毛澤東在文革時說的七八年來一次的革命。即使如此，建立一個完完全全的純潔的革命隊伍是不可能的。但是正是這種烏托邦的幻想在支撐著革命，在指導著沒完沒了地清理階級隊伍的運動。

二、大石門村（賈先生敘述）

富農賈全義土改時定為地主來鬥爭，第二次土改定為富農，家中有耕地 60 多畝，6 口人，用有長工，但本人農忙時也參加勞動。土改時期，第二次鎮壓運動對賈全義無聲無兆頭的鎮壓，群眾是這樣公認的。賈全義的老婆人長得漂亮，雖然年過四十，但容豔依然，紅桃活色招人喜愛。有一村幹部在土改時乘人之危對賈全義老婆進行了恐嚇和誘騙，將其強姦。這是村人公認的事實，也是茶餘飯後的談資。

當時的積極分子、幹部強姦婦女的事情時有發生。

賈全義對老婆被村幹部強姦是含淚默認，人在屋簷下怎敢不低頭。這個村幹雖感到這種事情在當時的形勢下，自己是有地位的人，這是無所謂的事情，是小事一樁，但這畢竟不是光明正大的作為。三十年河東三十年河西，一旦時機成熟賈全義定要對自己進行報復，不如先下手為強，鏟草除根，借此運動將其幹掉。

在特務帽子毛滿天飛的形勢下，這個村幹給賈全義背上了地主特務的罪名，進行了鎮壓。在處決賈全義時，這個村幹又指示民兵用刺刀只

刺下身，不刺上身，賈全義疼的光喊叫死不了。有一個民兵不忍心用這種刑罰來折磨一個將要死掉的人，用刺刀刺向了心口，才了結了賈全義的性命。

在賈全義被鎮壓後，村幹部對其家屬也進行了打擊與懲罰。在數九寒天，勒令賈全義兒媳婦穿著單衣單褲去掃大街，所謂用這種冷酷無情的手段來叫被鬥地富分子及家屬來品嚐窮人被剝削的苦辣滋味，也是以牙還牙，叫剝削階級服輸認罪改造。

強姦了人家的老婆，還將人家以特務的名義殺死。這也是我們在上一章所講的拉苗斷根、斬草除根。而且一人是地主，全家大人、小孩、男人、女人都要受到株連，並且為此付出代價。直到 1979 年，30 多年之後，地主富農才被摘帽，其子女才不再為家庭成分所累。

富農大瞪眼、二瞪眼、三瞪眼弟兄三人，家業大是其父親所創，有宅院三座，耕地一百多畝，人二十多口，驢兩頭。土改時期父親去世，弟兄三人各自另過，一家分得耕地四十多畝。大瞪眼、二瞪眼以種地為生，家中用有一個長工，農忙時自己也下地幹活，三瞪眼在村教書為主，家中常年雇有長工耕種土地。三瞪眼又總管家中一切事務收支，就連家人的歲數、屬相也都上賬記載，大人小孩也都無需往心裡記存，一人包攬全家日程瑣事記載。長工的工資開銷，就是鄰家借用農具使用也要入賬。家中所有章程都是以賬譜說話。他的賬在土改中被鬥爭群眾燒掉，導致他的二小至今不知道自己是何年何日的生日。

土改中對三瞪眼小潑先生無聲無兆頭的鎮壓，群眾也都感到莫名其妙，有人認為是三瞪眼為人中有過失，教書時對學生有過嚴的管教，被懲罰過的學生有人向區幹部進行了指控，強加上了特務罪名，地主分子加上特務分子，二分子合一份，就成為了時期的最危險分子，就成了過激行為的犧牲品和報復對象。

　　一個合理的懷疑是，當時是否有漢奸特務的指標，如果完不成任務，是否證明自己的工作沒有成績？這是土改時的一種較普遍的看法，在 1957 年的反右時是這樣，很難說在除奸反特時不是這樣。

　　二瞪眼雖比弟弟三瞪眼幸運，只挨了挨打受了受批，但自己的閨女卻陷入了運動的囹圄裡，四面受挫傷，終身難以癒合。

　　二瞪眼的閨女 15 歲時就同村裡一個叫賈壽亮的年輕人戀愛相好。賈壽亮是窮人家的孩子，二瞪眼不願意接受這門親事，因為門不當戶不對。他便托人說媒，將女兒許配給了石門口村石五金家（一個富戶人家）的兒子，一個叫懶壯根的人為妻。過門後女兒卻仍然同賈壽亮藕斷絲連，常回大石門同賈壽亮約會。賈壽亮在大石門村口碑不算好，好小偷小摸。

　　二瞪眼的閨女出嫁後不久，賈壽亮便收留了一個西郊村去大石門村討吃要飯的寡婦做老婆，她的肚裡還懷著一個孩子。打罵老婆，虐待小孩是賈壽亮的家常便飯。雖然兩人各自成家，但都不隨願。兩人的平凡往來惹起了村人的反感，尤其是找不下老婆的年輕人和村幹，更加嫉妒兩人的不正常關係。

　　在反奸反特運動中，這些人三次向區領導起訴，以流氓特務對賈壽亮進行鎮壓。三次都關在官房裡等待第二天鎮壓，但三次都被東縣政府幹部趙祥阻止未成。人們的猜測是趙祥在日本侵佔時期，蹲點下鄉發動抗日時，常常住在賈壽亮家中。賈壽亮的家在離村二里地的毛寒壑，既是窮苦人家保險，又便於有情況逃跑。趙祥看其房東老太太對他的關懷和保護來報恩解救他的兒子。群眾的猜測也不是不著邊際。但是如果賈壽亮與地主階級沾邊，作出這種當時被認為是大逆不道的事情，一般情況下就必死無疑了。

　　對二瞪眼閨女的處置方法，和鬥他老子地主老財不同。在官坊裡，村幹指示一夥年輕人，將二瞪眼閨女拔的身上一絲不掛，裸體吊在房梁

上，叫年輕人欣賞拍打撫摸，用這種方式來羞辱懲罰出軌的閨女。然後他們叫賈壽亮將閨女抱上驢背，叫他牽著驢將二瞪眼閨女送回婆家石門口村。在石門口村的村公所門前也早有一群年輕人迎接。賈壽亮牽著驢到了村公所剛立足，石門口村的青年就把二人押進村公所，並將賈壽亮吊起進行抽打，問他以後還敢不敢偷情，打的賈壽亮連喊以後再不敢了方才放下，讓他滾回大石門村，然後叫懶壯根將其老婆領回家中。

解放後的一段日子裡，二瞪眼的閨女給石門口富戶石五金生下兩個續繼香火的孫子，後來這邊賈壽亮的妻子因病去世，二瞪眼的閨女光明磊落的和懶壯根離了婚，帶著兩個兒子回了大石門和賈壽亮結婚。後來人生結局也不很樂觀，二兒子得疾病早亡，大兒子成人後回了石門口父親那兒，但因為成分高加上母親的往事一直未婚成家。賈壽亮為前妻的兒子娶妻成了家，生子育女來繼承他的香火，生一孫子但因先天性智障缺陷一生也未娶妻成家。

似乎任何事情都可以和特務沾邊，包括男女關係。對女人的羞辱也是無所不用其極。

三、東郊村（李先生敘述）

東郊村從日寇侵佔後到土改運動中，被鎮壓的漢奸特務有四人。其中一人叫郝仁泰，在日本侵佔時期因本人抽大煙賣盡了家產，為尋求毒資充當了日本便衣特務，為日寇搜集情報獲取報酬。多次帶領鎖簧村駐守日軍到東郊村抓捕抗日幹部，在幾次抓捕中抗日分子都是有驚無險的逃脫。抗日武裝多次對郝仁泰警告無效，1944 年減租減息運動開展前對郝仁泰進行了鎮壓。

看來這是為數不多的真正的漢奸之一。

日本投降後東郊村成了閻軍掃蕩蠶食的主要鄉村。在區工作人員的領導下，東郊村加入了反掃蕩、堅壁清野運動。在 1946 年的秋後，全體村民都逃至南邊村莊，實現東郊村為無人區的狀態。閻軍來了以後用無人、搶無糧。春節過後逃難群眾都自動回了村。回村後沒過幾天便又遭到了閻軍的搶劫一空，富戶的存糧大部被運走。逃出後的數月裡，村民一旦回村，碰到閻軍，一是會被逼問藏糧之地，二是得到糧食後要找他們往外運輸。在外逃的四個月裡村裡有幾戶富有的戶主捨不得自己的財富，冒險留在村裡看家護院，結果在在土改鬥爭中，被鬥爭了全部家產；在反奸反特運動來臨時，又被區領導列為了私通閻匪的漢奸特務分子，進行了鎮壓，這幾戶地主富農，落了個賠了夫人又折兵的悲慘下場。

在反奸反特運動中，地主分子張永慶，地主分子張璽的弟弟張秀，富農分子馮成義，郝白小，郝銀寶五人，在堅壁清野、實行全村無人區時，這五人留守家業，沒有跟隨鄉親們及時轉移出去。在此運動中他們被區領導指認為與閻匪有私通，是親閻反土改的特務行為，應進行鎮壓。然後開大會宣判後押赴刑場綁在木樁上，用刺刀刺死。

其實這些人並沒有真正的「私通閻匪」的行為。充其量是為了保護自己的財產沒有隨村裡人一起轉移而已。這一點和西郊、石門口等村的情況類似。

四、南坪（蔡、郝、劉等先生訪談）

日軍佔領時期，南坪村的郝潑狗（日寇漢奸）向日軍告密，指控上莊村村民周志實五人私通八路，帶領偽軍將五人抓捕殘害。在南坪村反奸反特運動中，上莊群眾都積極參與，指控南坪村自衛隊、還鄉團裡的某某是漢奸、一貫道、特務應該鎮壓。南坪村在反奸反特運動中進行過三次鎮壓，20 人被處死。第一次被鎮壓的一個人確實有漢奸行為，是拖在黃石頭地用石頭砸死。第二次鎮壓的 8 人，第三次鎮壓的 11 人

（除 1 人當晚死亡）也在黃石頭地都是用刀劈刀砍處死。第二次第三次與第一次不同的刑法是，在黃石頭地埋有綁殺木樁，犯人被躶體，一絲不掛綁到刑場，執行死刑。

第二次被處死的郝步是閻軍自衛隊隊長，其他七人都是當過偽村長，或者是一貫道，有漢奸嫌疑。

那個時候，只要有嫌疑就可以定罪。偽村長也得有人當，因為日本人、八路軍都要維持。就和以前的村長和後來的村長一樣，村裡總得有人來代表村民和外部世界打交道。他們的服務不可能沒有瑕疵。如果沒有確鑿的證據說他們有漢奸行為，並導致其他人生命財產的喪失，是不應將他們處死的。

第三次鎮壓出現極左而戲劇性的變化，180 度的大轉變，是把群眾也當特務鎮壓。群眾小二巴是土改運動中的積極分子，在第一次第二次的鎮壓運動中是一個用石頭砸人，用刀砍人的執刑者。小二巴在全民參戰解放太原當務之急時，同工作隊李柱小通報外地聽回的小道消息，說了一句「太原打不下，解放隊伍都退回了壽陽，你要注意點」。

工作隊李柱小聽了小二巴的言論，馬上警覺起來，當場痛斥小二巴是國民黨特務分子，是有組織有計劃在煽動破壞支前活動，迎合國民黨反動派向共產黨反攻倒算。兩人爭吵一番，並動起了手腳。在全民總動員、支援打太原、民兵參戰、百姓送糧的節骨眼上，任何懷疑消極的行為和言論都是反革命的行為。

小二巴被關押審查，經嚴刑拷打，小二巴供出了管理學校兒童團工作的梁門樓是和他一個組織的同僚。李柱小隨即將梁門樓抓起來拷打，逼問還有誰在你們的組織。梁門樓在殘酷的逼訊中胡亂說了幾個人的名字。李柱小見拷打有效，繼續吊打逼問，當夜梁門樓就被活活打死。小二巴的招認、梁門樓的口供，導致了一個 11 人的組織產生，他們也就組成了第三次鎮壓的黑名單。

這11人被拔的身上一絲不掛，赤裸裸地被捆綁著站在會場上。除小二巴開口坦白外，其他九人都被民兵架著，低著頭彎著腰，面無人色。小二巴在大會上坦白的是什麼，因被綁著，按押、彎著腰說話，口齒不清，圍觀群眾又離得遠，沒一個人能聽清他的坦白，只有按押的民兵能聽見。但事後也沒人敢張揚外傳。後來人們的理解是小二巴曾在大會上進行抗辯。但在當時的形勢下，區幹部手中持有斬殺權，怎麼辯解也無濟於事。這些人的聲音必將都消失在南坪村、上莊村群眾的拳頭與口號聲中。

李柱小在南坪村土改反奸反特運動中執行了極左路線，後來也被上級政府判刑入獄。但是政府考慮到土改時期，路南各區都有極左的暴力土改行為，所以住了一年多就被釋放回家。

圖 7.1　即將被處死的人會被押著通過這個閣樓到處死他們的地方　　**圖 7.2　這裡曾經是那些人受難的地方**

　　如上所述，這些人都是被裸體綁在樹樁上，被刀劈、刀砍處死。但僅僅是因為其中一個人說了一句話，然後牽扯出來一個所謂的「組織」，而所有的「組織成員」全部被處死。這一點和後來文革時期的鬥爭方法完全相同。處死的方式又是羞辱性的、殘酷的。

中共政府對暴力除奸反特的李柱小的處理也很有深意。在 20 個被處死的人中，只有一人有比較明顯的漢奸行為。其他人只是嫌疑而已，更多的人是無中生有的所謂特務行為。導致如此大規模悲劇的主要責任人李柱小，只是入獄一年便被釋放（見下一章我們對李柱小問題更多的介紹）。可見當時政府對自己人和對稍微「涉嫌」與自己意見不同、做法不同的人的不同態度。一個是生，一個是死。

五、南上莊（王先生訪談）

日本投降後，上莊村在區幹部的主持下，召開了除奸反特訴苦鬥爭大會。曾在日本福地隊（日本組織的維護一方治安、鎮壓抗日群眾的武裝組織）當隊長的安小驢（上莊村的外甥，裡社人）和日本情報員周景昌（村偽村長雇傭給日本人送情報的人，送一次給一升玉米），被押赴會場，經過群眾聲討鬥爭後，拉到村莊門口河灘，用石頭砸死。安小驢當時被石頭砸暈，甦醒後坐起愈逃跑，被民兵用槍打死。

地主王連土改時被定為破落地主。王家原有土地 100 多畝，王後來染上毒癮抽大煙，將家中 100 多畝耕地逐年賣掉，買大煙抽。土改時賣的家裡只有四畝地，家中 5 口人，只靠 4 畝地維持生活。日本佔據時期，其人又參加了日本福地隊偽軍，充當便衣，參與日偽隊的搶糧活動及搜集抗日群眾的情報，供給日偽軍獲得報酬，謀求毒資。

在 1945 的除奸反特運動開始時，在區委趙福田的主持下，對王連進行抓捕。在抓捕過程中，王連愈逃跑，被民兵開槍打斷腳頸致死。在土改時王連被農委會和廣大群眾一致認為是腐化惡霸地主，王連被定為破落地主分子，日本漢奸。其妻為地主婆，子女為地主漢奸家庭成員。王連被處死時不到 30 歲，其兒女不滿 10 歲。其子女為高小畢業但受其父親的成分和歷史的牽連，沒有能走出村外，但在村裡也拼搏成為多才多藝之人。有一個曾擔任過村大理石廠的技術總監。在取消階級成分前，其子名譽上背著地主漢奸兒子之名，但在人權上村人沒有把他當地主漢奸兒子來對待。

　　上面三人看來的確是漢奸。王連的子女在村裡沒有遭遇更大的災難也是非常難得的，儘管他們沒有能走出村外謀生和父親的歷史有著絕對的關係。

　　1947 年 4 月 24 日，本村全體民兵配合晉察冀三中隊攻克了以王昆為首的還鄉團佔據的南坪五架山炮樓和亂流火車站，閻軍被消滅，人們得到了解放，上莊村外頭的村民也逐日返回家鄉，開展了紡線織布生產自救運動，擁軍支前活動。土改運動也隨之開始。在此間先後有兩次鎮壓活動，將有反攻倒算嫌疑的地主及有漢奸嫌疑的七人進行了鎮壓。

　　1947 年 4 月 24 日在區委趙某和農會領導人王某和村長周某，婦女主任周某（女）李某（女）等骨幹分子的帶領下，將曾在日偽軍里幹事的（被劫到敵佔區的群眾不少在王昆召集下加入了王昆為團長的還鄉團），和土改後有反攻倒算行為的富人，列為漢奸，並將他們和被認為不滿土改的共七名人員，用石頭砸、刀剮，處死在老道石窯邊。具體人員與情況如下：

　　王銀，土改被鬥並定為富農成分，1946 年參加了本村人王昆為團長的還鄉團（還鄉團有 3 個步兵班一個小炮班）。本人能打會算被王昆任命為事務長，管理還鄉團五十餘人的伙食。農會認為此人是閻軍的忠實走狗，加入還鄉團有反攻倒算的意識，應該處死。王銀老婆是西郊村人，王銀被處死後老婆帶著兒子回了娘家居住。回了西郊後，王銀老婆雖是貧下中農子女，但一直被視為富農婆、四類分子，並被批鬥。兒子一直被視為四類分子家庭成員，受其家庭成分歷史不清的影響，一生未能找下老婆。只到其母摘掉了四類分子帽子之後，群眾眼裡的四類分子家庭成員的眼光也隨之改變，兒子進入老年後享受了五保待遇，縣、村的老年養老金待遇，並有縣民政局撥款村裡主辦將其舊房改造。

　　王有章，應王昆召集，在還鄉團擔任會計，管理統計錢財，也被視為國民黨走狗處死。

岳小連，曾在還鄉團團長王昆手下當總管，跟隨王昆下鄉搶糧搶物，也視為國民黨走狗漢奸進行了鎮壓。

岳玉禎，日本佔據平定時曾任偽村長，為城裡日偽政府徵糧、收稅、征勞役、兵役，並向日寇彙報強化治安中上莊村的反日活動，定為日本漢奸處死。

岳銀，在岳玉禎當偽村長期間，任副村長，協同村長處理村務，親自下戶徵糧納稅，徵集差役工，農會也認為是日本忠實漢奸，進行鎮壓。

周斌源土改時將自家的耕地大部分賣掉，雖在土改時被定為地主成分，但在第二次土改複查中群眾認為賣地行為是不滿土改政策，和土改唱反調，是反攻倒算行為，被定為惡霸地主進行鎮壓。

周新堂，土改時被定為富農成分，土改時上報自家有耕地 50 畝，土改後發現其人用 10 萬元中央票的價格賣於本村人周和尚 10 多畝耕地。此行為被認為是隱瞞財產、反攻倒算的反土改罪行，加之縱容兒子外逃，應處死。其子是一貫道成員。

因為王昆的原因，幾位村裡人參加了還鄉團，然後被處死。但是還鄉團是否有人命案，是否應該被處死，我們不得而知，至少被訪者不知道。至於被處死的偽村長，是否也維持了八路軍，功過是否能夠相抵，也是一個應該問的問題。至於賣地就是不滿土改所以被處死，則更加牽強附會了。

六、石門口（蔡先生訪談）

村裡在土改前後，曾進行過兩次鎮壓運動。日本佔領平定後，村民蔡仲鎖和蔡十虎就參加了平定東縣政府的抗日武裝，在 1941 年隨縣長唐世榮投靠了國民黨，1942 年被東縣政府武裝人員以漢奸名義鎮壓在瓦嶺村。

石門口村在土改和土改後的反奸反特運動，在六區區委書記喬茂盛的指導下，農會作出了不結合本村實際緊跟形勢跑的跟風極左路線。第一次土改後，石門口村也實行了無人區的反掃蕩政策。結果石拉寶、魏富傲、魏富鎮等三人不積極退離村莊，並被認為煽動和帶領他人不退逃來對抗反掃蕩運動。於是在 1947 年六區開展的鎮壓惡霸地主漢奸特務的潮流中，區委書記喬茂盛發動石門口群眾，將他們三人作為國民黨特務分子拉到河灘用石頭砸死。

魏富傲的兒子秀孩和他的侄子在魏富傲被鎮壓後跑到野地裡上吊自殺。秀孩和他侄兒曾跟隨父親沒有及時撤退，兩人害怕也被鎮壓，便先尋短見。

領導石門口土改運動和鎮反運動的區領導幹部是喬茂盛，昔陽縣人。參加革命後在石門口工作時找下石門口村的閨女為老婆。1949 年被調南下，南下途中石家莊開小差逃回昔陽，後被政府開除黨籍並取消職務級別。

這幾個村子都有人因為沒有隨村裡人撤退而被鎮壓。這讓人感覺到當時是否有這樣的政策，否則為什麼幾個村子都是這樣呢？敵我界限非常明顯，不和我走，就是我的敵人，就要被消滅掉，這顯然是當時的思維方式。主持鎮壓的喬茂盛本人也是一個機會主義者，並沒有什麼真正的信仰，連共產黨自己後來都容不下他了，但是至少沒有將他處死。這也是我們前面講過的自己人和他人的區別吧。自殺的兩個孩子，我們很難想像他們曾經有過怎樣的痛苦與掙扎，然後才決定走上絕路。

七、小橋鋪（郝先生訪談）

在 1947 年六區進行的反奸反特運動中，賈雲安被扣上地主、特務之帽，被用石頭砸死在小橋鋪廟灣地。劉全小、王和尚、高馬小不幾日也被定為特務分子鎮壓，拉在山後面用石頭砸死。小橋鋪土改鎮壓運動中的過激行為，

區裡原來的幹事梁寶賢要負主要責任。梁寶賢平日裡罵人的習慣用語就是「你們這些人統統都是特務」。

梁寶賢是昔陽人，土改前區裡派到小橋鋪指導土改，並找下小橋鋪的閨女為妻。在小橋鋪工作期間他常命令村長給他開小灶飯，做飯不叫用男人做，專叫好看的小媳婦做。派飯時誰家不給吃白麵就罵是特務人家。

劉全小被指認為特務是因為梁寶賢提出要吃白麵條，劉全小沒按他的指示辦，結果招來殺身之禍。在解放戰爭期間，梁寶賢在一個夜晚帶領小橋鋪民兵去白羊墅挖鐵道。1945 到 1947 年，石太鐵路亂流段曾有三次被民兵拆除。回來後叫村長劉全小給吃白麵條犒勞他。其實 1944 年-1945 年，小橋鋪群眾就開始藏糧、備戰、跑情況（平定話，逃難）。解放時期也仍然在進行藏糧空舍運動，嚴防閻軍還鄉團的搶劫。多年老百姓的逃難生涯，村長能在老百姓家裡（徵糧多在富農戶家裡）徵集到玉米麵也很難，別說白麵。劉全小沒有答應梁寶賢的要求，結果在 1947 年的反特運動中，被梁扣上了特務帽子鎮壓。

當時被鎮壓的還有王和尚、高馬小。他們的特務行為是什麼，與民兵隊長【這裡應該是下面所講的民兵指導員】被抓有關無關，無人知曉，只有梁寶賢和當時參與鎮壓者知道。現在也無從考察。不過統統是特務是工作隊梁寶賢的口頭語，特務帽是梁寶賢的殺手鐧，隨時隨地可以給人扣上。

在小橋鋪領導土改和除奸反特的梁寶賢和在石門口領導這個運動的喬茂盛是同一類人，都是利用自己手裡的權力，說一不二，橫行鄉里。真正的漢奸特務沒有多少，冤死的人卻不少。

1945 年日軍投降後平定閻軍組織了還鄉團、自衛隊來干擾土改運動，常常活動在鄉村搶糧搶物，搜捕共產黨革命人士，打擊報復共產黨領

導的農民翻身的土改運動。小橋鋪的民兵指導員李銀堂患痔瘡不能活動，躲在後山土窯洞裡養病，被還鄉團抓捕殺害。李銀堂是小橋鋪的革命積極分子，群眾認為應該用一口好棺材來裝殮下葬。當時就把一富裕戶老人的壽材抬出裝殮李銀堂。這一富農戶人家的兒子王有仁在還鄉團是一個頭頭（可能是個班長），得知他父親的壽材被民兵指導員佔用了非常氣憤，埋葬了李銀堂當晚就帶著還鄉團回去把李銀堂屍體刨出，堆起玉茭棍燒焦拋在野地。

這是一個還鄉團報復的例子。以暴易暴是那個時代的特徵，儘管這個暴力不是將活人燒死。

八、古貝（賈先生訪談）

那會那是漢奸，不是地主。車拉上走的那會那是漢奸，抓住以後萬明上錐剜的和這不嫋【平定話，niao，四聲，指沒有關係】，那不是土改。他是漢奸，著年【平定話，被人家】逮住了，逮回圪以後，他折磨了那多少婦女，婦女們拿上刮虱篦這齒和錐在他的身上釘和剜，就是那樣往死的治了。最後底他這死的時候，樹裡邊就預備能那，在樹高頭以後把他拴起來用刺刀呼哧呼哧刺上那樣刺死的。還有紅火柱燙那種情況，那漢奸就是那樣弄。村裡這基本民兵組織起來，逮住這漢奸以後，俺村在井坡地那裡弄了四、五個那人。像外洋小了，非小了，村裡頭意思是他透露情報的那種人，作為漢奸，是村裡的，折磨起來那樣治死的。

酷刑的樣式是無窮無盡的。婦女們用刮蝨篦和錐來剜人的肉，在趙樹理的作品裡也讀到過。

九、燕龕（史先生訪談）

燕龕是路北，土改時有批鬥，但是沒有死人。不過在除奸反特時是死人了。

八路軍解放這裡後，閻錫山的隊伍走了，就把那些閻錫山的村長、保長，再有點人命案的，弄死了……。史玉全是破爛地主，把共產黨幹部交給頑固軍，有人命案。史玉全和大有小是嘣【平定話，槍斃】了的，史通是砸死的。

十、程莊（李先生訪談）

程莊也是路北，土改也比較平緩，但是除奸反特則是另外一個模式了。

我村鎮壓的兩個人我知道。其中一個是李桂祥。那時我村是四區。區政府在岔口沙浸那裡安著。區小隊都是晚上來……。區長叫董秀貞，盂縣人……。李桂祥是區小隊的財務糧秣，叫糧秣。那人腦筋特別好。不識字，全是口算，算帳快，腦筋特別好。

區小隊撤退後，閻錫山的部隊統治了我村，以及保安、後山、武家掌、辛興這一帶。我們村有個女的嫁到石坂坪，就是現在的三礦那裡。她的男人是那村的閻錫山的保長還是什麼頭頭……，因此她在新興、舊街的親戚就成為國民黨閻錫山隊伍的發展對象。然後就到這邊發展，一下子就把這裡的許多年輕人都收留到閻錫山的隊伍裡，有的是營長、保長。

後來李桂祥脫離了區小隊。我家和李桂祥他家隔著一個院牆。一個月明的晚上，我父親和他隔著院牆說，你跑一跑，躲一躲，怕有麻煩。他說，「唉，叔叔，你不讓不沾。共產黨不沾了，你去蔭營看看」。過兩天他就去了蔭營。當了閻錫山隊伍的中隊長。據說挎洋刀、拿手

槍，可牛逼了。……後來共產黨佔領優勢，閻錫山跑了。清查叛徒，查到李桂祥。……李桂祥於是跑到北京，聽說開了染坊，後來被從北京抓回來了。

另外一個是程喜全，他父親是村裡最高成分，之前被區小隊拿刀砍了的。他們父親很有本領，燕龕與北莊鬧起事來，都是他父親處理的。有人說程喜全是閻錫山的秘書，應該不是。又有人說是為閻錫山站崗的，說法不一。反正是在閻錫山的隊伍裡。後來被從太原抓回來。

李桂祥和程喜全被抓回來後，聽說在大河裡開會，審判，準備鎮壓。……聽說程喜全、李桂祥哭得很厲害。他們被綁著，民兵們看著，區小隊在高頭【平定話，上面】講話。但是他們家裡人送去飯，李桂祥哭得吃不下去。程喜全說，「吃也是死，不吃也是死。吃！」他端起碗來，把揪疙瘩吃了。

開完會後，區小隊說「交給群眾」！那一天是誰還給我倒舌【平定話，聊天】，他當時還小，但是他還記得。他說群眾上去拿木棒，榆木棒，上去一下子擼（平定話，讀 luan）倒，其他人上去用亂石頭就把你砸死了。

　　這兩位分別跑到北京和太原，但是還是被抓了回來處死。看來路北的除奸反特比土改的暴力要嚴重的多。

十一、山底（楊先生等人訪談）

　　山底村也是路北。土改時，山底村也沒有死人，但是同樣的，除奸反特就截然不同了。

除奸反特時砸死 4 個人，分別是楊一民、張子生、張二生、張銘左。當時反特擴大化，是不是特務也不一定。當時山底打出來 100 多個國特，有真的，有假的。那時擴大化，硬打，實在打得不行了，就承認

是國特了。……這 4 個人是在村裡的戲臺那地方，開群眾大會。當時臺上是主席團，主席團主持大會。主席團在臺上向他們問話，什麼時候參加國特來，在哪兒參加來等。他們也不老實交代。然後把他們拉下來，拉到臺子下面，用石頭砸死了。

幸運的是並沒有將所有的國特嫌疑處死。我們在山底訪談的另一位老先生說這 4 個人是錯殺的。但是恐怖的氣氛已經造成。這位先生說：

當時有的人因為害怕，以後就落下哆哆嗦嗦的毛病。被砸死的人，讓家裡人抬出去埋了就不管了。

另外有個教書的，害怕了，上吊死了。

楊先生說那個時候砸死人沒有標準，主要是私人恩怨。如有的人和他有仇，就把他砸死了。

十二、宋家莊（陳晉賢回憶文章）[3]

1946 年至 1947 年初，五區區公所在崔家村領導反特運動，當時我在區公所任稅契員（大約是 1946 年 7、8 月份調去的），但沒有幹成。後來又調任民政助理員，主要管各村撤退人員的撫恤供應。宋家莊 200 來口人到崔家村前先到的是兆虎岩，在兆虎岩反特時，先扣了宋家莊原村長王永崇（經過刑訊後提到平定縣處決了）；到崔家村，第二個扣的就是接替原公安員史啟發的史漢庭，經嚴刑逼供，讓其承認所以要進行反貪汙大會，是為了推倒村長李子林扶我當村長。當時區公所設在左家村，宋家莊民兵負責保衛區公所，史漢庭被押往區公所後也被處死了，然後派我和張凱下了鄉；第三個被處死的是原副村長翟星三，原因是其曾參加過三義堂（據說是青紅幫組織）；第四個被處死

3　陳晉賢，〈關於宋家莊村政權建立前後的一段回憶〉，個人收藏文章。

的是宋家莊人區公所財糧員孫自海，原因是其成分為富農。後又聽說
1946 年 7、8 月份時，孫自海和馬景岳及區通訊員去過一次轟家莊，被
頑固軍包圍在一個院子裡。他和馬景岳翻院牆跑了，一支步槍丟了，
通訊員也被抓了，他就被看成是特務，所以也被處死了。

　　這就處死了 4 個人，而且也談不上是什麼特務。尤其是在刑訊逼供的情
況下，並沒有證據說明他們是特務。主要原因是身份問題。不過陳先生沒有
講這些人是如何被處死的。陳先生自己也有被定為特嫌的經歷。

　　在此期間，田子熙讓人帶來一封信讓我回區上，我是被民兵押解到區
上的，田問我，在反貪大會上為什麼不給孫自成作證，我實事求是講
了當時的情況。田認為孫自成是黨員，而且是宋家莊的第一名黨員，
又是村黨支部書記，不給孫作證就是沒有維護黨的威信。於是就讓我
回縣民政科反省。當時我是和區公所財糧員孫某一同被送回縣政府
的。當時的民政科長叫張釗，在我回到民政科後根本就沒有問過這件
事，我可以參加科裡召開的任何會，再重大的問題，也沒有避諱過我。
回到崔家村後，無住處，就住在民兵隊隊部。

　　有一天開會，村武委會副主任田昌盛帶著一支步槍，槍裡有三發子彈，
田打瞌睡時，和他坐在一起的是李鉞，散會時，田才發現槍裡的子彈
和槍蓋都丟了，因此就將李鉞抓了起來，連夜突審。大約半夜時分，
又把我叫了去，說李鉞招了，說我和劉永孝、李鉞三人要偷槍投敵。
第二天就將我送到了區公所（在左家村），我就不知道李鉞和劉永孝
的情況了。區公所的公安助理員郭毅讓 8 個人給我壓槓子，嚴刑逼供，
我便違心地承認了。他問我投敵是誰給介紹的，誰給做的保？我只得
說是蔣介石，他氣得狠狠地打了我一把掌，就讓回去了，以後再沒有
問過我。這次對我的審訊是田子熙安排的，前後共 16 天，每天都用繩
子捆著。只不過審時緊些，平時鬆些而已。後將劉永孝和我送回 200
人在的崔家村，定為特嫌。

陳先生本人也被認為是有特務嫌疑，儘管還是基於子虛烏有的證據。壓槓子的刑法我們在其他村的土改中已經看到過了。

> 接著形勢發生了變化，咱們的軍隊開始攻打平定和陽泉，閻軍的趙承綬部來支援陽泉，宋家莊村的民兵也隨區政府退到張莊以南。在這期間，村黨支部書記孫某還讓我帶了 3 名解放軍戰士（其中有一名排長）到南城壕，成功的捉回了兩個「舌頭」。據後來有人告訴我，我所以沒有被處決，是撤到崔家村的 200 餘口鄉親救了我。他們當時就曾向全體村民徵求過處決我的意見，村民沒人吭氣，這包括村黨支部書記孫某本人。所以至今我還是感激村民對我的救命之恩，否則，我早成了極左路線的犧牲品了。

真的是生死一瞬間。陳先生本人差一點就被處決。當時徵求村裡人對他的處理意見時，大家沒有吭氣。如果真的有人敢替他說情，那個人的性命就可能不保。在那個時候，或者沉默就是最好的策略。

十三、平定縣城（董先生訪談）

我們之前就引過董先生說土改的時候，有的幹部不拿人當人，太殘忍。他還說：

> 其實說起來，日本人還不怎麼壞，平定城裡的日本人見了小孩還給個糖彈甚的。中國人壞起來是真壞，陽泉鎮壓反革命的時候有 32 個人，殺了 31 個。剩下一個西關的，金良，一貫道的。給日本人幹事，死了很多。咱這個南關有個吳團長，上去就把鬍子個揪下來了，血流滿面。咱這個當兵，新兵，準備走了，廟溝村長，在八畝岩開的會，讓新兵上圪把吳團長的腿給剁了。

說日本人不壞，應該是當時日本人已經在鞏固自己的殖民統治時，已經

過了大規模的燒殺搶的時期了。中國人和日本人在這裡的確無法比。或者應該說無論是日本人還是中國人，在那個時候，在人性中的惡被激發出來的時候，什麼壞事都可以幹得出來。這一點，我們在最後一章會深入討論。

> 日本人在的時候，剛進來時，翟國璋當過兩年偽縣長，警察局是一個姓張的在幹，縣裡還有一個姓郭的。當時是新民會的于主任挑的我的兵，張寶善是吹號的，他媽是在官家幹的老媽子，後來他媽給說了說，他給當了連長了。我父親和他媽說了說，張寶善就讓我去給趙隊長接電話、看門房，這算是跌到福洞裡了，後來趙隊長升成大隊副。我的第一個媳婦是曹體仁，東北人，公安局的官員，給介紹的，那時認下的人還是很多的。土改的時候，我當了幹部還都給他們做過手續，保過他們。比如翟國璋，就是個老綿羊的性子，和大人小孩都說話，和誰說話都笑，身上是肯定沒有命案。翟國璋後來還當過礦務局的局長。後來，我還在北京見過曹體仁。當時，回來的人都在家沒有什麼事。

所有這些人，包括董先生自己，如果是在村子裡，早就被砸死了。不過這個例子也告訴我們，無論是土改還是除奸反特，應該不會全部都像六區那樣殘酷。當然在偽政府裡工作的也有真正的壞人，至少從董先生的角度看是這樣，比如李德光。他說：

> 當地人可不行，壽陽家的李德光最壞了，公安局一等警長，鎮壓反革命把他給鎮壓了。解放了，本地的縣長們都給鎮壓了，周縣長被切了大腿，周天聲，周縣長。翻譯官徐帆雨（音譯）被逮到太原不明不白的打了兩槍打死了，他老婆一直在告狀，上面的意思是平定的事情平定解決，但一直也沒有解決。

下面晉先生的回憶也談到縣城裡對漢奸特務的處理基本沒有像鄉下那麼殘酷，儘管在 1949 年以後他們還是有很多苦日子要過，儘管他們沒有像在鄉下那樣被殺掉。周縣長和徐翻譯官的死看來也是因為身份問題。

十四、平定縣城南關（晉先生訪談）

外會兒【那時】南關孫家溝鬥爭都在一個場上鬥爭了。除奸反特咱南關沒有聽說往死的弄人。給日本人頑固軍幹過事的後底都給戴上帽什麼的了。剛開始回來農業社沒有事，後底那這運動以後，一直才把這像七隊的劉寶山，三隊的張勝林，張勝林是國民黨炮兵連連長來，劉寶山是憲兵隊，後底日本人投降以後參加了閻錫山那廂【平定話，那邊】，後來回來村了。七幾年以前就給他們戴上帽了，還住了牢改來。劉寶山住了七年呀幾年了，勞改了在蔭營，蔭營煤礦。那時候據那說文化革命時候弄這裡鬥的時候不是逼那說劉寶山有命案了。

後底聽說劉寶山在太原的時候救過好多黨員，救過好多地下工作者。在蔭營勞改礦的時候叫上救過他的那來，他不是救了誰來，在記憶中有沒有。誰誰誰，比如張三李四了什麼在裡間外間，叫出他來怎麼。那人說確實有那事，那他們怎救來，我聽說比如執行圪呀，就是執行槍決呀，眼裡說他是地下工作共產黨的人，出圪以後他朝天叽叽兩槍一推他快跑，這樣救了的。其中救過平定的郭登禮，解放以後當了太原公安局局長，最後省公安廳廳長退了的郭登禮。

如果是在鄉下，即使幫助過共產黨，救過共產黨，也無濟於事。

劉寶山倒舌【平定話，聊】過，可以說南關人沒有不知道的，那是為什麼的，因為日偽時期，日本人在平定佔的時候，這郭登禮在南關當街長，當街長下了什麼官餉是他，一部分是給八路軍，一部分是給應付日本人了。結果不知道怎暴露來了，日本人知道他給八路軍做地下工作，就把他弄到紅部，看到不行呀，日本人進圪灌涼水弄武什麼就要往死了弄。

那時候沒有別人，只有劉寶山能救。那日本人憲兵隊也屬害了，直接領人怎麼了。那時候連夜坐上火車到太原把劉寶山叫回來，劉寶山回來就去紅部把他領出來。

劉寶山給日本人幹來，最後底跟了閻錫山，抗戰以後趕解放以後，也不知道五幾年鎮反時候查出他歷史有問題了，判了他七年呀是八年。有他，還有城南街……，張會明家他老【平定話，爸爸】，小會。住了監獄回來就農村務農勞動。後底五七年什麼這就給那夥人戴上帽了歷史反革命，一直戴到鄧小平出來。七八年就開始平反，他是八二年咱南關摘帽才都摘了。

黑夜在大峪外個【平定話，那裡】演電影，廣播，大喇叭廣播，誰誰誰，誰誰誰都摘了帽了，高興地外人第二天還，那可能八三、四年了，才正兒八經給他們摘了帽。李大寶、張勝林、張士成、徐福華，這廂的張廣壁，一隊的荊從智，還有五隊的荊加啟。

搞運動，面皮溝墊地，先背起來【平定話，即把雙手放在背後】，五花大綁。可以說是鄧小平出來以前，文化革命開始鬥的時候，一開始先把這夥人弄上坵，戴帽的，都得弄上坵，有的是地主成分，劉寶山屬於是歷史反革命，劉寶山、張勝林是歷史反革命，有的是地主成分的這就是地主分子。你忘了，外會還把張小六地主狗腿子。那時候張恭什麼是積極分子，兵團紅總站就解放了，還是文革時期。

　　歷史反革命在文革時是屬於黑五類，是比地主富農都要嚴重的歷史問題。但是他們沒有像鄉下人那樣被消滅掉。

十五、平定城西關（周樹基回憶）

據周樹基先生回憶，[4]

我親眼看見在西關街，河神廟戲臺上，農會召開群眾大會，鬥爭偽縣政府財政科科長任秉鈞時，就拉在河邊，用石頭砸腦袋，給砸死了。

---

[4]　周樹基，2007 年 7 月 7 日，〈我家在土地改革的那年〉。個人收藏資料。

更殘忍的是我看著趙文秀（農會主席），用菜刀把一個小職員任登科的一隻手和胳膊給剁下來了，扔到地上還蹦蹦的跳。那臺下的群眾看了，都目瞪口呆，嚇的面色蒼白，都心想：他們究竟犯了什麼罪呢？誰也不敢說句話。西關街的鬥爭是這樣，其它街、村也是如此。那城裡有名望的開明紳士周克昌老人，平定縣高級小學校長葛小舟等，也都被打死了。當時人們感到不對頭，但沒有一個人敢說句「不」。

十六、冶西（霍先生訪談）

砸死外是反特砸了的，死人沒有幾個。村裡頭開了會弄出圪在北河砸了的。土改前那是在剛解放那陣，你不鎮壓就鎮壓不周【平定話，周＝住】，就是那時候了。土改以後，外周【平定話，那就】不能隨便往死的弄人了，外周不好弄了，外上頭就管。土改以前的，46 年和 47 年。想不上幾人來了，就是俺村的，記不住是誰們來，砸死的想不上來我記不得了。外還有在這個砸死的還有個葦池家來，叫什麼冀漢章呀是什麼，外就是砸了的，這個開了會弄出北河砸了的，後來那弄上走了的葦池的。

霍先生提到一個非常重要的問題，就是如果不鎮壓，就控制不住局勢。是否真是如此，我們到下一章再討論。從井岡山時期到延安整風，再到土改、除奸反特、1950 年代的鎮反、反右、1960 年代的文革，直到現在對「海內外敵對勢力」的鎮壓，真的是如果不使用暴力，就控制不住局勢嗎？

十七、本章小結

如前所述，除奸反特和土改是糾纏在一起但是又有所區別的運動。除奸反特針對的主要是所謂的日本漢奸和國民黨、閻錫山的特務，其中什麼階級成份的人都有。除奸反特有幾個特點是和前面討論過的國特案和土改是一樣的，比如刑訊逼供、酷刑等等，殘忍的程度也有增無減。殺人可以沒有什麼

證據，只要是有嫌疑就可以被殺掉。另外村和村的作法也會有不同，城鎮和鄉村的暴力程度也有不同。但是「純潔」革命隊伍、暴力鎮壓異己、斬草除根、拉苗斷根等等鬥爭思維與鬥爭方法是一脈相承的。當然在殺人立威之後，革命隊伍還是無法純潔，也不可能純潔，所以才有了以後的各次運動。如果說土改和除奸反特這兩章主要是基於口述歷史之上的討論，下一章則主要是基於檔案材料的討論，我們由此可以將兩者結合在一起，更全面地、客觀地看到平定縣當時的情況。

第八章
革命不是請客吃飯：全縣土改
與除奸反特的過程

　　本章將檢視在平定土改的檔案材料中所呈現的平定全縣土改與除奸反特的過程。我們會發現前兩章的口述材料和檔案材料在很多地方是互補的，前者有的東西，後者沒有，反之亦然。在另外一些地方，檔案材料和口述材料又有高度的重合性，在很大程度上證實了二者的相對可靠性。如果說上兩章是從微觀的角度來看土改與除奸反特，那麼這一章主要是從宏觀的角度看土改和除奸反特中到底發生了哪些事情。我們使用的檔案材料，使得我們可以了解上兩章的被訪者們所無法了解的過程，使得我們可以看到平定全縣的大致情況。其次，我們將總結平定土改的結果。

一、平定土改的過程

　　我們在上兩章已經通過口述歷史了解了土改的暴力情況。那麼這個暴力是怎麼形成的？為了回答這個問題，我們需要檢視一下整個土改運動的過程。我們將這一部分分為如下幾個方面：思想動員，鬥爭的組織與鬥爭策略，與鬥爭的情況。

思想動員

如何發動群眾起來鬥爭，平定縣（路南，包括平西和平東兩縣）1946 年
8 月 22 日的《翻身通報》對剛開始的情況有所描述：[1] 各地群運有了大的進
展，在一二區的各重點村都已「熱火朝天」地行動了起來，「組織進行過大
的鬥爭（如陽勝、夏莊、崔家、寧艾、東後鎖簧、南茹、馬家莊、上冶頭等
村）」，「多已扣起地主進行醞釀」。其他區「也正在組織力量，選擇重點，
了解情況，領導翻身（如六區西郊、七區柏井、三區下州（？）等，有的且
已走上行動階段（如五區的葦池、冶西、宋家莊等）」。

但是要鬥地主，就需要先對地主恨起來，這就需要思想上的動員。首先
要破除「老財不賴」的思想，搞清楚「誰養活誰」的問題。比如下面工作隊
和一個叫張增有的人的談話，就是解決這個問題的（第一頁）：

——我那年病時老財對我伺候，別人不管。

——為什麼你病了別人不管？

——因為窮。窮了就沒人看起。

——因啥窮的？

——給地主背大利。

——主家為啥伺候你？

——人家伺候咱是怕咱死了，沒人上利。

富人對你好，是為了你可以更好地為他幹活、上利。另外還要搞清楚土
地改革是「耕者有其田」，是「物歸原主地歸農民」。[2] 什麼叫物歸原主？「天
下沒有一塊土地不是農民刨下的，天下沒有一塊土地是地主刨下的。農民先
刨下土地，有了土地，才會有地主……。那麼農民的土地怎麼會跑到地主之

1　平定縣聯合辦公室（印）《翻身通報》，第三期，1946 年 8 月 22 日，平定縣檔案館，全宗號-革歷
　（似為「革歷」，即「革命歷史」，下同）／年代 1946／卷號 23／文件號 4。凡是疑似的字或者
　數字，本文會加括號與問號，實在看不清楚的用 x。

2　〈發動群眾進行土地改革佈置與大會討論結論〉（之一，之二，之三），1946 年 11 月 7 日版，平
　定縣檔案館，卷宗號不詳因為原文無法辨認。

手？……那就是封建佔有，封建霸佔，封建剝削」（第四頁）。如果說有的地主「第一轉發財也須【許】是勞動得來的。但是第二轉就是專靠剝削而成為地主的」（第五頁）。現在是物歸原主的時候了。耕者有其田「不光是農民和共產黨的主張，也是全國各地民主人士的主張」（第十頁）。這裡巧妙地「將耕者有其田」轉換為「物歸原主」，別人的東西突然一下子變成了自己的東西，也漠視了我們在口述史中所發現的不少地主富農都參加勞動的事實。

不過這些是在 1947 年 5 月平定解放後大規模土改之前。顯然在 1946 年，一些地方就已經開始了土改的實驗，並總結了一些經驗。鑑於之前的經驗，平定縣委（這裡應該是平定的路北縣委，但是路南的運作模式應該類似，儘管路北的土改暴力似乎不如路南嚴重）在 1947 年五、六月間的一次土地會議中對很多問題作出了澄清，用以指導後面的大規模土改。[3] 文件首先說此次大會是平定黨內幹部會議空前大規模的一次會議，參加者有區幹部 140 人，村幹部 70 人，縣幹部 40 人，共 250 餘人，是八年來最重要的一次會議，「是在中央局工作團來到我縣後，在楊獻珍同志親自指導下由地委彭伯周同志幫助下召開的」。會議延續了 13 天，討論深入，發言廣泛。楊獻珍親自詳細地解釋了目前的形式與群眾路線等「重大問題」（第一頁）。

「大會明確了土地改革是一件天大的事……土地革命就是農民階級革地主階級的命」，只有把平定十五、六萬農民發動起來才能完成任務（第二頁）。這就要其首先破除那些錯誤思想，比如「團結地主」，地主中有「好地主」或「善財主」等思想。這是沒有階級仇恨的表現。不少農村支部的黨員保護地主，壓制農民，給地主操心，不給農民操心。這次大會「明確宣布地主階級是敵人，農民群眾是朋友，是自己一家人；地主階級是農民的死對頭，是黨的死對頭」。「堅決幹土地革命就是共產黨員，就是真共產黨員，反對土地革命，就不是共產黨員或是假共產黨員」（第三頁）。

---

[3]　〈平定縣委土地會議結論〉（結論之一和之二），1947 年 5 月 29 日至 6 月 10 日。平定縣檔案館，全宗號—革歷／年代 1947／卷號 54／文件號 4。

因為很多幹部與黨員是地富出身，而且很多運動都是由他們所領導或者用其他方式參與的，所以首先需要查他們的思想、立場和行為。根據劉少奇1947年8月21日在西柏坡舉行的全國土地會議上的報告，「地主、富農在縣以上的機關中佔半數以上，區鄉兩級中……一般佔80%以上」。[4] 按照上述平定縣委的文件，他們需要，

> 堅決表明態度，應堅決幫助農民，給農民支腰，不要反抗；【要】勸告自己的家庭，趕快交出全部財產，投降農民。要知道今天的土地革命是誰也當【擋，下同】不住的，美蔣閻當不住，你個人也當不住……。應勸告家裡，不要反抗，不這樣不行。如反抗是反抗不了的，如反抗你的父兄還要被群眾鬥爭，甚至還要被群眾打死。你個人或者要被開除黨籍。這樣落個家破人亡……對你自己是連一點好處也沒有的（第四頁）。

1947年9月9日《新華日報》太行版第三版發表了一篇二專署辦公室、王力行、曹有壁的文章也談到了這個問題。文章題目為「領導上下決心，貧僱帶頭，二專署查擠運動成績大」。文章提到要讓貧僱農出身的幹部先訴苦調動大家的階級感情。接著由地主出身的幹部，

> 將自己家中剝削壓迫農民的惡劣事實作了具體的暴露，進一步發動了階級仇恨。以此兩種實際事情對比的結果，明確了地主即是罪惡，窮人就是道理的真理，大部認識到實現土地改革消滅地主階級是合理正義的偉大革命行動。

如果說前述5、6月份的文件對他們是個威脅，這裡則既是講道理，也在威脅。當然，這個道理在多大程度上能講得通則是另外一回事情。同一版面

---

[4]　轉引自楊奎松，〈中共土改政策變動的歷史考察（1946-1948）：有關中共土改史的一個爭論問題〉，《東方學報》，2007年，第81期，第226頁。一個相關的數字是知識分子的百分比。古德曼的研究指出，太行根據地知識分子到1940年8月已經佔到階級黨級幹部的72%，區級黨員幹部的14%，縣政府官員的74%，群眾組織中領導崗位的33%。見前引古德曼，《中國革命中的太行抗日根據地社會變遷》，第57頁。知識分子的多數應該也是富人家出身，所以改造的工作量是很大的。

還報導了幾個「富裕」家庭出身的機關幹部「跳出封建火坑」的故事（下面的段落由本書作者所分）：

> 如楊友芝同志體驗到父親是利用荒年放出十石糧收大利，才變成了二百多畝地的大地主，因此回家把全部財產退還群眾。
>
> 武興華同志也認識到了自己家庭是經營地主，不是勞動起家的富農，是剝削起家，群眾鬥爭完全應該。他自覺的談出自己過去是對抗群運、包庇地主。最後把自己保留在機關的兩個包袱、一口大鍋和去年賣了羊子入到合作社的一萬多元股金都談了出來，並退給群眾，要求群眾處理，改造自己。
>
> 文印股張修德同志經查思想後，認識到自己不是貧農，而是封建富農，不應該得果實，他計劃把果實退給群眾，把他老婆由娘家（地主）盜來的果實亦退給群眾。
>
> 財糧科楊懷望同志肯定自己父親是特務，又是帶惡霸性的地主，群眾處決，罪有應得。自己給家兄（鬥爭對象）開路條，並給了他錢叫他生產，結果叫他跑了，這完全是地主立場。
>
> 另外六個同志過去不認識自己的階級，今天弄清了。大部同志認識到封建地主的家庭就是封建社會構成的細胞，是統治壓迫剝削人民的堡壘，因此不徹底打垮就不能改造社會。封建家庭是自己進步的最大的絆腳石，不能搬開絆腳石，不能放下這個大包袱，就無法進步，非拖自己走上死路不可。

《新華日報》太行版 1947 年 9 月 21 日第三版又刊登了地富、小資產階級，甚至工農幹部如何檢查並改造自己的案例，作者為青野、統興、武強，標題為「過了大河腳上要沾泥，舊社會長大帶著髒東西：三專署不管什麼出身一齊【起】查」。幹部們停止辦公一周，集中力量查階級、查思想、查作

風（三查），[5] 反省土改以來的思想變化與工作表現。結果發現（段落為本書作者所加）：

> 地主出身幹部主要是個人和家庭分不開，有的反省出老婆被鬥，丟了自己的人；有的家庭被鬥，打算對村幹部報復；有的反省獻田是為逃避鬥爭，甚至還存在著變天思想，死抱地主階級立場不肯放鬆；還有的強調群眾對他照顧不夠，不應掃地出門。

> 小資產階級出身幹部，則反省出在土改運動中憐憫地主，清算可以，打死不對，怕過火了引起中間人士誤會，與對運動不關心，中立思想，表現了與地主關係千絲萬縷。

> 工農出身幹部，則反省出給地主當防空洞，如 xx【原文如此】同志替地主隱藏兩千餘元；又反省出工作不安心，鬧情緒，想穿好衣服，翻身當幹部後，看不起家庭原來老婆；從此才大吃一驚，思想清醒起來。[6]

> 大部同志認識到自己過去是站在地主立場而反對農民，以及有擺老資格、鬧個人問題、發牢騷等對不起群眾的事。

討論到最後，地富出身的幹部被要求和家庭劃清界限，「在立場上與家庭嚴格分開，無情的背叛本階級而真正與工農站在一起」；小資產階級幹部要「與工農在思想情緒上結合一致」；工農幹部要「拋棄腐化享樂思想」，「恢復工農本質」。

5　1948 年的三查為查階級、查立場、查工作。見太行革命根據地史總編委會，《太行革命根據地史料叢書之一：大事記述》，山西人民出版社，1991 年出版，第 283 頁。

6　給地主當防空洞的現象應該比較普遍。滿永研究的皖西北臨泉縣的土改發現，僅田橋鄉「給地主保持物質者 47 戶，中農 6 戶，鄉村幹部 11 人，計農會主任 1 人，武裝幹事 1 人，生產組長 4 人，團支書 1 人，黨支委及小組長 3 人，農會會員 24 人計分散糧食 7743 斤，其他有農具、衣物、布匹、棉衣、菸葉、燒柴、被子、銀洋、元寶等……」。見滿永，〈政治與生活：土地改革中的革命日常化－以皖西北臨泉縣為中心的考察〉，《開放時代》，2010 年第 3 期，第 27 頁。其實從某種意義上講，當防空洞才是更加有人性的表現。

同一版面還刊登了陳燕的文章，題為「本報工廠進行三查，決心要和地主分開家」，報導了幾位工人自己反省對土改的態度並坦白包庇自己家人的事實。文章說「全廠同志情緒非常緊張」。機器工人王自先談到對土改「根本就不滿意，但不得不應付群眾」。他，

> 去年獻出五間房子。因此在工作中一直不吭聲，每天考慮那五間房，如何能要回來。後來聽說這房分配給榮譽軍人，這時更加抵抗，甚至要回去報仇，因為那五間房埋有五個大缸。他在這次談出來了。

但是文章並沒有講這幾個缸裡有沒有東西。搖柄工人楊秋辰，

> 談出要與惡霸父親分家。自從他父親被群眾鬥爭後，來找了兩次，秋辰同志說，「不要來找我，你過去（20 年前）當縣官、吸料面、抽洋煙，那時為啥不來找我？現在來找我，去找群眾吧，打死你也不屈。

其實二十年前，即 1927 年之前，楊秋辰或許剛出生或者沒有出生，共產黨也剛成立 6 年而已。即使歲數更大一些，估計也沒有參加革命，因為那時革命也剛剛興起來。即使參加了革命，自己顯然也不是頭面人物，他父親不可能去找他。打版工人劉文明，

> 談出他家是中農，總害怕家中被鬥了，有時也聽人說中農不鬥爭，但半信半疑。這個包袱背背放放，一直糾纏到現在，這次才談出來。

但是談出來又如何呢？正如我們在本書中已經看到的，錯鬥中農的面積如此之大，劉的家庭是否能倖免，真的是不得而知的事情。排字工人宋進海，

> 家被鬥後，從家拿了些果實被子、棉袍、包單等，認為工廠保險。最後聽說各地挖防空洞，查封建，自己就不安心起來，整日提心吊膽，也在這次運動中自覺的談出來了。

那麼這些東西是否要「歸還」給貧雇農呢？文章沒有講。鑄字學徒李仲文，

> 談出他父親逃跑時還來對他講，讓他不要告訴任何人說，現不知跑到
> 什麼地方去了。這就包庇了地主；同時，又談出不滿意群眾鬥爭。

其實在運動中自己家人受到衝擊，甚至有生命危險，自己幫助一下，是人之常情。但是這在當時被認為是「壞思想」，只有「跟封建家庭分家，跟上農民走」，才是正道。那麼這些人到底在多大程度上認同這個想法，我們不得而知。不過應該也有在高壓下說違心話的可能。這也是人之常情，也是可以理解的，只是有些太殘酷了。但是正如本章標題所說，革命不是請客吃飯……。

這些還不夠，還需要激起窮人的「鬥爭怒氣」，要「點著火」。根據平定縣群眾運動的一個經驗總結文件，[7]

> 第一個環節是如何啟發群眾進行鬥爭的問題，也即是如何把火點起來
> （一般提法），啟發起群眾的鬥爭情緒與經濟要求（南陽勝提法），
> 或激起群眾的鬥爭怒氣（夏莊提法），或引起群眾的報復情緒（梨林
> 頭提法），或是如何把運動搞起來（南茹幹部和積極分子檢討會上的
> 提法）。總之雖然提法不一，但意義卻都一致。這一般是最難掌握的
> 一步。如果貫徹的好，運動就會推的有力，否則鬥爭即很難成功。

這裡「點火」、「復仇」顯然是很有力的說法。和前面的啟發窮人的階級覺悟一樣，該文件還提到「找窮根」「追富根」，啟發群眾的解決意識與主人翁意識。「個別訪苦」要與「集體訴苦」相結合，「培養完整的訴苦典型」。

---

7 〈平定縣群運總結〉，1946 年 10 月 13 日，平定縣檔案館，全宗號—革歷／年代 1946／卷號 23／文件號 7。

　　當然還有另外一些思想問題需要解決，比如情面問題、私利問題、良心問題等等。南茹的經驗表明：[8]

　　　　一部分落後群眾對地主還抓不破情面，在鬥爭中表現觀望，但在分配果實時卻說「人無利心，誰肯早起」，並且憑自己「窮」就該得利。抗屬「光榮」就該照顧，來要求給自己多分。部分幹部也認為自己領導群眾翻身「有功」，但沒多得上東西，也沒有受口好氣。

　　私利問題可能比較容易解決，主要辦法可能是「參加鬥爭的都得利」。[9] 但是面子問題、良心問題不容易解決。有的村幹部為地主留面子，被認為打擊了群眾的鬥爭情緒。下面是柴家莊的例子。[10] 所以他們需要「打破群眾的愛面子、命運、良心等封建統治思想」。

　　　　如劉常喜，擔任該村副治安員。他和地主馮貴成有社會關係。馮貴成的老婆是他女人的姑姑。馮貴成被群眾鬥時，他給地主說好話。群眾劉三牛恨得打地主，他奪了三牛的棒子，扔到場裡，當時打擊了群眾的鬥爭情緒，其他幹部也不理，不聲援群眾。

　　　　群眾清算地主的糧，他主動給掌斗，給地主甕裡留糧食，個別幹部執【質】問他，他還要動氣，罵群眾下賤，使地主當面向群眾打反攻，打擊群眾，挑撥幹部與群眾的矛盾。

　　　　村幹部的右傾情緒和愛面子的思想都嚴重存在著，怕得罪了地主。在鬥爭大會上，群眾給地主提出意見來，地主不接受，群眾要求幹部捆

8　平定縣聯合辦公室（印），《翻身通報》，第八期，1946 年 9 月 23 日。本期有小標題，〈南茹在分配果實中解決了幹部群眾的思想問題〉，平定縣檔案館，全宗號－革歷／年代 1946／卷號 23／文件號 6。

9　〈平定縣群運總結〉，1946 年 10 月 13 日，平定縣檔案館，全宗號—革歷／年代 1946／卷號 23／文件號 7。

10　〈平定縣第七區柴家莊村土地改革典型調查材料〉，1947 年 3 月 15 日總結，平定縣檔案館，全宗號－革歷／年代 1947／卷號 54／文件號 3。

起地主，村幹部都低頭不理。群眾情緒就冷下去。那時，區幹部才接受了群眾的意見，把地主捆起來，群眾信心才又提高。

「翻心」的辦法就是開「群眾會議，……讓他們訴苦、訴冤」，「多談過去受了老財的一些什麼欺騙剝削」。要啟發大家說「翻不了心就翻不了身。要想翻身必須得先翻心」。[11] 解決了老財不賴、誰養活誰的問題，引導窮人破除「人道」思想，找「窮根」，樹立地主「剝削」農民的思想。打破愛面子、命運、良心、人道等思想，群眾於是就能發動起來了。

看來群眾運動的確有自己的規律，上層領導，包括毛、劉等人，是知道的，所以他們一直強調不能給群眾運動潑冷水。我們會在下一章討論他們的思維方式。

鬥爭的組織與鬥爭策略

思想問題解決之後，就是組織與鬥爭策略問題了。要讓窮人感覺到自己的背後有組織，有靠山，然後才敢起來鬥地主。這是 1946 年 9 月 2 日的《翻身通報》所討論的問題，即馬家莊成立新農會的經驗：[12]

由階級自覺逐漸引導【到】組織自覺上來。大家一致說，「這回可弄清了窮人自己翻翻不了。非團結組織起來，大家一起幹不行。……就得有農會才行」。也初步對農會有了認識，樹立了組織觀念。隨後討論到什麼人可以參加農會。……大家一致認識到，「凡是過去受過壓迫統制【治】的中貧農，敢鬥爭，不走上層，就能參加」。

「鼓動」的口號是：「好農民參加農會，找靠山，訴苦翻身大家幹」，「任你怎樣幹，不組織起來不沾」，「人多力壯好說話，農民團結力量大」，「能幫窮人講個理，不給老財舔屁眼」。

---

[11] 〈平定縣第一區郝家莊土地改革典型調查〉，1947 年 3 月 2 日，平定縣檔案館，全宗號－革歷／年代 1947／卷號 54／文件號 1。

[12] 平定縣聯合辦公室（印），《翻身通報》，第五期，1946 年 9 月 2 日。本期有小標題，〈馬家莊成立新農會的經驗〉，平定縣檔案館，全宗號-革歷／年代 1946／卷號 23／文件號 5。

如何鬥爭地主，也是一個大問題。「放手問題，對封建地主是無條件的讓群眾處理」，但是對「有政治問題的」或「會道門頭子」則不宜貿然搞死人。[13] 不過這些一開始時的顧慮，一旦鬥爭起來，就顧不上了。

另外「一般的地主都是在很早就作了分散財務的準備。單用說服教育是無濟於事的。地主們的思想是很難打通的。只有打痛，才能從經濟上徹底摧垮的。同時更要認識到地主手段花樣是無奇不有的（如南陽勝地主張義予先磨白面請幹部、民兵，並準備幾個破爛包袱應付群眾……）」。要「用明追、暗訪，發動打包庇的坦白，抓住母痛兒、妻痛夫的弱點，並利用地主家的矛盾，軟勸、硬逼。運用群眾智慧是會搞出成績來的」。要反對「差不多」和「人道主義」思想。[14]

我們看過的幾個文件一直強調要「放手」。關於「放手」問題，有些縣區村幹部認為「以前是不敢打死人的思想，現在是打死人越多越好的思想」。文件認為這樣的思想是不正確的（第六頁）。[15] 另外，什麼叫群眾路線，將地主打死，掃地出門，不叫群眾路線，是主觀主義（第八頁到第九頁）。

但是與此同時，又再三強調「放手」，結果所謂「放手」就是打人，打死人。文件前後是矛盾的：「今後要放千百萬農民群眾的手」，讓他們敢說話，「既不怕村幹部，更不怕縣區幹部，更更不怕惡霸地主」（第七頁）。

同時矛盾的還有：有的幹部常常做著將地主統統打死或者掃地出門的計劃，這是「非常錯誤的，也是非出大亂不可的」。「我們的政策是從經濟上政治上武裝消滅地主階級，我們的政策並不是從肉體上消滅地主階級」。只有敵人不放下武器我們才要將他們堅決消滅（第二十，二十一頁）。但是文件又說，「怎樣發動貧農？初步意見是：採取路南的辦法……。首先明確宣布三件事：1. 地主是敵人。2. 政府要支腰，要交權。3. 農會是最高權力機關」

---

[13] 〈平定縣群運總結〉，1946年10月13日，平定縣檔案館，全宗號—革歷／年代1946／卷號23／文件號7。

[14] 〈平定縣群運總結〉，1946年10月13日，平定縣檔案館，全宗號—革歷／年代1946／卷號23／文件號7。

[15] 〈平定縣委土地會議結論〉（結論之一和之二），1947年5月29日至6月10日，平定縣檔案館，全宗號—革歷／年代1947／卷號54／文件號4。

（第二十七頁）。什麼事情都是農會說了算，這就包括打死人與將地主富農掃地出門的行為。我們在下一章將深入討論這個政策本身的矛盾問題。

黨的領導要支持「在必要時運用扣押、鎮壓等方法為群眾撐腰」。[16] 的確，《新華日報》太行版在 1947 年 6 月 25 日第二版的、以「編者」為名發表的、題為「平定有些村運動不起勁，恐係撐腰鎮壓奸霸不夠」的文章，批評了平定縣，認為他們鎮壓不夠。文章說，

> 近接平定第六期翻身小報，上載聯合辦公室對本縣群眾運動的一些意見，……【說】有些地方群眾不敢積極的訴苦鬥爭……【是因為】我們某些工作同志反映了中間人士的一些情緒……怕在運動中打人……不了解群眾所受封建良心、命運、變天等思想束縛的深重，缺乏深入思想的發動……希各同志應即進行自己思想行動的檢查……積極鼓動鬥爭情緒，放手讓群眾起來，運動定會很快猛烈的展開。

> 同日，又載四區中莊在運動中，群眾情緒低落，當時由幹部和積極分子共同研究了一下，發現群眾有如下三個糊塗思想：一、怕給惡霸地主提的意見多了，罪惡大活不成。二、怕提出意見弄不倒地主，放虎歸山，久後傷人。三、互相懷疑，怕給地主走漏了消息，把自己暴露出來。當抓住問題的重點，揭破辦法如下：經過階級教育，認清了敵人是誰，死不死在於群眾。響亮的提出了「天下農民是一家，團結起來不怕他」，才打破怕地主思想。把糊塗思想打通後，運動逐漸展開了。

> 我們認為平定這部分村莊運動未開展的主要關鍵，是領導上自上而下給群眾進行撐腰作主不夠——將大奸霸等予以逮捕鎮壓。辦公室提的意見中，只強調了深入思想發動，未強調提及堅決逮捕鎮壓奸霸，為群眾撐腰作主，是不夠全面。中莊群眾怕「提出意見弄不倒地主，放

---

[16] 〈平定縣群運總結〉，1946 年 10 月 13 日，平定縣檔案館，全宗號—革歷／年代 1946／卷號 23／文件號 7。

虎歸山，久後傷人」的顧慮，反映了只要用行政力量鎮壓奸霸，不怕「久後傷人」，就敢幹。「放虎歸山」，恐也就是反映了我們對奸霸鎮壓的不夠。以上意見，僅作參考。

　　所謂鎮壓，就是殺人。《新華日報》代表中央的意見，他們的經驗告訴他們只有暴力才能將群眾發動起來。暴力土改於是便必不可免。那些認為「過火」的思想是不對的，正如《新華日報》太行版 1947 年 10 月 15 日第三版上面的文章標題所說：「訴苦中喚起階級自覺，地主富農出身同志，認清地主罪惡，深感運動並不『過火』」。

　　另一個文件總結說：[17]「領導上不要害怕過火。某一真正罪大惡極的惡霸，只要百分之九十的農民同意，願怎樣處理就怎樣處理。一般的只是不要從肉體上消滅地主……」（第二頁）。又是前後矛盾。

　　聯村鬥爭是另一個重要的策略，[18] 避免了本村人不好意思鬥爭本村人的面子問題。「由於沒了地緣和血緣的顧忌，往往火藥味和血腥味更足，『亂打亂殺』現象更嚴重，以致與地主有血緣、親緣關係的貧雇農也成了鬥爭的犧牲品」。[19] 我們的口述史也提到了外村人參加本村鬥爭的情況。比如我們在上一章描述的南坪村的除奸反特大會，打死了 10 個人，就有上莊村的農民參加。

　　無論如何，在開鬥爭會之前，農會要先確定鬥誰，打死誰。下面摘錄的關於固驛鋪群眾運動的描述或許可以給我們一個比較清晰的圖景。[20]

---

[17]〈中共平定縣委關於老區目前土地複查的指示〉，發至各區各小組，1947 年 5 月 23 日，平定縣檔案館，全宗號－革歷／年代 1947／卷號 49／文件號 6。

[18]〈平定縣委土地會議結論〉（結論之一和之二），1947 年 5 月 29 日至 6 月 10 日，平定縣檔案館，全宗號－革歷／年代 1947／卷號 54／文件號 4，第 15 頁。也見平定縣黨史研究室，《平定縣（路北）解放鬥爭史》，1990 年，第 66 頁。

[19] 張昭國，〈動員結構與運作模式：土改運動中農民「過激」行為的原因分析〉，《成都大學學報》（社科版），2008 年第 3 期，第 6 頁。

[20]〈固驛鋪村群運情況〉，平定縣檔案館，全宗號—歷史／年代 1947／卷號 15／文件號 4。下面的號碼為原文所有，段落為本書作者所加。

1. 八月三十一日開始在農會小組裡醞釀起來。初開始是由領導區村幹部從農會中抽出來的一些溫和分子，原來和幹部靠近的人，經過兩次，分了兩組的醞釀，提出了一些問題。初開始幹部與積極分子非常秘密，恐怕地主知道了，又怕不穩定的人知道了……雖這樣發現了一些問題，對準了封建，經領導來研究後認為發動群眾仍還是不放手，不敢放手……。

2. 原來由小組小型會（有兩次的有三次的）到集中起來動員，解除思想顧慮。初提出集中動員明確封建及奸霸。【開始】幹部積極分子還怕群眾對不準封建思想，怕地主逃跑。對怕跑也作了研究，分析對象。……【討論了】咱村的反封建是不是徹底（政治上經濟上），貧困農民是否翻透了身。列舉事實，【對比窮人與富人的生活，看】被壓迫的苦水倒了沒有……咱們翻了身沒有，是否願意翻身。最後提出最響亮【的口號】，是領導是堅決給群眾作主，不只是給幹部積極分子作主。因以往鬥爭了的地主和幹部仍是在關係上很好，如特務地主王有田和幹部伙搞生產，當採購員，東跑西串【竄】。將這樣問題均作了解決。最後號召是會員要和地主封建徹底分開家。因知道有不少基本群眾因【一】種人【事】關係，給地主保藏財務，號召自報出來，不單不處分，【反】而表明和地主階級分清家。地主的財產是苦勞群眾的血汗。……

   小組會上明確十餘戶封建地主根本沒有好好反過。有的根本沒有反過，有的是反大地主時捎了一下，如清算公共帳時捎了些，每戶出 20 石小米，但也沒給了群眾。並認識了土地仍在地主手裡集中著，如地主與封建富農十餘戶除自行分散土地外仍還集中著 300 餘畝土地家未動【原文如此】。內貨根本沒拿。

   經過算歷史估家當，一致認識了地主的實力仍然存在，並在大會與地主徹底分家。自報給封建地主保存東西的有 40 餘戶。天氣不早了，大家仍不想散會。最後大家說下去了再報，因為女人老人保存的還不知道。

對地主有了【實力這個問題】明確了，但怕地主逃跑了。在會上想辦法管制起來，均同意把地主扣起來。

扣起地主後，群眾放下了顧慮，分小組討論（依農會小組），在【再】追窮根，追到地主對農民的剝削與壓炸【榨】，更明確了。

原來準備醞釀兩天就開鬥爭會。因為下雨不能開大會，又多醞釀了兩天。在小組會，不但找見自己的痛，並自然【想到】鬥倒後對封建地主的具體處理，分清對象的事【是】非輕重，分別作了研究。最後一致認為地主有當了特務的，抗日時期與反頑時有血債的，應還命。

在三四天的小組會【後】，集中過兩次大會（農會），一致通過要打死特務地主七人（有 x 債血債的）。七人內有兩個沒血債的，是大惡霸，群眾最憤恨。又決定了對象多分兩次鬥爭。

開鬥爭大會時間是剛下過雨，群眾均在安心參加反封【建】。第一次，參加大會人有 200 來人。大會訴苦的有 102 人，並有六七人在訴苦時（李小怪、有根等）冤苦的很大時間說不上話來。有【在】大家的掌腰聲下，一一的向地主惡霸訴出苦來。

訴苦會上有六個老實農民痛哭流涕，整【震】驚了全體群眾，訴倒了封建。到底也未提完意見。時間太長了，群眾要求讓鬥爭對象一一的答覆。在答覆群眾，在追政治問題時，特務地主避重就輕的態度極【激】起群眾拷打了四個鬥爭對象，其餘均在群眾面前低了頭。

在追要果食【實】中打死了李貴柱等四人，內有女人二人。自殺的三人。

接著開始第二次鬥爭了。被鬥爭對象是十三人，內有還鄉團回來的兩人。由於對象多，大會訴苦的人比第一次又多了，大會訴苦人數 112 人。因提意見人數多，時間也長了，未完全提完就讓鬥爭對象答覆。在答覆當中，四個對象挨打。

這次在追果食【實】當中，鬥爭對象均被打，並打死地主李愛生的媽。

　　固驛鋪的文件告訴我們訴苦大會是如何策劃的。當然實際過程比策劃的更複雜，打死的人也比計劃的要多。本文件沒有給出打死人的數字，但是我們在後面引述的另外一個文件給出的數字是，固驛鋪村在九天內，大會打死14 人，自殺 5 人，追果實追死 7 人。自殺與追果實打死的人顯然是在計劃打死的人之外的。

　　圖 8.1 和 8.2 描述了上海地區土改發動的情況，應該和平定非常相似，可以供讀者參考。[21]

圖 8.1　上海地區鄉村幹部研究如何發動群眾的情況應該和平定的情況類似

---

[21]　中華全國美術協會上海市分會（主編），《土改素描集》（上海：電化教育出版社，1951）。

圖 8.2　上海地區農民代表討論土改報告內容和平定討論要鬥哪一位的情況類似

鬥爭的情況

關於路南的情況，1946 年的一個平定縣群眾運動的總結文件給了一些數據可供參考。[22] 下面是原表的複製，「經地」為經營地主。原表中沒有四區和六區的數字。

表 8.1　鬥爭對象（戶）

	地主	經地	富農	中農	貧農	合計	備考
一區	13	20	16	13		62	5 個村
二區	11	55	92	36	11	205	28 個村
三區	15	35	16	23		89	9 個村
五區	13	14	12	11	1	42	5 個村
七區	12	10	33	1		56	2 個村
共計	64	134	169	84	12	454 戶	49 個村

---

[22] 〈平定縣群運總結〉，1946 年 10 月 13 日，平定縣檔案館，全宗號－革歷／年代 1946／卷號 23／文件號 7。

每村平均 9 戶多一點，和下面給出的路北數據相若，儘管路南用戶、路北用人來計算。該表的附加說明給出了兩個區各五個村的非正常死亡人數：「一區五村打死地主十一人，自殺五人，逃跑十人；二區五村打死地主七人，自殺七人，逃跑二人」。換句話說，在這個時期，根據這些數據，每村非正常死亡約 3 人。

但是也有非正常死亡人數較多的村子，比如三區長安村。[23] 該村的土改總結指出「鬥爭四十戶，佔全村總戶二百零八的百分之十九點一八，並打死迫死二十七人，計有迫死十四人」。一個村子非正常死亡達到 27 人，不可謂不多，約為前面那幾個村子平均數的 10 倍。

路北的鬥爭面也很寬。一份縣委宣傳部所編的題為「平定縣土改工作總結」的文件提供了兩個表格，可以讓我們看到批鬥的面積有多大。[24] 下面是原表複製，表名為作者所加。兩表原來的統一題目是「鬥爭情況表」。

表 8.2　三個地區被封門戶數和被扣人數及其階級成分

區別	村數	封門戶					扣人				
		共戶	地	富	中	貧	共人	地	富	中	貧
一	26	392	94	202	95	1	328	84	113	112	19
二	25	433	99	197	137	2	318	78	117	113	10
七[25]	13	259	39	86	124	10	117	20	56	35	6
共計	64	1084	230	485	356	13	763	182	286	260	35

從上面的數據來看，在這三個地區，每村平均有近 17 戶被封門，近 12 人被扣。不僅中農戶被封門，貧農戶因為查三代升級後也被封門。「一區西頭嶺村全村 115 戶人家，竟有 55 戶劃成地主富農被封了門。查三代追老根，

---

[23] 〈平定三區長安村結束土改與整黨簡結〉，平定縣檔案館，全宗號－革歷，年代應為 1948，其他信息不清楚。

[24] 宣傳部，〈平定縣土改工作總結〉，平定縣檔案館，全宗號-革歷／年代 1949／卷號 49／文件號 21。

[25] 平定縣黨史研究室編《平定縣（路北）解放鬥爭史》第 124 頁說是一、二、三區，但是村數和封門戶數相同。

把用月工、短工的中農劃分為富農，大量拔高了階級成分，打亂了階級陣線，中農普遍恐慌……」。[26]

表8.3　三個地區被清算財產戶數和被大會小會鬥爭人數及其階級成分

區別	村數	清算財產戶數					大會小會鬥爭人				
		共戶	地	富	中	貧	共人	地	富	中	貧
一	26	381	98	194	86	3	228	94	106	24	4
二	25	236	41	85	108	2	179	37	89	51	0
七	13	167	30	94	42	1	226	48	101	13	6
共計	64	784	169	373	236	6	633	179	296	88	10

從上表看，每村平均有 12 戶被清算財產，近 10 人被鬥。

需要注意的是，上面兩個表格中的數據都是路北的數據，路南會更嚴重一些。而且這些還不是所有地區的數據。不過據常識判斷，其他區村的情況應該類似，因為中共的工作是做得非常精細的，不會漏掉任何村莊。上面這些數據的蒐集，其細緻也是讓人嘆為觀止的。根據同一個文件，當時「全縣共七個區，68 個小區（即鄉），294 個行政村」，共人口 177,553。

一個題為「七區群運概括」的文件，談到了平東的情況。[27] 文件說七區（如柏井、柏木井、張家嶺、新關、舊關、固驛鋪、大小梁江等八個村）一開始「放不開手」，「並且放的對象多是代【帶】反奸性的，如柏井、舊關、新關等，均反了九個漢奸地主（公開的）。直至九月初，才開始比較大幹開。固驛鋪、柏井一下扣起二十餘個地主富農，柏木井扣起 8 個，固驛鋪扣起十九個。這樣給群眾撐了腰，在發動反封建【上面】更加明確了些」。

在這段反封建地主與奸霸、富農、富裕中農【的運動中】，柏井村反了奸霸地主 21 戶，群眾打死奸霸地主 3 人；柏木井反了封建地主奸霸

26 同上。

27 〈七區群運概況〉，1947 年 9 月，平定縣檔案館，全宗號－歷史／年代 1947／卷號 16／文件號 2。

富【裕】中農13戶，打死6人，自殺1人，是大特務李偉，原在司法科被扣，搞回來未反就投井死了。又逃跑了1人，李奐堂，原來的小學教員。張家嶺反了封建地主富農4戶，鬥爭的很不起勁，一天一夜鬥不倒地主……地主在會上隨機硬【應】變，表現了群眾不自覺（願意鬥爭，不敢鬥爭）。新關反了奸霸4戶，打死兩個罪大惡極的公開漢奸。舊關反了奸霸地主富【裕】中【農】等7戶，打死兩人。大梁江反了封建地主7戶，以前也被算過帳，在反的過程中自殺1人。小梁江反了封建地主6戶，以前反過4戶，沒反過的3戶，打死漢奸一人，是該村地主。固驛鋪反了19戶封建地主與富農，是從九月初開始的，【從】發動起【來】到鬥完九天，打死了14人，自殺的5人。在追果食【實】當中，追死了7個。大會打死【的人中有】7人【是】特務地主。

從以上動起來的村莊看，只佔全區村莊的二分至【之】一（半數）未動【原文如此】。在反的面積也不大，封建仍未均被反。如固驛鋪雖反了19戶，仍有三四戶封建富農沒被反。現根據全區情況，反封建是相當不徹底的，特別是後邊村莊（山上村莊）。

從這段敘述來看，讓人感覺到當時打死與自殺的人數越多，則土改越成功，反之亦然。左比右好，寧左勿右。文件認為反封建不力的原因是幹部思想有問題，脫離群眾，有的還和地主勾搭。文件說山上有五個村莊還「根本沒有發動」。

有些村也早想反一下，但缺乏具體指導與幫助解決問題，如塞馬嶺，看見別村反的轟【轟】烈【烈】的，他們也馬上扣起幾個地主來。如何反與處理，村幹部沒有明確的方針，不敢放手大膽發動群眾。柏木井也同樣，如扣著地主未反，被自殺與潛逃等。也是由於不大膽放手放權，或發動的遲延，所以會出問題。

　　《新華日報》太行版 1947 年 7 月 23 日的一篇由鞏生榮、李秀峰、馮庭棟署名的，題為「平定擴幹會上清算部分同志不放手撐腰作風，放權給貧雇農即將開展二次運動」的文章，討論不敢放手放權的原因。文章報告了五個原因，即「糊塗思想」。一、認為貧雇農幹不了，「不沾先」，「一放就大亂了，說什麼也不能放」。二、不相信貧雇農，不敢大膽給他們撐腰。三、「放權後，怕打死人過多，掌握不住」。四、運動要慢慢來，先抓大頭子，再鬥地主，然後追果實。五、先進村子已經沒有什麼油水了，「只留下幾個中小地主，沒有什麼鬥爭必要」。這些思想顯然都是右傾思想，討論的結果是要大膽放手，開展第二次運動。左的思想與做法再次佔了上風。該擴幹會議是 7 月 5 日召開的。其實那時平定已經開展了「轟轟烈烈」的土改運動，平定城關已經鬥爭過並且打死了郭少甫和周克昌等人（見後面的敘述）。很難說沒有「放手」。

　　很多地富外出逃命。另外一個關於柏井的運動文件中，有一個在逃人數表格。[28] 由於原文寫在很薄的書頁的背面，書裡的字透過薄紙滲透到背面，和文件的字有時候重疊在一起，所以看得不是很清楚。但是還是可以發現柏井村逃走的人數很多：全村在外逃亡者，地主有男 33 人，女 16 人；經營地主有男 8 人，女 5 人；中小地主有男 1 人；封建富農有男 4 人；富裕中農有男 4 人，女 3 人；中農有男 11 人，女 2 人；合計男 66 人【應為 61 人，原文有誤），女 36 人【應為 26 人，原文有誤）。但是無論如何，一個村子近百人逃亡，也是一個不小的數字。但是在命懸一線的時候，在生死一瞬間的時候，逃亡或許是生存的唯一可能。

　　關於土改中的除奸反特情況，1947 年一個名為「匯報記錄」的文件做了一些討論，現在摘錄如下：[29]

---

[28]　〈柏井村調查材料〉，1947 年 9 月 18 日，平定縣檔案館，全宗號－歷史／年代 1947／卷號 15／文件號 3（？）。

[29]　〈匯報記錄〉，平定縣檔案館，全宗號－革歷／年代 1947／卷號 52／文件號 21。這裡是「匯報記錄」裡面的第一個文件，題為〈大會討論（1947.3.29 號）〉。

今後要做的是：發動群眾、組織群眾、整理組織、審查幹部、幫助農民組織鬥爭、開展反特除奸運動。……光紅土凹【村】農會就清洗出 4 個特務，工會一個，婦【女】會還有好幾個。這才真正是整理組織審查幹部。

換句話說，如果沒有清理出來特務漢奸，工作就沒有做好。

「群眾對特務仇恨大的，打死他，大放手」。政策法令不允許的，如果領導放手，就是無組織狀態。「如果是特務頭子，群眾要求」將之「打死，也可，可是要做到少捕少殺。群眾起來打死扣起不是危範【違反】法令」。會議批判了「九條照顧超過了一條方針」的做法，認為是忽略了農民利益，是為「地主惡霸的性命」「操心」。這個會議是 1947 年 3 月 29 日召開的，而平定的土改是在 1947 年 5 月平定解放之後大規模開始的，所以在時間上也正好可以解釋暴力土改的政策因素。

一個關於土地法的和土改政策的文件說要「防止右傾和左傾」以及「機會主義」，[30] 但是最終還是群眾說了算，寧左勿右，這也是我們在檔案文件中看到的幹部檢討的問題之一。於是就發生了我們在口述歷史中聽到的諸多荒唐無理的悲劇故事。

政府也承認錯鬥的問題，並承認錯鬥面積很大。對此，1947 年 11 月結束土改的綜合報告中有一總結。[31]

平定路南十區除八九區和其他地區的少數村莊外，其他各區村莊過去錯鬥面比較大。如四區 xx 結束土改的 x 家莊村，全村才 116 戶，鬥了 31 戶，錯鬥戶佔 25%。一般的在百分之十上下。同時有些村的被鬥戶，許多是掃地出門了。如現在結束土改的一區泉頭村，全村九【十】8 戶，

[30] 〈土地法和土改政策的要點和總的精神〉，平定縣檔案館，全宗號－革歷／年代 1947／卷號 52／文件號 4。

[31] 葛宜生，〈十一月份結束土改工作綜合報告〉，平定縣檔案館，全宗號—歷史／年代 1947／卷號 15／文件號 5x。文件末尾註明，「此報告辦公室秘書處幫助整理材料，縣委書記葛宜生執筆，11 月 28 號」。

門了 13 戶，錯鬥了 9 戶，完全掃地出門了。總之錯鬥面大，有許多都是掃地出門（春夏安補了一些）。

當時路南分區的情況是：[32]

一區：東西鎖簧、大石門、寧艾、梨林頭、桃葉坡、神峪、西白岸、東郊等。

二區：南茹、馬家莊、南陽勝、下莊、南北後峪、崔家、范家莊、馬郡頭、蘇峪、蘇村等。

三區：上龍泉、松塔、南北下州、郭村、x 陽等。

六區：西郊、石門口、東山等。

七區：柏井、橋頭等。

八區：石窪、東回、井芝峪、西回、瓦嶺等。

另外在檔案中我們看到兩個名單（缺檔案文號），記錄在某某人的名下打死的人數。不知是這個人參與打死這麼些人呢，還是在這個人的領導下打死這麼些人，抑或是這個人在匯報他們那裡打死了多少人。不過在同一份文件中，前面有「停止殺人指示後，六區劉子義在審訊中打死貧農一名，特務」，所以或許這裡說的是個人打死人數，至少是參與和領導吧。當然誰打死人不重要，重要的是打死人了，而且為數不少。我們將兩個名單整合在一起，包括如下這些人名：

李順來，五四【指示】【下同】前二人，後二人，共打死四名
　　　地主二名，【以】特務，漢奸【名義】打死
　　　富農二名，公開漢奸，大會打死

---

[32] 原文是根據村莊分類整理出來的一個村莊名，但是不包括各區所有的村莊，我們在這個文件中也沒有看到四區、五區、九區、十區的村莊。見〈平定縣群運總結〉，1946 年 10 月 13 日，平定縣檔案館，全宗號—革歷／年代 1946／卷號 23／文件號 7。

李枝業，五四前一人，後四人，共打死五名
　　　　地主三名，大會打死特務三人
　　　　公開漢奸二名，公開打死

李Ｘ保，五四後，共打死五名
　　　　地主三名，被鬥後大會打死
　　　　貧農二名，公開漢奸打死

蘆愷，　五四前，打死一名
　　　　中農一名，反特打死

吳秀明，五四後，共打死九名
　　　　富農五名，都是公開漢奸，被鬥爭打死
　　　　中農三名，都是公開漢奸，被鬥爭打死
　　　　貧農一名，都是公開漢奸，大會打死

周家庭，五四後，共打死四名
　　　　地主一名，鬥爭打死
　　　　富農二名，一名的漢奸，一個是鬥爭打死
　　　　貧農一名，【與】敵人連洛【聯絡】Ｘ，大會打死

三人打死九名
　　　　貧農一名，特務
　　　　中農二名，治村公司任事
　　　　富農二名，被鬥後，特務，打死
　　　　地主四名，被鬥後打死

張守毅，五四指示後，共打死十九名
　　　　地主富農十八名，鬥爭打死
　　　　貧農一名，公開漢奸打死

　　李六孩，五四後，共打死七名

　　　　地富六名，鬥爭打死

　　　　貧農一名，以追要果實打死

　　王慶榮，五四後，共打死三名

　　　　富農一名，被鬥，又是治村長，大會打死

　　　　貧農一名，是公開敵三團漢奸

　　　　特派員一名，是公開大會漢奸

　　李有生，共打死七名

　　　　富農三名，被鬥打死，（其中特務一人）

　　　　地主二名，反特打死

　　　　中農一名，反特打死

　　　　貧農一名，反特打死

　　李柱小，五四指示後，共打死二十三名

　　　　富農十一名，被鬥打死（都是特務，在反特中打死）

　　　　地主五名，被鬥（都是特務，在反特中被打死）

　　　　中農三名，反特務打死，公開漢奸

　　　　破落地主一名，公開漢奸，大會打死

　　　　貧農三名，公開漢奸二人，特務一人，大會打死

　　李小旦，四五年，共打死三名

　　　　富農二名，被鬥反奸中打死

　　　　地主一名

　　婦女們也積極地參加了鬥爭。《新華日報》太行版 1947 年 9 月 5 日第三版，發表了鞏生榮的一篇報導，題為「平定城關七千餘婦女參加鬥爭，吳素梅主席是模範」。文章說吳素梅是東門街婦女會主席，

她才二十歲，出身赤貧，父親靠擔水賣燒土求生，母親是給地主家洗衣打雜，受盡折磨。這就是她在訴苦場裡、鬥爭會上最積極的根由。

蘇桂芳的男人，在地主周克昌的指使下，被閻偽搶去當了兵，落得無法生活。鬥爭會上，她是不落人後的。十八歲的岳雲，現在也是婦女會的常委。

敢說敢鬥，能打能算。東門街共有五十二個翻身小組，其中有二十個組長是婦女擔任；分配果實評議委員會，共二十個委員，其中有十人是婦女。學門街的鬥爭會上，當頭出面的大部是婦女，說訴就訴，說打就打。老太婆、小閨女都拿著錐【原文不清楚，但應該是「錐」字】子、剪刀，狠狠的給她們最痛恨的惡霸刺進去。

另外這個文件在「經驗」一部分，談到了當場打死人的效果：「群眾打死人當場效力很大。如拉到會場外，這情緒即不集中」。這顯然是當時他們摸到的群眾如何才能發動起來的措施。參加鬥爭大會的有男人 560，婦女 145，兒童 111，完小學生 90。

另外李英花的盒子槍，「對群眾應【影】響很大，特別是黨員幹部。提高了階級鬥爭之積極性，刺急【激】了 xx。群眾說咱打死他一個，否則將來他打死咱們不知多少呀」。怕報復，也是一個很重要的施暴的原因。

其實各級領導幹部並非不知道左的問題。平定縣委還翻印了土改時期習仲勳的講話，其中討論了「左比右好」的問題。[33] 習說，

有些同志有好幾個思想問題沒有解決。他們還想著「左比右好」，卻不知道右了是機會主義，「左」了也是機會主義，都不是馬列主義，都對革命有害。有些同志藉口「群眾情緒」「群眾要求」，不願改正錯誤，其實黨的政策必須代表大多數群眾的長遠利益，不能跟著部分

---

[33] 〈土地改革中的糾偏和整黨工作：習仲勳同志在綏德義、延兩區工作團會議上的報告〉，平定縣檔案館，全宗號－革歷／年代 1947／卷號 56／文件號 x。

群眾暫時的利益跑。那叫尾巴主義，不叫作「群眾觀點」。但有些同志往往不容易想透，糾「左」往往比糾右還難一些。

但是歷史證明習仲勳是錯的，歷史發展的結果總是「左比右好」，左比右要吃香，當然那也是歷史的悲劇，因為習仲勳這樣的人以及接他的班的人在共產黨內少之又少。連他的兒子都沒有接他的班。

二、鬥爭的結果

暴力鬥爭有兩個結果。第一個是沒地少地的農民得到了土地以及各種自己從來沒有過的財物。第二個是很多人為此失去了生命，被打死或自殺，這些我們在口述史中已經看到了很多。下面我們來看檔案中這兩方面的情況。這些數字肯定不完全，或許還會有錯誤，但是它們至少告訴我們一個大概的情況。然後我們會來看一下對有問題的幹部的處理情況。

土地與財物的再分配

鬥地主的直接好處是沒收地主富農以及錯鬥中農的土地與財物，然後再將其分給貧下中農。《新華日報》太行版 1947 年 6 月 19 日第二版刊登了由雪樵、仲雨、朱英、秀峰署名的文章「平定城關第一仗：收回土地千多畝」，記述了鬥爭地主郭少甫的情況。因為文章較短，現轉錄如下（其中的阿拉伯數字，原文是中文數字）：

平定城關農訓班結束後，各積極分子受訓群眾回去即進行了串通【原文如此】，在短短的兩天內，團結了廣大群眾，開展了轟轟烈烈的鬥爭。全縣臭名遠揚的大惡霸地主郭少甫，在群眾激烈訴苦復仇聯合鬥爭下，已向群眾低頭認罪，其餘地主，群眾正回各街分別進行鬥爭。現第一仗已打勝，計收回土地 1212 畝，包袱 571 個，元寶 67 斤，銀洋 1360 元，糧食 122 石，洋布綢緞 104 丈，房子 135 間，其他被褥東西正在清查中。群眾情緒非常高漲，正準備第二次鬥爭。

那麼第二次鬥爭的情況如何呢？《新華日報》太行版 1947 年 7 月 15 日在第二版發表了一篇題為「二次鬥完三次就上：平定城關連續鬥爭」的多人綜合報導文章，說農會首先清除了「混入領導的壞分子」，如十字街的「積極分子」李川生（給敵人當過便衣），以及賈如山。當時區幹部認為只有這些人才能幹、敢幹，「老實人辦不了事」。最後他們認識到這些人「對我離心」，結果讓「純正農民」如吳志祥上臺當了工農會主席，「運動更猛烈開展了起來」。這一部分的小標題是「清除壞人鞏固陣營，一切權利歸工農會」。文章說，

> 經過再次深入訪苦發動落後，啟發了群眾更高的報仇情緒，鬥的猛，追的狠，一氣鬥倒奸霸頭子周克昌等 49 個，特別是貫徹發動群眾向地主追要隱蔽果實，使行動更加猛烈，被鬥地主嚇成「一地雞毛」，均低頭認罪。

我們沒有找到文獻數字，所以不知道這 49 人是否都被打死。但是我們知道周克昌和郭少甫是被打死了的。文章說「二次鬥爭戰果」「計收回」2117 畝土地，1 萬 5520 件衣服，467 石糧食，1 萬 1889 元銀洋，30 餘斤元寶，28 兩赤金，「整個成果比第一次多三分之二」。下面是第三次鬥爭的情況，這一部分的小標題是「七一前夜通宵鬥爭，以勝利給黨做生日」：

> 二次鬥爭勝利後，在「趁熱打鐵一鍋煮熟」的口號下，於「七一」前夜，群眾要以加快消滅封建的實際行動，紀念黨的二十六週年生日，接著進行了第三次鬥爭。是晚（六月三十日）群眾鬥爭火勁空前高漲，燈光閃閃下，組成了千餘人的鬥爭大會。會上群眾爭先恐後的控訴著奸霸地主的壓榨剝削，群情激動，聲勢浩大，從六月三十日晚八點開始，到七一早六點通宵鬥爭勝利時，於晨光中迎接了招展的紅旗。是夜又鬥倒惡霸地主張自高等 37 個。

　　根據我們訪談口述史的資料，周克昌與武銘勳是在這一次被砸死的。在財產方面，「收回」包袱 1100 餘個，衣服箱 120 餘個，現洋 2576 元，赤金手鐲 7 隻，金戒指 24 個，赤金耳環 12 副，大小元寶 53 個。他們還在繼續追討果實，準備分配。另外，在小標題為「全縣運動猛烈發展」的部分，文章說，

> 一區常家溝等四村，於五天內鬥倒奸霸地主趙殿邦等 25 個，收回土地 470 畝。三區只徐峪溝等二村，即鬥倒奸霸 17 個，收回地 200 畝。四區 13 個行政村已全部掀起鬥爭。五區南莊村第一階段鬥爭已結束，200 餘畝土地還家。六區發展更為猛烈，24 個村子在 10 日內，運動已獲初步勝利，收回土地 1500 畝。七區柏井群眾，已將漢奸地主李必勤、李有成處死。

　　但是這些還遠遠不夠。如前所述，1947 年 7 月 5 日的擴幹會議上批判了各種右傾思想，提出還要放手放權。[34] 於是另外一篇《新華日報》太行版的文章說會議後的八天內，平定城關又，

> 鬥倒奸霸地主 123 個。鬥出果實 x 包袱 1300 個，赤金三斤十一兩，戒指耳環 102 個，糧食 415 石【中間數字看不清】，銀洋 2417 元。其他土布、洋布、綢緞等大部東西。現正分配果實繼續鬥爭中。[35]

　　另外一個關於幹部多拿土改果實的情況表，是一個幹部退賠的記錄。[36] 包括未退果實名稱，何時何地拿的，還是買的、送的，出過多少價，是否補償過，個人意見是退還是補償，小組意見，最後有本人蓋章確認。在這裡我們可以看到他們當時從被鬥的地主富農那裡都拿到一些什麼樣的財物。現在將部分情況總結如下：

---

[34] 關於此次擴幹會議批評「錯誤」思想，決定放手放權的報導，見翟生榮、李秀峰、馮庭棟，〈平定擴幹會上清算部份同志不放手撐腰作風，放權給貧雇農即將開展二次運動〉，《新華日報》太行版 1947 年 7 月 23 日。

[35] 見《新華日報》太行版，1947 年 8 月 3 日文章，標題為「清查農會擠壞蛋，貧僱當了總司令！」

[36] 〈平定縣未退果食【實】情況表〉，平定縣檔案館，全宗號－革歷／年代 1947／卷號 14／文件號 12。

任德永，布匹三尺（小布），包袱皮一個，手巾一塊等

梁裕禎，被子一個，褥面一個、手提箱一個，杓一個等

郝貴庭，襪子一雙，手巾兩塊，口琴一個，電筒一個，小保險燈一個，哨子、茶碗各一個等

李蓮芳，洋布七尺，冀鈔 1650 元等

孟慶義，棉花一斤半，毯子一塊，兩鞋一雙，坐【座】表一個，眼鏡一個等

胡世祥，眼鏡一架，口琴一個等

張布英，洋盆一個，布包一個等

郝孝智，黑布一尺，紅緞一方塊等

李慶林，襯衣一件，軍帽一頂，襪子一雙，牙刷一個等

李永清，白面五斤，馬褂一件等

武曾玉，布匹三尺，八音琴一個等[37]

被打死與自殺者的數據

如前所述，幾次鬥爭，各地都有人被打死。一個文件說柏井一次鬥爭打死三人，另外一個文件說逃亡近百人。[38] 當然這些，在《新華日報》除了提到個別人之外，其他被打死的人基本沒有提及，如何被打死也沒有提及，更不用說自殺的人了。不過《新華日報》的文章，由於記者的渲染，相較於土改通訊，更能讓我們體會到當時的氛圍。

《新華日報》太行版 1947 年 7 月 21 日第六版發表了雪樵和仲雨的署名文章，「平定翻身運動中的四點經驗」，說到平定新區在全縣 114 個村莊開展了「反頑偽奸霸地主、耕者有其田」的運動。「僅 40 天，鬥倒了 813 個大頭子」。文章沒有講多少人被打死。《新華日報》太行版 1947 年 10 月 5 日

---

37 關於土改中的幹部政改，見黃道炫，〈洗臉：1946 年至 1948 年農村土改中的幹部政改〉，《歷史研究》，2007 年第 4 期。

38 〈七區群運概況〉，1947 年 9 月，平定縣檔案館，全宗號－歷史／年代 1947／卷號 16／文件號 2；「柏井村調查材料」，1947 年 9 月 18 日，平定縣檔案館，全宗號－歷史／年代 1947／卷號 15／文件號 3（？）。

第三版發表了王慶榮的文章，題為「裏社村深入貧僱調查，發現暗藏地主富農」，說平定六區東溝裏社村，「在深入土改運動中，幹部群眾情緒不高」，認為本村「歷來就窮，沒大戶，再鬥就怕鬥了中農」。工作隊進行了深入調查，農會進行了討論：

> 查成分，嚴劃階級，說痛苦，比受罪，查出封建地主惡霸富農 19 戶。群眾激憤地說：「萬也沒有想到這樣去找，說起這來，地主真是玩的高哩。這些傢伙不鬥還等什麼」？大家情緒高漲都說，「明天就拉出來」！第二天在鬥爭大會上，有四十多名永遠沒說過話的貧僱農民，訴苦勁頭很大。僱工高進忠在地主家受了五十來年，解放後地主家用小恩小惠的辦法收買，永不到會，這次把地主隱蔽鬥爭的紙老虎撕破以後思想才打通。高進忠指著地主說：「你們真是會刻薄人呀」！手裡拿著一棍棍，走到地主面前一邊哭訴，一邊打。整整鬥了兩天。群眾自動分夥，拉上地主要果實。

東溝分裏社、中社、前社，據我們的被訪者講，是鬥爭最厲害，死人也很多的地方。但是這篇文章並沒有提到死人的問題。當然《新華日報》的其他文章裡，也很少提打死人的問題。這些所謂的「嚴劃階級」，就是將「家裡永不缺吃穿」的人劃為地主富農而已。而且既然是「深入土改」，就說明以前已經鬥過地主了，現在是深入而已，繼續查找，矮子裡面拔將軍，正如我們在訪談中發現的那樣。

一個關於土改材料的文件提供了某一時期一些被打死及自殺的人數。[39] 在第一到第七區，自殺的地主有 13 人，富農 10 人，中農 x 人，貧農 1 人，幹部 3 人（其中富農出身 2 人，中農出身 1 人）；被打死的地主 11 人，富農 3 人，貧農 1 人，幹部 4 人。合計一區共死 16 人，二區 3 人，三區 8 人，四區 1 人，五區沒有數據，六區 22 人，七區 4 人，共 54 人。表中的說明部分：

---

[39] 〈平定縣委會土改材料匯報〉第三集（？），1948.x.26，平定縣檔案館，全宗號－革歷／年代 1948 ／卷號 55／文件號 1。

「1. 打死的都是群眾鬥爭時打死的，有的打了回去死的。一區紅土凹支書七區千畝坪支書是石頭打死的。2. 自殺的有的在追浮財【時】有的當防空洞，上吊、跳井、跳崖、吃鹵、刀割的。賈家溝一個中農是被火燒死，羅家莊支書一家三口人自殺（中農成分）。3. 這個材料是二月十日前的材料」。在路北的整黨搬石頭運動中，「黨員和村幹部聽任貧農團審查，全縣 118 個村中有 375 名黨員幹部被當作『絆腳石』搬掉，有 19 名幹部和土改積極分子被打死，有 35 人被迫自殺」。[40]

有一個文件報告了仙人村打死人的情況。[41]

大會兩天在群眾暴風的鬥爭中這個村打死了四人：李斌南，特務，姦淫婦女 40 多人，群眾仇恨，婦女也參加打死他；李英花，特務，村國特書記，吊打，拿出合【盒】子槍一支【枝】，子彈 xx，群眾打死【從後文看，這是李的盒子槍】；李宗義，特務，過去紅槍會頭子，打死；高日 x，大惡霸，群眾最恨。

當然這些人到底是不是特務，或者說情況嚴重到什麼程度，我們不得而知。但是根據我們的訪談資料，其中水分應該很多，冤假錯案應該不少。

下面的表格總結了我們在訪談中得到的數據與在檔案中得到的在土改與除奸反特中被打死與自殺的數據以及這些非正常死亡人的姓氏。前兩章有一些完整的姓名，但是不少情況下被訪者只知道姓或者小名或者外號，不知道大名。這些數據第一不完全，第二也不完全準確，因為我們只訪談到約 30 個村莊的老人，而且還有很多檔案我們沒有看到。另外人們的記憶與檔案的記錄都會有所選擇。尤其是檔案，很少講打死人的事情，即使講了，也是只指涉某一個時間段，而不是像口述史通常的情況那樣，包括全部土改和除奸反特期間。被訪人也不會知道所有的情況。但是「有幾分證據說幾分話」，我

---

[40] 平定縣黨史方志辦公室（著）《中國共產黨平定縣歷史》，北京：中共黨史出版社，2015 年，第 183，187 頁。我們在下一章還會提到這個案例。

[41] 〈仙人村複查情形〉，平定縣檔案館，全宗號－革歷／年代 1947／卷號 56／文件號 7。

們這裡報告的是我們在口述史裡與檔案裡聽到和看到的情況。實際非正常死亡人數應該是只會更多，不會更少。

　　其他村的情況，被打死或自殺的人或多或少，就只能由讀者自己去判斷。但是這些數據可以告訴我們一個大概的情況，其他村的情況應該大同小異。這一來是因為共產黨工作的細緻，從這些檔案數據中可以看出，二來是因為人們的回憶相互之間的印證，可以看出各村之間同大於異。另外，如前面兩章所述，很多人受到酷刑，但是我們這裡沒有再做總結。

表 8.4　36 個村莊在土改與除奸反特中被打死與自殺人數的不完全統計

村名	口述史中被打死的人數	口述史中的自殺或者被餓死人數	總計人數	檔案中記載被打死的人數	檔案中記載自殺的人數	總計
西郊村	4（郝）+2（李）+13（除反：李、郝等人）	2（李、郝）+3（郝）	24			
南坪村	除反 20		20			
南上莊	除反 3（安、周、王）+7（王、岳、周）		10			
石門口	除反：2（蔡）+3（石、魏）	除反：2（前述魏家的孩子）	7			
東郊村	2（地主）+除反 1（郝）+5（張、馮、郝）	1（張太太）+2（郝）	11			
大石門	2（賈及小潑先生）+除反：1（賈）		3			
小橋鋪	2+4（除反，賈、劉、王、高）		6			

橋頭村	1（趙）		1			
權黃	沒有談到打死人		0			
古貝村	1（除反）		1			
南坳	沒有死人		0			
王家莊	1+10		11			
宋家莊	除反 4（王、史、鞏、孫）	1（王家）	5			
張莊	5-8 人（陳、劉等）		7			
冶西	除反砸死幾個人		？			
東回村	5（李、時）+4（張、朱、時等）	6（李、雙盆）	20+			
尚怡村	5（霍、白、王）	前面數字包括上吊的	5			
南關	5（周、武等）+1（付）+1（崔）		7			
西關	1（郭）+9+1（周家）		11			
東關	1（寶老師）		1			
十字街	未提到打死人		0			
學門街	未提到打死人		0			
龍莊	未提到打死人		0			
娘子關	未提到打死人		0			
燕龕	3（除反，史）		3			
程莊	2（除反，李、程）		2			

山底	4（除反，楊、張）	1（除反）	5			
長安村[42]				13	14（迫死）	27
固驛鋪[43]				14	5（自殺）+7(追果實時死)	26
柏木井[44]				6	1	7
張家嶺[45]				2		2
舊關[46]				2		2
大梁江[47]					1	1
小梁江[48]				1		1
柏井[49]				3		3
仙人村[50]				4		4
總計			160			73

注：1. 表中「除反」指除奸反特運動中死亡人數，否則為土改中死亡人數。除奸反特是抗戰時期到後面的國共內戰時期都一直在進行的運動，土改也是1946年就開始的，只是1947年夏天平定解放以後才全面進行。

　　 2. 王家莊的被訪者聽說當時死人100多，還須繼續核實。我們在這裡只統計了比較確定的人數。

---

[42] 〈平定三區長安村結束土改與整黨簡結〉，平定縣檔案館，全宗號－革歷，年代應為1948，其他資訊不清楚。

[43] 〈七區群運概況〉，1947年9月，平定縣檔案館，全宗號－歷史／年代1947／卷號16／文件號2。

[44] 同上。

[45] 同上。

[46] 同上。

[47] 同上。

[48] 同上。

[49] 同上。

[50] 〈仙人村複查情形〉，平定縣檔案館，全宗號－革歷／年代1947／卷號56／文件號7。

根據我們在本章前面看到的名單，南坪村主持工作的李柱小，在整黨的時候承認在除奸反特時打死了 23 人，比口述史中多 3 人，或許記憶錯誤，或許另外三人是在其他地方打死的。但是這裡的檔案材料和口述史材料相差不大。

如果我們將口述史中的非正常死亡人數和檔案中的非正常死亡人數相加，我們得到的總數是 233，再除以 36（個村莊），包括按零死亡計算的未提及打死人或者不知死了幾個人的村莊，並且不統計未敢肯定的數字，如王家莊的數據（被訪者聽說是死了 100 多人，我們則只計算可以確定的 11 人），等於平均每村死人 6.47。如果按照我們在第六章所統計的平定三縣總村莊數，即 436 來算，即 436 乘以 6.47，那麼全平定三縣非正常死亡共約 2,822 人。這和檔案材料中某一個時期平定的一個縣每村平均鬥爭 9 戶，約 3 人非正常死亡的數字相接近。[51] 當然這個數字只是一個不完全統計數字，實際數字可能更多也可能更少，還需要進一步調查，如果可能的話。更大的可能是我們永遠都不太可能知道確切的數字。

對有問題的幹部的處理

一個關於土改、整黨和糾偏的文件提到了「我們的支部黨員思想上作風上嚴重的不純現象」，在整黨（搬石頭）過程中的過火現象，如五大領袖一起搬，對錯誤比較輕微的幹部處罰過重的問題，以及土改中普遍存在的侵犯中農利益的問題，由於劃成分標準不明確，「查三代」等提高了人們的成分，「貧農團裡混有不良分子」等等問題。[52]

關於有問題的幹部，一個文件列舉了村幹部在輪訓班上坦白的事實，現在節選一些如下：[53]

---

[51] 〈平定縣群運總結〉，1946 年 10 月 13 日，平定縣檔案館，全宗號－革歷／年代 1946／卷號 23／文件號 7。

[52] 〈目前關於整黨土改糾偏的幾個發言〉，1948 年 7 月 3 日，平定縣檔案館，全宗號－革歷／年代 1947／卷號 56／文件號 6。關於貧農團的研究，見李裡峰，〈華北「土改」運動中的貧農團〉，《福建論壇：人文社科版》，2006 年第 9 期。

[53] 〈中共平定縣委村幹部輪訓班坦白反省記錄〉，第二期，平定縣檔案館，全宗號－革歷／年代 1947／卷宗號 49／文件號 9。

二區東小麻村長張永富反省，「1941 年當偽村長時曾大吃二喝，消耗群眾的東西不少」；搞過男女關係。

北莊頭村支書梁榮反省，「對群眾強迫命令」，「土改時曾吃大鍋飯，吃了白面 300 多斤」。

X 里村（二區）小組委員董德明反省，分果實時偷拿了一張桌子，「過去是貧農，但作風很壞，吃喝漂【嫖】賭抽都有。自 30 年參加了工作後大部壞作風也改了一下，就是男女關係去年還有，現在結了婚才算割斷」。

二區會裡村莊董玉海（中農）反省，「我參加了黨以後認為是很厲害的，誰都不敢惹⋯⋯。去年當了村長後還好厲害⋯⋯。開群眾大會群眾不來，或來的遲，就讓游擊小隊用棒子去趕。來了以後把住口子不讓走」。「去年徵收公糧時因有的群眾公糧粗，不加教育，用不好的態度教訓，或者給人家扣大帽子，如說你有問題或者說你思想上有毛病，不滿意八路軍等」。

二區 x 里支書趙子祥（中農）反省說「我私自拿了兩塊肥皂送了人情。在工作中寧左勿右」；「作風問題，1943 年以前不好，以後才逐漸改正」。他自我批評說最沒有立場的一件事情就是在查新地主的東西時，那個（一個？）「地主說把那點茶葉胡椒給我【留下？】吧。結果我和他伙分了。我分了一把茶葉一把胡椒」。

其實這一點正好說明他還是有點人性的。

西小麻（二區）村莊劉年 x（中農）反省說，「分果實當中幹部們吃過白麵兩頓，分過銀鐲十五對，口袋二十五條」；「我偷拿過一 x 被子」。

一區上董寨支書張貴榮（中農）反省說「我在作風上有男女關係，同時因這問題曾遇過好幾次危險，幾乎被敵捉住。與我搞關係的他男人

和敵便衣很熟，來了以後就好到他家。當地蠶食環境惡化時，幹部晚上都轉移，不敢在村裡。因有男女關係，就去那家睡。曾遇過敵人，但沒有被捕」。

西峪村（一區）xxxx 趙金昌反省說在鬥爭當中，「未發動群眾，只組織了幾個青年就鬥起來，亂打一氣（打了七個）」。

關於這些人因為犯各種錯誤被處理的情況，我們也看到一個文號不詳的文件。下面是一些曾經打死過人的名單以及處理意見：

劉子義（21 歲），公安二股股員，因為「停止運動後在東溝打死了一個人，追果實，和村幹打死了……」。小組處理意見是「留黨察看一個月」，縣委意見是「警告」處分。

另外一個表格說他在運動停止前曾經打死二個貧農一個中農，不過自己負責任較少。

侯美書（28 歲）「當過偽軍，推到井裡淹死過三個中農」，小組意見是「留黨察看三個月，工作不動」，縣委意見是「開除」。

宮文元（29 歲），「為立功打死一個貧農」，小組意見「黨內批評」，縣委意見「警告」處分。

馬文彥（23 歲），家庭成分為經營地主，五四指示後帶父親到和順，兄弟到平定，企圖逃避鬥爭等。小組意見「嚴重警告」，縣委意見「開除」。

在這個 22 人的名單中，我們可以看到「左」的錯誤懲罰較輕，比如警告，右的錯誤則處罰較重，比如開除。沒有更嚴重的懲罰。不過我們在上一章提到了對李柱小的處理，是住了一年監獄的。但是總體來說，還是左比右好，比較安全。為什麼呢？

　　關於有問題的幹部怎麼辦的事情，一個文件說，「村幹部是我們農民自己一家人。他是作風壞不是本質壞。作風壞是我們家裡壞子弟的問題，不是門外階級敵人的問題。他有壞處，但他還有八年抗日的功勞。沒有功勞也有苦勞。我們不應用對付敵人的辦法對待自家人。應用教育自己壞子弟的辦法去鬥爭和教育改造他們」（第十二頁）。[54] 這就解釋了為什麼左比右好的問題。

　　不過無論如何，對這些錯誤需要理解，因為這些工作對於發動群眾來是都是非常重要的。該文提到的「收公糧限三天完成，擴兵限五天完成」，這些顯然都是更為重要的任務，那些左傾錯誤一直都是被原諒的，而右傾則不能被原諒，因為前者對收糧擴兵有好處，後者則較不易。這和專制和民主的區別是一樣的。前者做好事做壞事效率都很高，而後者無論是做好事還是做壞事，效率都較低。

　　薄一波時任晉冀魯豫中央局黨委副書記，鄧小平是書記，但是主要負責軍事。薄一波負責土改。關於幹部的問題，薄一波於 1947 年 4 月 23 日為晉冀魯豫的《人民日報》寫了了一篇文章，《向區村幹部致敬》。他肯定了區村幹部的主流，並分析了他們的問題。他是這樣說的：

> 對於區村幹部中存在的問題及其原因，我是這樣寫的：「在緊張的革命工作中，有些同志也發生了一些毛病和缺點，如作風不民主，功臣自居，驕傲自大，多佔勝利果實等」。
>
> 對於區村幹部中存在的問題的性質，文章明確指出是「革命陣營內部的矛盾」，「它和與地主之間的矛盾有根本區別，不能混為一談」。「要採取縮小、調節、教育的方針來解決」，如果「當成農民與地主的矛盾一樣去解決，就會使親痛仇快，使地主階級從中利用。這是搬起石頭打自己腳的路線」。決不能「單純地批評缺點錯誤，隨便處分，

---

[54] 《平定縣委土地會議結論》（結論之一和之二），1947 年 5 月 29 日至 6 月 10 日，平定縣檔案館，全宗號－革歷／年代 1947／卷號 54／文件號 4。

> 甚至大批撤換幹部，反『新貴』，反『新惡霸』，把他們看成革命的
> 罪人似的，一筆抹殺幹部的功績和優點」。[55]

　　薄一波這段話愛憎分明，誰是我們的敵人，誰是我們的朋友，分得非常
清楚。對自己人需要大事化小，小事化了。對敵人則可以無限上綱，不能原
諒他們的缺點，一筆抹殺了他們在抗日戰爭中對共產黨八路軍的貢獻。這正
是在土改和除奸反特中發生的事情。

三、小結

　　如果說前面兩章是當地老百姓自己經歷過的或者聽說過的土改與除奸反
特的情況，那麼這一章所揭示的是普通老百姓看不到的背後的情況，即當地
共產黨如何發動群眾，提高他們的階級覺悟，如果組織鬥爭會，鬥爭的結果
是什麼，包括大概死了多少人，多少土地和財物被分配等等，而且這裡是全
縣的大致情況，而不僅是一村一戶的情況。

　　不過我們在這三章討論的土改和除奸反特的情況，充其量是平定縣的情
況，那麼全國的情況如何呢？共產黨中央是如何理解和處理這些問題的呢？
我們應該如何理解暴力這個給如此眾多的人帶來災難的問題呢？這正是我們
要在下一章要討論的問題。

[55] 薄一波，《七十年奮鬥與思考》（戰爭歲月），中共黨史出版社，2008 年，第 412-413 頁。

第九章
這是為什麼？如何理解土改
與除奸反特的暴力

　　如果說上一章討論的是平定縣的總體情況，這一章則是全國的總體情況。這一章將討論造成土改與除奸反特中的暴力的三類因素。第一類是結構因素，包括階級結構中的地主富農、階級關係與階級鬥爭、中共中央政策本身的矛盾、戰爭因素和群眾運動本身的規律等。第二類是文化因素，包括傳統文化、黨的文化等。第三類是個人因素，包括中央領導個人以及地方幹部個人的因素。我們會發現結構方面的因素是決定性的因素，是暴力產生的根本原因。文化因素則是結構因素的背景。傳統文化和黨的文化，尤其是左的傳統思維方式和做法，是土改和除奸反特時所發生的暴力的土壤。但是，所有的結構因素和文化因素只有在領導幹部和群眾個人的協調與運作下才能起作用。所以這三個因素儘管結構方面的因素是佔主導地位的因素，其他兩個因素也非常重要，尤其是個人因素，有可能在某種程度上抵制或者淡化結構和暴力文化的影響。我們在第六章裡講的南坳以及路北的一些地方在土改時沒有打死人，就是工作隊和村幹部的個人因素起了作用。不過在土改沒有打死人的很多地方，在除奸反特時不遑多讓，也說明了政策的主導作用。

一、土改與除奸反特暴力的結構因素

　　如前所述，我們所討論的結構因素將包括階級結構中的地主富農、階級關係與階級鬥爭、中央政策本身的矛盾、戰爭和群眾運動的影響等。楊奎松在討論土改暴力的時候，也提到了幾個因素，包括階級分析和階級鬥爭的觀

念、在中國農村貫徹階級鬥爭政策的需要、高度集權的制度、中國高層對農村實際情況的不了解導致了決策的主觀性等。[1] 陳思和認同楊的看法（階級鬥爭理論、領導者決策錯誤），不過他也加上了群眾運動中的平均主義、痞子運動的幽靈。[2] 除了這些因素外，羅平漢還提到農民小資產階級的革命急性病、國共兩黨激烈鬥爭形勢的影響、沒有具體的可操作的劃分階級的標準、在依靠力量上沒有重視中農等。[3] 比較有名的原因分析是秦暉的納投名狀說。[4] 即發動暴力土改，是讓農民背上血債，沒有其他出路，然後就只能跟共產黨走，參加解放戰爭，獲得政權，保衛住勝利果實。

這些分析，尤其是楊的分析，都給了我們一些很好的思路。但是就結構方面的原因而言，或許階級鬥爭的思維方式、政策問題，以及群眾運動本身的規律，可能是更重要的原因。羅平漢的「沒有重視中農」，或者秦暉的「納投名狀」，或許都是結果，而不是原因。事實可能如陳思和所說，「暴力土改並不是一開始就設計好的，而是在實踐過程中逐步發生的問題」，土改領導人「是在實踐中一面犯錯誤一面摸索著發現錯誤和糾正錯誤」。[5]不過這些錯誤其實是建立在一些根本的認知之上的。下面我們會就這些根本的結構性問題進行討論。

[1] 楊奎松，〈中共土改政策變動的歷史考察（1946-1948）：有關中共土改史的一個爭論問題〉，《東方學報》，2007年，第81期，第194頁。

[2] 見陳思和，〈土改中的小說與小說中的土改：六十年文學話土改〉，《南京大學學報》（哲學-人文科學-社會科學），2010年第4期），第81頁。

[3] 羅平漢，〈一九四七年下半年解放區土改運動中的「左」傾錯誤及其糾正〉，《中共黨史研究》2005年第2期。

[4] 秦暉，〈暴力搞土改是逼農民納「投名狀」〉，人民網，2014年3月18日。

[5] 見前引見陳思和，〈土改中的小說與小說中的土改〉，第81頁。陳的觀點是建立在楊奎松的研究之上的。

階級結構中的地主富農

我們在第六章報告了被訪者對地主、富農的看法，通常正面多於負面，而且正面的例子很多，負面的例子很少或者沒有。這也是其他研究者的發現。楊奎松說：[6]

> 隨著中國的改革開放事業取得突飛猛進的發展，人們意外地發現，在農村，當年那些地主、富農並不都是剝削成性、好逸惡勞；他們與農民的關係，也並不都像教科書裡講的那樣緊張；他們的財產也並不都是憑藉權勢盤剝欺詐而來；他們中還有相當一部分人是經營生產上的能手。

他講到了幾個問題：地富的本質、階級關係等問題。李金錚的研究也指出：[7]

> 我和我的學生對舊中國河北農村的調查顯示：村裡像樣的地主鳳毛麟角，窮奢極侈者極少，地主家的伙食，除了家長稍好外，其他成員與普通農民區別不大。所以，村民對他們欽佩有加，認為他們都是靠起早摸黑、辛勤勞作、省吃儉用才慢慢起家的。

李立躍和楊奎松等人都列舉了幾位革命領袖對自己的家庭的回憶，也和上面這些發現類似，即地主富農也都省吃儉用、艱苦奮鬥，然後才掙來了一份家業。比如「作家斯諾在西行漫記中寫道：毛澤東說，其父富農毛順生給長工吃的飯菜要好于他們兄弟三人，其母有時背著其父給窮苦人家財物或食品」。[8]

---

[6]　楊奎松，〈新中國土改背景下的地主富農問題〉，原載：共識網 2010 年，轉載：縱覽中國網 http://www.chinainperspective.com/ArtShow.aspx?AID=7329 刊登日期 2010 年 7 月 23 日；上網日期：2018 年 3 月 29 日。

[7]　李金錚，〈土地改革中的農民心態：以 1937-1949 年的華北鄉村為中心〉，《近代史研究》，2006 年第 4 期。也見李立躍，〈土地改革運動研究-前言〉，2014 年 6 月 1 日，博訊新聞網，http://www.peacehall.com/news/gb/pubvp/2014/06/201406010534.shtml 上網日期 2018 年 3 月 29 日。

[8]　前引李立躍，〈土地改革運動研究-前言〉。

由官方中共中央文獻研究室編撰的《毛澤東傳》這樣寫毛家的發家史，說毛的祖父是個老實厚道的莊稼人，家境窘迫。毛的父親因負債被迫外出當兵，長了見識，也攢了點兒錢，因而贖回了家裡出賣的土地，苦心經營，逐漸成了當地的「財東」。毛父親的發家史，證明了「在舊中國，靠自身奮鬥擺脫貧困的農民，大多克勤克儉，精明剛強。父親的這種性格，自然對從小目睹這一切的毛澤東產生了影響。」

毛澤東回憶了父親從貧農到中農到富農的發家經過，認為主要是因為當過兵，眼界寬，用心節約再加上勤勞，才逐漸攢錢買地發家的。劉少奇也講：「父親雖然受過相當長時的教育，但他很勤勞，仍參加並指揮生產」。自己家能夠富裕起來，完全是「由於父兄勤勞節省的結果，家庭經濟逐年有很少的剩餘。」[9]

同樣由中央文獻研究室編撰的《劉少奇傳》這樣寫劉家的發家史：其曾祖父劉在洲當家時，還很窮。「除了在十幾里外的茅田灘有祖上留下的一些薄地外，他們在炭子沖的家產只有三間茅草房，靠租人家的田地耕種度日，生活相當艱難。但劉在洲勤勞能幹，帶領一家人起早貪黑，辛苦勞作，除了種植糧食外，還種些煙葉等經濟作物，使家庭境況逐漸好轉，開始在炭子沖置辦田產。」「劉在洲的兒子劉得雲經過多年經營，又把在炭子沖的田產增加了六十畝，還把原來的三間茅屋擴建成七間新房。」劉得雲兩個兒子分家時，各得了一半田產。劉少奇父親劉壽生「管理家政有條有理，他把在炭子沖的三十畝地留給自家耕種，而把離家較遠的茅田灘上的三十畝地租給別人，自己又在附近租種了別人的十五畝地……農忙時節，還需要雇幾個零工才能應付。」[10]

---

9 前引楊奎松，《新中國土改背景下的地主富農問題》，尾註第 182。原文引自《毛澤東自述》，北京，人民出版社，1993 年，第 4-7 頁；中央文獻研究室編著：《劉少奇傳》（上），北京，中央文獻出版社，1998 年，第 3 頁。

10 楊奎松，〈新中國土改背景下的地主富農問題〉。

身為鄧小平女兒的毛毛是這樣寫自己父親家的發家史的，說其曾祖父早年「十分窮困，田無幾分，地無幾畝。好在他為人儉樸，十分勤勞，又會紡線織布，於是他就一天天地省吃儉用，不辭勞苦地積攢家業。」到生下鄧小平的父親時，已積攢起十幾畝地了。等到鄧小平父親接手家業時，因為田產足夠養活一家人，便不再種田，而雇傭個把長工種地，因此成了個「小地主」。[11]

中共著名經濟學家薛暮橋也同樣對身為小地主兼小商人的父親充滿了感情。他寫道，早年家只有幾十畝地和一所三間四進的宅子，還開了一家煙店，父親不僅「知書明理」，而且「為人和善、厚道」。支撐著一個有 10 個子女的大家庭，生活十分困難，卻還利用家中大廳創辦女塾，弄得負債累累，經濟難以維持，最終完全是因為被人逼債懸樑自盡的。[12]

我們這裡特別應當介紹的是張秀山對地主父親的回憶。張在 1947 年土改期間，是東北松江省委書記，他所領導的土改，曾對當地的地主富農造成了極為嚴重的打擊。這是因為他當年公開主張：鬥爭地主不要受任何條文限制，打擊得越激烈就越人道。然而，到了晚年，在回憶自己父親的發家史時，他顯然再不認為地主都是應該打殺的惡人了。他寫道，他父親原本貧窮，12 歲時還在給富人家攬工、放羊，連糠窩窩也不夠吃。但因為好學，粗通文字，又吃苦能幹，莊稼種得好，家境就逐漸好起來了。又趕上光緒末年陝北大旱，許多人外出逃荒，有一家人交不起田賦，被迫出讓河灘地，轉讓給了他父親家，他父親一家把石灘地改造成了水澆地，因而很快發了財，建起了六孔石窯，並置辦下幾百畝地，雇了一兩個長工，還出租了一部分土地，「這樣就成了小地主」。據他說：「那時買地，一畝好地也就一塊銀圓，不好的地只值幾毛錢。」因此，父親省吃儉用，常常跑幾裡路進城去忙活

---

[11] 同上。

[12] 同上。

一天連花個銅板買個燒餅都捨不得，而是「有了錢就買地」。不僅如此，他父親還十分同情革命，給了他很大幫助。[13]

我們不厭其煩地引述了這幾位革命領導者對自己家庭的描述，就是想說明我們的被訪者所講關於地富發家的故事，也和這些革命領導人所講的故事一樣，有較高的可信度，有些神話般的傳說除外。換句話說，地主富農不都是壞人，或者至少可以說，這個階層的人和其他階層的人一樣，有好人也有壞人，將他們一律看作階級敵人來鬥爭，剝奪了他們的生存權，是有失公允的。

楊奎松還列舉了其他人的研究，來說明很多地主，尤其小地主，生活並不富裕，比如郭德宏研究的著名小說《暴風驟雨》裡的黑龍江珠河縣元寶村、日本人在北京昌平縣小湯山五裡外的阿蘇衛村所做的調查、楊懋春筆下的山東黃島辛安臺頭村、河北望都縣誌的記載、建國初四川省遂溪縣附西鄉類似的經濟調查、西康省土改委員會對漢源縣第一區擊穀鄉堰坪村所做的經濟調查、唐致卿的對山東惠民縣成氏、沾化縣許氏、高苑縣和家店張氏世代購地的契約文書等的調查，等等。楊奎松總結道，

> 正如費孝通所說：「有限的土地生產力和農民已經很低的生活水準是經不起地主階層們的揮霍的。把中國一般中小地主描寫成養尊處優、窮奢極侈的人物，我覺得是不太切當的。『一粥一飯』式的家訓即使不能算是實況的描寫，地主階層平均所佔的土地面積也可以告訴我們，他們所能維持的也不能太過於小康的水準。」[14]

階級關係與階級鬥爭

階級關係也不像我們在《白毛女》中見到的那樣，你死我活，劍拔弩張。無論是根據我們的調查還是別人的發現，階級關係肯定有衝突，有矛盾，但

---

[13] 同上。

[14] 同上。

是至少在相當多的情況下是相對和諧的。這當然和傳統文化有關。不過我們
先來看一下其他人的研究對這個問題的描述。

關於矛盾和衝突，楊奎松有下面的調查結論：

> 有些農戶的印象，地主越小就越苛刻越扣門兒，像天不亮就用各種聲
> 音鬧覺，趕著雇工出工；下了工回來還要被要求挑水、鍘草、填欄、
> 餵牲口之類的地主富農，並不少見。[15]

但是富人對窮人也有親如一家的時候：

> 雇主待雇工「親如家人」，「平時主雇同坐共食，並無主僕名分」，
> 「男人同夥計吃小米乾糧，家中女人吃粗糧」，「掌櫃和夥計都一塊
> 勞動，湊在一起談天說地」的情況，同族接濟，富也富不到哪兒去，
> 窮也窮不到哪兒去的情況，也同樣不少。

李金錚說「農民不僅沒有革命者眼中的被剝削意識，相反視地主富農為
衣食父母」。[16] 貧雇農們認為：

> 「要是地主不把土地租給我們，我們就得挨餓。」「我給地主幹活，
> 人家管我飯吃，年底還給工錢，這都是說好了的……人家確實給錢了，
> 也給飯吃了，那還有什麼錯處？」

李立躍認為，「事實證明地主有壞人，但好人居多，地主與農民有矛盾，
關係基本和諧、友善」。[17]

---

[15] 同上。

[16] 前引李金錚，〈土地改革中的農民心態〉，第78-79頁。

[17] 前引李立躍，〈土地改革運動研究-前言〉。

　　那麼為什麼產生了像暴力土改這樣如此殘酷的階級鬥爭呢？楊奎松認為同樣出身於地主、富農的多數中共中央領導人，也清楚地主、富農有大小、善惡等種種區別，瞭解中國的地主、富農很多也是苦出身。但是他們在那個時候採取了「一刀切」的辦法來妖魔化所有地主和富農成分的人，「是因為一種現實的政治需要，即他們相信自己的階級鬥爭的理論和內外階級鬥爭的經驗，他們也確實利用這樣的理論和經驗，徹底改造了中國的農村社會，實現了國民黨始終無法達成的目標，建立起了一個鞏固的大一統的政權與國家」。[18]

　　我們先來看意識形態方面的政治需要，土改政策的左右搖擺，然後再看戰爭的需要，群眾運動的需要等。階級鬥爭理論的核心部分之一是剝削的理論，因為只有建立起剝削的概念，才能站在道德的高地上，對地主展開鬥爭。關於剝削的概念，杜潤生的看法是有代表性的：

　　　　當年曾親身參與中共中南局領導土地改革運動的杜潤生的觀點很有代表性。他很明確地表示同意佔農民人口約 5%的「地主佔有的土地，還不到總量 40%」這一新的研究資料，也不否認因天災戰禍頻仍，有收租困難的情況，但他認為【一位高姓學者】對地主與農民租佃關係的看法，舉的只是個別事例，不能因此得出「有地主無剝削」的結論。即使相信地主佔有土地不到總量的 40%，在他看來，以往的結論也無可動搖。即：「地主佔有制形成的大規模土地壟斷，官僚軍閥強權掠奪、無償佔有，到處可見。特別是民國以來，地主與高利貸者集於一身，官府橫徵暴斂，超經濟掠奪，地主的土地負擔大多數轉嫁於農民，加之人口增加，生活艱難，地租率遠遠高於資本平均利率。大量地區，農村宗法社會遺留的人身依附，當時依然存在。這一切阻礙了社會資本向工業和農業資本主義經營的轉移。……這個社會結構，除非用革命手段予以掃除，沒有別的出路。」[19]

---

[18] 前引楊奎松，〈新中國土改背景下的地主富農問題〉。也見李里峰，〈階級劃分的政治功能：一項關於「土改」的政治社會學分析〉，《南京社會科學》，2008 年第 1 期。

[19] 轉引自前引楊奎松，〈新中國土改背景下的地主富農問題〉。

　　楊奎松認為杜潤生的看法有些道理，

　　　　因為無論怎樣改變地主、農民佔有土地的比例數，也無論怎樣強調地
　　　　主農民租佃關係中農民的主動地位，都不能改變基於勞動價值理論得
　　　　出的地主不勞而獲這樣一種事實，甚至也很難扭轉人們固有的「地主
　　　　佔有制形成的大規模土地壟斷，官僚軍閥強權掠奪、無償佔有，到處
　　　　可見」這樣一種認識。

　　但是問題在於「佔農村人口總戶數將近 4% 的小地主有無可能普遍依仗權
勢，強權掠奪、橫徵暴斂、進行超經濟剝削和任意將土地負擔轉稼於農
民……」？楊奎松認為就如地主和富農不能混為一談一樣，天下烏鴉並不是
一般黑。地主有大有小，有窮有富，有善有惡，有支持革命的也有反對革命
的，他們的財產不是統統都是不勞而獲得來的，不應該將他們都視為「封建
剝削者」、農民的敵人。唐致卿通過對山東農村經濟的大量實證性研究發現，
「實際上，農村中並沒有固定的社會階層，各階層處於不停的分化與流動
中」。[20] 農村社會是一個「充斥著差別不大、週期性易位流動的小地主與小
農關係的真實的農村社會」。但是，和杜潤生一樣，唐「在觀念上不能完全
跳出傳統階級分析的窠臼，因而不能不離開他所看到的情況，從理論上強調
地主作為一個農村階級整體上具有寄生性、落後性、壓迫性和破壞性」。[21]
　　那麼地主富農和貧雇農為什麼成為勢不兩立的敵對階級了呢？杜潤生指
出，「中國共產黨指導土改運動，強調要按照階級鬥爭和人民民主專政的學
說分析社會結構、分析階級、分清敵我，講究掌握政策和策略」。[22] 我們在
第八章已經報告了工作隊在發動農民時如何引導他們瞭解自己的貧窮是由地
主的剝削所造成的，要如何破除良心、命運等觀念。李金錚的研究也指出，
為了進行階級鬥爭，需要破除各種農民心態，比如「死生有命，富貴在天」、

---

[20] 同上。

[21] 同上。

[22] 杜潤生，〈關於中國的土地改革運動〉，《中共黨史研究》，1996 年第 6 期，第 16 頁。

「外財不富命窮人」、「豬毛按不在羊身上」的宿命論；「人憑良心虎憑山」等良心觀；不知道自己終日勞動是在為地主階級幹活，而不是為自己幹活這樣的糊塗思想；「多一事不如少一事」、「出頭的椽子先爛」、「忍一時之氣，免百日之憂」等消極防禦心態。[23] 要啟發農民的覺悟，讓他們知道窮人是怎麼窮的，地主是怎麼富的；勞動者是世界的主人；「不是農民靠地主吃飯，而是地主靠剝削農民吃飯；窮是被剝削窮的，富是因剝削別人而富，不是命運決定」。[24] 然後就開始我們在第六章和第七章所講的找窮根，挖富根的算賬運動。階級意識就這樣被「醞釀」出來了。這也是冀中區寧晉縣提出的「充分醞釀適時掀鍋」。[25] 鬥爭大會也就是「掀鍋」大會，和地主富農決裂，當然實際運作通常是悲劇性的。

當然除了破除傳統多一事不如少一事的思想之外，還要「把貧農從一個血緣紐帶的道德世界引入到一個階級紐帶的道德世界」，以達到「窮幫窮，苦幫苦，天下窮人是一家，團結起來力量大」、「親不親，階級分」的境界。剪斷地主和窮人之間的血緣紐帶，建立起不同種姓的窮人和窮人之間的階級紐帶。也即富人都是剝削者，窮人都是被剝削者，後者應該相互同情，相互幫助，共同和地主做鬥爭。在訴苦的時候，不少群眾、工作隊員和訴苦者一起痛哭，拉近了彼此的階級感情。結果每訴必哭，人人皆哭，哭成了鬥爭會一個必走的程序。不哭就是落後分子、狗腿子。渤海的貧代會把它「變成一

---

[23] 前引李金錚，〈土地改革中的農民心態〉，第 78-80 頁。也見太行革命根據地史總編委，《太行革命根據地史料叢書之五：土地問題》，山西人民出版社，1987 年，第 24 頁。這本書裡也提到了山西農民的一些觀點，比如「人生有命，富貴在天」，「女人憑漢，擀杖憑案，農民憑的是地主吃飯」，「狼從村上走，不傷自己人」，「不貪小利不起早」，等等。

[24] 同上，轉引自新華社文章，第 81 頁。關於如何推翻窮人的命運觀、良心觀以及怕變天思想，也見王儀廷，〈一九四二年邢臺縣農民運動中的一個片段〉以及〈池必卿同志談太行群眾運動〉（1986年 7 月 22 日），載於《太行革命根據地史料叢書之七：群眾運動》，山西人民出版社，1989 年，第 173-180，269 頁。

[25] 前引李金錚，〈土地改革中的農民心態〉，第 82 頁。也見張鳴，〈動員結構與運動模式：華北地區土地改革運動的政治運作（1946-1949）〉，《二十一世紀》網絡版第 15 期；張一平，〈新區土改中的村莊動員與社會分層：以建國初期的蘇南為中心〉，《清華大學學報》（哲學社會科學版），2010 年第 2 期。

種宗教儀式，每會必訴，每訴必哭，每哭必痛」。在這之後，劃階級、鬥地主就比較容易了，因為這時從理論上講，已經沒有血緣紐帶的羈絆了。[26]

　　其實在階級剝削這個思路的背後，是一個階級推翻另外一個階級的革命，是以解除階級壓迫為名的、在全國推翻國民黨政權並建立共產黨政權的權力之爭。這就是階級鬥爭的思維方式。這個土地革命，是共產黨的鄉村革命的重要內容，[27] 也是整個中國革命的極為重要的一環。正如毛澤東在《湖南農民運動考察報告》中的中心觀點所表明的，「**農民革命是農民階級推翻封建地主階級的權力的革命**」。[28] 為了建立這個政權，就要將現有的國民黨政府推翻，讓其所代表的各個階級俯首聽命，正如當年在蘇聯所發生的事情一樣：

> 在消滅了地主階級之後，決心靠農業獲益創造原始積累以全力推進工業化的聯共（布）領導人，就非徹底消滅富裕農民在農村中的影響和力量不可。用莫洛托夫的說法，此舉就是要讓農民，尤其是中農，「在我們面前畢恭畢敬」。[29]

26　滿永，〈政治與生活：土地改革中的革命日常化──以皖西北臨泉縣為中心的考察〉，《開放時代》，2010 年第 3 期，第 28-32 頁。關於訴苦的功能，也見李放春，〈苦、革命教化與思想權力：北方土改期間的「翻心」實踐〉，《開放時代》，2010 年第 10 期，裡面有平定縣長〈王元壽訪瞎牛〉的故事；吳毅、陳頎，〈「說話」的可能性：對土改「訴苦」的再反思〉，《社會學研究》，2012 年第 6 期；李里峰，〈土改中的訴苦：一種民眾動員技術的微觀分析〉，《南京大學學報》（哲學-人文科學-社會科學），2007 年第 5 期；彭正德，〈土改中的訴苦：農民政治認同形成的一種心理機制：以湖南省醴陵縣為個案〉，《中共黨史研究》，2009 年第 6 期；宋道雷，〈土改中「訴苦」運動的政治技術〉，《二十一世紀雙月刊》，2010 年 4 月號；郭于華、孫立平，〈訴苦：一種農民國家觀念形成的中介機制〉，《中國學術》，2002 年第 4 輯；關於晉中地區的土改動員、劃分成分、農村組織等問題，也見郝正春，〈經驗、技術與權力：晉中新區之土改運作──以實驗村為中心的歷史考察（1948-1950）〉，山西大學歷史文化學院博士論文，2011 年；關於內蒙古赤峰市乾村提高群眾階級覺悟、批鬥地主等情況，也見高王凌、劉洋，〈土改的極端化〉，《二十一世紀雙月刊》，2009 年 2 月號，第 111 期。

27　滿永，〈政治與生活：土地改革中的革命日常化──以皖西北臨泉縣為中心的考察〉，《開放時代》，2010 年第 3 期，第 22 頁。

28　轉引自楊奎松，〈中共土改政策變動的歷史考察（1946-1948）：有關中共土改史的一個爭論問題〉，《東方學報》，2007 年，第 81 期，第 229-231 頁。

29　前引楊奎松，〈新中國土改背景下的地主富農問題〉。

所以在 1930 年 1 月 30 日，聯共（布）中央正式通過消滅富農的決議，規定在農民中劃富農的戶數應限制在全體農戶比例的 3-5%以內，對反革命的富農活躍分子，要關進集中營，對反革命暴動及暴亂組織的策劃者要鎮壓；要將「富農活躍分子的其餘部分，尤其是大富農和半地主」，「驅逐到蘇聯邊遠的地方和該邊疆區範圍內的遙遠的地方」；要將一般富農「移民到集體農莊範圍以外的新撥給他們的地段上去」。[30]

在蘇聯經驗的啟發下，土改將很多的地主富農不僅是在政治上經濟上，而且在肉體上消滅了。楊奎松認為「中共中央當年之所以要照搬蘇聯的作法，純粹是因為得到了共產國際的命令」。共產國際宣佈說：「中國富農在大多數情形之下，都是些小地主，他們時常用更野蠻更殘酷的條件以剝奪農村中之大多數的基本群眾」。於是中共中央跟著蘇聯經驗，走上了消滅地主和富農的道路。[31]

將地主階級消滅掉，是階級鬥爭的必然結論，是建立一個新政權的必要步驟。因此，

> 亂打亂劃富農，成為中共土改運動中的一種難以克服的頑症。1947 年前後，在中共解放區內展開的土改運動，不少地方把農村人口的四分之一統統劃成了地主富農，然後仿照蘇聯當年的辦法，剝奪財產，掃地出門，並且為分浮財、挖底財而亂鬥、亂押、亂打、亂殺，致使在短短幾個月裡，就死了 25 萬人之多。[32]

按照《湖南農民運動考察報告》的思路，要允許貧苦農民「發號施令」、「指揮一切」、「為所欲為」，「每個農村都必須造成一個短時間的恐怖現象，非如此決不能鎮壓農村反革命派的活動，決不能打倒紳權」。於是，冀晉區在土改複查運動中被殺 4,000 多人，東北松江省委負責人張秀山公開主張

---

[30] 同上。

[31] 同上。

[32] 同上。

對地主打擊越激烈就越人道，放手就是政策。渤海區商河縣打死 1,000 多人，惠民縣打死 150 人。[33] 打人殺人也正是平定暴力土改中發生了的事情。

政策本身的矛盾以及「左傾」問題

從階級鬥爭的觀點來講，消滅地主階級是無疑的。中共中央在理論上認為這只是指在政治和經濟上消滅地主階級，而不是在肉體上消滅他們，所以抗戰後才有了和平土改的嘗試。但是與此同時，中共中央在實踐上並沒有有效地阻止暴力，反而認為暴力是發動群眾運動的必要手段，這就導致了暴力土改的結果，導致了地主富農被從肉體上消滅的結果。所以說中央政策本身是矛盾的。下面我們就來檢視一下這個矛盾的過程。

楊奎松在關於戰後中國和平土改的闡釋以及和平土改為何夭折的文章中，說在抗戰結束後中共中央曾經嘗試實行和平土改，但是不到一年便放棄了這個想法。到底發生了什麼事情呢？從他在文章中提供的材料來看，基本過程是這樣的。[34]

1946 年 4 月中旬，中共華中分局書記鄧子恢在延安向劉少奇匯報了華中根據地減租減息試點的情況。劉少奇表示贊成對大地主、惡霸及漢奸化了的地主進行清算，但是不同意波及到中小地主與富農。但是僅在幾天後的 4 月 26 日，在晉冀魯豫中央局副書記薄一波和山東分局副書記黎玉等人向中央匯報各地減租減息工作中農民普遍要向地主奪取土地時候，中央改變了思想，認為要明確表態支持農民解決土地問題。於是除了大地主、惡霸、漢奸以外，

---

[33] 楊奎松，〈中共土改政策變動的歷史考察（1946-1948）：有關中共土改史的一個爭論問題〉，《東方學報》，2007 年，第 81 期，第 228-229 頁。關於張聞天在東北土改中反對左傾做法的文章，請看石雅貞，〈解放戰爭時期張聞天的農民土地問題的政策和策略〉，《社會科學輯刊》，1992 年第 2 期。李雪峰曾經提到許多同志在讀了《湖南農民運動考察報告》之後，就不把中農看成是「群眾」的一部分了（轉引自前引古德曼，《中國革命中的太行抗日根據地社會變遷》，第 270 頁）。在土改時期，劉少奇要求下面翻印毛的這篇文章，作為工作指導（見陳思和，〈土改中的小說與小說中的土改：六十年文學話土改〉，《南京大學學報》（哲學-人文科學-社會科學），2010 年第 4 期），第 86 頁。可見該文章所表達的思路對土改暴力的整體影響。

[34] 楊奎松，〈關於戰後中國和平土改的嘗試與可能問題〉，原載《南京大學學報》2007 年第 5 期，轉載於人民網 http://www.people.com.cn/GB/198221/198974/199958/12495862.html，上網日期 2018 年 3 月 29 日。

中小地主以及富農的利益「實際上也是要侵犯一些的」（毛澤東語）。不過隨後中央發表的「五四指示」仍然保留了劉少奇的觀點，即盡量不變更富農土地，在土地份額上適當照顧中小地主，特別是作為軍屬、抗屬、烈屬的地主家庭，給他們面子。

　　到 5 月 19 日，東北爭奪戰形勢嚴峻，中共中央明顯感覺到需要通過解決土地問題來爭取農民支持，需要突破「五四指示」向一切地主階級奪取土地分給無地、少地的農民。「今年務必將土地問題全部或大部解決完畢。土地問題解決，兵也有了，匪也容易剿了」（毛澤東語）。但是是否要實行暴力土改，中央還是猶豫不決，因為有些地方發生了過火鬥爭，中間派人士開始抱怨。於是毛澤東於 6 月 27 日以中共中央名義提出，考慮在解放區發行土地公債，有代價地徵收地主土地分配給農民，並起草了和平土改的具體方案，於 7 月 19 日下發徵求各中央局的意見。由於各中央局意見分歧較大，決定先在陝甘寧邊區試行和平贖買政策，並於 12 月初公佈了邊區政府《徵購地主土地條例草案》。初步實行之後，連一貫被認為對土改激進政策要負責任的中共中央政治局委員康生都認為「用公債徵購土地是解決土地問題的一個好辦法」。1947 年 2 月初，劉少奇也公開讚揚和平贖買政策，冀東等地也都開始行動了起來。[35]

　　但是，或許是因為內戰的需要，或許是因為毛澤東在農民問題上一貫的思維方式（如「矯枉必須過正，不過正不能矯枉」，「農民的平均主義在分配土地以前是革命的，不要去反對」，對中小地主與富農「實際上也是要侵犯一些的」），1947 年 2 月 1 日，毛澤東再次提出，土地問題要儘早解決，要「用群眾運動來與地主決裂」的辦法來解決。所以即使是徵購，也是先要同地主「撕破臉」，「把地主的氣焰打下去」。[36] 而且正如毛澤東早在 1927

---

[35] 也見中共中央文獻研究室（編），《劉少奇年譜》（1998-1969）（下卷），中央文獻出版社，1996年。劉少奇於 1947 年 2 月 8 日為中共中央起草了關於陝甘寧邊區若干地方試辦土地公債經驗的通報，認為「由政府頒布法令以公債徵購地主土地的辦法，如與群眾的訴苦清算運動相結合，絕不會削弱群眾運動，相反，大大堅強群眾運動，使群眾的鬥爭更加站在合法地位……」。「在土地改革時期，地價大跌，故以公債徵購土地的市價很低，公債本息償還時期又規定很長，故我們政府與群眾完全能負擔得起，很為群眾所歡迎」。

[36] 前引楊奎松，〈關於戰後中國和平土改的嘗試與可能問題〉。

年就已經看到的，「不沒收小地主的土地，如此則有許多沒有大地主的地方，農協則要停止工作」。[37] 楊奎松總結了很多對中共建國全國各地土地佔有情況的研究，發現小地主「在幾乎所有地區都佔據著地主階層中的絕大多數」。的確不動小地主，土地改革很難進行。

與此同時，劉少奇對如何土改的態度也開始變得激進起來。他於 1947 年 4 月 4 日到了晉綏中央局所在地興縣，聽取了晉綏中央局書記李井泉和在興縣蔡家崖郝家坡進行土改試點的中共中央政治局委員康生的土改報告，並且視察了其他幾個縣的土改情況，認為人民生活困苦，因為土改很不徹底，需要搞「有系統的、普遍的、徹底的群眾運動，」就像康生的郝家坡土改一樣。需要採取有效辦法來支持長期戰爭。那麼康生是怎麼搞的呢？「鼓勵農民使用暴力，打耳光、跪瓦渣、澆茅糞、剝衣服……。用康生的話來說，即是『教育農民敢於同地主撕破臉鬥爭，要把地主的氣焰打下去』」。劉少奇的改變既來自於晉綏土改的經驗，也來自於其他各根據地的經驗。劉少奇終於和毛澤東統一了看法，要按照毛澤東《湖南農民運動考察報告》中的辦法來搞土改了。於是，到 6 月底，中共華中分局就發出了不能照搬《五四指示》的指示。晉冀魯豫中央局也認為《五四指示》無法真正解決土地問題。晉綏老區本來土地問題已經基本解決，但是李井泉卻說 50-70% 的土地還在地富手裡。太行區也接著在 1946 年 11 月底後拋棄了《五四指示》[38] 所以下一步要深入進行群眾運動，以解決土地問題。所有這些，都為暴力土改開了綠燈。

用群眾運動的方法，撕破臉的方法來搞土改，就是用暴力的方法。於是和平土改就越來越沒有可能，並逐漸被拋棄，暴力土改就佔了上風。劉少奇於 1947 年 4 月在晉察冀中央局幹部會議上做了《關於土地改革問題的講話》。他：

> 尖銳地批評了晉察冀在貫徹《五四指示》的過程中，犯了大革命後期陳獨秀、譚平山那樣的錯誤。說他們仗打得不好，就是因為沒有發動

---

[37] 前引楊奎松，〈新中國土改背景下的地主富農問題〉，附註第 152。

[38] 楊奎松，〈中共土改政策變動的歷史考察（1946-1948）：有關中共土改史的一個爭論問題〉，《東方學報》，2007 年，第 81 期，第 233-236 頁。

群眾。「總怕群眾起來犯錯誤，怕群眾違反了政策，怕過火了」。……
「百分之九十以上群眾的意見就是法律，就是政策」。……「太行經
驗證明，消滅地主剝削一定要徹底，他們叫做讓地主掃地出門，土地
財產一切搞乾淨，讓他要飯七天，挑糞三擔」。「一定要把地主打垮
了，然後恩賜他一份，他才會感恩」。[39]

「掃地出門」的政策有了。儘管劉少奇沒有講打死殺死地主富農，但是
經驗中已經有了。中共中央也一直擔心和平土改「是不是會妨礙發動群眾」
的問題，[40] 那麼現在有辦法了，於是清算鬥爭就變成了土改的主流方式，就
發生了 1947 年土改中的亂打亂殺，正如我們在第六、七、八章所看到的平定
那樣。楊奎松說儘管中央還是曾經三令五申反對亂打亂殺，但是

> 由於中共中央最關心的並不是分配土地財產，而是發動農民群眾，鬥
> 倒鬥臭農村舊勢力，以樹立新政權的領導權威，因此，它非常清楚激
> 發貧苦農民對舊勢力的仇恨的極端必要性。既然要鼓勵這種「階級仇
> 恨」，就不能不允許農民有所表現和發洩。所以它一面強調「不允許
> 由工作團或政府自己組織打人與採用肉刑」，一面又不得不反覆說明：
> 「由於真正群眾自發的突發的激情，對其所痛恨的壓迫者予以毆打
> 時，共產黨員應當站在群眾方面，擁護群眾的義憤，絕對不可對群眾
> 潑冷水。」[41]

其實或許劉少奇自己也常處在左右搖擺的狀態。在 1947 年 4 月 30 日《關
於土地改革問題》的講話中，劉少奇強調對地主給出路，不侵犯中農利益，
不消滅富農經濟。但是在 5 月 1 日，在薄一波關於冀魯豫土改的報告上又批
示：「事實證明在最近的土地改革中，農民群眾常常跑在黨的領導機關前面，

---

[39] 前引楊奎松，〈中共土改政策變動的歷史考察（1946-1948）〉，第 231 頁。

[40] 前引楊奎松，〈關於戰後中國和平土改的嘗試與可能問題〉。

[41] 前引楊奎松，〈新中國土改背景下的地主富農問題〉。

黨的領導常常落後於甚至阻礙群眾。這種右傾機會主義的錯誤，須迅速糾正才有利於運動」。他強調「對地主，必須根據全體農民人口 90% 以上的群眾意見來處理。對於中、小地主及抗日地主、具有幹部家屬身分的地主的照顧，必須出於群眾自願」。在 1947 年 8 月的全國土地會議上，劉少奇說山東、晉察冀、晉綏的土改均不徹底，尚須進行激烈鬥爭，才能解決問題。[42]

正是這種土改政策中的自相矛盾，

> 使得中共中央反對亂打亂殺的規定很難有效地貫徹執行。儘管中共華北局在反對亂打亂殺問題上態度相當堅決，也因中央有此指示而無法有效制約多數土改幹部對這種限制性規定的不滿，他們通過各種方式強烈表示：對地主「不打不行」。不打，逼不出浮財；不動浮財，農民發動不起來。「不打不殺不發動群眾，解決不了問題。」即使不能亂打，至少「有的地主不打不行」，而且只有「用這個辦法發動群眾快」。在這樣一種情緒支配下，即使是在華北局直接指導下的新區土改中，亂打亂鬥和剝奪富農的現象也還是屢禁不止。[43]

這種矛盾，不光反映在領導者個人身上，也自然反映在中共高層領導之間。中南局書記鄧子恢在給毛澤東的信中，就表示了對華北局的做法的不同看法。他說：「平、津近郊土改，民主人士叫好，農村不亂是好的，但農民是否真正發動起來，也應檢查。如果經過土改而農民沒有發動，則土改成為形式，這不僅政治上不利，在將來生產上也有極大不利。」[44] 於是中南局的土改呈現暴力傾向就是也可以理解的了。

根據楊奎松的研究，劉少奇在得知他的講話導致大批人被打死的情況後，緊急通知各地剎車。晉察冀中央局 1947 年 5 月即開始糾偏，不再宣傳 90%

---

[42] 王孝平，〈劉少奇與解放戰爭時期的土地改革〉，《中共太原市委黨校學報》，2003 年第 3 期，第 46-47 頁；也見《劉少奇年譜》（下卷），1947 年 5 月 1 日對薄一波關於晉冀魯豫區土改情況報告的批示。

[43] 前引楊奎松，〈新中國土改背景下的地主富農問題〉。

[44] 同上。

以上的人同意就可以殺人之類的口號，並要求給地主保留最低生活條件，不
侵犯中農，不消滅富農等。但是「中央局叫停而下面不停的情況非常普遍」。
[45] 而且在 1947 年 8 月 21 日在西柏坡舉行的全國土地會議的講話中，他又說
土地改革的任務還是沒有完成，群眾還是沒有充分發動起來，幹部們都自覺
不自覺地在同情地主，反對農民。所以，反右是今天的主要任務。黨員幹部
必須查思想、查路線，地富出身的要把財產交出來。儘管他同時也說要防左，
不能亂殺人，但是防右是他的主調，發動群眾是他的主調，如果需要，「殺
他幾千幾萬地主」沒有什麼不好。[46] 這就又回到了群眾運動必須激進的套路
裡去了。這也正是我們在第八章所討論的幹部三查的背景，以及平定暴力土
改的背景。薄一波也認為當時的「會議空氣相當『左』」，「對貫徹執行《五
四指示》一年多來的『九條照顧』政策，統統否定，視為右傾」。[47]

在西柏坡會議後的 1947 年 11 月，中共冀晉區二地委在盂縣召開分區土
地會議，平定縣委（路北）書記張布克率領縣區黨員幹部 209 人去開會。他
說「會議的指導思想是相當左的，如決定徹底平分土地，實際上允許侵犯中
農利益；對黨內不純的情況估計過於嚴重……會議一開始，就充滿了火藥味。
各代表團都以黨小組為單位，普遍開展三查，即查階級、查思想、查作風」。
張布克等人表達了不同意見，結果被認為是右傾。「一時間，1,500 多人參加
的會議，鬥爭殘酷，氣氛緊張，把地富出身的黨員幹部打發到驢圈馬棚裡居
住，並關了禁閉，搞得他們心驚膽戰，不知所終」。張布克、劉松青等主要
領導被調離。盂縣會議後平定縣委「發動貧農團向幹部開火，開展了所謂的
『搬石頭運動』運動」。「黨員幹部有的被開除黨籍，有的被打鬥致殘致死，
許多立場堅定、工作積極的黨員幹部被撤銷職務」。「到 1948 年 2 月，全縣
118 個村中有 375 名黨員幹部被當作『絆腳石』搬掉，有 19 名幹部和土改積
極分子被打死，有 35 人被迫自殺，大批優秀黨員幹部受到嚴重迫害」。岔口
村「所有黨員幹部都靠邊站，貧農團給幹部脖子上掛上各種各樣寫著石頭名

---

[45] 楊奎松，〈中共土改政策變動的歷史考察（1946-1948）：有關中共土改史的一個爭論問題〉，《東
方學報》，2007 年，第 81 期，第 227 頁。

[46] 同上，第 224-226 頁。

[47] 薄一波，《七十年奮鬥與思考》（戰爭歲月），中共黨史出版社，2008 年，第 433 頁。

稱的牌子，鬥爭、遊街、關禁閉。千畝坪村的治安員、共產黨員張道國，紅土窪【四】村黨支部書記李太保被非刑拷打致死。李太保平反後重新安葬的時候，他的屍體上還綁著鐵絲繩子」。[48]

　　於是在西柏坡土地會議後，便出現了一個「左」傾狂潮，「村村點火，戶戶冒煙」。各地紛紛發表告農民書，清算地富，清除黨內和革命隊伍內思想不純的分子。對這些人，「黨和毛主席都批准了咱們」，「大家要怎樣懲辦就怎樣懲辦」。晉綏區數以萬計的地富被關押，並普遍遭受酷刑。抗戰時期的「三三制」被徹底拋棄，「開明士紳王作相被打死以後開腸豁肚，屍體被扔進黃河裡」。這就是那些著名案例發生的時候：晉綏高等法院院長孫良臣被遣送回老家，批鬥毆斃；晉西北臨時參議會副參議長劉少白被武裝押送回老家，隨之全家被掃地出門；開明士紳牛友蘭被批鬥，在晉西北行政公署做副主任的兒子牛蔭冠被拉來陪鬥，並要求用鐵絲穿著牛友蘭的鼻子，拉上遊街。這個時期，興縣被打死地主、富農、中農、貧雇農共 1,151 人，前三者各佔約三分之一。劉少奇在土地會議上講，「地主殺我們一個人，我們殺他二十個人」。於是黎城幹部指揮農民將 100 多個剩餘地主全部殺掉。偏關被打死與自殺 66 名幹部。整個晉察冀被停止黨籍者有數萬人之多，被鬥被打死與自殺者成千上萬。[49]

　　「左」傾狂潮不僅席捲了各地農村，也席捲了黨政機關甚至軍隊。陳賡縱隊中貧雇農出身的人還罷免了司令部總支書記、軍政處長王布青的黨內職務。這些事情被謝覺哉稱為「貧雇農篡政」、「自己革自己的命」。（這有點像文革的預演。）毛澤東這時也意識到這些做法有問題，但他還是認為「左」傾現象不可避免，發動群眾最重要。反倒是劉少奇感覺到了問題的嚴重性。毛澤東在 1948 年初收到習仲勳、任弼時、薄一波等人的報告或者看法後，也意識到了問題的嚴重性，劉少奇於是開始了糾偏，儘管糾得不情不願。毛澤

[48] 張布克，《張布克七十年征程回憶》，遠方出版社，2009 年。也見平定縣黨史研究室，《平定縣（路北）解放鬥爭史》，第 118-126 頁；平定縣黨史方志辦公室（著）《中國共產黨平定縣歷史》，北京：中共黨史出版社，2015 年，第 183 頁。我們在上一章曾經提到這個例子。

[49] 前引楊奎松，〈中共土改政策變動的歷史考察（1946-1948）〉，第 216-220 頁。關於晉綏土改，也見智效民，《劉少奇與晉綏土改》，秀威資訊出版社，2008 年。

東認為各地的錯誤主要由於各中央局與中央的政策不明確所導致，但是他不給群眾潑冷水的思維方式還是佔了主導地位，所以他的糾左也不是那麼堅持，「群眾真要打，也不以群眾為敵」。劉少奇承認 1947 年的暴力土改消滅地主富農及一部分中農共約 25 萬人。[50] 這些正是 1951 年的土改又開始暴力的最根本的原因。

　　暴力土改的問題，在 1950 年的《中華人民共和國土地改革法》頒布之後，有一段時間似乎得到了解決，但是之後又捲土重來。在湖南邵陽地區參加領導土改的何之光談到，他們一開始是按照該法的要求，相對和平地進行土改，鬥爭會上會下都禁止打人。但是不久他們就被批評為「煮了夾生飯」，「走了彎路」，「必須從頭來」。該土地改革法被拋在一邊，正如 1946 年的《五四指示》被拋在一邊一樣。正如胡喬木所說，「黨反對不發動群眾，用行政命令方法把土地『恩賜』給農民的『和平土改』」，即使在那個時候，中國除臺灣和西藏之外已經全部解放，各級新政權已經建立了起來。[51] 於是重新發動群眾，「有仇報仇，有冤報冤」，將大小地主、守法開明的地主也都鬥了，逃亡在外的地主也都抓了回來鬥爭。鬥爭會上刑訊逼供，打人成風，各種酷刑如「稱半邊豬、吊磨盤、踩槓子、割耳朵」等都用上了。「打死人和被逼投水、上吊的，時有所聞」，「不把人當人，死人不計其數」。這就又重複了 1946 年的和平土改和 1947 年的暴力土改的左右搖擺。

　　廖崇喜和許克祥認為有「兩次左傾錯誤」。[52] 第一次在 1946 年《五四指示》頒布之後到 1947 年 10 月《中國土地法大綱》頒布前夕，第二次是在《中國土地法大綱》頒布之後。但是實際上這應該看作是同一個暴力土改運動。根據何之光在湖南的經驗，1950 年 7 月《中華人民共和國土地改革法》頒布之後約 5 個月的時間，土改是相對平和的。但是，1951 年開始，和平土改被

[50] 同上，第 195-216 頁。關於習仲勳的努力，見賈居川，〈習仲勳與陝甘寧邊區的土改糾偏〉，《史料薈萃》，其他出版信息不詳。網上也能查到該文的網絡版。

[51] 見何之光，〈《土地改革法》的夭折〉，炎黃春秋網 http://www.yhcqw.com/33/1697_2.html 上網日期 2018 年 3 月 29 日。

[52] 廖崇喜，許克祥，〈試論解放戰爭時期土改運動中的左傾錯誤〉，《西南交通大學學報》（社會科學版），2000 年 12 月第 1 卷第 4 期。

批判為煮「夾生飯」，暴力土改又開始盛行，又開始了亂捕、亂打、亂殺。[53]
我們在後面總結的楊奎松研究的暴力土改案例，基本都是在 1951 年朝鮮戰爭
初期發生的，儘管在 1950 年局部地區也已經有暴力土改。如果說有第二次暴
力土改的左傾「狂潮」，那麼它應該是在 1951 年開始的。根據廖和許的觀點，
第一次左傾產生的原因是《五四指示》頒布後，雖然土改運動初見成效，但
是很不徹底。於是部分解放區對土改政策就做了部分調整，改變了對中小地
主和抗屬、幹屬、烈屬的照顧政策，規定是否照顧由群眾自己來定。同時也
改變了一般不動富農土地的規定。第二次左傾狂潮也是出於同樣的理由。但
是所謂不徹底，「夾生飯」，或許都還不是根本原因。最根本的原因是階級
鬥爭的需要。這個問題我們在上面也談過了。

　　所以，暴力土改並不是像葉明勇所說，「在與地主鬥爭時出現了偏離政
策的現象」，是由於「用政策武裝群眾、引導群眾不夠」，「農民普遍文化
水準低下，而且受到階級局限」，一旦發動起來，「往往不會用合法的手段
解決問題，取而代之的是傳統的『殺富濟貧』」。[54] 當然，教育與傳統文化
肯定是一個因素。但是正如我們將在下面要討論的，這些也不是最重要的因
素。羅平漢所講的小資產階級的急性病、國共鬥爭的激烈性等也不是主要原
因。[55] 而階級鬥爭的思維方式、政策的因素，以及我們在下面講的群眾運動
的規律，才可能是更重要的原因。政策本身的矛盾與領導者的左右搖擺問題，
尤其是毛澤東關於階級鬥爭和群眾運動的思想的主導問題，都是關鍵的因
素。周恩來在 1951 年底的中國人民政治協商會議第一屆全國委員會第三次會
議上作的政治報告裡就提到要反對「只要政府頒布法令、不要發動群眾鬥爭」
的「和平土改」，認為那個「思想是錯誤的」。和平土改被認為是一種錯誤
傾向，是一個偏向。[56] 這和上面引述的胡喬木的觀察是一致的，也是毛澤東

---

[53] 前引何之光，〈《土地改革法》的夭折〉。

[54] 葉明勇，〈土地改革政策與「和平土改」問題評析：兼與何之光《土地改革法》的夭折一文商榷〉，
《當代中國史研究》，2007 年第 14 卷第 4 期，第 56 頁。

[55] 見前引羅平漢，〈一九四七年下半年解放區土改運動中的「左」傾錯誤及其糾正〉。

[56] 轉引自葉明勇，出處同上，第 56-57 頁。

的主導思路。這正是滿永談到的「政策因子」。[57] 暴力是權力的運作，權力
的表現，權力的意志，是當權者政策的體現。我們的被訪者在談到土改暴力
的時候，也經常說那個時候就是那個政策，沒有辦法，就是這個意思。

　　1947 年的平定暴力土改就是在這樣的政策背景下發生的。建國後的土
改，似乎也是在循著以前的路子走，政策看起來比較寬容，但是在執行的時
候卻是另外一種思路，左右搖擺，忽左忽右，犯了「左傾」「錯誤」以後再
「糾錯」，糾錯就被認為是右傾，然後再「犯【左的】錯」，那就再「糾錯」，
循環往復。其實，建國後的其他運動如反右、大躍進、文革等也都是在循著
同樣的思路：一切以階級鬥爭為綱。就是三年飢荒，也是因為階級敵人在搗
亂。改革開放後的「維穩」，也是同樣的思路。不過這個時候不講階級鬥爭，
而是「海內外敵對勢力」企圖顛覆中國政權的問題了。只是改革開放以後的
左右搖擺，時間跨度要遠遠超過土改時期，是以十幾年或者幾十年為一個循
環週期的。

戰爭和群眾運動的影響

　　其實我們在上面已經多次提到戰爭和群眾運動的因素。關於戰爭方面，
我們強調土改和戰爭或許是相互支撐的兩個因素。土改的確使得擴兵、徵糧
變得容易了很多。沒有廣大解放區農民參戰、抬擔架、運糧食，中共要打贏
這場戰爭是不可能的。薄一波和葉劍英在討論《五四指示》時，也明確說明
「解決農民的土地問題，就是為了奠定戰勝國民黨反動派的群眾基礎和物質
基礎」。[58] 薄一波參加了中央制定《五四指示》時的討論。所謂「戰勝」，
就是打仗，群眾基礎就是擴兵，物質基礎就是糧食布匹等的支援。所以說，
準備打仗當然是土改的原因之一，所以也成了制約土改暴力的因素之一。薄
一波在他的回憶錄中說，

[57] 滿永，〈政治與生活：土地改革中的革命日常化——以皖西北臨泉縣為中心的考察〉，《開放時代》，
2010 年第 3 期，第 35 頁。

[58] 薄一波，《七十年奮鬥與思考》（戰爭歲月），中共黨史出版社，2008 年，第 405 頁。

　　為了支援前線作戰，中央局和軍區在全區【晉冀魯豫】人民中進行動
員。獲得土地的翻身農民，迸發出難以估量的革命力量。截至 1947 年
6 月，有 24 萬翻身農民參軍，出現了幹部帶頭、兄弟爭先、父母送子、
妻子送郎的感人場面；游擊隊、民兵發展到 100 餘萬。數百萬民工隨
軍支前，擔負起巨大的戰爭勤務。[59]

圖 9.1　上海地區群眾交糧支援戰爭和平定相似[60]

---

[59]　同上，第 416-417 頁。

[60]　中華全國美術協會上海市分會（主編），《土改素描集》（上海：電化教育出版社，1951）。

圖 9.2 上海地區參軍浪潮與平定相似[61]

平定（路南）縣在 1947 年 10 月的短短三天時間，就有 2,836 名青壯年報名參軍，經體檢政審合格後送到地區的參軍人數達 1,832 人。[62]

而戰爭反過來也使得土改成為可能。如果沒有戰爭的威脅，沒有解放軍的武力威脅，地主富農也不會很容易「就範」。[63] 建國後韓戰時期的土改也是如此。正如劉少奇所說，抗美援朝（1950 年 10 月到 1953 年 7 月）的鑼鼓響起來以後，土改的鑼鼓、鎮反的鑼鼓就聽不大見了，被蓋住了，就容易搞了。否則這裡打死一個地主，那裡打死一個地主，「很多事情不好辦」。陶鑄也持同樣的觀點。[64]

關於 1947 年的暴力土改，杜潤生也提到了戰爭的因素。他說，

---

[61] 同上。

[62] 平定縣黨史研究室，《平定（路南）縣解放鬥爭史》，第 111 頁。

[63] 「就範」一詞，來自劉少奇。他當時是講如何土改才能將農民拉攏過來。見上引薄一波書，第 401 頁。

[64] 前引楊奎松，〈新中國土改背景下的地主富農問題〉，尾註第 115.

環境迫使我們不能不經常把「一切為了前線」作為制定政策必須考慮
的一個因素。這就形成在戰爭中要充分考慮到貧雇農的要求。因為貧
雇農佔農民的大多數，是革命性最堅定的一個階層。為取得革命戰爭
的勝利，有必要盡可能照顧他們的切身利益。前面提及一度產生「徹
底平分」的口號，頗大程度上出於這一原因。在對待富農問題上的策
略變革，也與在戰爭緊張關頭更多地照顧貧雇農的土地要求和對發展
生產重視不夠有關。[65]

　　李立躍也指出，在 1947 年 2 月 1 日的中共中央政治局會議上，毛澤東再
次提出要盡快解決土地問題，要「用群眾運動來與地主決裂，來得到土地，
否則會喪失農民、喪失戰爭」。「黨反對不發動群眾，用行政命令方法把土
地『恩賜』給農民的『和平土改』」[66] 這也正是胡喬木所引述的說法。其實
取消《五四指示》中的其他照顧政策，或許也和戰爭的需要有關。但是第二
次暴力土改是在戰爭已經結束的時候。所以說暴力土改應該還是有其他最根
本的原因，比如意識形態的原因和群眾運動的性質等原因。
　　反過來講，實行《五四指示》與和平土改，也是因應戰爭的需要，即需
要重視統一戰線，以便更有效地和蔣介石做鬥爭。毛澤東說，

　　　　為了粉碎蔣介石的進攻，「我們必須自覺的向富農讓步，堅持中央不
　　　　變動富農自耕土地的原則。」在土地問題已經解決的地方，應保障一
　　　　切地主必須的生活條件，並「應對一切地主採取緩和態度」。在一切
　　　　土地問題已經解決的地方，除少數反動分子外，應對整個地主階級改
　　　　取緩和態度。對一切生活困難的地主階級給以幫助，對逃亡地主招引
　　　　其回來，給以生活出路，藉以減少敵對分子，使解放區得到鞏固。如

---

[65] 杜潤生，〈關於中國的土地改革運動〉，《中共黨史研究》，1996 年第 6 期，第 17 頁。

[66] 李立躍，〈土地改革運動研究-前言〉，2014 年 6 月 1 日，博訊新聞網，http://www.peacehall.com/
news/gb/pubvp/2014/06/201406010534.shtml 上網日期 2018 年 3 月 29 日。其實在減租減息的時候，
毛澤東就說過，「減租必須是群眾鬥爭的結果，不能是政府恩賜的。這是減租成敗的關鍵」。顯然
這是毛的一貫思路。見太行革命根據地史總編委，《太行革命根據地史料叢書之五：土地問題》，
山西人民出版社，1987 年，第 24 頁。

此做的一個主要目的，就是要準備努力生產，使一切必需品，首先是糧食和布匹，完全自給。爭取在戰爭全面爆發之後，使自衛戰爭的物質需要得到滿足，同時又必須使人民負擔較前減輕，使我解放區人民雖然處在戰爭環境，而其生活仍能有所改善。[67]

所以無論是暴力土改還是和平土改，戰爭發展的情況一直是一個影響的因素之一，儘管或許不是最根本的因素。

在群眾運動方面，我們在上面提到中央尤其是毛澤東，認為一定要用群眾運動的方法來搞土改，而且對暴力不以為錯，矯枉必須過正，不過正不能矯枉。但是群眾運動一旦起來，是很難控制的。有時候區裡的幹部也控制不了。比如張昭國在研究中提到「江陰縣一個鄉鎮鬥爭偽保長陸永祥時，幹部群眾對其痛打，鄉指導員去阻止，幹部群眾說鄉指導員包庇地主，要打他，指導員只得跳下臺跨河逃走。高淳縣漆橋區連立場不穩的幹部、農會會員也被鬥爭和吊打」。在聯村鬥爭時，由於鬥爭的是別的村的「壞人」，就更加無所顧忌了。[68]

關於群眾運動很難控制的問題，陳思和提到了張煒的小說《古船》裡的一個情節。「小說裡的工作隊王書記被塑造成一個嚴格執行土改政策、反對群眾暴力的人，他甚至說了一句：『發動群眾的階級覺悟，不是發動部分人的獸性』！但問題是，一旦群眾真的發動起來，連王書記也控制不了局面」。這個發動群眾的獸性的說法，正是我們下一章討論人性時的觀點。他被批評為右傾，被批評為富農路線。亂打亂殺狂潮開始，「三天裡在非法酷刑下死了十多人，其中最多五個人是有死罪的」。土改的暴力引來了還鄉團的暴力，然後這種仇恨又被帶到了解放戰爭的戰場上去。[69]於是暴力便以其他方式仍在繼續著，直到今天。

---

[67] 前引楊奎松，〈關於戰後中國和平土改的嘗試與可能問題〉。

[68] 張昭國，〈動員結構與運作模式：土改運動中農民「過激」行為的原因分析〉，《成都大學學報（社科版）》，2008年第3期，第4，6頁。

[69] 見陳思和，〈土改中的小說與小說中的土改：六十年文學話土改〉，《南京大學學報》（哲學-人文科學-社會科學），2010年第4期，第88頁

　　張昭國還討論了在「鬥爭大會」上的群體心態。這是一種人們在聚合後形成的與個人獨處時完全不同的心理狀態。這個時候，人們失去了批判的能力，無法意識到自己的行為是不合適的，於是就做出來平時根本無法想像的恐怖行為。[70]　滿永也引述了古斯塔夫・勒龐有名的《烏合之眾：大眾心理研究》中關於感情在群體行為中的重要作用的觀點，比如農民對好地主的同情。[71]這種感情是會傳染的。在我們所討論的暴力土改的背景下，一個是仇恨、復仇的感情的相互傳染，一個是暴力行為的相互傳染。這是形成每會必鬥，每鬥必打，每打必死的原因之一。[72]　於是，蘇南縣、區、鄉幹部下面的認識就是有他們的道理的了：

> 土改應該放棄領導，痛痛快快大幹一場。蘇州市有的幹部認為：「放手是不要領導，這樣可痛快了，過去領導抓得太緊，所以只好和平土改」。太倉縣一些幹部認為「過去上級約束太嚴，處處受到限制，現在有辦法了」。部分幹部甚至把放手發動群眾與「亂打亂殺」混為一談」。有些縣、區、鄉的幹部認為「發動群眾就是開鬥爭會，而鬥爭就是打，只有打過，才是鬥爭過。發動群眾就是轟轟烈烈的熱鬧」。無錫縣一些幹部認為放手發動群眾非亂打亂殺不可，「既要放手，為什麼要遵守八項紀律呢」，「要去掉打、剝、跪、爬，發動群眾是困難的」。無錫縣有些幹部表示：「不許我們幹部打人，就情緒不高」。[73]

　　冀中區的幹部也是這樣認為的：「不打解決不了問題，不搶東西發動不來群眾，有的直接提出窮人『有仇報仇有冤報冤』的口號」。[74]其實所謂「放

---

[70]　前引張昭國，〈動員結構與運作模式〉，第 6 頁。

[71]　前引滿永，〈政治與生活：土地改革中的革命日常化──以皖西北臨泉縣為中心的考察〉，《開放時代》，2010 第 22，26 頁。

[72]　鄧子恢語，轉引自羅平漢，《土地改革運動史》（福州：福建人民出版社，2005 年），第 194 頁。

[73]　前引張昭國，〈動員結構與運作模式〉，第 7 頁。

[74]　前引李金錚，〈土地改革中的農民心態〉，第 86 頁。

手」，在所有的地方，都是「亂打亂殺」的代名詞。只要一開鬥爭會，群體心態就形成，打殺就無法避免了。這是群眾運動的規律，至少是土改暴力的規律。[75] 個人在群體中變成了野蠻人，「幾乎所有的人都會陷入到類似瘋狂的非理性的群眾心理陷阱，不能自控地跟著集體無意識去實行暴力」。[76]

對於群眾運動來說，或許真的是只有這種「偏」，「才能激起『麻木』、『消極』的人們的情緒」。[77] 的確，如果不搞清算，就沒有階級鬥爭的問題了，那麼共產黨賴以發動群眾的意識形態就不起作用了，群眾也就很難發動起來了。毛似乎很清楚這一點，劉則比較實用主義，這和 1949 年之後他們的分歧是一樣的。

我們在這一節討論了土改暴力的結構性因素，包括階級結構中的地主富農問題、階級關係與階級鬥爭等意識形態方面的需要，政策的左右搖擺，戰爭的需要，以及群眾運動的不可控特點等。我們認為這些結構性的因素是土改暴力的根本因素。下面討論的文化因素和個人因素儘管是輔助因素，但是沒有下面這些因素，結構性因素也無法起作用。所以說這幾個因素是相輔相成的。

二、土改與除奸反特暴力的文化因素

傳統的暴力文化

暴力文化由來已久，其實世界文明史就是暴力的歷史。暴力文化包括暴力的思維方式和暴力的行為方式。暴力思維方式的根源除了意識形態之外還

---

[75] 關於動員群眾起來鬥爭的方法，我們在階級與階級鬥爭那一部分談過了。也見前引張鳴，〈動員結構與運動模式〉；前引張一平，〈新區土改中的村莊動員與社會分層〉。

[76] 見陳思和，〈土改中的小說與小說中的土改：六十年文學話土改〉，《南京大學學報》（哲學-人文科學-社會科學），2010 年第 4 期），第 90-91 頁。陳思和也是引述了勒龐的觀點：「單單是他變成一個有機群體的成員這個事實，就能使他在文明的階梯上倒退好幾步。孤立的他可能是個有教養的個體，但在群體中他卻變成了野蠻人——即一個行為受本能支配的動物。他表現得身不由己，殘暴而狂熱，也表現出原始人的熱情和英雄主義」。

[77] 李里峰，〈運動式治理：一項關於土改的政治學分析〉，《福建論壇——人文社會科學版》，2 年第 4 期，第 73 頁。

包括強取豪奪的慾望、控制慾或支配慾、報復心理、虐待慾。[78] 平克認為世界上許許多多最壞的、人們相互加害的事情都是意識形態所造成的。意識形態正是一種思維方式。意識形態暴力是達到一個理想目標的手段。他認為十字軍東征、法國革命、對猶太人的大屠殺，以及斯大林、毛、波爾布特的種族滅絕都源於此。[79] 關於這個意識形態的問題，我們在下一章討論人性的時候，還會提及。鮑曼也說，斯大林和希特勒手中的被害者之所以被殺，是由於當權者認為他們不適合在新的世界裡生存，只有將他們殺掉，才能建立一個更好的世界。[80] 這被認為是對人性變革與社會進步的一種科學信仰與激情。[81] 暴力是達到這個境地的必然手段。和另外幾種慾望一起，它們構成了一種文化，一種暴力的思維方式。在這樣一種意識形態思維方式的指導下，受害者被「非人化」，普通人被轉化為大規模殺戮的加害者。[82] 這也正是在土改與除奸反特中發生的情況。

　　上面提到的報復心理也是暴力思維的一個根源。這和溫和、忍讓心態是中國傳統文化的一體兩面。這一點，我們在下一章討論人性時也會提及。中共冀豫晉省委在 1938 年的一個文件中指出，一般農民除了保守、散漫外，還具有「報復性」。[83] 李金錚認為，農民對地主的復仇心態，是由以下幾個因素激發起來的：前面所講的農民被地主剝削的意識（「以怨報怨」，許你不

---

[78] Steven Pinker, *The Better Angels of Our Nature: Why Violence Has declined* 人性中的善良天使：暴力減少的原因 (New York: Penguin Group, 2011), pp. 508-69.

[79] 同上，第 556 頁。

[80] Zygmunt Bauman, *Modernity and the Holocaust* (Ithaca, N.Y.: Cornell University Press, 1989), p. 92.

[81] Borge Bakken, *The Exemplary Society: Human Improvement, Social Control, and the Dangers of Modernity* (New York: Oxford University Press, 2000), p. 5.

[82] 前引 Bauman, *Modernity and the Holocaust*, p. 21.

[83] 轉引自前引李金錚，〈土地改革中的農民心態〉，第 84-85 頁。關於農民的缺點，見〈關於建立根據地的基本工作問題〉（節錄）：冀豫晉省委《建立太行根據地會議報告》，1938 年 3 月 20 日，載於《太行革命根據地史料叢書之七：群眾運動》，山西人民出版社，1989 年，第 98-99 頁。文中講到一般農民的六個特點，包括保守性；私有觀念很深刻；依賴性；生活散漫，沒有團結；報復性；不相信自己的力量。另外一篇彭濤署名的題為〈十七個月群眾工作的基本總結〉（1939 年 4 月）的文章，提到農民幹部的幾個缺點：官僚化、腐化、命令就是領導、自高自大、家庭觀念重、散漫、自私、不愛學習。見上引書第 148 頁。

仁就許我不義），「農民階級隊伍的形成增加的復仇力量」（「群眾起來賽如虎，地主只有把頭低」，「群眾的吶喊聲處處給地主以力量的威脅」），「革命政權為農民的復仇提供了合法性保障」（「革命政權的政策法令在一定程度上……刺激、容許和推動了農民的復仇行為」）。

韓丁的觀察是，農民「一旦行動起來，他們就要走向殘忍和暴力的極端。他們如果要動手，就要往死裡打，因為普通的常識和幾千年的痛苦教訓都告訴他們，如果不是這樣，他們的敵人早晚要捲土重來，殺死他們」。[84] 韓丁將暴力歸之於報復心態，當然這只是文化方面的原因之一。其實報復性不光農民有，任何人都有。劉少奇就曾經講過，你殺我一個，我殺你二十。

強取豪奪的慾望、控制慾和虐待慾也都是可能的文化心理因素。我們這裡就不深入討論了。

除了暴力思維方式之外，還有暴力的行為方式。當然行為方式和思維方式無法決然分開，我們在下面的討論中也是如此。平克等認為西方文化中有多種酷刑和殺戮的方式，這些其實在中國文化中也同樣存在，比如將人的雙手綁在背後，在手腕上栓繩子，把人吊起來，然後猛地放一下，再放一下；把人弄瞎；用烙鐵烙人的皮膚；斷手；割耳朵；割鼻子；割舌頭；用馬將人撕裂。這樣的場面也通常會有很多人觀看，似乎在欣賞被害者的掙扎與慘叫；綁架和強姦婦女等等。[85]

其實殺戮本身在中國的歷史上常常就是駭人聽聞的。唐代的安祿山叛亂造成 3,600 萬人的死亡，佔了帝國人口的三分之二。第十七世紀明朝滅亡時死人 2,500 萬；第十九世紀太平天國革命造成 2,000 萬人的死亡。[86] 福建與廣東發生在不同群體之間的械鬥，漢族和回族在歷史上的相互屠殺，也都聞名於

---

[84] 轉引自前引李金錚，〈土地改革中的農民心態〉，第 86 頁。

[85] Pinker, *The Better Angels of Our Nature,* pp. 13, 16, 132, 510; Timothy Brook, Gregory Blue and Jerome Bourgon, *Death by a Thousand Cuts* 千刀萬剮 (Cambridge, MA: Harvard University Press, 2008), p. 203.

[86] Pinker, *The Better Angels of Our Nature,* p. 195.

世。中國地方上的群體鬥毆、殘暴大家都習以為常了[87]。在明末的四川，張獻忠的殘暴虐殺令人髮指，在帝國歷史上數一數二。在湖北麻城，Ma Shiying又將凡是曾經追隨張獻忠的男女老少全部殺光。[88] 清朝的左宗棠大肆殺戮穆斯林，穆斯林的將軍 Ma Tingxian 又大肆殺戮漢人和藏人。普通百姓被視為「草民」，可以隨意虐殺。[89]

這些歷史上的暴力行為是深深扎根在中國傳統的暴力文化之中的。其實正統的中國傳統文化並不謳歌暴力，但是正如 Harrell 指出的，暴力之所以產生一來是因為中國文化中反對或者禁止暴力的價值觀非常之弱，二來有各種不同的「反文化」是宣揚暴力的。大家都非常喜歡的中國戲曲就充滿了征戰、打鬥的故事。[90] 我在一篇討論中國的暴力文化的文章裡提到一次在電視上看到一個京劇表演藝術家討論如何用兩個手指頭將寶劍上的血優雅地抹去。[91]

在通俗文學中，對暴力的描述屢見不鮮，而且毫無同情心，好像那些被害者都不是人，也不會感覺到痛。武松是打虎英雄，但是為了報復一個人，可以將這家的傭人奶媽等一共 15 個人通通殺掉。這樣的場景不僅非常著名，而且常常是各種戲曲、話劇、木偶戲等大眾所喜聞樂見的藝術形式中的尋常主題。[92] 幾乎沒有什麼小說家會描寫這些人在死的時候有一種什麼樣的感覺，他們的家人是否也感到悲痛，他們在失去親人之後的生活如何，等等。這些加害者很少後悔殺人，或者表示什麼懺悔之情。中國文化中的所謂「草

---

[87] Steven Harrell, "Introduction of violence in China: Essays in culture and counterculture" in Jonathan Lipman and Steven Harrell (eds.) *Violence in China: Essays in Culture and Counterculture* (Albany: State of University of New York Press, 1990), pp. 4-5; Harry J. Lamley, "Lineage Feuding in Southern Fujian and Eastern Guangdong under Qing rule, " pp. 27-58 in Lipman and Harrell (eds.) 1990; Jonathan Lipman, "Ethnic violence in Modern China: Hans and Huis in Gansu, 1781-1929, " pp. 67-83 in Lipman and Harrell (eds), 1990.

[88] William T. Rowe, *Crimson Rain: Seven Centuries of Violence in a Chinese County* (Stanford: Stanford University Press, 2007), p. 141.

[89] 前引 Lipman, "Ethnic violence in Modern China", pp. 72-73, 78.

[90] 前引 Harrel, "Introduction of violence in China ", pp. 8-9, 15.

[91] 郝志東，《兩岸四地政治與社會剖析》（澳門大學出版中心，2014），第 76 頁。

[92] 前引 Harrel, "Introduction of violence in China ", p. 16.

菅人命」便是這個意思，即視人為螻蟻，為草芥。而殺人者則變成了英雄、好漢、武俠。[93]

中國傳統文化中對婦女的暴力也司空見慣。男人可以打自己的老婆，婆婆可以打媳婦，家長可以打孩子。[94] 女兒如果不服從父母的包辦婚姻，也可以被打，寡婦會因為想再婚而被打。[95] 在戰爭或者其他什麼衝突時期，婦女更容易受害。我們在第六章描述了很多婦女受害的情形，當然她們也可以是加害者。不過總體來講，婦女比男人更容易受到傷害。

傳統文化也講報復。正如在其他地方一樣，中國人也認為有仇必報，父債子還。[96] 以眼還眼，以牙還牙，似乎是一個普世價值。[97] 中國人也說「君子報仇十年不晚」。春秋戰國時期的伍子胥為了報楚王殺父殺兄之仇，甚至將楚王的遺骸從墳墓裡挖出，鞭打三百下。千百年來，伍子胥被認為是一個君子報仇十年不晚的光輝形象。那麼在土改中，農民們被要求回憶地主、漢奸、國民黨特務的詳細罪行，[98]有仇的報仇，有怨的報怨，就是可以理解的了。這也是劉少奇這句話背後的邏輯：「地主殺我們一個人，我們殺他們二十個人」。[99]

中國傳統文化也講「無利不起早」，「打江山坐江山」。[100] 韓丁在書中談到了一個王老太太，明確提到如果自己分不到什麼東西，寧可不去參加鬥爭會。[101] 正如我們在本書中所描述的，這是一個普遍的思維方式。酷刑和殺

---

[93] 同上，p. 6.

[94] 同上，p. 18.

[95] Christian K. Gilmartin, "Violence against women in contemporary China」 in Lipman and Harrell (eds.), p. 204.

[96] 前引 Lipman, "Ethnic violence in Modern China", p. 81.

[97] 前引 Pinker, *The better Angels of Our Nature*, p. 530.

[98] Richard Madsen, "The Politics of Revenge in Rural China during the Cultural Revolution" in Lipman and Harrell (eds.), pp. 187-89.

[99] 楊奎松，《中華人民共和國建國史研究》(南昌：江西人民出版社，2009)，第 64 頁。

[100] 上引楊奎松，《中華人民共和國建國史研究》，第 81 頁。

[101] William Hinton, *Fanshen: A Documentary of Revolution in a Chinese Village* (New York: Monthly Review Press, 1995), p. 81.

戮至關重要，因為這會讓敵人害怕，強迫他們招供。施害者會讓被害人接受各種各樣的痛苦，使他們願意講任何施害人想讓他說的事情，無論真假，以使施害人停止酷刑。施害人這時也感受到一種殘暴所帶來的快感，並為自己能夠掌握的權利而感到驕傲。他們在別人的痛苦中得到一種滿足感。[102]

在清朝初期，He Shirong 的反叛組織在湖北殺了成千上萬的人，他們將被俘者砍頭，砍了左耳，收集起來做戰利品。[103] 吃敵人的肉，喝敵人的血，也被認為是正常的。[104] 正如民族英雄岳飛在他那有名的詩中所寫：「壯志飢餐胡虜肉，笑談渴飲匈奴血」。

國民黨的將軍夏斗寅和他的手下發明看各種酷刑和殺人的方法，比如用烙鐵燙、將俘虜拴在樹上千刀萬剮、在左派人士身上澆煤油將他們燒死，甚至還有傳說他們將嬰兒從母親懷裡奪去，在她們面前將孩子撕裂。[105] 凌遲作為一種刑罰，在 1905 年時就已經廢止。但是在革命年代卻仍然在頻繁發生，我們在第六章和第七章也做了描述。

夏斗寅也熱衷於侮辱婦女，並對她們施以酷刑。他的軍隊在所到之處姦淫婦女。他們會將疑為左派的婦女的衣服剝光，在當地的戲臺上將她們示眾，甚至將她們的乳房切下來，或者用烙鐵燙她們，然後讓她們在村裡遊街示眾。[106]

1927 年在中共領導下的農民運動也不乏類似的暴力。在湖北的八里灣，他們公開處決了鎮裡的精英，把他們的房子燒掉。一些當地有名的地主被鐵鍊拴著，拖到城裡處決，並將他們的頭顱掛在城門上。[107] 這也是我們在下面要討論的黨的文化。研究者們也討論了在後來的土改運動中各種傳統的折磨

---

[102] 前引 Pinker, *The Better Angels of Our Nature*, pp. 548-49; Jon Abbink, "Preface: Violation and violence as cultural phenomena" in Goran Aijmer and Jon Abbink (eds.) *Meanings of Violence: A Cross-cultural Perspective* (Oxford: Berg, 2000), p. xiii.

[103] 前引 Rowe, *Crimson Rain,* p. 183.

[104] ter Haar, 2000, p. 125.

[105] 前引 Rowe, *Crimson Rain,* pp. 274-75.

[106] 同上，p. 276.

[107] 同上，p. 276.

人、殺人的辦法，包括槍斃、活埋、吊死或勒死、凌遲、用刺刀刺死、挖心臟、開腸破肚、用石頭砸死、用滾油燒死等等。[108]

總之，在中國傳統文化的資源中，不缺暴力的因素。砍頭、割耳朵、挖心臟、割乳房都是尋常的文化實踐。[109] 無論是在湖北麻城還是在中國的其他地方，這些事情都屢見不鮮。無論如何，是復仇還是什麼其他原因，中國人似乎還是沒有找到建立一個公平的社會的理論和方法，即傷害不能用傷害來補償；在現代社會中，人們應該能夠找到一種獲取正義的更好的辦法。[110] 這種辦法肯定不是酷刑、折磨，或者更多的殺戮。暴力文化對我們在上面討論的政治結構起到了一個支撐的作用。我們可以想像，這種文化是暴力的決策者與施行者們內心的，有意無意的潛意識中的一個影響因素。

黨的文化中左的傳統和暴力傳統及其在土改中的實踐

除了上面說的傳統文化之外，中共在多年的革命鬥爭中，也形成了自己的建立在傳統文化上的一種文化。這種黨文化的暴力傳統可以追溯到中共1920 年代的農民運動、1930 年代的蘇區反 AB 團運動、1940 年代初的延安整風運動等等，我們這裡主要討論這種文化在土改中的實踐。李金錚指出，在中共左右傾錯誤的歷史中，「左比右好」的觀念在許多幹部思想中非常牢固。無論如何，對群眾有利（左）總是比對地富有利（右）好，地主富農給群眾讓步（左）比群眾對地富讓步（右）好。李金錚的研究發現，「冀中區許多幹部就怕別人說自己右了，獻縣的幹部聽別人說自己左心裡就痛快，定南區幹部佈置工作時甚至說：『左了我負責，右了你負責』」。[111]

《五四指示》後，

---

[108] 前引楊奎松，《中華人民共和國建國史研究》，第 55 頁；羅平漢，《土地改革運動史》（福州：福建人民出版社，2005），第 203-05 頁。

[109] 前引 Rowe, *Crimson Rain,* p. 325.

[110] 前引 Madsen, "The Politics of Revenge in Rural China during the Cultural Revolution", p. 197.

[111] 前引李金錚，〈土地改革中的農民心態〉，第 85-86 頁。

冀中區的一些幹部認為群眾不左起不來，鼓動打人或帶頭打人。冀魯豫區書記潘復生指出，中心區的土地改革，處理地主惡霸，「要經過群眾，群眾要放就放，要清算就清算，要鎮壓就鎮壓」。「群眾要殺就一定殺，群眾不要求殺，一定不殺；地主報復，一定還以革命的反報復」。冀東區十八地委更強調「群眾說了算」，殺人用不著批准。樂亭縣提出由群眾投票處決地主[112]

「左比右好」在建國以後 70 年來，還基本上是一條鐵律。

於是，殺人成為「左」的標誌，也是「好」的標誌。而且在土改中的殺人在近百年的歷史中應該說是達到了頂點。文革中的道縣和大興縣的大屠殺是唯一可以和土改時的屠殺相比的，但是文革中的屠殺沒有像土改時那麼普遍。現在我們先用楊奎松的研究中所提供的一些數據來幫助我們說明這個問題。[113]

中南局，河南省：1950 年，「採取四追：追親戚、朋友、佃戶、狗腿；五挖：挖夾牆、地洞、糞坑、竹園、稻垛的鬥爭方法。」由於幹部權力無邊，因此常常為所欲為。對懷疑為地富者，動輒打罵鬥爭。僅一個多月，就打死、逼死人命 30 餘條。蘭封縣瓜營區在 20 天內即接連逼死 7 人。

華東局：無錫一縣遭跪、凍、打的有 872 人，青浦縣龍固區幾天裡就打死了 17 人。奉賢縣 5 個區被鬥的 245 人中，被打的 218 人，被迫下跪的 75 人，被棒打的 35 人，被吊打的 13 人，被捆綁的 18 人，被剝光衣服的 80 人，每人一般受多種體罰。宜興縣強迫鬥爭對象跪碗底，把貓放入鬥爭對象衣服裡面，剪掉婦女的頭髮和眉毛，常熟縣還發生了割掉被鬥婦女乳頭的事情。蘇南各縣（市）土改期間召開村或聯合

---

[112] 同上，第 86 頁。

[113] 前引楊奎松，〈新中國土改背景下的地主富農問題〉。

村鬥爭會 16841 次，鄉以上鬥爭會 13609 次，鬥爭人數達 28234 人。一個蘇南區土改期間僅鬥爭會上就打死了數十人，並造成了 293 人自殺。

西北局：長安鄉王曲區鬥爭地主、富農「打、跪、拔鬍子、脫衣服已成習慣」。渭南縣九個區一個市的統計，因土改幹部亂施刑罰、疲勞審訊逼供逼死了 7 個地主，15 個普通農民和富農、小商、幹部及小土地經營者各一人，造成上吊、跳井、自刎 81 人。……南鄭 58 個鄉，平均半數地主成分者被打，自殺了 96 人。安康縣懲治了地主 661 人，管制了 357 人，自殺了 82 人，紫陽縣一度將地主幾乎全部管制起來。

中南局：湖北潛江重點鄉李家大臺、紫月兩村，共 413 戶，工作隊進駐後，硬是劃了 64 戶地主，69 戶富農，「地富合計佔總戶數 32.2%」。他們還將所有所謂「地主」掃地出門，迫使這幾十家農戶（其中多戶實為富農）全家外出討飯求生。其他的「富農」（實為中農和貧農）亦多被剝奪，只是沒有被逐出家門而已。漢川縣土改工作團亦大張旗鼓地鬥地主、打惡霸，全縣土改、鎮反先後殺了數百地富及反革命分子。其做法之簡單激烈，導致了普遍的恐慌情緒，許多並無多少劣跡的地主富農，甚至一般農民紛紛自殺。十一區 3 個多月有 37 人自殺身亡，三區亦在同樣時間裡自殺了 31 人。其中且多為女性。

中原各地，四川省：雙流縣 1951 年初兩個月就槍斃了 497 人，141 人（73 男，68 女）因恐懼被鬥被逼而自殺。郫縣頭兩個多月槍斃了 562 人，也造成 222 人以自殺相抗。不少地主甚至「捨命不捨財」，寧願全家自殺也決不肯拱手交出財產。據雙流縣報告，該縣自殺的 141 人當中，「捨命不舍財」的地主就有 63 人之多。隨著土改開始，一些幹部更習慣性地把上級號召的「政治上打垮」理解為一個「打」字，「因而在鬥爭中產生放任暗示和組織打人的情況」。據報，「有的還帶上打手，以捆、吊、打人代替政治上的打倒地主……。」營山縣 30%的村子發生了吊打和肉刑的情況，全縣被劃地主多達 3760 戶，其中自殺了 261 人（總共自殺 301 人）。榮昌縣七區 4 個鄉，54 個村，共劃地

主 663 戶，3376 人，區領導自土改開始，便放手組織亂打、亂吊。14
村共劃中小地主 15 戶，就打死了 15 人，平均每家一個。土改幹部林
成雲在鬥爭大會上甚至用刀割斷了被鬥地主的脖子，眾目睽睽下當場
將地主殺死。由於地主成為受辱和死亡的代名詞，一些農戶得知被劃
為地主後，竟絕望自盡。有地主生恐被鬥，硬被拉到鬥爭會場後，即
用頭當場撞柱而死。僅這幾個鄉地主富農就自殺了 96 人（男 39，女
57），當場鬥死 16 人（男 9，女 7）；鬥爭後幾天裡又病死、餓死了
66 人（男 42，女 24），加上關押致死的 12 人（男 8，女 4），總共死
了 190 人（男 98，女 92）。

中南局華南分局：廣東東江惠陽縣潼湖區欣樂鄉土改伊始就亂打亂吊
地主，不但打吊，而且亂挖底財，該區發明了 20 種吊打人的方法來逼
底財。5 月 30 日至 6 月 5 日 6 天中，就打死 6 人，逼死 13 人。增城鬥
爭地主中實行吊、打、綁、埋（埋至頸）、關 5 種辦法，還動用火刑，
強迫農民簽名參加吊打，否則不分果實。惠陽縣因此自殺了 199 人。
僅 5－8 月間，北江地區就造成了 614 人自殺。潮汕專區則造成了 755
人自殺。興梅專區僅 5 月 20 日至 6 月 7 日，就逼死了 202 人。全省 5
－8 月連打死帶自殺，共死亡 4000 人左右。而全省 1－8 月份非正常殘
廢的數字更加驚人。僅一個東江地區在 1951 年上半年土改開始的幾個
月時間裡就鬥爭了 5698 人，其中地主成分者 2567 人，富農成分者 1047
人。鎮壓了其中的 3642 人，另有 2690 人因絕望和恐懼自行了斷了生
命。

但是，對於已經如此激烈的土改運動，中南局仍批評為「和平土改」，
並經中共中央同意，派陶鑄等來廣東，撤換了「在農民問題上犯了右
傾錯誤」的華南分局領導人方方，並從各地補派了 1000 名土改幹部。
新一輪土改從 1952 年春夏開始，幾個月時間就造成了更大範圍的傷
害，大批過去多少受到保護的華僑被打成地主、富農，許多人被剝奪
了財產。惠陽潼湖區欣樂鄉又捉地主 100 人，使用肉刑打、吊、焗煙、
灌水，十村用木棍自胸碾至腹碾出大便。博羅有用小蛇、大螞蟻裝進

地主褲襠，還有吊乳頭、燻煙火、坐水牢、睡勒床、點天燈、假槍斃
等刑訊方法。東莞 290 人自殺，230 人是地主成分。僅恩平縣在這一輪
土改中因重劃階級就多劃了地主 1039 戶，按政策標準等於錯劃了將近
三分之一。也因此錯鬥 1173 戶，2179 人；錯捕了 486 戶，553 人；被
吊打 138 戶，278 人；因錯打、錯捕、錯鬥、錯管制，致死 122 戶，236
人；錯戴帽子 213 戶，401 人，並導致 830 人自殺，其中地主達 570 人，
富農 108 人，有的全家 7 口全部自殺。另據華南分局通報，從 2 月 3
日至 3 月 6 日一個月左右的時間裡，因為殘酷吊打，一度竟造成了 805
人自殺的慘劇，全區這段時間先後自殺了 1165 人。在這一階段土改運
動期間，廣東全省農村不算被鎮壓的，光是自殺就死了 17000 人之多。

楊奎松認為暴力土改在許多地方都存在著，但是「和 1947 年的暴力土改
風潮相比，它們還是局部性的，並且是與中共中央的三令五申相違背的。即
使是中南局，我們也可以找到它對這種亂打亂殺亂劃成分和傷害富農等作法
進行批評和糾正的相關文件」。所以各地的「過度暴力現象很不平衡，也還
沒有發展到普遍失控地步」。不過楊奎松並沒有給出沒有產生暴力的地方。

關於 1946 年《五四指示》後的情況，李金錚對晉綏邊區的研究發現，

「五四」指示以後的土改運動，農民的復仇情緒達到高潮。晉綏邊區
臨縣，對「五四」指示只念了兩遍就幹了起來，結果逼死 20 多人。1947
年初土改複查，冀晉區阜平縣許多村莊將地主掃地出門，半月左右時
間打死 300 餘人。冀東區殺死 7600 人，薊縣馬伸橋在打土豪鬥爭大會
上半小時內打死 48 人，樂亭縣處決、自殺 100 多人。1947 年 10 月土
地法大綱頒佈後，冀東第 15 地委專員常佩池在冀東土地會議上彙報：
「這時農民對地主仇恨極了，每村都要搞死一個兩個的。只要認為他
是罪大惡極，就把他捆起來，到處是公審法庭⋯⋯薊縣組織一個聯村
鬥爭是自上而下的十個莊公審，豪紳惡霸，一次即打死 20 多人。」據
7 個縣統計，殺掉豪紳惡霸 2321 人，其中群眾自行打死 2122 人，自殺
66 人。其中有一個村，鬥地主的力度不斷加大，冷向義回憶：「那時

候打人，誰不打也不中。誰拿著？？（輕細）棍子打人也不中，非得拿著？（粗重）棍子。我拿著個？？（粗重）棍子出去了，把他們吊在當街裡頭，這個打那個打的……你不打他就給了（指底財）？把烙鐵擱在火裡燒紅了，烙地主。你有啥說啥，你別不說。一烙就哎呀呀，就說了。在外頭那個一聽屋裡直叫喚，不定哪天拾掇他，就說了。方式不一樣，有的是真烙—我們莊是真烙啊。」尤其是有些積極分子、村幹部，更是為所欲為，復仇情緒的宣洩達到極點。[114]

1951 年皖西北臨泉縣的六個區中，地主富農被殺人數最低的瓦店區高達 17%，銅城 27%，六區平均 20%。「如果再算上計劃殺的人數，那麼 50%以上的地主都在劫難逃」。[115] 當然活下來的地主也被反復批鬥，日子也不好過。我們在前面幾章關於平定縣的數據也可以證明。文革中平定縣被打死三人，自殺 160 到 200 位。當然一個人都不應該死，但是畢竟比土改非正常死亡的 2,800 左右的數字差得很多。

總之，這個黨文化的暴力傳統在建黨初期的農民運動中就開始形成，並在 1930 年代初的反 AB 團與 1940 年代初的延安整風等運動中得到鞏固，在這樣一種暴力文化的氛圍下，土改暴力也就順理成章了。

三、土改與除奸反特暴力的個人因素

平克將施暴的個人稱為加害者（aggressor），Tilly 將他們稱作「政治企業家」，即創造暴力的意識形態並策劃暴力的人，或者說是「暴力專家」，如施暴的警察、衛兵、恐怖分子、流氓等。當然與暴力有關的人還應該包括旁觀者以及受害者。[116] 平克說其實成千上萬的人被殺，只不過是希特勒、斯

---

[114] 前引李金錚，〈土地改革中的農民心態〉，第 87 頁。

[115] 滿永，〈政治與生活：土地改革中的革命日常化——以皖西北臨泉縣為中心的考察〉，《開放時代》，2010 年第 3 期，第 35 頁。

[116] 前引 Pinker, *The Better Angels of Our Nature*, p. 35; Charles Tilly, *The Politics of Collective Violence* (Cambridge: Cambridge University Press, 2003)

大林和毛的個人意志，可見個人因素的重要性。當然這也和在結構上沒有像民主制度這樣的制約因素有關。[117]

楊奎松在他的研究中指出，不同地區的領導人，包括縣區級領導，對上級指示的領會不同，處理運動的方式也有區別，所以暴力的程度各地輕重不同。[118] 所以說，土改暴力的程度和從中央到地方的領導者個人有很大關係。這是這一部分想要討論的問題。關於土改運動中的決策，其實中央領導之間是存在不同意見的，杜潤生說，

> 在土地改革中，共產黨既要放手發動群眾，又須用政策武裝群眾。這對於幹部是個難題。因為幹部本身也要在實踐中成長。時過境遷，未親臨其境的人們常發問：為什麼中國土改運動中，在此地發生過執行政策中的混亂現象，又在別的地方重犯？原因就在於參加土改的幹部和群眾都需要在實踐中學習，其中包括向錯誤學習。這個過程是不可逾越的。[119]

杜潤生提到的這個「在實踐中學習」的過程的確非常重要，這也是領導人的決策過程，在這個過程中，個人的作用，尤其是毛澤東和劉少奇的作用，是非常重要的。在《五四指示》制訂過程中，參與決策的中央領導對土改政策都發表了自己的看法。根據楊奎松對會議記錄的研究，[120]

> 任弼時說：「各地群眾利用清算的辦法，迫使地主賠償積欠」，「依減租減息的標準來看，這種運動是『左』了；依群眾運動現在的標準來看，限於減租減息的辦法是右了。」「現在黨的面前的問題是，是否批准群眾的這種運動」，即「用徹底的減租減息的名義，爭取在今年內基本上解決農民要求土地問題」？

---

[117] 前引 Pinker, *The Better Angels of Our Nature*, p. 343.

[118] 前引楊奎松，〈中共土改政策變動的歷史考察（1946-1948）〉，第 191 頁。

[119] 杜潤生，〈關於中國的土地改革運動〉，《中共黨史研究》，1996 年第 6 期，第 22 頁。

[120] 前引楊奎松，〈關於戰後中國和平土改的嘗試與可能問題〉。

任弼時沒有表明自己的意見傾向。

康生發言肯定農民的作法，稱：「減租清算運動發展中的實際內容是
農民要求土地，解決的方法……一般理由都比較正大。結果地主只好
出賣土地，而農民又不要買地，於是減價折價讓予農民。老解放區大
概從 1943－1944 年就著手解決了，日本投降前已解決得差不多了。新
解放區約三分之一亦已解決，但有種種偏向。」

康生的態度是要用更激進的清算地主的辦法。

劉少奇提出了問題的關鍵所在，說：「土地問題今天實際上是群眾在
解決，中央只有一個 1942 年的土地政策的決定，已經落在群眾的後面
了。今天不支持農民，就要潑冷水，就要重複大革命失敗的錯誤，而
農民也未必就範。」但是，「要看到這是一個影響全國政治生活的大
問題，可能影響統一戰線，使一部分資產階級民主派退出與我們的合
作，影響我們的軍隊、幹部與國民黨的軍隊，影響國共關係與國際關
係。內戰雖不由此決定，但會有重大影響。因此，不能不作謹慎的考
慮。」

劉少奇考慮到了激進辦法的後果，但是也意識到不能落在群眾後面，這
樣一種矛盾的情況。

林伯渠問道：「另外有什麼既不過火又能解決問題的方法呢？」

徐特立提醒說：「大革命時代的錯誤一定不可重犯。」

林伯渠似乎想找到一個中間道路，但是徐特立提醒他似乎沒有中間道
路，只有激進一法。

毛澤東表態稱：……「現在類似大革命時期（查歷史問題決議說法），農民伸出手來要土地，共產黨是否批准，今天必須表明態度。」解決土地問題，「這是我們一切工作的根本、是下層建築，其他都是上層建築。這必須使我們全體同志明瞭。」

毛澤東在 5 月 4 日的討論中明確表示：「農民的平均主義在分配土地以前是革命的，不要去反對」。強調除了對大地主、惡霸、漢奸以外，中小地主，包括舊富農，「實際上也是要侵犯一些的」。

在另外一次討論和平土改、徵購地主土地條例的會議中，謝覺哉（時任中共中央法律問題研究委員會主任委員）主張「解決土地問題是消滅封建，繁榮農村，不是對地主取報復」。

謝覺哉顯然支持比較和平的土改方式，劉少奇、任弼時等意識到激進會引發一些問題，林伯渠想找一條中間道路，但是毛澤東、康生、徐特立要求不能犯大革命時期的右傾錯誤，要支持農民的土地要求，即需要使用激進的手段。《五四指示》之後土改運動的發展，也正好反映了中央領導的這些矛盾態度：一開始按照《五四指示》，運動比較平和，甚至還嘗試過和平土改的辦法。如前所述，毛澤東、康生等也都支持過和平土改。但是土改工作很快就又轉入了毛澤東的激進思想的軌道，進行了暴力土改。顯然，毛澤東的實際影響應該是最大的，儘管毛澤東、劉少奇他們自己也知道，太左了之後，還是要糾偏。他們的確是如杜潤生所講，「在實踐中學習」，但是毛澤東及其關於階級鬥爭、暴力革命的思想一再佔據主導地位，卻也是不爭的事實。這和建國以後毛澤東在各種決策中佔主導地位的情況是一樣的。

地方領導也和中央領導一樣，在是否需要更激進這個問題上想法不一，做法不一。比如楊奎松認為：和華東、西北相比，中南局就比華東和西北局在激進的問題上走得更遠，他們認為「防『左』糾『左』太多」，存在著「和平土改」的偏向，造成了嚴重的「夾生飯」現象，因此不能束手束腳，不要過早過分地強調防『左』，不要讓群眾感覺規矩太多，不要給過火行為潑冷

水。[121] 東北局的張秀山就認為「越激烈就越人道」，群眾不應該被捆住手腳，放手就是政策。晉綏根據地的李井泉甚至將地主富農的比例提高到 50%到 70%。（在 1959-1962 年的大饑荒中，李井泉是四川省委書記，也需要為當地大批人的被餓死而負責。）這和基層幹部認為不暴力就發動不起來群眾的想法是一致的，他們和毛澤東的思路是一致的。[122] 儘管劉少奇他們仍然強調在反右的時候也要防左，不要掃地出門，亂打亂殺。於是，基層的土改幹部和貧雇農也變得非常激進，不顧 1950 年 6 月 28 日中央頒佈的《土地改革法》，不去「保護富農所有自耕和雇人耕種的土地及其他財產」，反而開始了我們在前面討論過的亂打亂殺的暴力土改。

劉少奇承認自己需要對土改中的錯誤承擔主要責任。儘管他沒有說是左的錯誤還是右的錯誤，但是他說：「土地改革中，各地犯了錯誤，中央對此是有責任的，其中多數與我個人有關」。[123]

不過，具體到某一個地方的話，情況可能還是有所不同，因為最終本地的土改如何進行，是由本地的工作隊與幹部來決定的。我們在第六章所討論的平定路北的情況和平定路南南坳村的情況一樣。平定城的學門街、路北的龍莊、娘子關、路南的古貝村、南坳村等地都沒有死人，儘管有打人的情況。當地幹部的作用是主要因素。或許群眾運動的確存在一種「具體化」、「地方化」的轉換機制。[124] 龍鳳偉在小說《小燈》裡描寫了一個在土改運動中「人性之光在瞬間微弱的一閃」的故事：「一個窮苦農民同情和憐憫地主，私自放走了那些受難者，結果犧牲了自己的生命。但是，據說在還鄉團復仇的時候，那些受過那個犧牲者幫助而逃命的人阻止了血洗村莊的行為，而且這個村莊從此就沒有發生過『非正常死亡』事件」。[125]

---

[121] 前引楊奎松，〈新中國土改背景下的地主富農問題〉。

[122] 關於張秀山、李井泉以及基層幹部左傾的討論，見前引楊奎松，《中華人民共和國建國史研究》，第 50-51，102，142 頁。

[123] 前引王孝平，〈劉少奇與解放戰爭時期的土地改革〉，第 47 頁。

[124] 前引李里峰，〈運動式治理〉。

[125] 前引陳思和，〈土改中的小說與小說中的土改〉，第 89 頁。

　　我們的口述史中也有很多窮人幫助地主逃跑的故事，檔案中也有不少窮人幫助地富隱藏財產的故事。這些都是個人在大環境下如何改變事情發展方向的故事。個人是可以發揮作用的，儘管這個作用可能比較有限，但是對那些受到救助的個人來說，或許是生死攸關的問題。

　　當然個人行為也可以影響很多人，比如薄一波在回憶錄中說他不同意劉少奇 1947 年 8 月在全國土地會議上關於反右的講話，說回到晉冀魯豫之後還會繼續糾左，「少奇同志表示同意」。[126] 不過在多數情況下，這種轉圜的餘地還是太少，因為上面來的壓力過大，非南峪那樣或者陳思和討論的小說中的那樣心智強大、思維敏捷、巧妙的人是做不到的。而且薄一波的糾左，對平定縣的土改來說也是遠水解不了近渴。在 1948 年 5 月 2 日和毛澤東的談話中，薄一波也承認了自己的錯誤。他說：

> 土改中我犯了不少錯誤，特別是曾經侵犯了工商業。毛主席說：對，是有嚴重錯誤的。停了一會兒又說：土改中的錯誤，你們自己糾正了。總起來還是「三七開」，成績是主要的。[127]

　　這也可以看作是毛對土改得失的評估。這些人手中掌握著幾百萬地主富農的命運，而且這些人的命運對他們來說是不重要的。更重要的是政權。政權拿到了，其他問題其實都不重要。而且似乎沒有聽到毛澤東自己承認在土改中犯過錯誤。1948 年 3 月 2 日至 27 日，中央工委召開了幾個中央局、中央分局的會議，「檢討了土改中嚴重的『左』傾錯誤」，劉少奇的會議報告得到了毛的表揚。[128]或許毛對自己錯誤的不以為然，是 1951 年土改再次嚴重「左」傾的原因。

　　總之，個人因素在土改暴力中也是一個至關重要的因素，尤其是中央領導人與基層領導人的作用。這些人能夠發揮多大的作用，當然會受到結構和

---

[126] 薄一波，《七十年奮鬥與思考》（戰爭歲月），中共黨史出版社，2008 年，第 436 頁。

[127] 同上，第 446 頁。

[128] 同上，第 463 頁。

文化因素的影響。黨內缺乏民主自然是造成毛澤東一人獨大的主要原因。在底層的人們能夠發揮多大作用，也要看結構對他們的影響。所以結構會影響個人作用的發揮。而文化則是結構和個人的背景因素。這幾個因素相輔相成，儘管結構的因素佔據著主導地位。

四、結論

本章討論了導致暴力土改的幾個因素，包括結構方面的因素，如階級鬥爭的理論、重要決策的錯誤、群眾運動的邏輯；文化方面的因素如傳統的暴力文化和中共自己的黨文化；個人的因素如領導者的因素等。土改的暴力其實是這些因素的混合作用。對這個問題，陳思和總結得很好：

> 領導土改的最高當局出於對群眾運動的信任，把群眾運動中出現的熱情、狂歡現象與群眾中出現的痞子因素混為一談，把群眾運動中出現的過激行為、違法行為和暴力行為，都視為群眾情緒的正常發洩，甚至有意無意地利用群眾的過激行為去擾亂和摧毀政治上的敵人陣營。在支持群眾運動的口號下，遮蔽了遊民階層痞子因素的危害性和嚴重後果。[129]

陳思和在這裡既提到了最高當局的責任，也提到了群眾運動的性質。同時他還說，「只有在堅持階級鬥爭理論的同時縱容了民間自發的痞子因素，挑動了遊民無產者階層的階級仇恨和階級報復，激發了人性深處的惡魔性因素，才能夠為民間暴力提供理論和場所」。[130] 於是，陳思和在這裡也提到了

---

[129] 見前引陳思和，〈土改中的小說與小說中的土改〉，第 91 頁。

[130] 同上。

文化的因素，即暴力文化。當然，我們在本章所做的工作，是對結構、文化和個人因素的總結的、學理性的討論。[131]

　　綜上所述，當代社會如果想要避免暴力，就需要在這三個方面去思考並解決問題。除了民主化以解決結構問題之外，在文化上，在思維方式上，要將人當人來看待。我們在下一章會再回來討論這個問題。而這些，又有賴於每個人的努力。

---

[131] 當然這三個因素是理想型分類，實際上結構、文化和個人因素相互構成、互為因果，甚至有重疊，比如意識形態就既可以被看作是一個結構問題，即意識形態結構，也可以被看作是文化問題，即一種思維方式。楊奎松在給我的電郵中指出，在我書中討論的「惡」行，其實都和野蠻有關，也與暴力文化有關。這也是我的觀點。但是我認為文化和結構的因素都是由個人來協調與成就的，這是一個社會互動的過程。像土改那樣的群眾運動中的暴力，自然也和楊教授提到的「路西法效應」有關，即一個平凡的人，會在特定情況下，發生人格的墮落，釋放出邪惡，做出類似納粹、紅色高棉那樣反人類的罪行來。而這種所謂特定情況又和結構與文化無法分開。這個社會心理的反應，這種人性中的惡，也正是我在下一章要討論的問題。所有這些問題都需要深入探討，或許本書能夠起到一個拋磚引玉的作用。

第十章
結論：歷史的經驗與教訓

一、開場白

俄國作家陀思妥耶夫斯基有一句名言：「我只擔心一件事，我怕我配不上自己所受的苦難」。換句話說，經歷過磨難的人、民族或者國家，要深切反思這些苦難的來源，挖掘其深層次的制度、文化與個人的原因，並改進自己的制度、提升自己的文化、加強對人在各種困境中選擇更加符合人性的道路的教育，然後才有可能避免將來再重新經歷這些苦難。不這樣做，就「配不上自己所受的苦難」，以前那些犧牲也就失去了意義。正如納粹大屠殺倖存者、鍥而不捨地追討納粹罪行的 Simon Wiesenthal 所說，Hope lives when people remember, 即「只要人們還記得，未來就有希望」。所謂「記得」，就是記得歷史及其經驗與教訓。

我們在前面已經描述了二十世紀上半葉，尤其是 1937 到 1949 這十二年發生在平定的抗戰、內戰與土改中生死存亡的苦難與悲劇。在這最後一章，我想就歷史的經驗和教訓做進一步的討論與總結。我們將探究 1. 人性的問題以及如何發揚人性中的善和愛，抑制人性中的惡和恨；2. 如何在中國文化中建立罪感，或者罪惡感；3. 制度、文化與個人在歷史事件發生中的作用；4. 國家與社會還需要做的一些事情。

馬克思說，「人們自己創造自己的歷史，但是他們並不是隨心所欲地創造，並不是在他們自己選定的條件下創造，而是在直接碰到的、既定的、從過去承繼下來的條件下創造」。這句話其實包括了我們上面所說的這幾個問題：所謂既定的、繼承下來的條件，就是制度的條件和文化（包括罪感文化

與恥感文化）的條件。其實這也是另外幾個經典社會學家如迪爾凱姆和韋伯的觀點。他們都對制度和文化的制約作用有過各種非常精彩的論述。人性的善與惡，也都受到這些條件的制約，但是個人卻也在突破這些條件並創造著自己的制度與文化，或者說在創造著自己的歷史。所謂「人性中的善良天使」或許使我們對未來還可以有些期待。所以說我們在這最後一章，儘管所討論的題目不少，但都還是在探討制度、文化與個人這三個因素在歷史悲劇中的作用，探討它們在未來發展中的作用。和上一章對三個問題的探討相比，這一章會更加全面、更加深入。上一章只討論這三個因素在土改和除奸反特中的作用，這一章還包括了它們在抗日戰爭和內戰中的作用。我們對人性與文化的討論也更加全面和深入。

我們經常聽到說，歷史不能假設。這裡應該是指歷史發生了，我們無法改變歷史事實。但是，我們仍然可以問歷史為什麼那樣發展，如果不是那樣發展的話我們的生活是不是可以過得更好一些，可以少一些災難，人的生命可以少犧牲一些？換句話說，我們在搞清楚歷史是如何發展的之後，仍然可以做一些假設，「假如不那樣發展的話」，其實也就是在問歷史能夠提供給我們一些什麼樣的教訓，使我們今後不要再犯同樣的悲劇性錯誤和罪惡。這正是我們對本章的期許。

二、人性的善與惡：以日本的侵華戰爭、中國的內戰與土改為例

人性是人們經常使用的一個詞，比如說誰誰誰喪失了人性，意即人性是好的，殺人放火者、強姦婦女者都是喪失人性的人，是畜生，比如那些製造了平定諸多慘案的日本兵以及漢奸。微信群裡經常流傳也是山西人的柴靜的一句話：「許多年後，假如有人問我，當年你為社會做過的貢獻是什麼？我會說：我轉發、傳播了很多充滿人性、良知、散發著正義光芒的文字，我拒絕了與邪惡同汙合流」。她這裡說的人性，也是這個意思。但是人性也可以被認為是既有惡也有善。在某些條件下人性中的惡會被釋放出來，在另外一些條件下，人性中的善會被釋放出來。

斯蒂芬・平克在他的《人性中的善良天使：暴力為什麼會減少》一書中花了大量篇幅討論了人性中的邪惡魔鬼和善良天使，也即人性中善與惡兩個方面。[1] 中國傳統思想家對人性也有不少論述，包括孔子的「性相近，習相遠」說，孟子的性善說，荀子的性惡說，告子的「性無善無不善」說，世碩的性善惡兼有說，還有「性可以為善，可以為不善」說等等。[2] 但是總起來說，無論東方還是西方，思想家們對人性還是有一些共識的。

下面我們從三個方面來討論人性問題：普世的人性；日本人和中國人的善；日本人和中國人的惡。我用日本侵華戰爭、中國內戰與土改中的例子來說明這些問題。我的基本觀點是無論是日本人還是中國人，人性都是相同的。在一定的條件下，他們都會作惡；在另外一些條件下，他們也能行善。即使在同樣的條件下，人們也不是沒有對善與惡的選擇。在日本的侵華戰爭中，毫無疑問，日軍的暴行和中國軍隊的暴行無法相提並論。土改中中國人對中國人的暴行也無以復加。但是二者都有能力作惡或者行善，卻也是沒有疑問的。我們希望對人性善惡的討論，可以讓我們認識到在制度與文化上遏制惡的重要性以及個人在選擇善惡的時候的能動性。

普世的人性

我們這裡討論四個觀點，即 1）大家都是人；2）大家的人性中都有善與惡；3）善惡的形成既有先天的因素，也有後天的因素；4）人們何時行善，何時作惡，是與他們當時所處的環境有關，即結構性的因素有關。比如日本的侵華戰爭和中國的內戰以及土改，都給人們提供了行善與作惡的機會，尤其是作惡的機會。但是人們並不總是沒有選擇行善還是作惡的機會。

第一，無論是東方人還是西方人，大家首先都是人。確定這一點，我們才可以確定人性的普世性。正如莎士比亞的《威尼斯商人》中的人物夏洛克所說：[3]

---

[1]　Steven Pinker, *The Better Angels of Our Nature: Why Violence Had Declined* (New York: Penguin Books, 2011). 這本書已經被翻譯成中文。

[2]　劉澤華，《中國政治思想史集》第三卷《王權主義與思想和社會》（北京：人民出版社，2008 年），第 128 頁。

[3]　第三幕第一場。見 https://www.bookscool.com/，上網日期 2020 年 1 月 10 日。

難道猶太人沒有眼睛嗎？難道猶太人沒有五官四肢、沒有知覺、沒有
感情、沒有血氣嗎？他不是吃著同樣的食物，同樣的武器可以傷害他，
同樣的醫藥可以療治他，冬天同樣會冷，夏天同樣會熱，就像一個基
督徒一樣嗎？你們要是用刀劍刺我們，我們不是也會出血的嗎？你們
要是搔我們的癢，我們不是也會笑起來的嗎？你們要是用毒藥謀害我
們，我們不是也會死的嗎？那麼要是你們欺侮了我們，我們難道不會
復仇嗎？

平克在他的書裡引述了上面這一段話，他說人們的性別、種族、文化等
可以不同，但是這些僅是非常表面上的不同，人與人之間在最基本的方面是
一樣的。於是，人性是普世的，不同的人們樂趣相同，痛苦相同，思維的方
式也相同。他們都很容易犯愚蠢的錯誤，這一點也是相同的。有意思的是，
不承認人性的普世性，也是人性的一個表現，因為這種表現認為有的人種是
惡的，而這種想法正是人性中惡的那一部分的思維方式。[4] 這正是我們下面要
討論的第二點。

第二，無論是誰，東方人還是西方人，中國人還是日本人，在其人性中
都有善與惡。我們先來看善的一面。孟子說「人皆有不忍人之心」，即「惻
隱之心」，即對別人的不幸有同情心。此外還有「羞惡之心」、「辭讓之心」、
「是非之心」，一起被稱為「四心」。他認為見死不救「非人也」。人與禽
獸只有一點點不同，即人有「不忍人之心」。[5]

平克也認為人性中有善也有惡。[6] 善的內涵包括移情，或者說同理心，換
位思考（empathy）。看到別人痛苦的時候，自己能夠感同身受。當然還有同
情心（sympathy）。這些也可以說是孟子所說的「惻隱之心」。另外平克還認
為人有罪感（guilt，這個問題我們在下一節會深入討論），有寬恕別人的能力。
在中國人中，這兩點似乎比較弱一些，但不是沒有。除此之外人性中的善良

---

[4]　見上引 Steven Pinker, *The Better Angels of Our Nature*, 第 181-182，394 頁。

[5]　劉澤華，《中國政治思想史集》第一卷《先秦政治思想史》（北京：人民出版社，2008 年），第
253-54 頁。

[6]　Pinker, *The Better Angels of Our Nature*, 第 482-670 頁。

天使還有自制力、基本道德觀、理智等。甚至人的智力（intelligence）也在隨著人的進化而得到了提高，使得人們更願意與他人合作、更傾向於認可自由主義的價值觀、更加願意提高自己的教育水平、知識能力、民主素養、政治話語的細密性等等。這些人性中善的一面的弘揚在中國文化中也可以看得出來，比如關於仁義禮智信的概念即是如此。

　　現在我們來看人性中惡的一面。荀子的性惡論有三個方面的內容。一是感官欲，「生而有耳目之欲、有好聲色焉」，「飢而欲飽，寒而欲暖，勞而欲休」。二是追求好生活的慾望，「生而有好利焉」。三是追求名望之欲，人生「好榮惡辱」，好「名聲」，「生而有疾惡焉」。[7] 當然很難說孟子或者荀子只承認人性中只有善或者惡，大家應該都承認人是兩者兼而有之。比如孟子就認為感官欲也是人的本性。[8] 而且兩位哲人所說的人的本性，其實也包括了後天養成的習性，比如孟子所說的「事非之心」，荀子所說的名望之欲，應該都是後天養成的。這一點我們下面再詳細論述。

　　平克所討論的人性中的惡更加狹窄一些，[9] 比如暴力傾向。而暴力又分不同的種類。由貪婪與野心所導致的暴力（predatory）包括對反叛者或者異議者的鎮壓、屠殺老百姓、掠奪他人財產、強姦婦女等（第 310 頁）。為了權勢（dominance）而施行的暴力包括國家對國家、民族對民族、群體對群體、人對人的壓迫以獲取高人一等的榮耀。成吉思汗當年在征服中亞的戰爭中殺了女人們的父親和丈夫，並將她們強姦，以至於今天的中亞仍然有很多人有他的 Y 染色體（第 515-517 頁）。為了報復（revenge）而施行的暴力的一個例子是美國侵略阿富汗。就是在當代中國，為報復而殺人的案例也層出不窮。為了取樂（sadism）而施行的暴力的一個例子是酷刑。看到一個無助的人或者動物、一個原來不可一世的人、一個原來對自己有過不公行為的人被自己折磨時有一種愉悅感，甚至性快感。同理心、同情心、恥辱感與罪惡感這時在這些人身上已經消失了（見第 549-552 頁）。

7　見前引劉澤華，《中國政治思想史集》第三卷《王權主義與思想和社會》，第 131 頁。

8　同上，第 130-31 頁。

9　前引 Pinker 書的第八章。

最後是為了意識形態而施行的暴力，比如十字軍東征、法國革命、俄國革命、中國革命、越南戰爭、對猶太人的大屠殺、斯大林、毛與波爾布特的大屠殺等等（第 556 頁）。其實日本的侵華戰爭也是建立在大東亞共榮以及對天皇的效忠等意識形態基礎上的。比如「中日戰爭是聖戰」，「效忠天皇重於泰山，你們的生命輕如鴻毛」，「忠於天皇，光榮戰死」，等等。[10]意識形態讓人們失去了同理心，讓人們心中充滿了對某人或某事的敬仰，對未來無限的成功、權利、輝煌、美好充滿幻想，這一切於是導致了千百萬人的死亡（第 557 頁）。只有這些被妖魔化的、被非人化的人的死亡才能換來美好的未來（第 569 頁）。如果說意識形態是後天養成的，那麼貪婪與野心、權勢欲、復仇心、傷人以取樂的心態或許是人性中兇惡的魔鬼。其實意識形態的建立，又何嘗不與這些魔鬼有關？而這些魔鬼又何嘗不與後天有關呢？

第三，那麼到底善與惡是天生的還是後天養成的，還是二者兼而有之呢？孔子說人們性相近、習相遠，其實就是說人們的習性是在後天養成的，因為環境不同，所以習性也不同了，儘管從人性的本質上講，本來是沒有什麼區別的。孟子將仁義禮智的概念移入人性之中，也是強調了後天對人性的作用。荀子的性惡論也是從人的自然性與社會性互動的關係中導引出來的。[11] 平克講人的自製力可能與生俱來，但是因為後天的原因，這個自製力又可以被提高（第 606 頁）。他還認為生物的進化和文化的進化是相互交織在一起的（第 611 頁）。這都是在講先天和後天是如何一起造就了人性的善惡。

比如人們天生就有暴力的傾向（wired for violence），儘管大家極少有機會來使用它（第 483 頁）。人們在孩提時期會踢人、咬人、打人、吵架，但是這種行為會隨著年齡的增長而減少（第 483 頁）。研究發現，就是在大人階段，70%到90%的男人，50%到80%的女人，都承認在上一年曾經幻想過殺人（第 484 頁）。顯然人們的暴力傾向是與生俱來的，但是隨著年齡的增長，人們會變得更加成熟，不過這種成熟是和人的教育，與社會化有關的。在結構上不給人作惡的機會，也是抑制惡的極端重要的措施。上面提到的那些男

---

[10] 前引東史郎，《東史郎日記》〈序〉，第 1 頁。

[11] 見前引劉澤華，《中國政治思想史集》第三卷《王權主義與思想和社會》，第 130-31 頁。

人與女人的暴力幻想，也只是由於教育以及其他結構性的制約而沒有得到實現。否則社會是無法生存的。

　　其實大家所熟知的弗洛伊德的「本我」、「自我」與「超我」的理論也是在講人的善惡是先天和後天結合的產物。「本我」是人原始的衝動，比如飢餓、生氣、性慾等快樂原則，也是中國人常說的食色性等人性，是與生俱來的。但是這些原始的衝動又受到「超我」的制約，也即後天所形成的道德觀念的制約，告訴我們什麼好什麼不好，什麼正確什麼錯誤，讓我們據此去調節自己的行為。「自我」的角色就是協調「本我」與「超我」的矛盾，決定我們是否要壓抑自己的惡的傾向。弗洛伊德認為文明化的過程就是抑制惡的傾向的過程。[12]當然文明結構既可以抑制惡也可以抑制善，要看所謂文明結構的具體構成情況而定。所以如何讓國家的政治與社會結構能懲惡揚善，而不是相反，就是一個非常重要的問題了。

　　第四，那麼人們在什麼情況下會行善，什麼情況下會作惡呢？在現代文明的情況下，顯然在民主制度的制約下，在公民社會的督促下，人性中的惡會受到抑制，人性中的善會得到弘揚，人們作惡的可能性會小一些。相反，在專治制度下，在缺乏公民社會監督的情況下，無論是政治人物還是普通老百姓，作惡的機會就會多一些，因為人性中的善沒有機會得到弘揚，而惡卻可以為所欲為。2019 年末和 2020 年初武漢爆發的新型冠狀病毒肺炎的蔓延與政府官員以及某些普通老百姓的作為就是一個很好的例子。

　　戰爭和秩序的喪失比如文革的動亂，則會給人們作惡帶來更多的機會。這也是結構的因素。東史郎在他的日記中談到日軍是如何看待殺人的。他說：

　　敵兵屍橫遍野，鮮血染紅了地面。

　　殺人並不是什麼罪惡的事，那是對祖國的忠誠。我們懷著這樣的忠誠之心，為了繼續殺敵，又開始前進了。我們是為了殺人才到支那來的，

---

[12] 關於佛洛伊德的理論，可見 Peter Gay 主編 *The Freud Reader* (New York: W. W. Norton & Company, Inc. 1989), 第 654-55，741 頁。

不需要任何花言巧語，只要是個殺人的魔鬼就行了。歷史就是一部殺人史。[13]

卜正民在他的研究中提到中國人張懌伯認為戰爭為日本人對中國人的殺戮提供了一個藉口，殺人成為了一種樂趣。[14] 事實也是這樣，我們下面在討論日本人和中國人的惡的時候會舉更多的例子。

石田米子和內田知行在對山西省的日軍「慰安所」的研究中也指出，日軍的性暴力是日本軍隊和國家的有組織的犯罪，儘管這個問題很多人並沒有認識得非常清楚。[15] 這些都是結構性的因素。中國的土改也是內戰的一部分，土改中的殺人也是戰爭這個結構性的因素所帶來的結果。戰爭與動亂使我們在上面所討論的人性中的惡得到機會，使其發揮到了極致。我們在下面關於日本人和中國人的人性的善與惡的在戰爭中的具體表現，就可以很好地說明這個問題。

當然如我們的土改幾章中的討論所述，意識形態也是非常重要的原因。土改、反右、文革等運動都證明除了結構性的因素之外，階級鬥爭等意識形態也是會殺人的。我們剛才在討論人性中的惡的時候也舉了很多平克給出的例子。這些意識形態也可以被看作是結構的一部分，也即意識形態結構。

總之，在結構因素的主導下，人性中的惡就得到了最大的發揮。屍橫遍野就是可以想見的了。如果想要人們行善，首先就要削減這些結構性的因素，避免戰爭，避免動亂，建設民主社會，加強公民社會的監督等等。下面我們來看一些日本人在侵華戰爭中和中國人在內戰與土改中的善惡的更多具體例子以及對之前例子的總結。

---

[13] 前引《東史郎日記》，第 413 頁。

[14] 見 Timothy Brook（卜正民），*Collaboration: Japanese Agents and Local Elites in Wartime China* （合作：戰時中國的日本代理與地方精英）（Cambridge, Mass.: Harvard University Press, 2005 年），第 94 頁。

[15] 石田米子、內田知行，〈山西省的日軍「慰安所」和盂縣的性暴力〉，載於石田米子和內田知行所主編，《發生在黃土村莊裡的日軍性暴力：大娘們的戰爭尚未結束》（北京：社會科學文獻出版社，2008 年），第 199 頁。

日本人和中國人的善

　　我這裡把日本人和中國人的善和惡放在一起討論，並不是說他們的善與惡是半斤八兩，不相上下。在侵華戰爭中，日本人的善與其惡相比，在程度與範圍上是完全不成比例的。中國人的惡與日本人相比是小巫見大巫。但是在土改中中國人的惡卻是可以和日本人一較高下的。另外在那個年代，中國人自己的善與惡相比也是不成比例的。我們這裡想要說明的是，日本人和中國人的人性都是相同的，但是正如孔子所說，性相近，習相遠。他們儘管人性相同，但是行善與作惡的方式方法、程度與背景卻大相逕庭（或者半斤八兩？）。這也正是我們上面所說的結構的因素對他們人性的影響問題。

　　那麼，在本書描述的戰爭環境下，日本人和中國人都有哪些善的表現呢？我們先來看日本人的情況。首先是關於日本人反戰的聲音，也是人道的聲音。其次是日本人對中國人有時候體現出來的人道。第三是日本人對自己人的人道表現。儘管這些都不足以和我們下面所要討論的日軍的殘忍相比，但是畢竟是人性中善的一面的表達，是應該得到認可的，也是不同民族和不同國家能夠和平交往的基礎之一。

　　我們先來看日本人力圖減少戰爭影響以及反對戰爭的案例。1939 到 1940 年上海日軍「興亞院」的日本軍官便發聲反對日本繼續擴大在中國的戰爭，並主張將主權交給與日本人合作的中國人的政權。這些人中有幾位後來被調查或者逮捕，說他們對中國太過溫和。[16] 在華日人反戰同盟（有一些是被俘日軍）到 1945 年 8 月在華北和華中已經達到 1,000 多人。他們向日軍散發傳單、報紙、小冊子，進行日語廣播，對日軍進行教育，對俘虜進行教育。[17] 這些不能不說是人性中善的發揚。

　　第二，日本人對中國人的同情也有很多案例。山西盂縣的楊時通老人，在關於日軍在盂縣性暴力的證詞中說，「日軍中也分好人、壞人。在炮樓中

---

[16] 見上引 Timothy Brook （卜正民），*Collaboration*，第 36-37 頁。參考潘敏對此書的翻譯本，《秩序的淪陷：抗戰初期的江南五城》（北京：商務印書館，2016 年），第 49-50 頁。

[17] 石島紀之，《中國抗日戰爭史》，鄭玉純、紀宏（譯），張珠江（較）（長春：吉林教育出版社，1990 年），第 123-24 頁。

的年輕學生模樣的的士兵是好人，但是年長的士兵盡幹壞事」。[18] 東史郎在
他的日記中也提到很多日軍殘害中國人而他們認為太殘忍了的例子。比如每
個中隊分了兩三百個俘虜處死，他說「我們不清楚為什麼殺掉這麼多的俘虜。
但是總覺得這太不人道，太殘酷了」。在他的戰友們要殺死剛為他們建築了
防衛工程的 16 個苦力時，他認為「這樣做不人道」。他說「我揮刀砍殺敵人
時不會有半點猶豫。但去殺這些農民，這些安分幹活的人時，還是應該考慮
考慮。我無法從哲學的角度來說明人道這個問題，但我感到不應該殺他們」。
他的戰友們認為戰爭沒有人道，不能講人道。他最後想救一個長得酷似他父
親的人，也沒有成功。另外一次，他讓幾個被抓的女性在晚上 12 點逃走，否
則第二天會被殺，結果她們在逃跑的時候有一個又被抓了並被強姦。[19] 他當
時也在思考人性中的惡。他說：

> 我每每對在痛苦的深淵中人們為什麼要相互痛苦地殘殺，感到疑惑不
> 解。雖然我知道這是為了東洋和平，為了建立新秩序，但我仍不能理
> 解，我仍感到人類的某種無法說清的悲哀。[20]

另外一位叫梅田房雄（Umeda）的日本兵在他的日記裡寫道，他也認為將
俘虜殺害是不人道的。

> 儘管他們是我們的敵人，但他們是人，和世界上其他生物一樣都有靈
> 魂。用這些無助的人來試刀是非常殘酷的。世間沒有比戰場更加殘酷，
> 更加非正義。[21]

---

[18] 見前引石田米子、內田知行（主編），《發生在黃土村莊裡的日軍性暴力》，第 55 頁。

[19] 前引《東史郎日記》，第 142，204，278-82 頁。

[20] 同上，第 213 頁。

[21] Aaron William Moore, *Writing War: Soldiers Record the Japanese Empire* (Cambridge, Mass: Harvard University Press, 2013 年)，第 87 頁。譯文屬於本書作者。也見第 123 頁其他場合日軍的屠殺以及日軍士兵對此的不滿。

另外一個日軍士兵（Yamamoto）在給國內的孩子們寫的信裡，提到好多中國的孩子們在燃燒的房子旁邊死去，另外一些孩子則漫無目的地跑來跑去哭著找自己的媽媽。[22]

這種人與人之間的同理心，同情心，有時候會打破交戰民族之間的界限。娘子關有一個故事感人至深。[23]日軍入侵娘子關後，西塔堰一位老婦人生病，請日本軍醫看病。當時該日本軍醫約 27-28 歲。看好後，老婦人將自己的女兒嫁給了他。日軍投降後，部隊被編入閻軍參加內戰。戰爭結束後，1950 年遣返戰俘，他們在陽泉火車站集合。該軍醫因為在此有妻兒，不願返日，於是在集中上火車時逃跑到平定醫院，找到之前認識的兩個醫生，說明原委。兩人將其藏到三岔口玉米地裡，用玉茭桿將其蓋住。火車走時點名發現缺人，移交當地公安部門調查搜尋。結果兩位醫生藏人的事情被發現，日本軍醫被遣送回國。改革開放後，此人曾經給西塔堰來過兩封掛號信，是老人的侄兒收到的，但未敢拆開即退回。該軍醫遺留的兩個兒子，諱談自己是混血兒。其一已亡，現存一人，曾經在改革開放初期在娘子關辦起拖拉機維修點。這當然是悲劇，但是日本軍醫、娘子關老婦人、兩位將人藏起來的醫生的善良人性則清晰可見。

改革開放後，在劉春生先生當岩會鄉副鄉長的時候，曾有一位當年參加過侵略平定的日本人，為了贖罪，在亂流一代義務建起蔬菜大棚 100 餘座，還給買了一輛汽車。這也是日本人對中國人善良人性的體現。

第三是日本人對自己人的人道對待。抗戰時期的二戰區副司令長官黃紹竑在回憶錄中談到他們在娘子關很難抓到俘虜，因為這些人寧可自殺也不願意當俘虜。[24]不過他們當時還是捉到兩個俘虜，其中一個腿負了傷，另外一個背著他走並服侍他，「絲毫不覺得有一些勉強或者厭煩的樣子」。黃紹竑說「在這種場合裡，表現出高尚的互助精神，真是值得我們佩服的！」[25] 他們的互助精神也表現在他們會將戰死士兵的屍體找到並火化，然後將骨灰帶回

---

[22] 同上，第 151 頁。

[23] 李金田對劉春生的訪談。

[24] 關於日本人寧可自殺也不願意投降這個問題，我們在後面討論恥感與罪感時再涉及。

[25] 黃紹竑，《黃紹竑回憶錄》（南寧：廣西人民出版社，1991 年），第 348 頁。

國內。每人身上都有「認屍牌」，以方便辨認死者是誰。東史郎就一直背著他戰友西谷的骨灰行軍作戰。[26]

這在中國軍隊中，無論什麼原因，都是無法做到的。東史郎日記中有對中國死傷士兵的描寫：「槍彈散亂著，橫屍遍野，已腐爛得發黑。戰壕裡，有的支那兵，肉已經被蛆吃盡，幾乎露出了骨頭……那些土黃色的軍服已經發黑，裡面的屍體像被丟棄的腐爛的魚一樣，發出刺鼻的惡臭。有的屍體已被野狗咬得七零八落，給人一種是什麼東西的消耗品的感覺。抗日英雄們的死，真是太慘了。這裡是地獄。這些人的死有什麼意義呢？支那兵是被拋棄的人」。[27] 我們在抗戰一章描寫在西郊村犧牲的川軍的情況也是如此。

他們對自己的親人的感覺也和中國人沒有區別。東史郎在日記中寫道：

> 時隔好久，接到了國內的來信。妹妹的信中還夾有照片。她變漂亮了，如同幼香魚一樣清純美麗，洋溢著十九歲青春少女的美。啊！多麼嫻靜可愛，我祝愿初枝妹妹幸福。久子姐姐和父親也都來了信。[28]

但是對別人的姐妹如何，就另當別論了。或許戰爭將人們心中的善，將他們的同理心與同情心消滅殆盡了。代之而起的是惡與兇殘。這一點我們下一節再論述。

中國人的善，我們在上面娘子關的日本醫生和中國婦女結婚的故事中也可以看出來。如前所述田村泰次郎的戰爭文學描寫過一個被俘的八路軍女兵和日本士兵戀愛的故事。我們在第三章討論漢奸和偽軍問題時對這個發生在陽泉的故事有過詳細的介紹。這是根據田村自己與現實中存在的女性張玉芝戀愛的故事寫出來的。他在故事中談到女兵「張澤民」對自己和侵略軍士兵

---

[26] 前引《東史郎日記》，第 196，350-53，357 頁。

[27] 同上，第 480 頁。

[28] 同上，第 476 頁。

戀愛感到非常苦惱，而「我」卻因為讓她苦惱而感到無上的喜悅。[29]人性中的善和惡在這裡也表現了出來，尤其是中國女兵的善。

　　國民黨和共產黨裡面也都有感人的愛情故事，展示了人性的善的一面。丁玉山在他的書裡描述了一位「現代花木蘭」的故事。這是一位自幼隨父母從山東逃難到山西的名叫喬應秀的女孩，後來隨父一起參加了國軍，為了生活方便而一直穿著男性士兵服裝。兩人在支援絳州西高村作戰時失散。喬應秀隨散兵逃至臨汾，被 34 軍補訓團收容，編入第 73 師 218 團第 1 營，時年 17 歲。她在戰鬥技術方面常在全團比賽中名列前茅，曾經接受「鐵軍基幹」第二期訓練，參加過晉中戰役，表現英勇，後任下士副班長，與時任班長段銀生感情不錯。後者在戰爭中受傷之後，還日夜服侍，兩人結拜為異姓兄弟。直到喬應秀在 1948 年 11 月的黑坨寨反擊戰中中彈，送紅土溝的野戰醫院。在急救過程中才發現她是女兒身。喬與段在醫院再次相逢，喬告訴段說自己是女兒身，只恨今生無緣，希望段多保重。段表示今生只愛她一人，不會再娶。喬終因傷重不治而死，享年僅 19 歲。她被埋葬在離「雙塔寺」不遠處的一座山崗上，7416 部隊為其立碑，上寫「向時代花木蘭、英勇戰士、優秀鐵軍基幹，喬應秀同志致敬！」另外還有一塊小碑，上寫「愛妻喬應秀之墓」。第 34 軍的「前線小報」曾經登載過長文介紹喬的事蹟。[30]

　　在共產黨方面，平定人石評梅和高君宇的戀愛也是人們一直稱頌的故事。高君宇（1896-1925）是山西靜樂縣人，1919 年入北京大學英語系，與羅章龍、鄧中夏等人一起創辦了馬克思學說研究會。他於 1922 年出席了中共第二次全國代表大會，並被選為中央執行委員。1924 年，他到山西組建共產黨。石評梅（1902-1928）於 1920 年 18 歲的時候去北京女子高等師範學校體育系上學。她參加了北京大學的馬克思學說研究會，並且成為了新文化運動的著名女作家之一。她反對北京當局對革命群眾的屠殺，發表了《痛哭和珍》（1926）

---

[29] 見池田惠理子，〈田村太次郎描寫的戰場上的性：山西省日軍支配下的買春和強姦〉，載於前引石田米子、內田知行（主編），趙金貴（譯）《發生在黃土村莊裡的日軍性暴力：大娘們的戰爭尚未結束》（北京：社會科學文獻出版社，2008 年），第 260 頁。

[30] 見丁玉山（著）《太原保衛戰瑣記：太原五百完人成仁四十週年紀念》（臺北：丁玉山發行，1988），第 517-519 頁。

等文章，並主張男女平等。兩人在山西同鄉會上認識，但是後來並沒有能夠
結婚，因為石評梅曾經被前面的一段戀愛史所傷害，只願意和高君宇做朋友。
高君宇 1925 年生病去世後，石評梅為其撰寫了碑文。三年後石評梅也因病去
世，北師大附中和她的朋友們按照石評梅自己的意願，「生前未能相依共處，
願死後得並葬荒丘」，將她葬在陶然亭畔高君宇墓旁。高、石之墓得到周恩
來的特別關照而得到保護，因為周恩來和鄧穎超的婚姻是高君宇牽線而成
的。周恩來高度稱讚了兩人的戀愛，說「革命與戀愛沒有矛盾」。[31]也就是說，
革命者也有人性，就和上面說的閻錫山的鐵軍基幹也有人性一樣。見圖 10.1
石評梅在高君宇墓前的照片。

圖 10.1　石評梅在高君宇的墓前留影[32]

---

[31] 關於兩人的故事，見〈石評梅故居展室圖文介紹〉，載於平定縣史志辦公室編《平定史志叢刊》專
輯，2003 年 1 月，總第 46 期。上述周恩來的話，見第 30 頁。

[32] 載於中國人民政治協商會議平定縣委員會（編）《平定文史資料》第十輯，石評梅專輯（下），1994
年。

　　我們在前面討論土改的時候，也談到了幾個長工同情地主的遭遇，不願意加害於他們的故事。我們還提到南坳村村長的父親竭力阻止村長，讓他承諾在當天的批鬥會上不能殺人的故事。這些都是中國人人性中善的體現。

日本人與中國人的惡

　　同樣的道理，這裡儘管標題是日本人與中國人的惡，我們並不是說兩者是半斤八兩。日軍在中國作惡的程度與嚴重性無與倫比。當然土改時中國人的惡也是無與倫比的。但是我們這裡主要是在探討人性之惡，所以無意將兩者拿來比較。如上所述，只要有條件，誰都會將人性中的惡發揮到極致。這裡既有貪婪與野心造成的暴力，有為了取樂而施行的暴力，有為了權勢與報復而施行的暴力，還有意識形態導致的暴力。當然很多情況下，這幾個因素都同時存在。下面例子可以將這各種各樣的惡展現得淋漓盡致。

　　我們先看日本人的例子。我們在第三章中所談到的日軍在平定的大屠殺，就是他們人性中惡的極度發揮。日軍在中國大屠殺的例子多不勝數。這裡僅舉一些尤其是日軍自己記述的例子說明，也可以證明人性的惡可以發揮到什麼樣的程度。原日軍第 59 師團的士兵菊池義邦對日軍「三光」政策的描述如下：

> 我們日軍每到一個村莊，要破壞所有的家具雜物，燒毀房屋。我們常說，如果約 500 人的部隊在 100 戶左右人家的村莊駐一夜，這個村莊恐怕十年也恢復不起來。不過，對日軍來說，這正是他們的目的所在。[33]

　　日本史學家竺原十九司說日軍「為掠奪的軍隊、放火的軍隊、殺害民眾的軍隊、強姦的軍隊」。一位外籍傳教士觀察到河北與山西兩省在「三光作戰」初期的 1940 年，日軍在掃蕩時，常將三分之一或者四分之一的村莊燒毀，

---

[33] 轉引自李恩涵，〈抗日戰爭期間日軍對晉東北、冀西、冀中的「三光作戰」〉，載於《中央研究院近代史研究所集刊》第 22 期，1993 年 6 月，第 7 頁。

殺掉村民數千。英國記者林德西（Michael Lindsay）報導了日軍對民眾進行無差別的恐怖屠殺。[34] 東史郎也說：

> 我們所到之處牛馬被奪，婦女遭殃。我們每個中隊都擁有十輛或十五輛車，每輛車都配備著四匹至六匹馬或騾子。苦力揮動著長鞭，僅板車隊的隊列就長達一里。[35]

我們在下面關於日軍殺人、強姦並殺害婦女、放火燒村莊、搶東西的敘述中，配了田島清的戰地素描，以便讓讀者對此有一個直觀的理解。圖與文沒有直接聯繫，但是可以間接說明日軍的殘酷。

殺人

東史郎在他的日記中記載了諸多日本人殘殺中國人的事例。我們下面略舉幾例。這是對兩個老人的屠殺：

> 一個下士拔出了軍刀……砍下去！一刀沒成，第二次殺死了。

> 另一個老頭渾身顫抖著伏在地上。與其說是伏在地上，不如說趴在地上。他兩隻手扒著地面，其恐怖程度可想而知。他也絕望了。手槍響了。兩個老頭兒的血在戰地上流淌。[36]

有的人殺人會上癮：

> 這個少尉看上去好像對殺人非常感興趣。他至今已經砍死了不少可能是無辜的平民，儘管說是試刀。[37]

---

[34] 同上，第4，7頁。

[35] 前引《東史郎日記》，第305頁。

[36] 田島清（著並出版）《中國戰線寫生兩集：來自戰場的記錄》，日文版。

[37] 《東史郎日記》，第66頁。

圖 10.2　殺人練習[38]

　　下面這個東史郎所描寫的在村莊裡的殺人場景應該比較典型，其殘酷性也無與倫比：

　　據說是團長要把女人、孩子全殺了。我們挨個兒揪出村民。聯隊長大野大佐命令把村民全殺死。因為是敵人待過的村子，所以就斷定這裡的村民在幫助敵人。

　　被揪出來的村民不跑，也不祈求。

　　「殺」！隨著這一聲聲野蠻的吆喝，血湧如潮，臨終前的呻吟和地獄般的悲吼相互交織在一起。

　　血從他們的胸口汩汩地流出，緩緩地在地面前行，四下一片淒慘，刺刀閃入電光，被刺中的村民眼睛閃著怨毒的目光。這裡完全變成了一幅地獄圖。

　　一個老人和一個孩子被帶了出來。

---

[38] 田島清（著並出版）《中國戰線寫生兩集：來自戰場的記錄》，日文版。

　　孩子聽到他的家人被刺殺時的撕心裂肺的慘叫，看到淒慘的血，嚇得
直發抖。老人慌張地緊緊摟著孩子，像是要替他挨刺刀。

　　在這裡，生命不如塵土草芥。

　　呀，一陣兇猛的刺殺之下，老人和孩子倒下了。[39]

　　我們可以想像在平定縣發生的那些大屠殺，也是類似的圖景。人性的惡
被發揮到了極致。另外一次，東史郎記述說，

　　少尉在屋子裡搜查了一番，沒有發現可疑的人。他抬腿正要出門的時
候惡狠狠地說：「這個村子的人和鄰村的一樣，統統殺掉！鄰村三歲
孩子都沒有留下。這裡的事完了之後，嚴防她們【指另外他們留下準
備強姦的幾個婦女】逃跑，明天早晨把她們全部收拾掉！」「咔嚓」
一聲，軍刀入鞘，少尉揚長而去。[40]

　　類似的殺人事件在《東史郎日記》中還有很多描述，我們就不一一列舉
了。我們現在簡單地看一下幾個其他人日記裡記述的殺人的情況。Kawakami
是從娘子關侵入山西的日軍之一。他在日記裡談到了在柏井附近的山上槍殺
撤退的中國士兵以取樂的情況。他還認為讓受傷的中國士兵自己把自己殺死
也是很有趣的事情。在 1938 年 9 月被中國軍隊打死之前，他已經變成了一個
殺人不眨眼的、只喜歡食物、女人、施虐以及看家裡來信的下級軍官。[41] Honma
Masakatsu 在他的日記裡說在侵入上海的兩天內，他殺了八個婦女和兒童。 Ito
Kihachi 說他殺了 15 個中國士兵。[42] 一個士兵寫到他們在進入南京城的時候，

---

[39] 上引《東史郎日記》，第 77 頁。

[40] 同上，第 141 頁。這是我們在第一章提到的事件。

[41] Aaron William Moore, *Writing War: Soldiers Record the Japanese Empire* (Cambridge, Mass: Harvard University Press, 2013 年)，第 90，150 頁。

[42] 同上，第 107 頁。

看到城門口堆了 500 具中國士兵的屍體。另外一個士兵寫到日軍屠殺了兩千個俘虜，有老的有年輕的，穿著各種各樣的服裝。殺死之後就扔在大街上。[43]

圖 10.3 殺害俘虜[44]

強姦、殺害婦女

　　強姦是日軍另外一個人性之惡的表現。東史郎說，「女孩子們見我們進了村子，一個個嚇得都在發抖。士兵中有的一看到婦女就起淫念」。[45] 關於強姦和殺人，他還說，

> 雖然奇異，但是這是前線到處可見的場面。士兵一旦發現年輕的女子就必定會像這樣弄來「看看」。而好色的士兵最後總會姦汙她們。行為惡劣的士兵害怕事情暴露，便殺死被姦汙的婦女。[46]

---

[43] 同上，第 118，123 頁。

[44] 前引田島清（著並出版）《中國戰線寫生兩集：來自戰場的記錄》。

[45] 同前引，《東史郎日記》，第 141 頁。

[46] 同上，第 395 頁。關於日軍強姦婦女的情況，也見 143，264，321，424 頁。

　　我們對平定縣的研究也可以看到日軍強姦婦女是非常普遍的現象。本書所引述的《發生在黃土村莊裡的日軍性暴力》一書是日本「從性暴力視角看到的日中戰爭的歷史性格研究會」的研究成果。她們在平定的鄰縣盂縣對那裡的受害女性進行了 18 次訪談，做了大量調查研究。該書記錄了 20 人的證言，包括受害女性的證言。[47] 一些受害者的證言可以讓讀者看到日軍的殘酷。

　　下面是河東村楊喜何的證言：

> 　　我被強行拉到了另外一個房間裡，兩個日本鬼子輪姦了我。其中的一個日本鬼子強姦我的時候，另一個日本鬼子在屋外放哨。我的父母親抱著我出生不久的孩子，連到外邊去喊人幫助都做不到。就在同一個屋簷下，眼睜睜看著女兒被輪姦，他們毫無辦法。後來從父母親那裡聽說，就在我受害的一個月前，住河東砲臺的日本鬼子從羊馬山下來，在毆打了我父親後，點燃了家裡的家具財物，把家裡養的雞也燒著吃了。[48]

圖 10.4　虐殺婦女[49]

---

[47] 前引石田米子、內田知行（主編），趙金貴（譯）《發生在黃土村莊裡的日軍性暴力》，第 2-3 頁。

[48] 同上，第 43 頁。

[49] 前引田島清（著並出版）《中國戰線寫生兩集：來自戰場的記錄》。

圖 10.5　小姐受難[50]

下面是侯黨村王改荷的證言：

　　關押我的窯洞是一個又細又長、入口很小的昏暗的地方。房頂很低，
下面就是地。在用磚圍起來的地方鋪了些乾草。從被抓來的那天晚上，
就有三、四個日本鬼子來窯洞強姦我。以後每天都有日本鬼子來糟蹋
我。白天會有兩、三個日本鬼子來，晚上來的更多。有時三個日本鬼
子一起來，一個壓住我，一個脫掉我的衣服。他們看著我腫脹的下部
狂笑著。另一個人強姦我。劇烈的疼痛和羞恥感讓我哭個不停，我都
快要瘋了，實在是被糟蹋的不成人樣。而日本鬼子則覺得我被他們糟
蹋是好玩的事情。[51]

　　日軍在河東村設立「慰安所」，通過向各村攤派，抓來了五個婦女，供
日軍糟蹋。之前是到各村強姦婦女，現在是在慰安所裡強姦婦女。[52] 該書還
有很多類似的證言。[53]

---

[50] 同上。

[51] 同上，第 103 頁。

[52] 同上，第 55，62-63 頁。

[53] 比如同上第 100-101，106，135 頁。

　　這些被強姦的婦女之後在村裡也抬不起頭來。其中一個叫南二僕的婦女被強迫與日軍班長住在一起，生了個小孩，後來夭折。抗戰結束後怕八路軍，結果逃到閻錫山的地區，再回來以後被當作歷史反革命，判處三年徒刑。文革中帶著「歷史發革命」的牌子遊街，幹苦力活，遭受了種種折磨，最後於1967年帶著心裡和身體上的傷痛上吊自殺。[54]

燒村莊

　　下面我們列舉《東史郎日記》中一些關於日軍燒村莊的例子。

　　我們在這裡做飯燒水不必拾柴，在稻穀堆上放一把火，燒水、煮飯、烤火全部解決。稻穀通宵達旦在燃燒，造成了極大的浪費。[55]

　　第二天上午八點，像放火燒麥秸一樣燒了村子，我們就出發前進了。[56]

　　我們當即在村子裡放了一把火，接著便向另一個村子進發了。最近，對於我們來說，放火已成了家常便飯，覺得比孩子的玩火還要有趣。

　　「喂！今天真冷啊！」

　　「那要不要燒一幢房子暖和暖和？」

　　這就是今天的我們。我們變成了殺人魔王，縱火魔王！[57]

　　我們在這兒也找不到柴火，就顧不得主人滿臉不樂意，把桌子、椅子等家具劈了當柴燒。[58]

---

[54] 同上，第 44-49，65-67 頁。

[55] 同上，第 137 頁。

[56] 同上，第 143 頁。

[57] 同上，第 154 頁。

[58] 同上，第 249 頁。

時而在路邊看到小村莊，但是所有村莊的房屋全被燒毀，一間也不剩，
只剩下殘垣斷壁。這種狀況在北支那是未曾見過的。在進攻南京時，
所有的村莊都被燒光了。現在我們看到這番情景，不由得感到是來到
了中支那。[59]

圖 10.6　放火燒村[60]

圖 10.7　房子被燒後村民逃難[61]

---

[59] 同上，第 452 頁。

[60] 前引田島清（著並出版）《中國戰線寫生兩集：來自戰場的記錄》。

有時候日軍也會發點善心，決定不燒房子。東史郎談到兩個士兵沒帶武器到離城 1000 米的地方去徵用軍需品（作者說其實可能是去找女人），結果差點被殺死。

> 接到報告後，聯隊副官建議放一把火，讓那個村莊化為灰燼。但隊長不同意，理由是燒毀一個村莊易如反掌，但會引發這一帶村民產生反感情緒，不能圓滿地完成安撫工作。凡事要從長計議，放長線釣大魚。[62]

顯然他們考慮的並不是燒村莊是否人道，而是看是否符合自己的政治需要。即使從平定的情況來看，日軍的燒、殺、搶通常發生在一開始的進攻時期與後來的報復性掃蕩時期。其他時間相對較少。

搶東西

下面我們看幾段東史郎所描述的搶東西的例子。他在 1937 年 12 月 11 日的日記中說，他們來到了一個有錢人家的豪華住宅，裡面有很多價值連城的古玩與字畫以及古代文物。

> 自稱對文物有眼力的田中一等兵說：「這些珍品展我國從未見過，它的價值簡直就是天文數字」。這番話，讓我看出他已是物慾熏心。他忘掉了這是戰場而在物色值錢的東西。本來我對這些不感興趣，但是在田中古董熱的影響下，我在無錫徵收了名人字畫和署名的兩把扇子，還有在武進徵收了掛軸。扇子兩面分別有左右相反的詩，畫著蝴蝶和花草。掛軸上畫的是皇帝坐在大象背上，落款是道光元年。

> 田中垂涎三尺地看著這些陶器，置身體而不顧，貪婪地把這些東西塞進自己的背包。田中雖然年方三十七歲，他的背駝著，臉色憔悴，步履蹣跚，老態龍鍾，他比誰都好色貪財。我們都受到他古董迷的影響，

---

[61] 同上。

[62] 同上，第 255 頁。

把房間裡的陶器洗劫一空。我拿了五件香爐之類的東西和幾個碟子。帶不動的大件物品統統砸爛。田中悔恨自己不是輜重兵，否則就把他眼饞的橫臥大佛像也搬走了。裡屋掛著一幅鑲在玻璃框裡的裸體女人油畫，不知是誰在腿襠處畫上了陰毛，又在腿襠處戳了一個洞，並且，另外再畫了一個男裸體像，把好端端的一幅畫糟蹋成了淫穢圖。

天氣寒冷，我們拆下豪華椅子上的包裝布繫在腰間，圍在脖子上。這幢房子裡凡是帶不走的物品無一完好，統統被我們砸得稀巴爛。[63]

除了古董與字畫之外，他們平時主要搶的應該是食物與牲畜。

徵用隊哼著歌出去了，然後，手裡提著雞，肩上扛著蔬菜、小麥麵等東西，又黑又髒的臉上露出喜悅的笑容，大聲地交談著回來了。[64]

我們逮著了八十隻鴨子、三頭豬、三筐鯉魚和鱒魚，踏上了歸途。大家開心地笑著說：「今晚可有好吃的了」。[65]

圖 10.8 強徵人畜[66]

---

[63] 同上，第 176 頁。

[64] 同上，第 417 頁。

[65] 同上，第 481 頁。

[66] 前引田島清（著並出版）《中國戰線寫生兩集：來自戰場的記錄》。

現在我們來看中國人人性中的惡。中國人的報復有時候也較殘酷，但是中國軍隊和老百姓都處於弱勢，所以其人性惡的一方面展現的遠遠不及日軍，當然後面土改時期的情況除外。東史郎在描寫中國軍隊的殘忍時提到了炸毀黃河堤壩，使得不少農民流離失所。他認為：

> 這種不擇手段的殘忍的行為，實際上是不可原諒的。對那些悲慘、可憐、無助的農民，蔣介石他們不知道給予無窮無盡的財富的大海，只知道奪取他們的田地、穀物，毀壞他們的家園，使他們陷沒在忍飢挨餓的大洪水中。[67]

東史郎還描述了他們駐地旁邊的路上躺著一個飢寒交迫的老太婆，衣不蔽體，全身已經開始腐爛，眼窩裡生滿了蛆蟲。國軍炸毀黃河堤壩試圖減緩日軍侵略的步伐，但最終也只是減緩而已，對老百姓來說，的確是一場災難。但是和日本人的侵略與殘酷相比，國軍造成的損害遠遠比不上日軍給予老百姓的損害。我們上面所引的東史郎自己的描述已經可以清楚地說明這一點。不過殘忍也是事實。

東史郎在多處都描述了中國軍隊的勇敢與機智，並造成日軍傷亡的戰況，[68] 但是有一次他描述了中國軍隊將日軍殺死的情況：

> 被殘酷殺害的三十七名士兵的屍體，讓人慘不忍睹，敵兵的暴行令人髮指。士兵們有的被剜去眼睛，有的被削下鼻子，有的生殖器被割下，有的腦漿迸裂，還有的缺胳膊少腿。他們全被扒光衣服，赤裸裸地躺在那兒。救援隊的隊員們眼噙著哀悼的淚水，心頭燃燒著憤怒的火焰。[69]

---

[67] 前引《東史郎日記》，第 427 頁。也見第 449-50 頁更多的關於這場洪水災難的描述。

[68] 比如第 359-361，363-64，413 頁。

[69] 同上，第 262 頁。

從中國人的角度看，這當然是報復，儘管也很殘忍。正如我們之前說的，戰爭將人性中的惡展現到了極致。

這使我們想到了土改與除奸反特時期的暴力。我們在第六章和第七章已經對平定縣土改和除奸反特的暴力有了大量的描述，比如吊打（有時候被打者的屎尿都順著褲子往下流）、用钁柄打、用棍子打、被打得昏過去後用水潑醒後再打、坐老虎凳（壓竹槓）、用烙鐵燒、用燒紅的鐵鍬燙人、用燒紅的火柱捅人、在人身上澆上煤油然後點著將人燒死、在人的手指甲和肉之間釘竹籤、將女人脫光吊起來讓男人去撫摸羞辱、用刺刀捅死、刀劈、刀砍、用石頭砸死、用鐮刀等將人剮死、用剪刀剪人身上的肉，包括生殖器、拿鉗子夾肉、拿剪子割耳朵、用刮蝨篦和錐來剜人的肉等等。周樹基在他的回憶錄中談到，「我看著趙文秀（農會主席）用菜刀把一個小職員任登科的一隻手和胳膊給剁下來了，扔到地上還蹦蹦的跳。那臺下的群眾看了，都目瞪口呆，嚇的面色蒼白」。[70] 被打死的人有老人、中青年人、男人、婦女、小孩等等。當然還有其他各種折磨人的方法。其殘酷性已經可以和日軍殘殺中國人的時候相比，只不過現在是中國人殺中國人，而且是自己的鄉親。跳井自殺或者被掃地出門之後餓死就已經是比較文明的了。

小結

本節首先討論了為什麼人性是一個普世的現象，包括大家都是人，人性中有善也有惡，善惡既有先天的因素，也有後天的原因。而何時行善、何時作惡則與當時人們所處的環境有關，也即與環境因素和意識形態因素的作用有關。之後我們特別討論了日本人和中國人在戰爭時期的善，以及日軍在侵華戰爭期間的惡、中國人在土改中的惡等等。

從上面的討論中，我們可以看到，人性是普世的，既有善也有惡。只要有一個客觀的環境與條件，讓人們能夠發揮自己人性中的惡，不管是日本人還是中國人，都是可以做到的。為了貪婪與野心，為了取樂，為了權勢與報

---

70 見第六章所引周樹基回憶，〈我家在土地改革的那年〉，《耕耘集》，第 122 頁。這段話我們在第七章曾經引用過。

復，為了意識形態，人們作惡的能力會讓我們嘆為觀止的。在上面關於戰爭中人們的善惡的描述中，我們也可以看到人有時候也是有選擇的。「自我」在權衡了善與惡的後果之後選擇了行善還是作惡。人們對自己的行為並不是沒有任何思考。在善惡的抉擇中，人是有一定的能動性的。問題是如何創造條件讓人們行善而不是作惡。

那麼為了讓人們少作惡或者不作惡，我們就必須注意環境的因素。戰爭使得人性中的惡發揮到了極致。只有避免戰爭以及意識形態等結構性的因素，不讓戰爭發生，不給人們這個最大的作惡機會，才能減少人們被惡所傷害的機會。與此同時，其他結構上的改革，比如民主制度與公民社會，則是在和平時期發揚善、減少惡的最重要措施。

另外正如我在下面要討論的，中國文化需要建立並加強罪感的概念，要在文化上鼓勵人們不作惡，否則需要承擔惡的責任。只有在結構和文化上對惡予以限制，才能夠減少惡。當然對中國人來講，這是任重道遠的事情。

三、中國文化需要建立「罪感」

如前所述，我們在討論到這些歷史悲劇的原因時，尤其是暴力的原因時，除了結構（比如制度）和個人（決策者、參與者）的因素或者說責任之外，還有文化的因素。文化因素也很複雜，但是其中一個我們還沒有討論的問題是「罪感」的缺乏。日本文化和中國文化都強調「恥感」而不強調「罪感」，這或許是導致上面那些歷史悲劇，尤其是暴力的原因之一，也是導致現在的人們對歷史問題仍然沒有足夠的反省而且繼續「犯罪」的原因之一。比如不少人至今仍然謳歌「土改」，並將文革這樣的悲劇視作「艱辛探索」，就是反省不夠的問題，缺乏或沒有罪惡感的問題。

中國文化缺乏「罪感」也是導致當今諸多社會問題的原因之一。比如將不同意見視為敵對勢力，認為異見者是犯罪並關起來或者給予各種各樣的懲罰，警察暴力，對嫌疑人的暴力與酷刑，對在囚人的酷刑，而且不認為其實自己這樣做是犯罪。香港 2019 年的反送中運動中出現的暴力也是這個問題。反對派不認為勇武派的打與砸是犯罪，建制派不認為警察過度使用暴力是犯

罪。由於沒有「罪感」的原因，黑白被顛倒了。但是中華民族（我這裡泛指包括少數民族在內的、包括港澳臺人民在內的、漢族人佔多數的中華民族）如果想保持自己的靈魂不被污染，保持民族的自新與永續，那麼建立「罪感」就是一個迫不及待的問題。

從日本文化缺乏「罪感」到增加「罪感」談起

對中國文化中的「恥感」（恥辱感）和「罪感」（罪惡感）的討論，應該是受到了對日本文化的「恥感」與「罪感」討論的影響。為了制定比較合理的戰後美國對日政策，美國政府委託學者本尼迪克特研究日本文化的特點，後者後來出版了《菊與刀》一書，詳細闡述了日本的「恥感文化」，並將其與西方的「罪感文化」做了比較。[71] 她發現恥辱感被納入了日本文化的道德體系之中，所以日本人特別注意別人對自己行動的評價。日軍在戰場上寧可自殺也不願意投降，因為如果投降，會感到回國後抬不起頭來，「喪失了名譽，對於從前的生活來說，他已經是個死人了」。在北緬會戰中，「被俘與戰死者的比例為 142 比 17,166，也就是 1 比 120」。[72] 而在西方國家的軍隊中，「陣亡者如果達到全軍兵力的四分之一或三分之一時，該部隊罕有不停止抵抗的。投降者和陣亡者的比率大約是 4 比 1」。日軍的第一次大規模投降是在霍藍迪亞（Hollandia），其比率為 1 比 5，和北緬的情況比已經大有進步。[73] 自殺「可以洗刷汙名並贏得身後好評」。日本人尊重自殺，「認為它可以是一種光榮的、有意義的行為」。[74]

2004 年三個日本義工被伊拉克武裝人員綁架，後被日本政府解救，回國後備受指責，認為給全日本帶來麻煩。其中一位道歉說對不起，給大家添麻

---

[71] 魯思‧本尼迪克特（著），呂萬和、熊達雲、王智新（譯），《菊與刀：日本文化的類型》（北京：商務印書館，1996 年）。關於這裡的討論也見宋茜茜，〈日本文化中的「迷惑」與道歉心理〉，載於《淄博師專論叢》，2019（01）：49-51。

[72] 上引，本尼迪克特（著），呂萬和、熊達雲、王智新（譯），《菊與刀》，第 27 頁。

[73] 同上，第 27-28 頁。

[74] 同上，第 115 頁。

煩了，「我的賤命實在不值得連累大家」。有研究說日本電視劇中每小時出現 12 次道歉語，而中文電視中每小時只出現 4 次。[75]

日本人會為各種大大小小的事情道歉，甚至自殺謝罪，但是很多人對日本侵略戰爭的態度卻模糊曖昧。2015 年 8 月 12 日，日本前首相鳩山由紀夫在韓國首爾的西大門刑務所博物館的烈士墓碑前面下跪，為日本殖民統治時所犯罪行謝罪。但是他在國內卻遭到一片譴責。人們認為下跪是一件恥辱的事情。[76] 好像殺人放火反而不是大問題。顯然在日本文化中罪感遠不如恥感更明顯。日本著名學者加藤周一就認為戰爭的責任由全體國民承擔，不只由領導人承擔。但是大部分人都不認為自己有罪過。於是，東亞各國對日本人缺乏對二戰所犯罪行的反省而耿耿於懷，譴責之聲不斷。

本尼迪克特說日本人有時候對自己深重的罪孽也像清教徒一樣，反應很強烈。儘管如此，「與其說他們重視罪，毋寧說他們更重視恥」。[77] 在恥感文化中，人們犯罪後會感到懊惱，但是不像在罪感文化中那樣，可以通過懺悔、贖罪而得到解脫。他們「即使當眾認錯，甚至向神父懺悔，也不會感到解脫」。[78]

不過，儘管日本文化缺乏罪感，他們對二戰的反省卻超過了中國人對內戰與土改的反省。至少在侵略中國這個問題上，他們的罪感文化是提升了的。現在我們來看幾個具體的證據。石田米子和內田知行在她們關於山西省日軍「慰安所」和盂縣性暴力的研究報告中指出，由於按照日軍軍令，「慰安所」是合法的，所以「買春」沒有罪惡感。但是「對於戰場強姦以及綁架、輪姦婦女在當時是否有罪惡感，還需要進行考察……」，因為「關於加害方的沉默和意識變化的分析還非常不夠」。[79] 對於她們這些研究者來說，能否認識

---

[75] 上引，宋茜茜，〈日本文化中的「迷惑」與道歉心理〉。

[76] 同上。

[77] 上引，本尼迪克特（著），呂萬和、熊達雲、王智新（譯），《菊與刀》，第 154 頁。

[78] 同上，第 154 頁。

[79] 前引石田米子、內田知行（主編），趙金貴（譯）《發生在黃土村莊裡的日軍性暴力》，第 190 頁腳註 3。

到「慰安所」等「是軍隊、國家的有組織的犯罪，並把它作為與戰後補償相關的問題，這在當時包括我們自身在內，也不是認識得非常清楚的」。[80]

中國政府對「慰安婦」、性暴力問題的調查的態度也很消極。石田米子她們的調查主要靠當地接待人員自己的意願與熱誠。[81] 在 2021 年的今天，內戰和抗戰時期的檔案，也即「敵偽」檔案，仍然不對外開放，這就是一個對這段歷史不積極反省的證明。連研究都有限制的話，如何反省？我們對土改檔案的調查也經歷了千辛萬苦，但是如果是在今天，也是不可能的了。

儘管日本人對二戰的反省有個發展的過程，但是畢竟是發展了。首先是二戰老兵對侵略戰爭以及戰爭暴行的反省。可以說東史郎在二戰老兵中是反省最徹底的一位。我們在前面所引述的他對日軍暴行的記錄，以及其他人包括梅田房雄等對日軍暴行的記錄以及反省，都是非常難得的歷史資料。在一個恥文化而不是罪文化主導的國家，這是很不容易的：

> 一九八七年十二月至一九九八年三月，東史郎先後四次來到南京，誠摯地「向南京人民謝罪」。他的家裡因此接到不少日本右翼分子的恐嚇電話，罵他是「叛徒」、「賣國賊」、「舊軍人的恥辱」、「褻瀆了英靈」、「罪該萬死」等。但東史郎及其家屬不懼威脅。東史郎說：「我們日本人對蒙受原子彈的危害大聲呼號，而對加害在中國人身上的痛苦卻沉默不語。……作為戰爭的親歷者，講出加害的真相以其作為反省的基礎，這是參戰者的義務」。[82]

1993 年，他以及出版他日記的編輯與出版社還被一些日記中涉及到的人告到法庭，說紀錄「不實」、「毀損名譽」等，並先被東京地方法院，後被東京高等法院於 1998 年判為敗訴。[83] 這也的確是在一個恥感文化為主的國家可以想見的事情。

---

[80] 同上，第 199 頁。

[81] 同上，第 6 頁。

[82] 前引《東史郎日記》，〈出版前言〉，第 3 頁。

[83] 同上，第 3-5 頁。

　　但是 1998 年，盂縣的性暴力受害者向東京地方法院提出的訴訟，卻得到了部分的回應。提出訴訟的原告有萬愛花、張先兔、趙潤梅、高銀娥、王改荷、趙存妮、尹玉林、楊時珍、楊喜何、楊秀蓮（已故南二僕的養女，以遺屬身分上訴）等，包括我們在前面引述的一些證人。她們要求賠償並以書面形式向各原告謝罪。2003 年東京地方法院「對於事實給予了全面認定」，駁回了賠償請求，但是希望立法、行政部門尋求解決途徑。之後原告又上訴到東京高等法院，之後再上訴到最高法院。儘管都被駁回，但是都承認了東京地方法院的事實認定。東京地方法院一審判決而後又被東京高等法院和最高法院認可的「事實認定」是這樣的：

> 日本士兵對於被害者原告施加的強姦等所作為，即使它是在日中戰爭這一戰時發生的，也是非常脫離常規的、卑劣的野蠻行為。不難推定，由此造成的對被害者原告的傷害是巨大的，如同原告所主張的那樣，是難以忍受的。另外，正是由於該受害，使得她們遭受了來自其同胞的、有口難辯的侮辱和差別對待，這已經超越了國籍、民族的區別。關於這一點，本法院也必須承認，姑且不論其程度如何，但我們可以很容易地推論出，這種傷害使得她們迄今為止陷入了外傷後導致的精神傷害後遺症以及精神極度緊張狀態。而且，他們也無法從這種狀態擺脫出來。

同時被這兩所法院所認可的判決書附言所建議的解決方式如下：

> 在戰後已經過去 50 年的現在，而且在今後，考慮到在尚存於世的受害者原告或者已經死亡的受害者原告的後繼者、或者是訴訟繼承人原告的心靈深處，本件被害將作為無法抹去的傷痕而一直存在下去，因此，我們認為，在立法府、行政府，對於該被害的救濟，重新採取立法的、行政的措施是十分可能的。對於被告在最終準備書面（補充）裡主張的從舊金山合約的締結、經過日中共同聲明的締約，直到今天為止的我國外交努力及其成果，不應該持異議態度。但作為未來問題解決，

通過相關當事國以及相關部門的協調，對於本件訴訟在內的所謂戰後
補償問題，本法院不得不提出附加意見，希望能與司法解決途徑不同，
在對被害者們採取直接的、間接的某種補償的方向上得以解決。[84]

　　換句話說，日本的司法系統已經承認了日軍犯罪的事實，並且希望通過
立法和行政的渠道對性暴力的受害者及其遺屬進行補償。在一個恥文化佔主
導地位的國家來說，這已經是很大的進步了。試想如果中國土改的受害者現
在要向法院訴訟提出國家賠償的話，會是個什麼情況呢？

　　東史郎等二戰老兵以及盂縣性暴力受害者的努力，[85] 和日本國內進步組
織的努力一樣，是促使日本文化增加罪感概念的努力的一部分。Moore 認為
儘管臺海兩岸與日本的政府都對二戰採取了一種短視的、正統的理解，但是
二戰老兵們不一定和他們觀點相同。[86] 日本的和平運動的看法與他們也不相
同。Moore 認為中國和美國對日本戰後的反省認識是不夠的。他認為日本的右
翼勢力從來沒有掌控普通老百姓對戰爭的記憶。從 1940 年代末期開始，反戰
的積極分子和日本的左翼聯合組成了一個和平運動，在戰爭的記憶與資料的
保存方面做了大量工作。[87] 這個和平運動認為日本政府要對鄰國的戰爭罪行
負全部責任，並向他們道歉並補償。[88]

　　Szczepanska 研究了這個和平運動中的四個追討日本戰爭責任的公民社會
組織。[89] 第一個是日本戰爭責任研究與記錄中心（the Center for Research and
Documentation on Japan's War Responsibility）。該中心成立於 1993 年，在高

---

[84] 關於上述訴訟案的情況，包括上引判決，見前引石田米子、內田知行（主編），趙金貴（譯）《發
生在黃土村莊裡的日軍性暴力》，第 25-28 頁。

[85] 關於日本二戰老兵揭露日軍暴行以及反省的努力，也見前引 Moore, *Writing War* 第 87，123-24，
150-51，258-59，277，280-86 頁，以及 Philip A. Seaton, *Japan's Contested War Memories: The 'Memory
Rifts' in Historical Consciousness of World War II* (New York: Routledge, 2007)，第 50 頁。

[86] 同上第 286 頁。

[87] 同上，第 258-59 頁。

[88] Kamila Szczepanska, *The Politics of War Memory in Japan: Progressive Civil Society Groups and
Contestation of Memory of the Asia-Pacific War* (New York: Routledge, 2014 年)，第 2 頁。

[89] 同上，第 31-36 頁。

峰時期有會員 1,000 人，在 2010 年中有 500 人。有學者有律師，大部分成員是日本人。第二個是兒童與教科書日本網絡 21（Children and Textbooks Japan Network 21），成立於 1998 年，在 2010 年中有 5,400 會員，有個人成員與組織成員。第三是戰爭中針對女性的暴力日本網絡（Violence Against Women in War Network Japan, 即 VAWW Net Japan），成立於 1998 年。2011 年該組織改名為戰爭中針對女性的暴力研究與行動中心（Violence Against Women in War Research Action Center）。第四是戰俘研究網絡日本（Prisoners of War Research Network Japan），成立於 2002 年，2012 年中有 50 個成員。

這些組織的觀點包括：日本是亞太戰爭中的加害者，慰安婦制度是最邪惡的對人權的侵犯，日本政府有責任來解決戰時的錯誤與罪行，並補償受害者。與鄰國和解，就需要有一個對歷史的共同認識。國家需要向受到日軍暴力侵害的婦女道歉、賠償，等等。口頭道歉和真誠道歉是不同的，後者需要得到被道歉人即鄰國的認可，否則不是真誠的道歉。[90] 來自韓國、菲律賓、中國、臺灣和荷蘭的前慰安婦們的訴訟，也得到了 VAWW Net 的支持，儘管正如我們在前面討論過的中國盂縣的受害者們的努力那樣，這些官司最終並沒有達到理想的結果。他們反對美化侵略的教科書的努力也得到一定成功，儘管有的地區最終使用的是沒有什麼爭議的教科書，而不是他們想要的帶有批判性的教科書。[91]

人們通常認為日本在二戰問題上採取了鴕鳥政策，「無知」，「健忘」，「否認戰爭罪行」。[92] 但是上面這些人和組織的努力，對這種認識提出了挑戰。另外 Seaton 也指出，日本各級官員多年來也作了各種道歉，對緬甸、印度尼西亞、菲律賓以及越南也都做出了賠償。而其他國家則放棄了賠償。中國、韓國和日本關係正常化以後，日本也和這些國家進行了大量的經濟合作。[93] 關於賠償問題，像美國、英國、印尼、中國還有另一個顧慮：如果日本需

---

[90] 同上，第 36-37， 39，41，45 頁，

[91] 同上，第 110-11，124 頁。

[92] 前引 Seaton, *Japan's Contested War Memories*, 第 2 頁。

[93] 同上，第 57，66，88-92 頁。他也援引了外務省的觀點。

要對戰爭罪行進行賠償的話，這些國家是否也有可能被告上法庭，為它們原來的戰爭罪行進行賠償？[94]

無論如何，日本人的戰爭記憶並不是鐵板一塊。既有類似東京的昭和館和靖國神社那樣的強調日本受害的記憶，也有大阪的和平博物館那樣對日本的戰爭行為進行批判的博物館。[95]無論如何，日本人在戰爭中死去了 310 萬人，但是日本軍國主義殺死的其他國家的人達到 2,000 多萬。[96] 由於這些事實的存在，由於東史郎那樣二戰老兵的反省與悔罪，由於我們上面所敘述的和平組織的努力，所以即使在一個恥感文化為主的國家，還是有超過半數的人認為日本犯下了戰爭罪行，應該道歉並賠償。問問題的時間和方式儘管不同，但是通常的民調都顯示 50%到 60%的日本人認為那是一場「侵略」戰爭，50%到 80%的日本人認為政府沒有充分處理好戰爭責任問題，認為政府應該做出更多的補償。那些認為日本才是受害者、日本沒有什麼需要道歉的人，通常都佔不到 30%。[97] 1994 年的一個民意調查發現 80%的日本人認為政府沒有充分地補償被侵略、被殖民國家的人民。[98] 從 1980 年代開始，對那場戰爭持正面看法的人通常只維持在 15%到 17%。[99]

讓我們反看中國，我們能夠有 50%到 80%的人會認為中國政府沒有處理好土改的問題，更不用說賠償問題了？對土改、反右、文革等等如此大的災難，國內學者沒有辦法光明正大地去研究，也沒有公民社會組織去呼籲公平公正，那麼就談不上在一個以恥感為主的國家建立罪感的問題。土改被看作是一場偉大的革命；反右不能「平反」，只能「改正」，以避免賠償問題；文革被看作是艱辛探索。就這樣，千百萬人都白白死去了，根本談不上補償。如何建立罪感文化正是我們要在下面討論的問題。

---

[94] 同上，第 69 頁。

[95] 同上，第 174 頁。

[96] 同上，第 171 頁。

[97] 同上，第 25-26，219 頁。

[98] 同上，第 58 頁。

[99] 同上，第 61 頁。

總之，中國和日本相比，在反思歷史悲劇問題上，在建立罪感文化的問題上，還有很長一段路要走。但是如果不建立罪感文化，那麼這個國家還是無法在最大可能的程度上避免各種各樣的暴力。

中國文化缺乏「罪感」的概念

和日本文化一樣，中國文化也同樣缺乏罪感。人類學家們傾向於認為以天主教、伊斯蘭教、儒教為主的東方國家（包括日本和中國）是恥感文化的典型，而以基督新教為主的西方國家則是罪感文化的典型。中國文化注重恥而不注重罪。「禮義廉恥」、「臉面」最重要，「罪惡」則得不到強調，或者基本沒有這方面的概念。[100] 現代漢語中的「內疚感」和「罪惡感」是同義或近義詞。我們在前面討論人性的時候提到了孟子有四端：「惻隱之心」、「羞惡之心」、「辭讓之心」、「是非之心」。[101] 但是這裡強調的是「仁義禮智」，不是罪惡。孟子的「良心」觀與王陽明的「良知」觀，似乎也沒有強調「罪惡感」。佛教傳入中國後，「罪惡」、「業障」（殺生、偷盜、邪淫、妄語等）與「懺悔」成為宗教思想的重要觀念，但是也沒有成為中國文化的主體思想。

換句話說，在中國文化中，「罪惡感」（即自己應該受到譴責或處罰的感覺）並沒有「恥辱感」（即自己不值得尊重的感覺）那麼強烈。前者涉及到責任，後者則未必。罪惡感是儒家傳統價值觀的心理基礎之一，但不是其重要的道德觀念。[102] 艾皓德對《紅樓夢》的研究，揭示了其中很多人物通常只有羞恥感而沒有罪惡感的例子。比如蔣玉菡因為朋友賈寶玉洩漏了自己的藏身地而被忠順府所抓，賈寶玉並沒有感到自己有什麼責任。[103] 王夫人打了金訓幾下，金訓生氣跳井自殺。王夫人的「罪惡感」也只限於「心不安」，

---

[100] 見艾皓德，〈曹雪芹與罪惡感初探〉，載於朱耀偉主編《中國作家與宗教》（中華書局香港有限公司，2001年），第284頁。

[101] 同上，第285頁。

[102] 同上，第286，288頁。

[103] 同上，第292頁。

「賞了他娘五十兩銀子」而已。[104] 薛蟠因為爭取英蓮而打死馮淵，這件事情卻被認為是馮淵的「前生冤孽」、孽障造成的，所以他「應該受到懲罰」。這種宿孽觀念也被用來解釋賈家的衰落。[105] 所以被打死或者「衰落」是「因果報應」，而不是有「罪惡」的原因，也沒有「責任」的問題。

中國文化中的罪惡感沒有被重視，至少是抗戰、內戰與土改中諸多悲劇尤其是暴力的來源之一，是我們前面所談的文化上的原因之一。為了避免類似的悲劇，中國文化需要在羞恥感的基礎上建立罪惡感。關於中國恥感文化的討論，已有不少。但是只有恥感文化是遠遠不能讓我們避免以前的這些悲劇的。那麼如何才能建立罪惡感呢？

何謂「罪感」：雅斯貝爾斯對德國人「罪感」的論述

德國哲學家卡爾·雅斯貝爾斯在關於德國人的罪惡感問題一書中的討論，對我們在中國文化中建立罪惡感很有幫助。[106] 針對納粹德國的罪惡問題，雅斯貝爾斯將德國人的罪惡感分為四種。第一是犯罪者的罪感（criminal guilt），這是直接參與殺人或犯了其他法律所規定的罪行者的感覺。這裡涉及到責任，行為者是會受到懲罰的。這是少數人的問題。

第二是政治罪感（political guilt），即一個國家的公民需要承擔這個國家所犯罪惡的感覺。這會涉及到對受害者的補償問題。所有的公民都有責任，誰都逃不掉，即使你是一個不關心政治的和尚、道士、藝術家、學者，因為大家都是靠這個制度來生存的。在這個意義上，所有的德國人對納粹德國的犯罪都有責任。無條件的服從一個領袖，而且是這樣的領袖。所以所有德國人都要為這樣的政權負責，為政權的行為負責，為發動戰爭負責（第72頁）。根據同一個道理，每一個日本人、中國人或者美國人也都要承擔各自國家所犯罪惡的責任。

---

[104] 同上，第293頁。

[105] 同上，第294頁。

[106] Karl Jaspers, *The Question of German Guilt* (New York: Fordham University Press, 2001)，德文版最早出版於1947年。下面所引述的關於這幾個罪感的討論，具體見第25-26，28-30，46，49-50，55-66頁。直接引述的內容頁碼會在文章括號裡註明。

　　第三是道德罪感（moral guilt），包括執行政治和軍事命令所犯罪行的道德愧疚感。有道德罪感的人還包括對罪惡視而不見的人或者陶醉在現狀之中、為了保護個人利益而趨炎附勢的人，以及因為害怕而順從的人。雅斯貝爾斯認為所有的德國人在某個時候都這樣做了，所以也都應該有這個道德罪感，除非你想自欺欺人。雅斯貝爾斯說對別人的苦難視而不見，心中沒有感到觸及，內裡對看到的罪惡無動於衷，這就是道德罪感（Blindness for the misfortune of others, lack of imagination of the heart, inner indifference toward the witnessed evil—that is moral guilt）（第 64 頁）。

　　或者說這是人們應該有的道德罪感。他說我們中的很多人都會有隨大流（running with the pack）的問題。為了個人的生存，為了保住自己的工作、自己的生活機會，一個人會入黨，並且做一些其他人都必須做的事情。當然很多德國人並沒有這樣做，並且承擔了後果，但是在 1936 年和 1937 年，黨就是國，而且這個黨國會一直延續下去，其他所有的強國也都對希特勒採取了綏靖政策。一個人如果不想丟掉工作、傷害到自己的生意，尤其是年輕人，或許也只能這樣做。這種情況現在在中國也很多。

　　當然的確有一些人是生活在虛假的意識之中的，認為自己生活在盛世，在理想主義當中，在為一個崇高的目標做出犧牲，比如德國的士兵。這其實也可以包括在中國殺人放火的日本兵，以及那些為了實現共產主義崇高目標而參與了消滅地主階級（土改）與國民黨軍政人員的鬥爭（鎮反）中的人。

　　雅斯貝爾斯說，但是我們對祖國的責任與義務應該遠遠超過對統治者的順從。如果祖國的靈魂被毀掉的話，這個祖國就不成其為祖國了。所以他說這種面對軍隊和國家的罪惡卻仍然與其認同，是一種虛假的愛國意識，盲目的民族主義，是一種悲劇式的概念混淆，是一種棄所有良心於不顧的行為（第 59 頁）。1933 年追隨納粹德國、認同其意識形態（非人性、獨裁、虛無主義的存在等）並獲得一官半職的知識分子們後來又為自己被邊緣化而耿耿於懷。他們也是這樣的一些人（第 62-63 頁）。有罪感的人需要懺悔與自新，這是有懺悔能力的人才有的感覺。這在中國也是一樣。

　　第四是抽象的罪感（metaphysical guilt），就是人作為人，對世界上所有的罪惡與不公都有責任的感覺，特別是在這個人知情甚至在犯罪現場的情況

下的道德罪感。他或許認為與己無關，或許認為不介入對自己有好處。別人死了，自己卻活著，內心有罪感。別人挺身而出，犧牲了自己以反抗獨裁與專政，我們卻沒有這樣做。我們的猶太朋友被帶走的時候，我們沒有為他們吶喊，直到我們也被帶走、被摧毀（第 65-66 頁）。正如 Edmund Burke 所說，只要好人不說話，邪惡就可以大行其道了。沒有行動本身就是行動。[107]這是所有人都不可避免的罪感，人類生存的罪感。雅斯貝爾斯說我們首先是人，然後才是德國人（第 22 頁）。這就涉及到人類自我意識的超越，涉及到對人、人權、民主與自由的認識，包括受害者與加害者的人權、公平與公正的問題。這對中國人也同樣適用。

如何建立「罪感」

由於人們參與罪惡的程度不同，人們的罪感也不相同。另外政治罪感、道德罪感和抽象罪感也似乎不能截然分開。有時候這些罪感是相重疊的。我們應該關注自己國家或者民族所發生的一切事情，因為這和我們民族的精神與靈魂有關，所以我們也都有責任。我們和傳統無法分離，所以我們父輩的罪責我們也要承擔。只有認識到一種集體的政治與道德的罪感，一個民族與國家才能夠自我進步，才能拒絕邪惡，才能再生（第 73-74 頁）。

雅斯貝爾斯在最後一章談到了只有心靈得到淨化才能真正擁有政治自由。而要使一個民族的心靈得到淨化，最終使自己的民族得到自由，就必須正視罪惡這個問題。在集中營被關過的人、那些失去自己最親愛的人的人、無數的難民、為戰爭犧牲的人、被納粹德國蹂躪過的國家、被侵略軍佔領的經歷，等等，所有人都遭受了戰爭所造成的苦難與生死離別。人們無法逃避這段歷史。人們必須面對這些罪惡，淨化自己的靈魂，負起自己的責任來，才能獲得政治自由，才能獲得對未來新生活、新可能的認識（第 107-108，113-115 頁）。

為了達到這個目的，雅斯貝爾斯（第 5-7，11-17 頁）認為人們必須學習如何與觀點不同的人對話，理解並接受別人的不同。這種觀點的不同有時候

---

[107] 轉引自 Joseph W. Koterski 為 Jaspers, *The Question of German Guilt* 所撰的序言，"Introduction to the 2000 Edition," 第 xiv，xxi 頁。

讓人覺得似乎大家來自於不同的國族一樣。我們或許還沒有找到共同點，但是我們還是需要尋求在一起生活的可能。我們不要一直重複自己的觀點，而是要聽聽別人怎麼想，和別人的想法對接，聽聽別人的道理，特別是反對我們觀點的人的道理，從別人的角度看問題，隨時準備學習新的觀點。

因為觀點不同而切斷與別人的聯繫是容易的（現在在美國，這叫做 cancel culture，在中國也一樣，即所謂「友誼的小船說翻就翻了」），但是困難的是堅持不懈地對話、問問題、堅持不懈地尋找真理。這就需要我們克服驕傲、失望、憤懑、蔑視等等問題，讓這些情緒冷卻下來，面對現實，面對真相、面對真理。我們需要批評和自我批評，不能陷入教條、口號和順從。我們需要真正的思考。這是一個挑戰。那些有權勢的人，那些勝利者，可能會認為真理在自己一邊，於是會對失敗者、對無權無勢者、對那些被歷史所碾壓的人施以盲目的不公不義。這是尤其需要注意的問題。

當然這一切只有在言論自由的情況下才有可能。一個民族，包括中華民族，只有能夠相互溝通才有希望，靠武力所求得的團結是虛幻的（像現在的新疆與西藏那樣；至於臺灣和香港，連「團結」現在都談不上了）。只有通過討論、相互了解、相互容忍、相互讓步才能取得民族的永續。

建立「罪感」對我們應該如何正視歷史和現實問題的啟發

如果將雅斯貝爾斯關於罪感的概念用到日軍在侵華戰爭中的暴行以及內戰與土改的暴力問題上來，我們就會看到日本社會和中國社會一樣，對戰爭等所帶來的災難，還需要更進一步的認識，儘管根據我們上面的討論，日本的情況比中國要好很多。但是我們對集體的罪惡感需要有所認識。我們需要更多的像東史郎和鳩山由紀夫那樣的人。對二戰進行反省並感到自己有罪，在日本應該說是主流思潮，儘管日本的鄰國的人們仍然沒有感到他們有這種反省。對於中國來說，土改和鎮反一直被認為是階級鬥爭的必須，是建立一個無產階級專政的社會主義國家的必須，主流思潮對殺死幾百萬人沒有罪惡感。甚至像文革那樣造成幾百萬人非正常死亡的歷史悲劇都被輕描淡寫地認為是「艱辛的探索」，對毛澤東的評價甚至連「錯誤地認為」中的「錯誤」兩字都要拿掉，更談不上什麼「罪惡」了。

　　所以無論在日本還是在中國，尤其是中國，都需要建立「罪感」的概念。當然直接參與犯罪的人基本都已經不在人世了，所以無從建立「犯罪者的罪感」。但是日本和中國政府都繼承了戰爭的遺產，中國政府還繼承了土改、除奸反特、鎮反、反右以及文革的遺產，所以都有「政治罪感」的問題，要對其中的錯誤或者罪惡負起補償的責任。

　　我們在上面提到日本政府的戰爭賠償還做得不夠，比如對慰安婦的補償，還談不上徹底承擔起「政治罪感」的責任。當然，即使是後來人，也需要承擔「道德罪感」與「抽象罪感」的責任。只有這樣，日本民族才能得到靈魂的淨化，得到自新，得到永續。

　　與此同時，中國政府也要有「政治罪感」，對上述土改與鎮反等等問題都需要反省，並且對受害者的後人給予補償。另外除了「政治罪感」之外，所有的中國人都還需要建立對以前這些問題的「道德罪感」和「抽象罪感」。對現在繼續的犯罪現象，中國人也需要更多的省思。比如在香港或者中國大陸，哪些行為是國家或者個人的罪惡行為或者說犯罪行為，每個人應該有什麼樣的政治罪感、道德罪感與抽象罪感，都需要釐清，並將責任承擔起來。這樣才能使民族的靈魂得到淨化，民族得以自新與永續。

　　當然如前所述，要做到這些，沒有一個言論自由的環境是不可能的。但是雅斯貝爾斯在上面已經為我們畫了一個路線圖，我們至少應該思考起來。

四、制度、文化和個人在歷史事件中的作用

　　我們在第九章討論了制度、文化與個人在土改與除奸反特的暴力中的作用。但是在抗日戰爭和內戰的其他場合，這些因素也在影響著暴力的生成與發展。我們在上一章與本章的前面都提到了戰爭作為一個最重要的制度性因素，給人們提供了一個將人性中的惡發揮的淋漓盡致的機會。東史郎在為自己出版的日記中寫的序裡指出了戰爭的殘酷性，也正好說明了這個問題。請看本書序言我們對東史郎關於戰爭本質的幾段話的引述。

　　我們在前面引述的戰爭的殘酷已經說明了這些問題。我們現在再引兩段東史郎所描述的戰爭如何將人們變成了瘋子或者英雄。這一段是描寫他自己的經歷的：

爬了三十米左右的時候，小隊長「刷」地舉起日本刀，大聲喊道：「哇！哇呀呀——」我胸口像被人踢了一腳一樣，跟著也「哇呀哇呀」地喊起來。喊聲激發起我的情緒，我就像是瘋了似的。緊前面有條壕溝，我發現前面有一個敵人，他正要往右邊跑。突然，小隊長一刀砍去，就差一點，沒能砍到。千鈞一髮之際，我打開保險栓，從背後開了一槍，清清楚楚地看見敵人倒了下去。邁過塹壕，繼續向前，槍緊貼腰間，不管三七二十一，只管朝前放槍。我的腦海裡只交錯著「生」「死」兩個字，心裡雖然生命都不怕，但總感到閃電劃過一樣，腦子裡閃現出是生是死的疑慮。[108]

下面一段描寫中方士兵的英雄行為：

十幾分鐘後，大地上的狂瀾平靜下來。對敵人來說，悲劇結束了，生命結束了。第一小隊走上前去，把倒下的敵兵全部刺死。就在這時，一個負傷的敵軍軍官，扭動著受傷的身軀，勇敢地舉起手槍向我軍射擊，打死了我方四名士兵，子彈從腿部一直打到腹部。[109]

再舉一例。抗日戰爭中，從 1938 年起，日軍先後 13 次圍剿中條山地區，有「鏖戰西陽」、「血染永濟」、「八百壯士跳黃河」的壯舉。關於八百壯士的故事，似乎還沒有能夠證實，但是戰爭的殘酷和個人的無奈，確實是另外一個戰爭作為結構因素造成的不少壯烈的悲劇的例子。趙壽山的第 38 軍第 **17 師，這也是 1937 年防守娘子關的部隊**，在和敵人鏖戰之後被逼到黃河邊上。在突圍的時候有兩支部隊沒有能夠跟上，新兵團和工兵營。新兵團的 1,000 多人，都是 17 到 18 歲的小戰士。和日軍拼殺犧牲了 200 多，其餘 800 人被逼上河岸邊的懸崖上面，結果全部縱身跳崖，撲向黃河。相聚 10 餘里的馬家崖，工兵營的 200 多為士兵也為了軍人的尊嚴而撲進黃河。[110] 如果是真的的話，

---

[108] 見前引《東史郎日記》，第 185-86 頁。

[109] 同上，第 413 頁。

[110] 楊茂林（主編）《山西抗戰紀事》第一卷（北京：商務印書館，2017），第 198-206 頁。

這是一個比狼牙山五壯士還更要壯烈的故事。1941 年的中條山會戰，國民黨軍隊被俘 35,000 人，遺棄屍體 42,000 具。這不能說不慘烈。[111]

這就是你死我活的戰爭，相互殺戮的戰爭，是人性中的惡能夠達到發揮的戰爭。在戰爭背後是意識形態。對日軍來說，日本的「真心使命」在於「弘揚皇道於四海」；參加聖戰是在「尊奉聖意」，「為天皇而獻身」，「天皇指引國民參加戰爭，服從是我的天職」。他們並不清楚，或許天皇是被東條英機欺騙了。[112] 戰爭和意識形態，以及在此基礎上建立起來的其他各種制度，都是導致暴力的最重要的因素。

但是也正是這樣一種意識形態，導致了千百萬人的悲劇，包括日本人自己的災難。其實中國的內戰、土改、文革等政治運動等又何嘗不是如此。因為一個階級鬥爭、共產主義的意識形態，多少人前赴後繼，犧牲了自己的生命，所少人受難被殺害。

我們在上一章討論了傳統文化和黨的文化在土改和除奸反特的暴力中的作用。這一章我們又討論了中日文化中都缺乏罪感的問題。這些都是產生暴力的土壤。所以如果想避免暴力，就需要加強罪感文化的建設。在日本來說，相對容易，但是在中國就很難，因為政治制度和公民社會的原因。但是如果不在文化中加強罪感，那麼暴力就還會以各種各樣的方式展現出來，從而造成更多的人間悲劇。

最後，我們來總結一下個人因素的作用。我們在上面提到了佛洛伊德關於「自我」的作用，即協調「本我」和「他我」之間矛盾的作用。的確，每個人都受到人性中的惡的困擾以及社會外在的價值觀的制約，使得人們可以行善也可以作惡。一位二次大戰時的名叫 Watanabe Kiyo 的日本海軍水手在反省時說道：

> 我被天皇背叛了。欺騙了。但是我想被欺騙是我自己的弱點……所謂被背叛是我允許自己去那樣地相信天皇。我並不是說天皇這個人——我

---

[111] 同上，第 231 頁。

[112] 見前引本尼迪克特（著），《菊與刀：日本文化的類型》，第 17，22-23 頁。

是被天皇的虛假形象所背叛，那個被我自己心裡所擁抱的形象。所以，你可以說是我自己背叛了自己。我自己騙了自己。[113]

這位日軍士兵所檢討的正是「自我」的作用，也即個人的作用。別人騙我，但是我選擇了被騙，所以最終還是我的責任。換句話說，暴力是由一個一個人來實行的。儘管這個人受到了制度的制約，受到了意識形態的蠱惑，受到了傳統文化的影響，但是最終每個人都還做了選擇的，是需要負責任的。

1946 年，李新帶著新婚的妻子于川去河北邯鄲的永年縣做縣委書記。到任的第二天，縣委就商量了如何開好鬥爭漢奸宋品忍的大會。該人當過日本憲兵隊的隊長，人們對之恨之入骨。在鬥爭大會上，在群情激昂中，首先一個老太太把他的一個耳朵割了下來。李新怕有更激烈的行動，就建議縣委發佈告將他槍斃。在他們開會的時候，又有人上去把宋的一隻手砍了下來。在縣委佈告要槍斃他時，他已經被打死了。結果宋被「槍斃」之後，人們又把他剮的只剩下幾根骨頭。之後李新問于川如何看待這個事件，因為她在南京、上海、北平等地長大，怕接受不了這些行為。但是于川的解釋是宋品忍罪有應得，因為他不僅強姦了老太太的兒媳婦，而且將她虐殺。「對這般獸類，只能用『暴行』對待。對他們還能施善行嗎？」[114] 于川說看來不搞階級鬥爭，農民是翻不了身的。李新和她講刀剮犯人是不好的，因為它不文明，不人道。中國革命需要徵得全國人民的同情，所以要克制，不能搞報復。于川說斯大林就說日本投降是報了幾十年的仇，有什麼錯嗎？李新感到自己的思想也存在著矛盾，對這個問題的認識也不十分明確，所以沒有能夠很好地說服于川。

這也是一個個人責任的故事。于川選擇相信了階級鬥爭，而李新也相信階級鬥爭，但是對剮人的做法有保留。所以他才選擇開會決定直接槍斃，避免酷刑。個人相信什麼不相信什麼，有時候做什麼，不做什麼，是可以選擇

---

[113] Aaron William Moore, *Writing War: Soldiers Record the Japanese Empire* (Cambridge, Mass: Harvard University Press, 2013 年)，第 303 頁。這段話為本書作者所譯。

[114] 李新，《回望流年：李新回憶錄續篇》（北京：北京圖書館出版社，1998 年），第 8 頁。關於整個故事的敘述，見第 6-9 頁。

的。當然最後的結果，可能是制度、文化與個人的合力的作用的結果。但是對個人來講，自己需要對自己的選擇負責任。

五、國家與社會需要做的事情

從上面的討論來看，國家需要鼓勵人們認真研究歷史，吸取歷史的經驗教訓。尤其是需要研究結構、文化與個人在歷史事件中的責任問題。需要建立民主政治與公民社會，需要在文化中堅強罪感。只有這樣，才能避免未來類似悲劇的再發生，讓人性能夠有機會行善而不是作惡。

國家和社會都要珍惜歷史，還原歷史，緬懷為國家犧牲的人，不管他是共產黨還是國民黨。平定縣現在設有一些歷史遺址供人們參觀，緬懷故人舊事，包括中共平定特別支部舊址、平定兵變（見本書第二章）集結地舊址、平定保礦運動指揮地、犧盟會（見本書第二章）平定中心區舊址、石評梅故居、七亙大捷（見本書第三章）紀念碑、百團大戰（見本書第三章）紀念碑（陽泉）、八路軍 129 師馬山軍事會議舊址、陽泉市革命烈士紀念館等。[115] 七亙村是八路軍打了一個伏擊戰的地方，這個伏擊戰是整個娘子關作戰的一部分，娘子關作戰則是太原會戰的一部分。但是為什麼沒有一個真正的、像樣的紀念碑、紀念館來紀念那些在娘子關作戰中犧牲的成千上萬的中央軍、四川軍和晉綏軍的將士呢？顯然是出於政治的考慮。中國古話中有「勝者王侯敗者賊」的說法，這正是中國文化中應該被批判的內容。

黃紹竑在回憶錄中提到在娘子關戰鬥中，有一次為了爭奪一個要點，他們決定懸賞五萬元。結果那個去執行任務的營長慷慨激昂地說：[116]

> 賞麼，我們不知用的著用不著。軍人以服從為天職，我們總是盡我們做大的努力與最後的犧牲，以報效國家。希望戰後能在那兒立一個碑，來紀念我們這一群為國犧牲的人，就滿足了！

---

[115] 平定與山西保礦運動是 1905-1908 年由平定人張士林等士紳發起，後來發展到山西，並得到全國各地支持的，抗議清政府將山西平定、盂縣、潞安、澤州、平陽等地的開礦權賣給了英國公司的運動。最後運動獲得成功，山西交付英國公司 275 萬兩白銀將這幾個地方的開礦權贖回。見魏德卿（主編）《山西保礦運動歷史研究》（北京：中國時代經濟出版社，2010）。

[116] 黃紹竑，《黃紹竑回憶錄》（南寧：廣西人民出版社，1991 年），第 348 頁。

　　顯然，與上面提到的那些紀念碑相比，一個像樣的娘子關作戰紀念碑、紀念館更是必不可少的。這個營長及其帶領的一營人大部分都犧牲了，戰爭結束後只剩下不到幾十個人。

　　在國共內戰中，無論是國民黨閻錫山殺共產黨解放軍，還是共產黨解放軍殺國民黨與閻錫山的人，包括內戰、抗戰、國特案、土改、除奸反特等等，都是悲劇。但是殺完之後又怎樣？人們的生活過的更好了嗎？如果沒有，那麼經歷這些痛苦所為何來呢？

六、結論

　　威廉・福克納說，「過去」從來沒有死亡，甚至也從來沒有過去。它仍然是我們今天的一部分，它在決定著我們如何對待我們的今天。人們對歷史的不同解讀，在型塑著我們今天的生活。其重要性遠遠超過人們對歷史的不同記憶方式。這也型塑了我們將要傳給後代的社會形態。（One of the South's heralded sons, William Faulkner, observed about the society in whose midst he lived: "The past is never dead. It's not even past." It is part of us. It determines how we approach the present. The history wars shape far more than how we remember the past. They shape the societies we bequeath to future generations.）[117] 當然，人們對歷史的不同解讀，和他們對歷史的不同記憶方式，常常是緊密聯繫在一起的。

　　喬治・奧威爾在他的小說《1984》裡也說，「*誰控制了過去，就控制了未來；誰控制了現在，就控制了過去*」。所以為了人類的未來，我們需要好好地研究過去，包括本書所討論的抗戰、內戰與土改的歷史，吸取經驗與教訓，避免以前的悲劇再次發生，型塑一個好的未來。我們對過去、現在、未來都要好好地把握。這是我們對後代的責任。

---

[117] Deborah E. Lipstadt, "Slavery and the Holocaust: How Americans and Germans Cope With Past Evils," *The New York Times*, August 30, 2019. 這是《紐約時報》的一篇書評，討論 Susan Neiman 的一本關於如何向德國人學習、關於種族問題和對邪惡的回憶的書。

索引

國家圖書館出版品預行編目(CIP) 資料

生死存亡十二年：平定縣的抗戰、內戰與土改/
郝志東著. -- 初版. -- 臺北市：元華文創股份
有限公司, 2021.12
　面；　公分

　　ISBN 978-957-711-214-9 (平裝)

　1.國共內戰 2.民國史 3.山西省平定縣
628.62　　　　　　　　　　　　　110005903

生死存亡十二年：平定縣的抗戰、內戰與土改

郝志東　著

發 行 人：賴洋助
出 版 者：元華文創股份有限公司
聯絡地址：100 臺北市中正區重慶南路二段 51 號 5 樓
公司地址：新竹縣竹北市台元一街 8 號 5 樓之 7
電　　話：(02) 2351-1607　　傳　　真：(02) 2351-1549
網　　址：www.eculture.com.tw
E-mail：service@eculture.com.tw
主　　編：李欣芳
責任編輯：立欣
行銷業務：林宜葶
出版年月：2021 年 12 月 初版
定　　價：新臺幣 670 元

ISBN：978-957-711-214-9 (平裝)

總經銷：聯合發行股份有限公司
地　址：231 新北市新店區寶橋路 235 巷 6 弄 6 號 4F
電　話：(02)2917-8022　　　　　　傳　真：(02)2915-6275